東海 登山口情報 300
愛知・岐阜・静岡＋鈴鹿

全国登山口調査会 編

風媒社

はじめに

「登山口の駐車場は台数に限りがあって休日には朝早くから満車になる…なんてことはないのかな？」「アクセス道路は未舗装の林道のようだが、車高の低い自分の車でも支障なく通行できるだろうか？」「登山口にトイレはあるらしい。でも汚いトイレだったら使いたくないが、どんなトイレなんだろうか？」

登山計画を練るときに、そんな不安を感じたことはありませんか。登山ガイドブックでもインターネットでも、これらの疑問にすべて答えてくれるものはありません。そこで実際に東海3県（愛知県、岐阜県、静岡県）と鈴鹿山脈三重県側の登山口に足を運んで現地の状況を調べ上げ、簡単に登山口情報を得られる本にまとめてみました。

本書は登山ガイドブックの一種ですが、肝心の登山コース情報はまったく入っていません。登山道に一歩足を踏み入れる手前の登山口情報に特化したガイドブックです。でもその分、このエリアの登山口は可能な限り網羅し、登山者なら誰しも知りたい情報が満載されています。さらには登山口ばかりでなく、ハイキングコースの入口や山岳地にある有名な滝の入口も取り上げましたので、その数は335ヶ所にもなりました。

なお、本書では三重県は対象外ですが、東海地方の登山者に人気が高い鈴鹿山脈の三重県側登山口に関しては読者の利便性に考慮して掲載しておきました。鈴鹿山脈の滋賀県側登山口については、本書姉妹本の『関西周辺登山口ガイド・上』（神戸新聞総合出版センター）、三重県のそれ以外の登山口については、『関西周辺登山口ガイド・下』（神戸新聞総合出版センター）をご参照ください。お手元の登山ガイドブックと併せてご利用いただければ、今度の週末計画に早速役立つことは間違いありません。

◆本書の使い方

1. 登山口の掲載順

　本書では、基本的には山名のあいうえお順になっています。一方、北アルプスや鈴鹿山脈のように複数の山から構成される大きな山塊の場合は、ひとつの登山口が複数の山の起点になることも多いので、山脈名や山地名ごとの、登山口名のあいうえお順になっています。ただし、特定の山の登山口として利用されることが多い場合は、例外もあります。山脈や山地単位で分類しているのは、下図のエリアです。

2. 登山口の調べ方

　前記の山脈や山地にある登山口の場合は、P12〜16全域図から目的の登山口を探して掲載ページへ。それ以外の登山口の場合は、P8〜11の全県図から目的の山を見つけるか、あるいは辞書を使うような感覚で、そのまま本文から山名のあいうえ

お順で探します。

　具体例として恵那山・神坂峠登山口と御在所岳・武平峠を調べる場合で説明しておきましょう。「恵那山・神坂峠登山口」を調べたい時は、本文の「え」の中から恵那山のページを開き、あいうえお順で並んでいる恵那山の複数の登山口から「神坂峠」を見つけるのが一番簡単ですが、岐阜県全県図から「恵那山」の掲載ページを確認する方法もあります。次に「御在所岳・武平峠」を調べたい場合ですが、武平峠は鈴鹿山脈にある峠ですから、鈴鹿山脈の全域図、もしくは本文の「す」の中から鈴鹿山脈のページを開き、その中から「武平峠」を探してください。

3．情報要素

・**山域名、山名、登山口名**／山域名・山名の表記と読みは、国土地理院地形図と『日本山名事典』（三省堂）などの資料を元にしました。一方、登山口名は、現地の案内板、地元役所・役場のウェブサイト、ガイドブックなどで異なり、複数の呼び方が存在することも多いようです。そこで対比して使用されることが多いと考えられる登山ガイドブックや登山地図の表記を最も参考にしながら、別称もなるべく併記しました。また一般には、呼び方が複数ある「○○登山口」という名称よりも、登山口にある山小屋や公共施設名などの方がわかりやすいこともありますので、その名称も掲載しました。

・**地籍と標高**／どちらも山頂のものではなく、登山口の地籍と標高です。標高は正確な数値ではありません。

・**登山口概要**／例えば「○○岳の北東側」というように山（山頂）と登山口との大雑把な位置関係を示しました。方位は北、北東、東、南東、南、南西、西、北西の８方向だけにしましたので、北東側といっても、実際には北北東〜東北東の誤差を含んでいます。「△△コースを経由する□□山の起点」「△△山荘がある」といった説明を読んで、調べたい登山口かどうか、確認して下さい。

・**位置情報**／登山口の緯度・経度です。これにより地図上の位置をピンポイントで特定したり、カーナビに目的地として設定することができます。国土地理院の地図閲覧サービス http://watchizu.gsi.go.jp/index.html や電子国土ポータル http://portal.cyberjapan.jp/index.html のサイトで、緯度と経度を入力すると、地図上に表示されます。なお本書の緯度・経度は、国際的に標準となりつつある世界測地系に従いました。前記のサイトも世界測地系を採用していますので、変換作業は必要ありません。フリーソフトのカシミール3Dをご利用の際は、「地図表示」の「表示測地系」を「WGS84」もしくは「JGD2000」に変更してから［ジャンプ］→［緯度・経度へ］で数値を入力して下さい。

- アクセス／基本は最寄りのIC（インターチェンジ）からのアクセスです。国道・県道と林道の間にある舗装道路は、農道や舗装林道の可能性も考えられますが、標識もなく区別が難しいため、便宜上、市町村道とした場合もあります。所要時間は、実走調査の折に計測した数値と、地図上の距離から算出したものが混じっています。どちらも実際の時間とは差が生じることもありますので、参考情報とお考え下さい。また未舗装林道では、路面評価も掲載しました。実際に走ってみた取材者の感想で、4段階評価になっています。

　　　　★★★★＝揺れも少なく快適な道。
　　　　★★★＝ある程度の凹凸があって揺れるが、普通車でも支障なく走れる道。
　　　　★★＝四輪駆動車なら支障はないが、普通車の走行は注意を要する。
　　　　★＝ひどい悪路。四輪駆動車でも注意を要する。

　「注意を要する」とは主に車体底部が路面の石に接触する危険を感じた場合ですが、それ以外の要素（道幅や落石など）も含まれています。また取材者は四輪駆動車で実走調査しましたが、路面状態は雪解けや豪雨などで悪化することもありますので、どんな路面評価でも慎重な運転をお願いします。★★★〜★★とあるのは、★★★評価の区間と★★評価の区間が混在しているという意味です。

- 駐車場／有料の場合はその旨記載し、料金を示しました。記載がなければ無料です。公共施設や民間施設の駐車場については、すべて登山者の利用が可能であることを確認してあります。駐車場の大きさは、簡単な計測機器で測って○×○ m（正確な数値ではありません）と表示しましたが、その形状は長方形とは限らず半円形や三角形ということもあります。区画がない駐車場における駐車可能台数は、車の置き方によっても違って来ますので、あくまで概算です（一部、公表されている駐車可能台数に従ったものもあります）。また駐車スペースは、取材時の印象から特に車を停めても問題はないと感じたものに限りましたが、駐車可否や安全面など、すべて厳密に確認しているわけではありません（地元行政に駐車可の確認がとれたところもあります）。その前提で各自の責任のもと停めるか停めないかご判断ください。ただし、林道ゲート前に駐車したり、車両通行の邪魔になる置き方はNGです。行政の判断で駐車禁止になることもありますのでご注意下さい。

- 駐車場混雑情報／地元役所・役場、観光協会などから得た情報をもとに、特定の時期に駐車場が混雑する、満車になるなどの情報を記載しました。

- トイレ／水洗、簡易水洗、非水洗（汲み取り式）、バイオ式、水道とTP（トイレットペーパー）の有無、トイレの評価をまとめました。トイレットペーパーは、

取材時になければ「なし」としましたが、普段は常備されているのに、たまたま切れていた場合もあるかもしれません。評価はトイレに入ってみた時に取材者が感じた印象で、これもあくまで取材時の状態をもとにしていますから、普段とは違う可能性もあります。評価は次の３段階です。

　　☆☆☆＝掃除も行き届き、新しくきれいな印象。快適に利用できるトイレ。
　　☆☆＝登山口のトイレとしては普通。快適でもなければ不快でもない。
　　☆＝管理されておらず不快。できれば使いたくないトイレ。

　簡易トイレは、その旨記載し、☆☆＝簡易トイレとして普通に使える。☆＝管理が悪く使いたくない、の２段階評価としました。取材時に閉鎖されるなどして確認できなかったトイレは、詳細不明としました。☆☆☆〜☆☆というのは、両者の中間という意味です。
・**携帯電話**／ドコモ（FOMA）、au、ソフトバンクの各携帯電話を現地で実際にかけて通話ができるかどうか調査した結果です。携帯電話の通話状況は、さまざまな要因に影響されるので、通話可とあっても通話を保証するものではありません。あくまで参考情報とお考え下さい。ただ登山口は、山麓に近い分、山頂や稜線上と比べると、通話状況にムラは少ないようです。通話できない場合は、駐車場の反対側などに移動してみると通話できることがあります。交通不便な下山口でタクシーを呼ぶなど、万一通話ができなかったときに問題が生じるようなことには利用しないでください。
・**公衆電話**／カード・コイン式、コイン式、カード専用の区別も含めて、公衆電話があれば記載しました。
・**ドリンク自販機**／山行用のドリンクを登山口で調達する人はいないと思いますが、追加で購入したい場合、下山後に購入したい場合を考えて調べておきました。特にペットボトルは登山にもそのまま持参できるので、（PBも）としました。記載がなければペットボトルは500mlボトルのことです。
・**水場・水道設備**／トイレの手洗い場とは別に水道や水場があれば記載しました。
・**登山届入れ**／登山届入れや登山者名簿があれば記載しました。ただ用紙が切れていたり、湿って書きにくいことも多いので、登山届は自宅で作成しておく方が確実、かつ時間の節約にもなるのでお勧めです。念のため控えを留守番をする家族にも渡しておきましょう。
・**その他**／案内板やバス停（バス会社）、熊出没注意看板、車上荒らし注意看板など、上記以外のものがあれば、ここにまとめました。施設の入館料は記載がなけれ

ば無料です。
・**立ち寄り湯**／最寄りの立ち寄り湯です。定休日や営業時間、入浴料などのデータは、2012年9月現在のものです。変更されることもありますので、ご注意下さい。また営業終了時間よりも受付終了時間が30分程度早めに設定してある施設も多くあります。おおまかな位置は県別図を参考にしてください。温泉までのアクセスは、登山のあとに立ち寄ることを前提に記載しました。うっかり往路の説明として読むと位置関係が変わってきますのでご注意下さい。
・**取材メモ**／花や紅葉の見ごろなど、上記以外のお役立ち情報や取材時に入手した情報、気づいた点などをまとめました。
・**問合先**／役所・役場の観光担当課、観光協会等の連絡先です。
・**登山口詳細図**／施設や道路・遊歩道の配置がわかりにくい登山口では、詳細図も掲載しました。

5．ご注意いただきたいこと
・**登山口と登山道入口の違い**／本書では、登山道が始まる始点を「登山道入口」とし、登山道入口も含め、周辺にある駐車場やトイレなどの諸施設がある一帯を「登山口」として使い分けています。
・**登山口の選定**／本書掲載の登山口は、主に登山ガイドブックやインターネットなどに掲載されている登山口をピックアップし、全体的なバランスは考慮しておりません。基本は、愛知県、岐阜県、静岡県の3県、および鈴鹿山脈の三重県側登山口ですが、厳密には隣県の地籍であってもアクセスがごく近い場合は取り上げました。また取材してみると災害や工事による通行止のほか、さまざまな理由から掲載を断られたこともありました。通行止の場合は、本文未掲載です。その理由については、P271の「未掲載登山口一覧」をご覧下さい。
・**林道の名称**／現地の標識には、「林道○○線」という正式名称が表示されていることもありますが、本書では一部の例外を除いて「○○林道」で統一しました。本書記載の名称は、現地にその表示がないこともあります。
・**林道走行に対する注意**／未舗装林道の走行には、舗装道路にはないさまざまなリスクがあります。林道を管理する森林管理署や各地方自治体が「一般通行禁止」の看板を立てていることがありますが、これは「林道走行は自己責任」との立場を明確にするためのものです。「一般通行禁止」でなくても、リスクがないわけではありません。従って林道の情報提供はしますが、当日の天候や路面状況などを総合的に考慮して、通行するか否か各自ご判断の上、通行する場合は、自己責任のもとで通行してください。これは自然の中を歩く登山道の歩行についても同じことがいえ

ます。万一、何らかの問題が生じても本書は一切責任をもちません。

・**地元住民に対する配慮を**／本書で紹介する駐車場の中には、別の目的がある駐車場を管理する方々のご好意によって登山者の駐車も認めていただいている場合があります。当然、本来の目的があるわけですから邪魔にならないように駐車には十分配慮して下さい。グループで何台もの車でやってきて駐車場を占拠したり、早朝や夜間のアイドリングはNGです。一部のマナー欠如によって「登山者の駐車禁止」ともなれば、多くの登山者の不便につながることを考えましょう。

・**犬連れ登山禁止看板について**／犬連れ登山禁止看板が設置された登山口もありましたが、「その他」の欄で記載はしませんでした。記載することによって逆にそれ以外の山は連れ込んでも構わないと認識されるのは好ましくないと判断したのが理由です。ワクチンは特定の病気が発症しないように犬を守ることはできますが、感染を防ぐわけではありません。加えて病原体の感受性は動物によって異なるため、犬では問題なくても野生動物では死に至る可能性もあります。そのため野生動物の感染症の専門家からは、きちんと健康管理されていても犬が潜在的に保有する病原体により野生動物の大量死や希少野生動物が絶滅に至るほどの重大な結果に及ぶ可能性や、逆に野生動物から犬に危険な病原体が感染する可能性も指摘されています。糞を処理すれば問題ないといっても、犬連れ登山を見て真似る人も確実に糞を処理する保証はどこにもありません。またジステンパーの場合は糞を処理しても感染のリスクが消えるわけではありません。しかも犬連れ登山禁止看板がないのは地元行政が調査検討した上で問題ないとして設置していないのではなく、ほとんどの山では調査すら行われていないのが現状です。つまり犬連れ登山禁止看板がないからといって、犬連れ登山をしても問題がないとは現段階ではいえないということです。野生動物と犬の双方にとってリスクがある行為を続けることは、自然愛好家を名乗る資格もなければ、愛犬家を名乗る資格もありません。本当に自然を大切にしたいと思っているのであれば禁止看板がなくても自粛をお願いします。

・**本書の調査期間**／2012年4〜7月です。時間が経つにつれ現地状況は変わりますし、自然災害による登山道や林道の通行止、マイカー規制の変更等もあり得ます。地元役場・役所にご確認の上、お出かけ下さい。

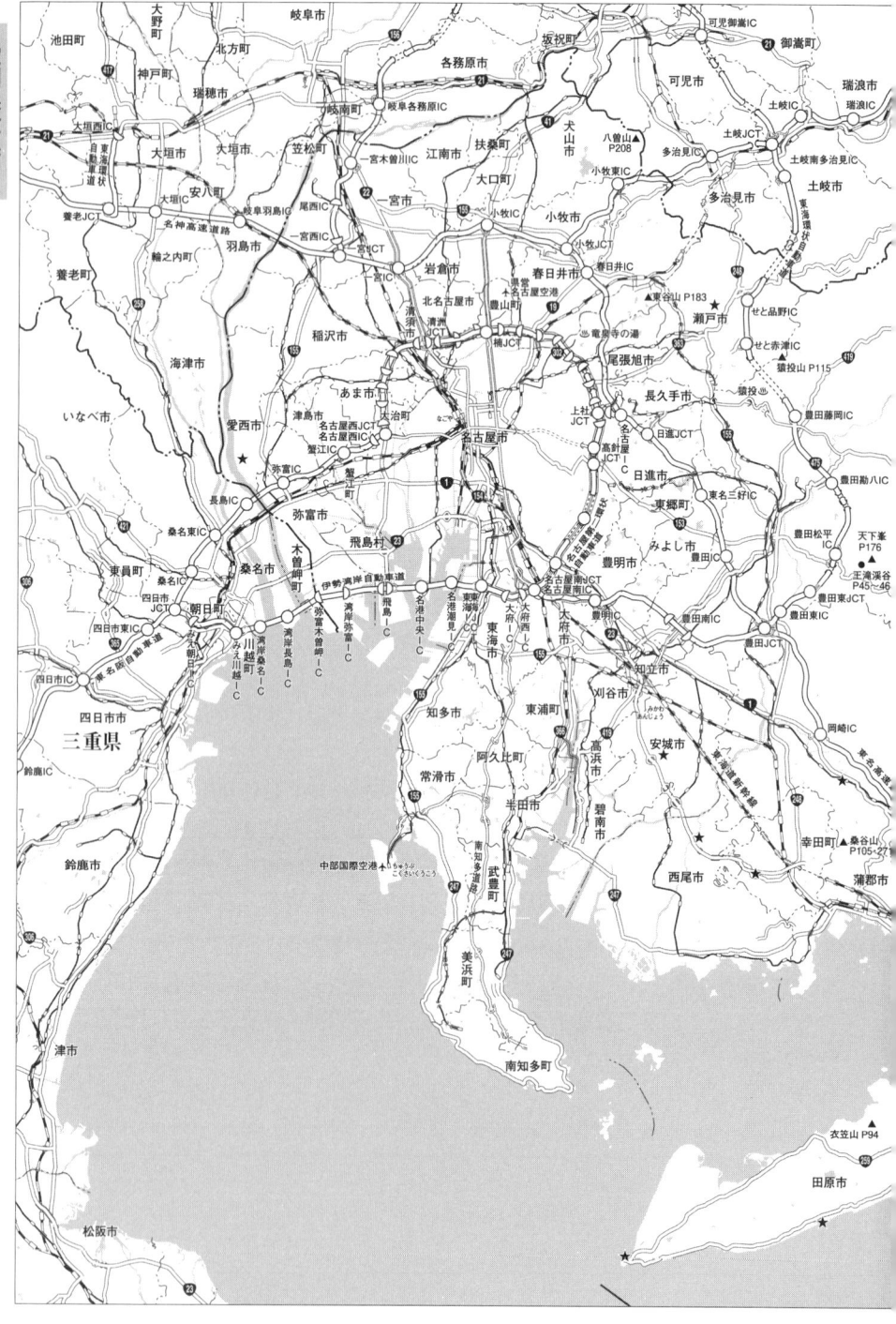

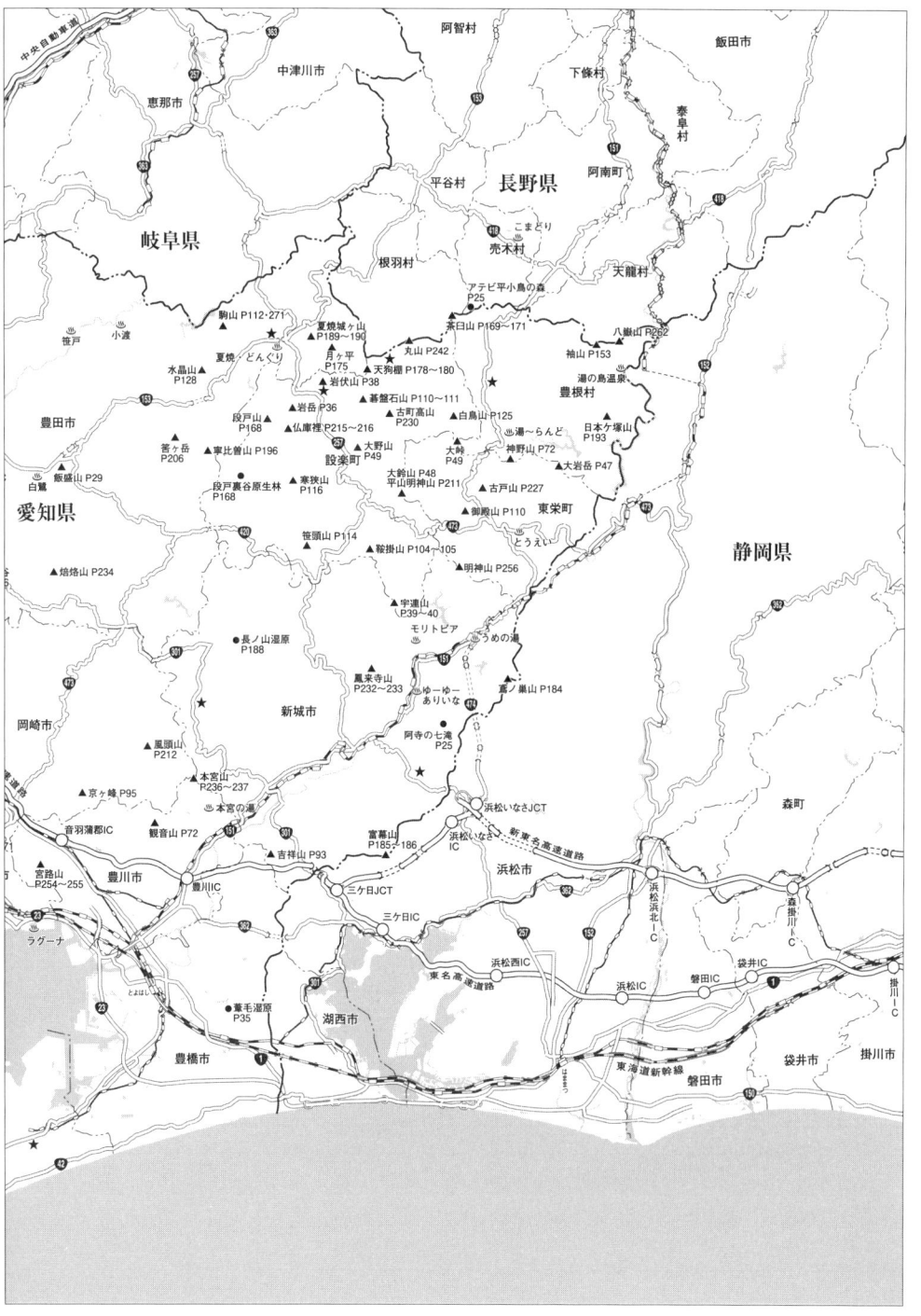

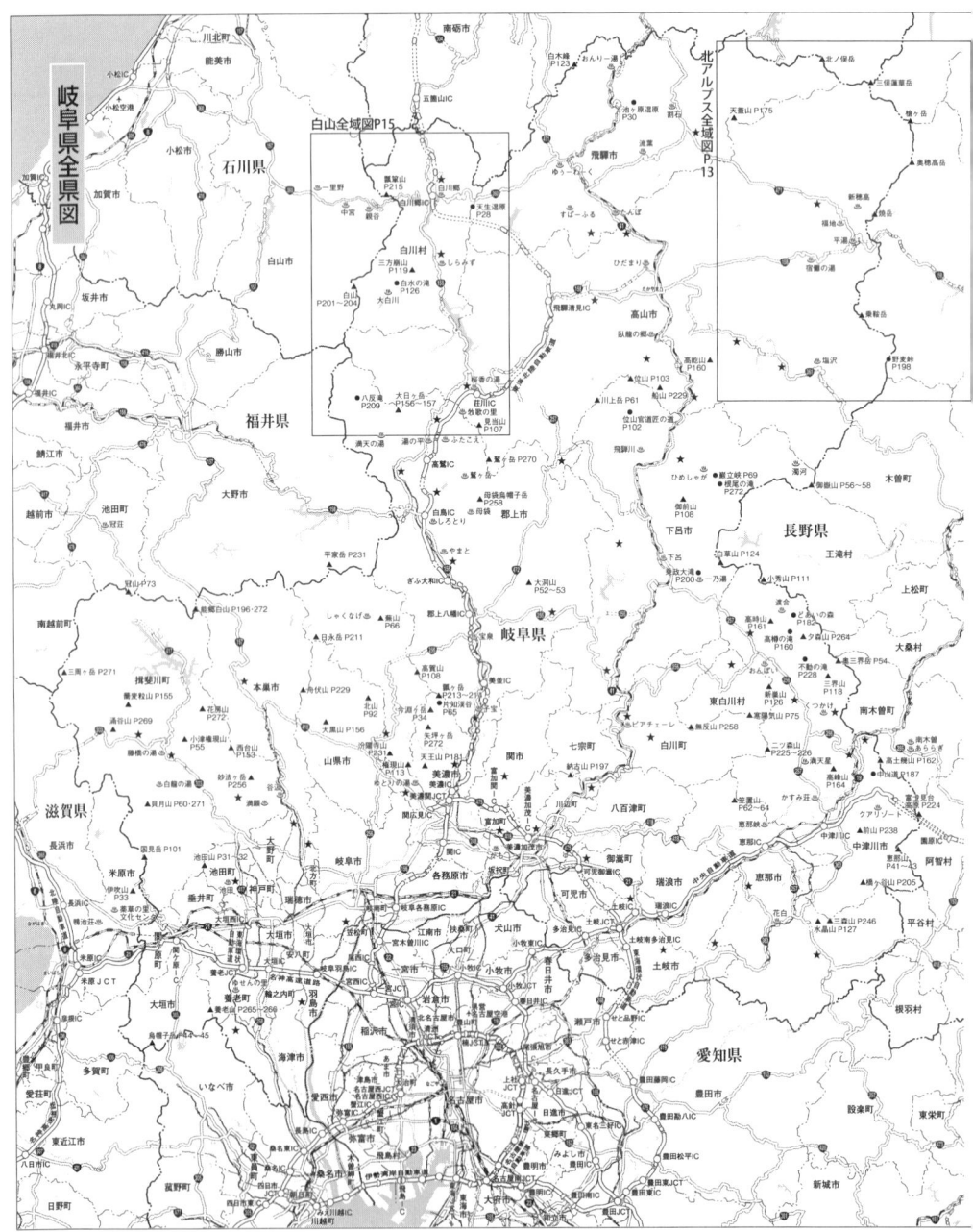

静岡県全県図

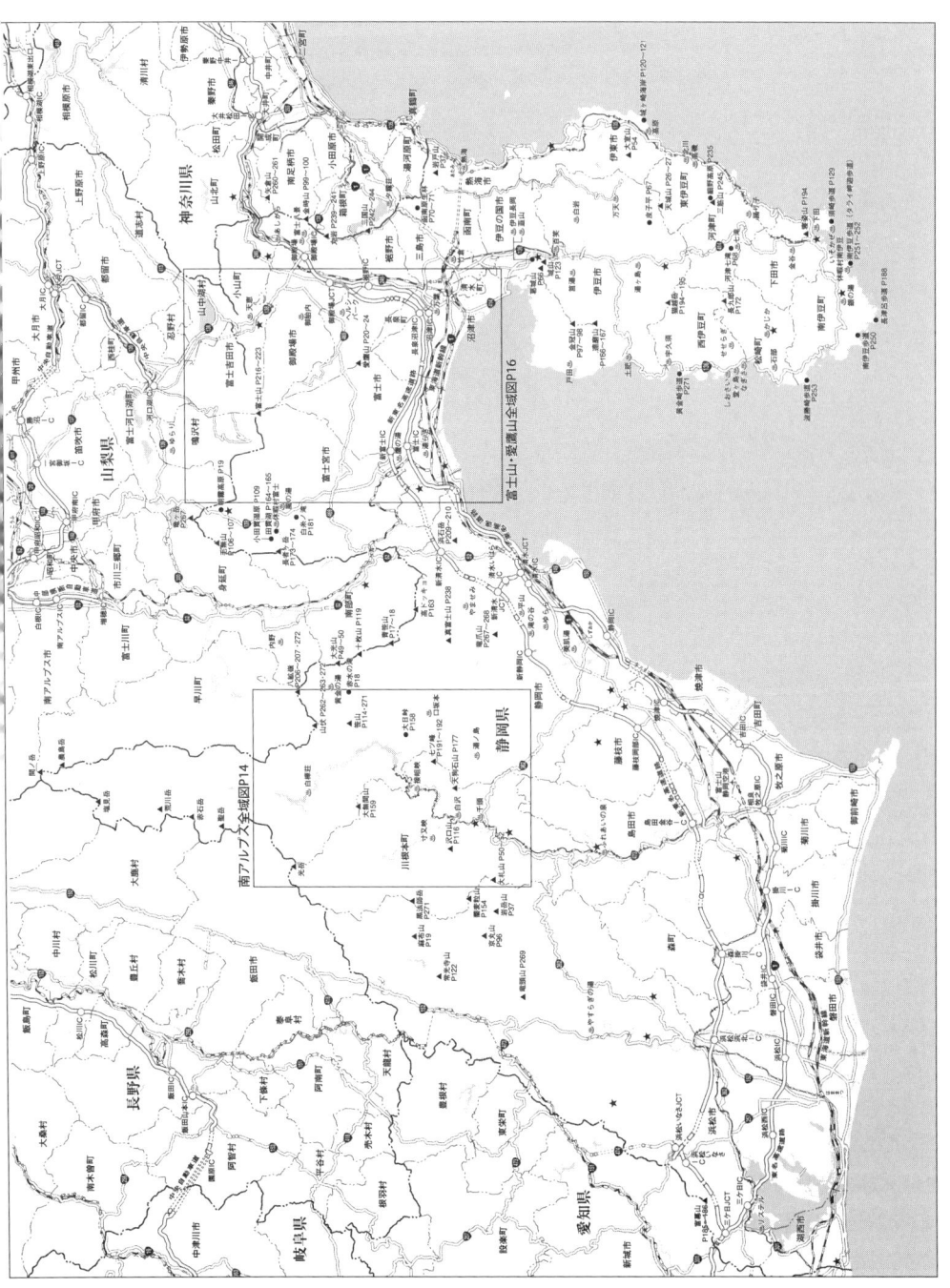

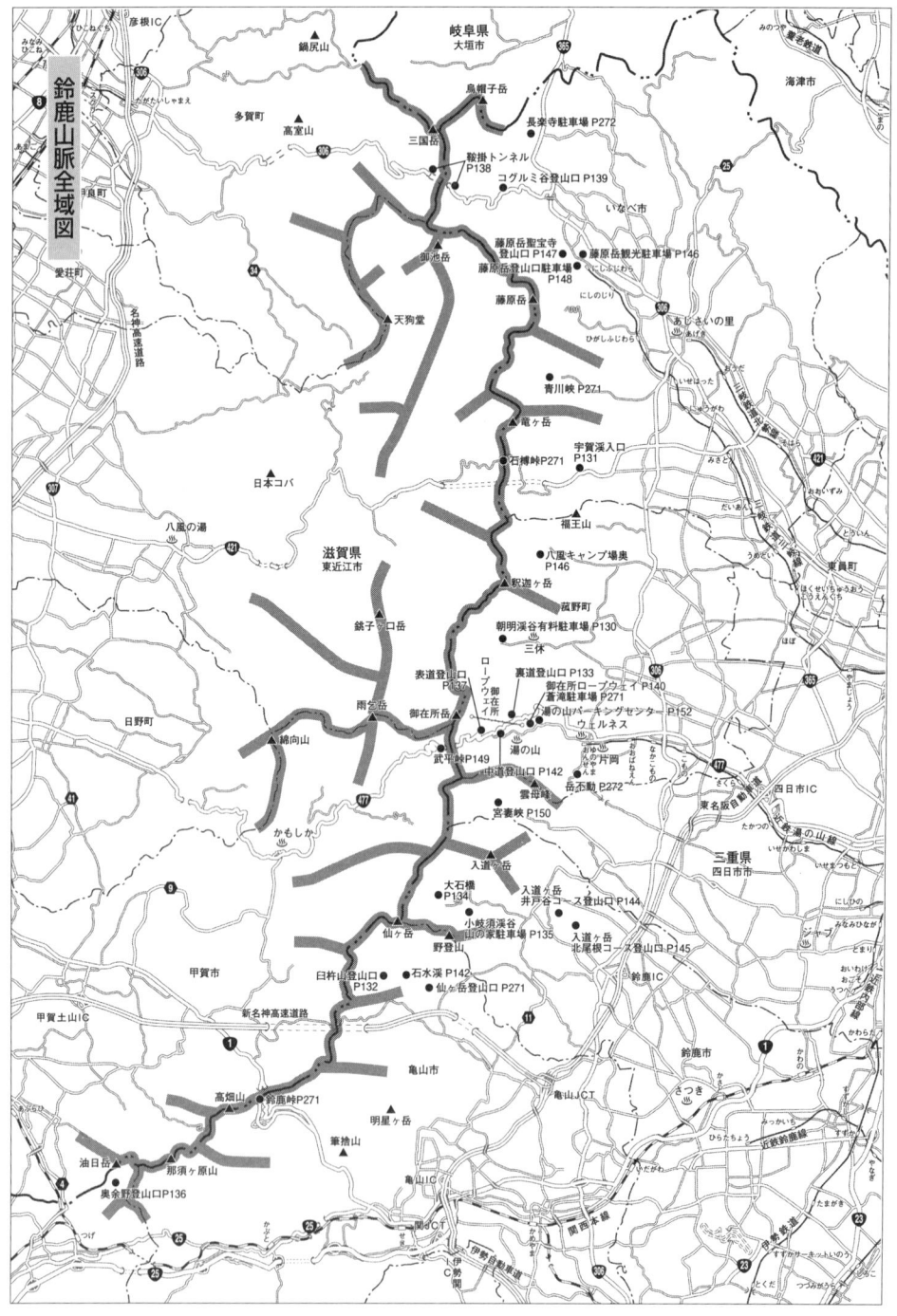

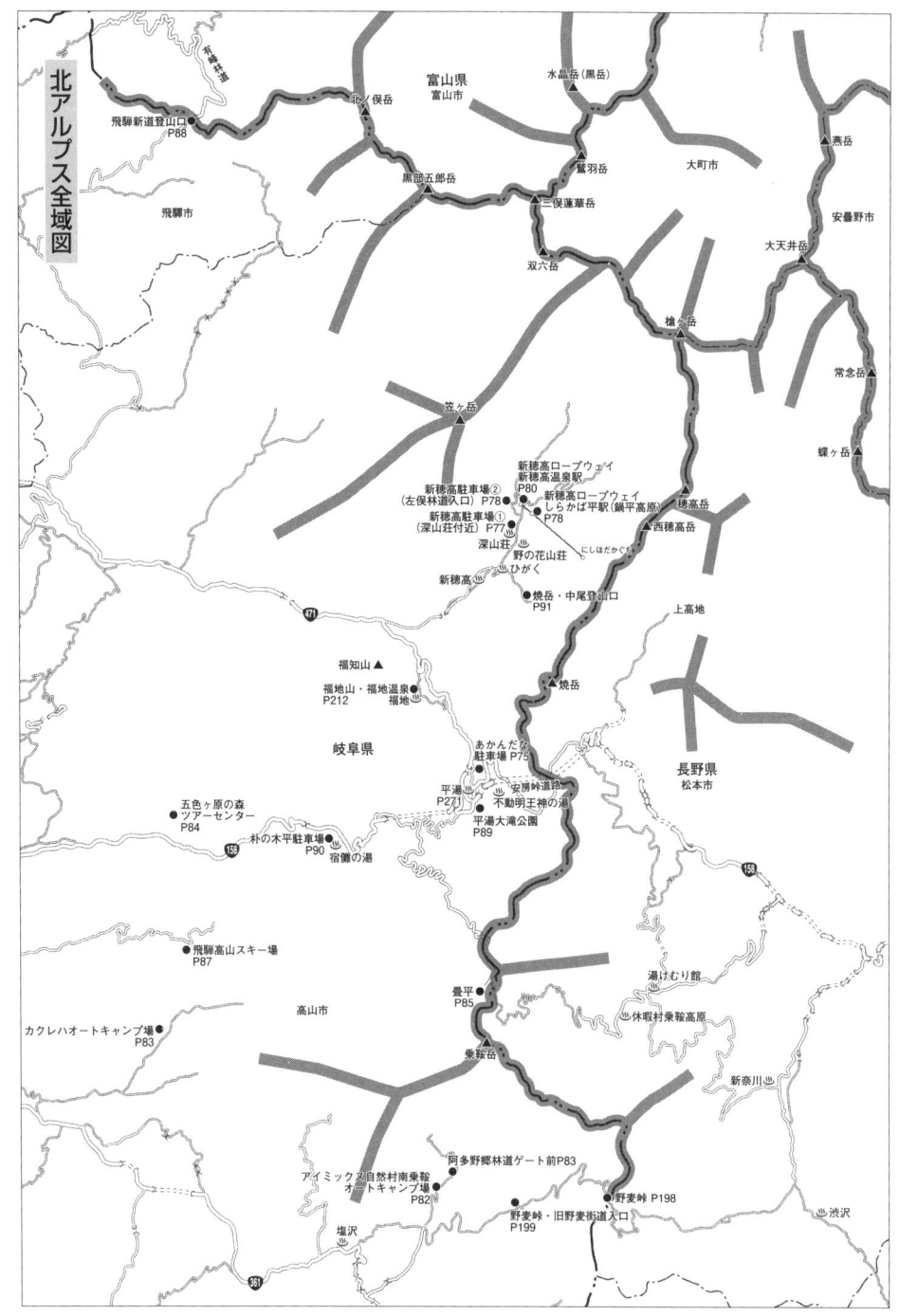

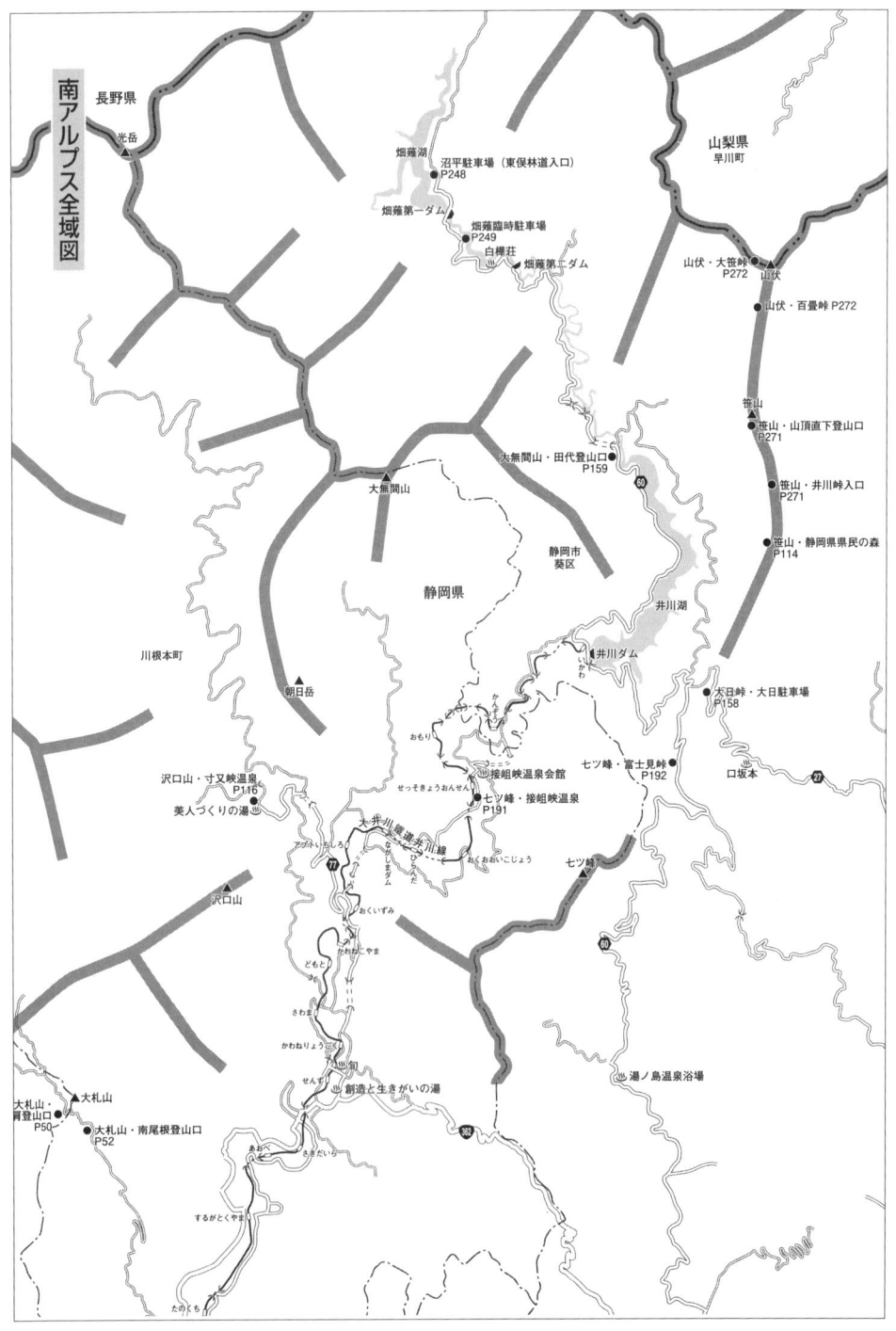

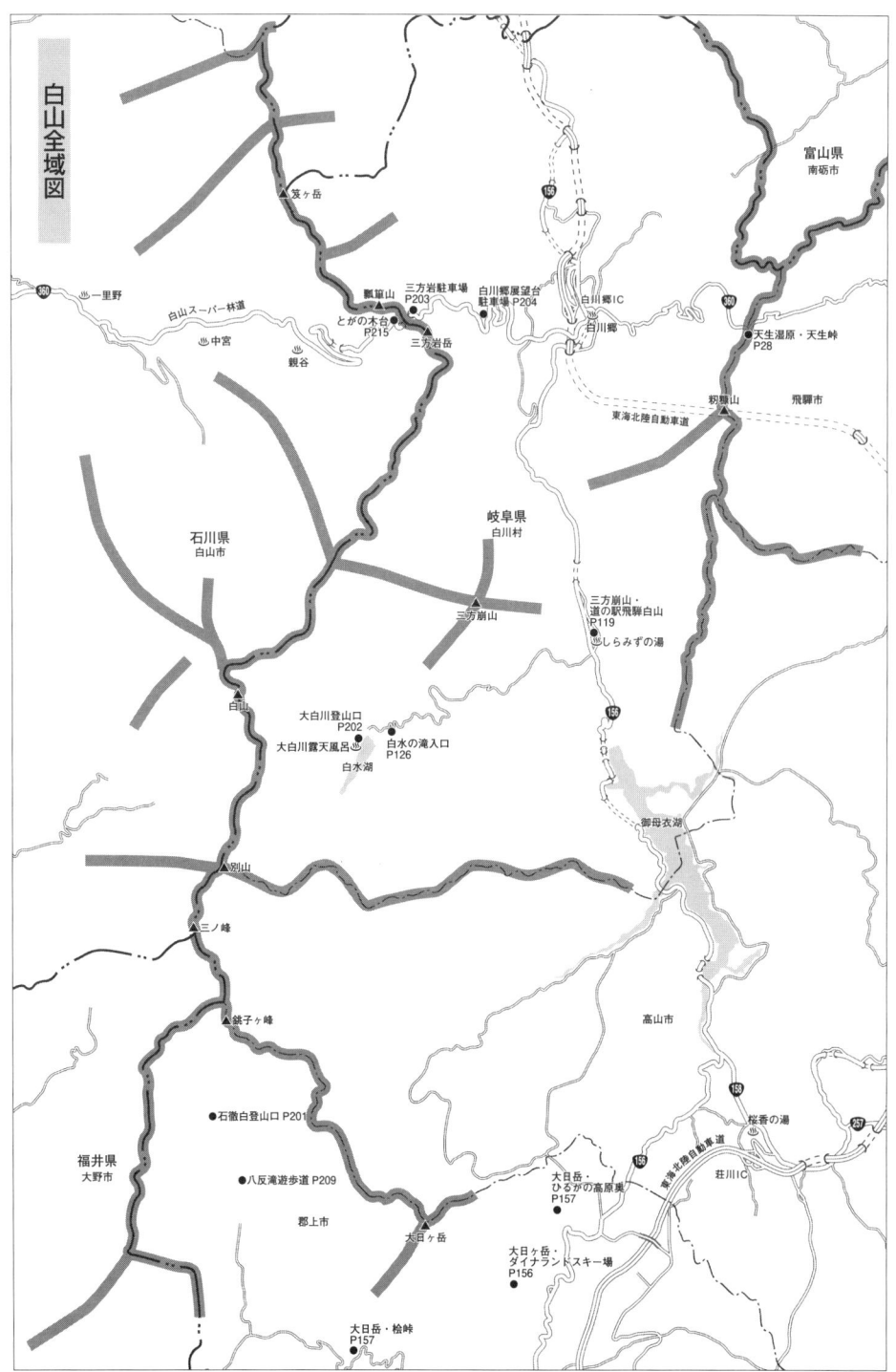

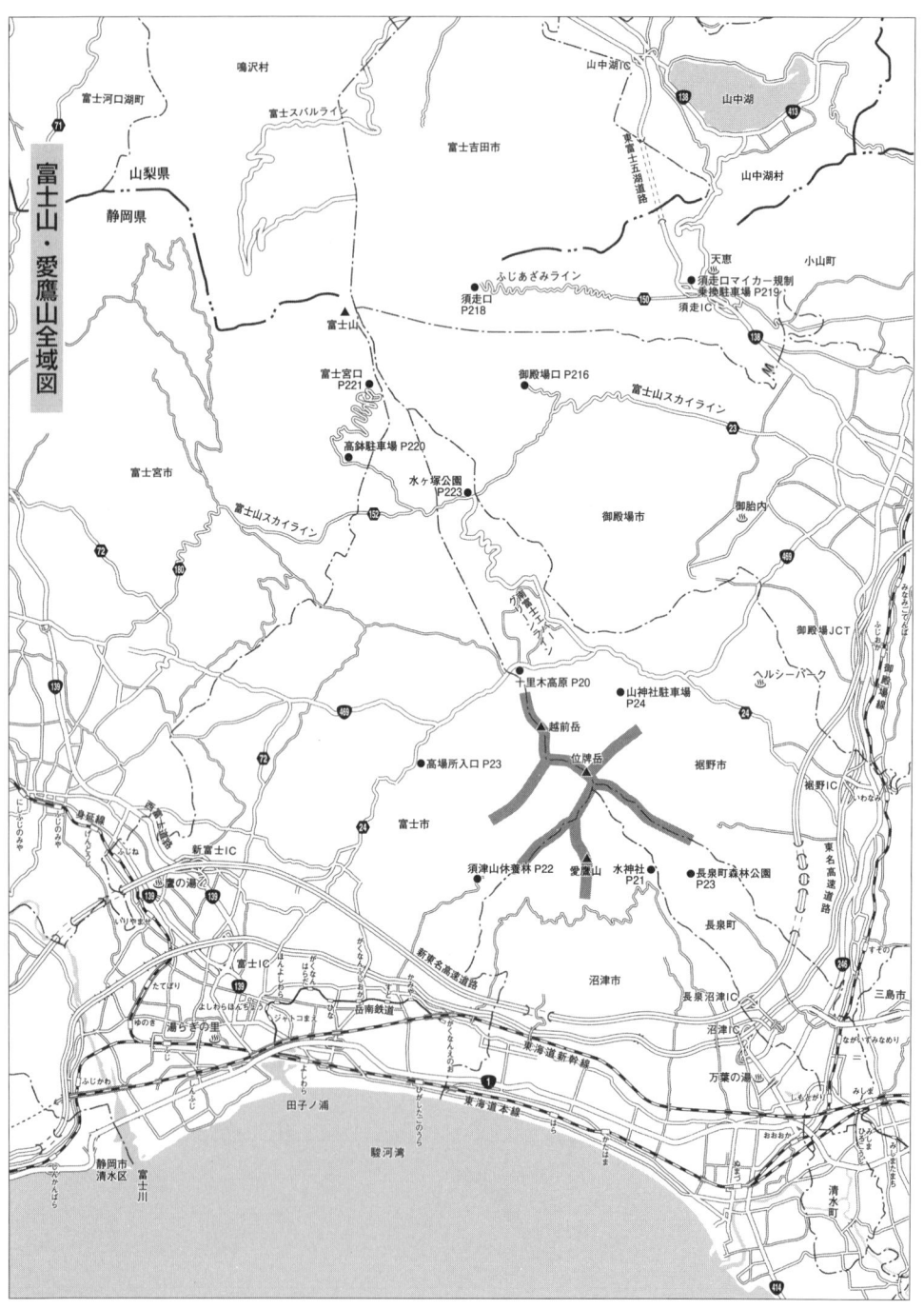

あ行

青笹山・葵高原
あおざさやま・あおいこうげん

静岡県静岡市葵区　標高912m

葵高原／有東木地区のわさび田

登山口概要／青笹山の北西側、市道沿い。細島峠を経由する青笹山や十枚山の起点。
位置情報／［35°12′45″］［138°22′53″］
アクセス／新東名道新静岡ICから県道27、29号、市道経由で約26.5km、約43分。県道から5.8km、約13分。
駐車場／登山道入口の舗装林道路肩に駐車スペースがある。4〜5台・28×3m・舗装・区画なし。
携帯電話／ドコモ圏外、au圏外、SB圏外。
その他／地蔵峠周辺ハイキングコース案内板。
取材メモ／アクセス途中に通過する有東木（うとうぎ）地区は、わさび栽培発祥の地とされる。
立ち寄り湯／①県道を南下し、新静岡IC手前を県道74号へ左折すると、「滝の谷温泉センター（たきのやおんせんセンター）」がある。水曜休・9時〜16時30分・入浴料500円・☎054-247-7441。②また新静岡ICの先、中央卸売市場付近に「静岡市ふれあい健康増進館ゆらら」もある。隣接する清掃センターの余熱を利用した温浴施設。火曜休（祝日の場合は翌日）・10〜22時（日曜と祝日は〜20時。夏休みは9時〜。ほか15時閉館日あり）・入浴料1200円（18時以降は600円）・☎054-263-3456。③県道27号を南下すると、県庁の2km手前付近に「静岡温泉・美肌湯」もある。第3火曜休（祝日の場合は翌日）・6〜23時・入浴料800円（土・日曜、祝日は1000円）・☎054-252-1126。
問合先／静岡市スポーツ振興課管理担当☎054-221-1071

葵高原／途中の道路に立つ案内標識

葵高原／登山道入口の駐車スペース

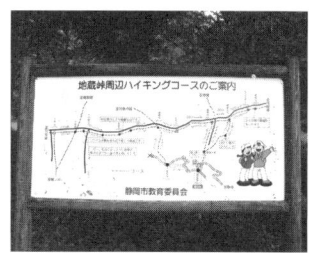
葵高原／地蔵峠ハイキングコース案内板

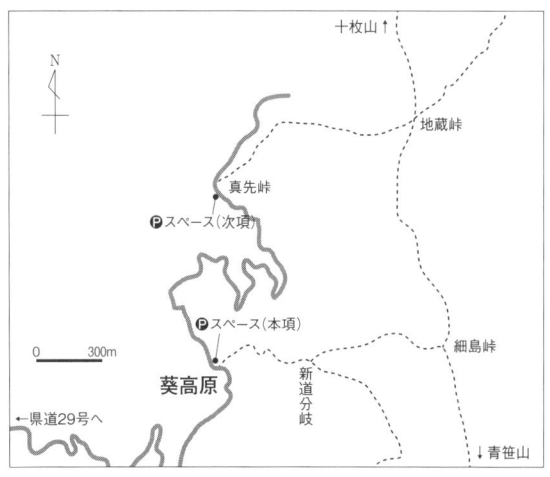

葵高原／登山道方面に続く林道入口

青笹山・真先峠（正木峠）
あおざさやま・まさきとうげ

静岡県静岡市葵区　標高1160m

登山口概要／青笹山の北側、有東木林道（うとうぎりんどう）沿い。地蔵峠を経由する青笹山の起点。詳細図は前項参照。
位置情報／［35°13′16″］［138°22′56″］
アクセス／新東名道新静岡ICから県道27、29号、市道、有東木林道（駐車スペースのすぐ手前までは舗装されている。登山道入口付近は砂利道）経由で約29km、約50分。手前の葵高原登山口（前項）を過ぎて2.4km、約7分。県道からは8.2km、約20分。
駐車場／登山道入口手前に駐車スペースがある。10〜15台・70×5m・砂利・区画なし。
駐車場混雑情報／混雑することはない。
携帯電話／ドコモ通話可、au圏外、SB圏外。
その他／地蔵。
取材メモ／アクセス途中に通過する有東木（うとうぎ）地区は、わさび栽培発祥の地とされる。
立ち寄り湯／①県道を南下し、新静岡IC手前を県道74号へ左折すると、「滝の谷温泉センター（たきのやおんせんせんたー）」がある。水曜休・9時〜16時30分・入浴料500円・☎054-247-7441。②また新静岡ICの先、中央卸売市場付近に「静岡市ふれあい健康増進館ゆらら」もある。隣接する清掃センターの余熱を利用した温浴施設。火曜休（祝日の場合は翌日）・10〜22時（日曜と祝日は〜20時。夏休みは9時〜。ほか15時閉館日あり）・入浴料1200円（18時以降は600円）・☎054-263-3456。
問合先／静岡市スポーツ振興課管理担当☎054-221-1071

青薙山→P248 南アルプス・沼平駐車場（東俣林道入口）

赤石岳→P249 南アルプス・畑薙臨時駐車場

赤水の滝入口
あかみずのたきいりぐち

静岡県静岡市葵区　標高640m

登山口概要／赤水の滝の南東側、県道29号沿い。赤水の滝の起点。
位置情報／［35°16′21″］［138°19′45″］
アクセス／新東名道新静岡ICから県道27、29号経由で約32.5km、約50分。
駐車場／県道沿いに駐車場がある。計約15台・52×10m、26×10m・砂利・区画なし。
トイレ／県道の1km手前に公衆トイレがある。センサーライト付。水洗。水道・TPあり。評価☆☆☆。
携帯電話／ドコモ通話可、au通話可、SB〜通話可だが、直後に圏外になった。
立ち寄り湯／県道を約2km北上すると「梅ヶ島新田温泉・黄

真先峠／有東木林道

真先峠／登山道入口手前の駐車スペース

真先峠／青笹山登山道入口

赤水／県道沿いの駐車場

赤水／1km手前の公衆トイレ

金の湯（こがねのゆ）」がある。月曜休（祝日の場合は翌日）・9時30分～17時30分（12～3月は～16時30分）・入浴料500円・☎054-269-2615。
問合先／静岡市観光・シティプロモーション課☎054-354-2422

朝霧高原・道の駅朝霧高原
あさぎりこうげん・みちのえきあさぎりこうげん

静岡県富士宮市　標高897m

登山口概要／毛無山の東側、国道139号沿い。東海自然歩道や毛無山の起点。
位置情報／［35°24′50″］［138°35′25″］
アクセス／新東名道新富士ICから西富士道路（国道139号）、富士宮道路（国道139号）、国道139号経由で約28km、約43分。
道の駅朝霧高原／無休・8～19時（7～9月は～20時、12～2月は～18時30分）・☎0544-52-2230。
駐車場／72台・80×80m・舗装・区画あり。
駐車場混雑情報／GWやお盆休みは満車になることもある。
トイレ／道の駅に2棟ある。どちらも水洗。水道・TPあり。評価☆☆☆。
携帯電話／ドコモ通話可、au通話可、SB通話可。
公衆電話／道の駅にカード・コイン式公衆電話ボックス。
ドリンク自販機／道の駅にある(PBも)。
その他／レストラン、売店、休憩ロビー、周辺案内板、道の駅案内板、東海自然歩道案内板など。
立ち寄り湯／①田貫湖畔の「休暇村富士」で立ち寄り湯が可能。火曜休・11～14時・入浴料650円・☎0544-54-5200。②国道139号を南下し、猪之頭入口交差点から県道75号へ。そのまま南下すると県道71号沿いに「バナジウム温泉・風の湯」がある。火曜休（祝日の場合は翌日）・10～22時・入浴料800円（17時以降は500円）・☎0544-54-2331。③山梨県方面では、国道139号を河口湖IC方面に進むと、道の駅なるさわの裏手に「富士眺望の湯ゆらり」がある。無休・10～22時・入浴料1200円（貸しバスタオル・タオル付き）・☎0555-85-3126。
問合先／道の駅朝霧高原☎0544-52-2230、富士宮市観光協会☎0544-27-5240、富士宮市観光課☎0544-22-1155

麻布山・野鳥の森
あざぶやま・やちょうのもり

静岡県浜松市天竜区　標高1263m

登山口概要／麻布山の南西側、天竜スーパー林道沿い。麻布山の主要登山口。門桁山（かどげたやま）や野鳥の森遊歩道の起点。
位置情報／［35°09′53″］［137°57′25″］
アクセス／新東名道浜松浜北ICから国道152号、県道389号、

赤水／赤水の滝遊歩道入口

朝霧／道の駅朝霧高原の駐車場

朝霧／同トイレ内部

朝霧／東海自然歩道案内板

麻布山／登山道入口前の駐車スペース

天竜スーパー林道（全線舗装）経由で約63.5km、約1時間35分。県道から6.4km、約10分。天竜スーパー林道の開通期間は4月中旬〜12月中旬。
駐車場／登山道入口前や付近の林道路肩に駐車スペースがある。計約20台・32×10mなど2面・舗装・区画なし。
トイレ／登山道入口前のあずまやにある。非水洗。水道なし。TPあり。評価☆☆〜☆。
携帯電話／ドコモ通話可、au通話可、SB圏外。
登山届入れ／登山道入口にある。
その他／あずまや、熊出没注意看板、野鳥の森案内板、テーブル・ベンチ。
立ち寄り湯／国道152号と県道285号を南下すると、秋葉ダム手前に沸かし湯だが、「龍山入浴施設（たつやまにゅうよくしせつ）・やすらぎの湯」がある。月〜火曜休（祝日の場合は営業）・水〜木曜と祝日は10時30分〜16時30分、金〜日曜は〜20時・入浴料800円・☎053-969-0082。
問合先／浜松市水窪協働センター地域振興グループ☎053-982-0001、天竜地域フォレストピア協議会（天竜区役所内）☎053-922-0012、浜松市観光インフォメーションセンター☎053-452-1634

麻布山／トイレ付きあずまや

麻布山／野鳥の森・ウグイスの門

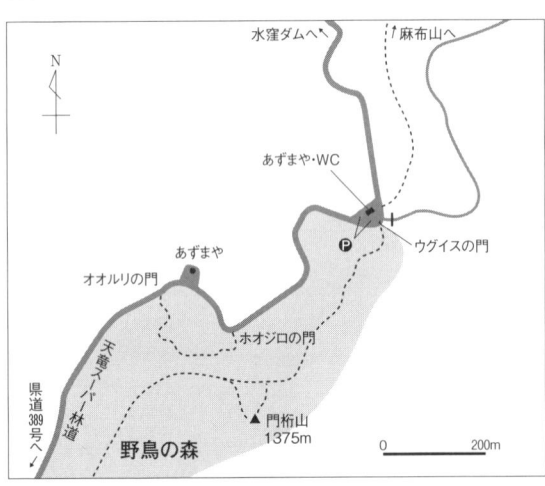

麻布山／麻生山登山道入口

十里木／登山道入口の駐車場

愛鷹山・十里木高原
あしたかやま・じゅうりぎこうげん

静岡県裾野市　標高878m

登山口概要／越前岳の北西側、国道469号沿い。愛鷹山の越前岳などの主要登山口。
位置情報／〔35°15′21″〕〔138°47′01″〕
アクセス／新東名道新富士ICから県道88、72、76、24号、国道469号経由で約17km、約25分。
駐車場／登山道入口に登山者用駐車場がある。37台・50×18m・舗装・区画あり。

十里木／同駐車場のトイレ

駐車場混雑情報／アシタカツツジシーズンは、平日でも満車になる。
トイレ／駐車場にある。水洗。水道・TPあり。評価☆☆☆～☆☆。
携帯電話／ドコモ📶通話可、au📶通話可、SB📶通話可。
水道設備／トイレの前に靴洗い場がある。
その他／静岡県観光案内板。
取材メモ／愛鷹山のアシタカツツジやミツバツツジは、5月下旬が見ごろ。
立ち寄り湯／①富士宮市街地へ下ると国道139号と県道88号の交差点付近、鷹岡市民プラザの東側に「スーパー銭湯・鷹の湯」がある。無休・10～23時(土・日曜、祝日は8時～)・入浴料600円・☎0545-73-1526。②国道469号で裾野市側へ下ると、富士裾野工業団地の南東側に「ヘルシーパーク裾野」がある。木曜休(祝日の場合は翌日)・10～21時・入浴料500円・☎055-965-1126。
問合先／裾野市観光協会☎055-992-5005、裾野市商工観光課観光係☎055-995-1825

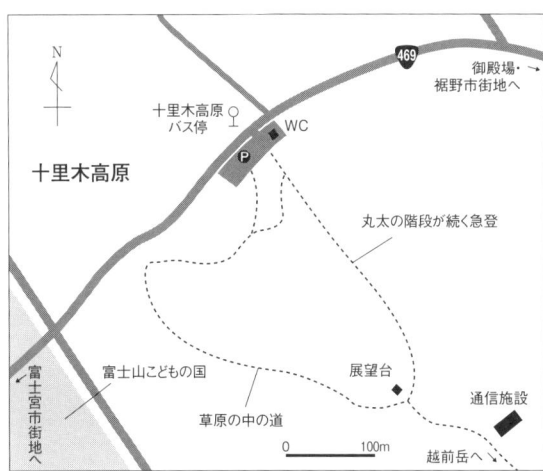

愛鷹山・水神社
あしたかやま・すいじんじゃ

静岡県沼津市　標高525m

登山口概要／位牌岳（いはいだけ）の南東側、長泉林道沿い。つるべ落としの滝を経由する位牌岳、一服峠を経由する愛鷹山などの起点。
位置情報／[35° 11′ 45″][138° 50′ 00″]
アクセス／新東名道長泉沼津ICから市道、長泉林道（全線舗装）経由で約7.5km、約12分。東名道沼津ICからもほぼ同距離。
駐車場／神社入口の路肩に駐車スペースがある。10～12台・22×5mなど2面・砂利・区画なし。

十里木／同トイレ内部

十里木／急登コース登山道入口

十里木／登山道途中の展望台と富士山

水神社／神社入口の駐車スペース

水神社／水と緑の杜公園のトイレ

トイレ／手前の「水と緑の杜公園」にある。循環式。水道なし。TPあり。評価☆☆☆。
携帯電話／ドコモ圏外、au📶〜📶通話可、SB📶だが通話可。
その他／愛鷹山鳥獣保護区区域図。
取材メモ／愛鷹山のアシタカツツジやミツバツツジは、5月下旬が見ごろ。
立ち寄り湯／東名道沼津IC近くの県道83号沿いに「万葉の湯」がある。無休・10時〜翌朝9時・入館料平日1600円（土・日曜、祝日は2100円。ほか深夜料金の設定あり）・☎055-927-4126。
問合先／沼津市観光交流課☎055-934-4747

水神社／水神社参道入口

愛鷹山・須津山休養林（大棚の滝入口）
あしたかやま・すどさんきゅうようりん（おおだなのたきいりぐち）

静岡県富士市　標高385m

登山口概要／位牌岳（いはいだけ）の南西側、広域基幹愛鷹線沿い。須津山荘を経由する大岳、須津山荘を経由する位牌岳や愛鷹山などの起点。
位置情報／［35°11′40″］［138°46′07″］（第2駐車場）
アクセス／東名道富士ICから国道139号、市道、県道22号、広域基幹林道愛鷹線経由で約17.5km、約28分。
駐車場／第2駐車場＝39台・46×10mなど2面・舗装・区画あり。第1駐車場＝約20台・40×20m・砂利・区画なし。※第2駐車場は狭いので、大きな車は手前の第1駐車場を利用する方が無難。
トイレ／2km手前の市道沿いに公衆トイレがある。水洗・水道・TPあり。評価☆☆☆。また中里林道を奥に進むと大棚荘の先にもある。詳細不明。
携帯電話／ドコモ📶〜📶通話可、au📶通話可、SB圏外。
登山届入れ／第2駐車場入口にある。
その他／須津山休養林案内図。また手前の公衆トイレに愛鷹

須津山／第1駐車場

須津山／第2駐車場

須津山／2km手前の公衆トイレ

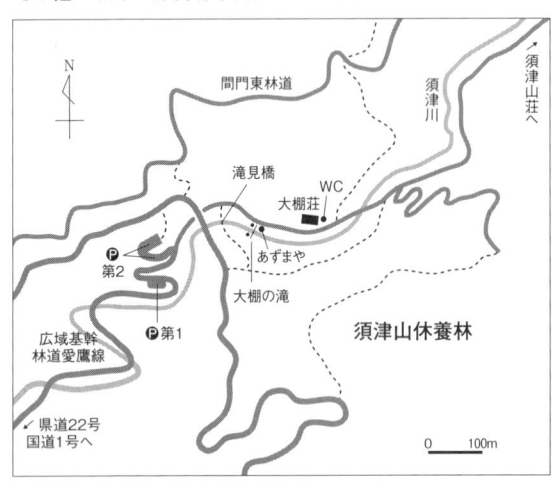

須津山／同トイレ内部

連峰登山ルート案内板がある。
取材メモ／大棚の滝は落差約17m。第2駐車場から徒歩約5分。愛鷹山のアシタカツツジやミツバツツジは、5月下旬が見ごろ。
立ち寄り湯／①富士駅東側の東海道本線沿いに「スーパー銭湯・湯らぎの里」がある。年4回休あり・10～24時（土・日曜、祝日は8時～）・入浴料600円（土・日曜、祝日は700円）・☎0545-63-2641。②富士宮市街地では、国道139号と県道88号の交差点付近、鷹岡市民プラザの東側に「スーパー銭湯・鷹の湯」がある。無休・10～23時（土・日曜、祝日は8時～）・入浴料600円・☎0545-73-1526。
問合先／富士山観光交流ビューロー☎0545-64-3776、富士市観光課☎0545-55-2777

須津山／大棚荘方面に続く道路入口

愛鷹山・高場所入口
あしたかやま・たかばしょいりぐち

静岡県富士市　標高595m

登山口概要／位牌岳（いはいだけ）の西側、舗装林道沿い。高場所を経由する位牌岳や越前岳の起点。
位置情報／［35°13′35″］［138°44′54″］
アクセス／新東名道富士ICから市道、県道24号、市道、舗装林道経由で約10km、約15分。市道と林道の交差点に「高場所入口」の標識が立っている。
駐車場／林道が未舗装となる手前路肩に駐車スペースがある。約5台・32×5m・舗装・区画なし。
携帯電話／ドコモ📶通話可、au📶通話可、SB圏外。
取材メモ／愛鷹山のアシタカツツジやミツバツツジは、5月下旬が見ごろ。
立ち寄り湯／①県道24号などで富士宮市街地へ下ると国道139号と県道88号の交差点付近、鷹岡市民プラザの東側に「スーパー銭湯・鷹の湯」がある。無休・10～23時（土・日曜、祝日は8時～）・入浴料600円・☎0545-73-1526。②富士駅東側の東海道本線沿いに「スーパー銭湯・湯らぎの里」がある。年4回休あり・10～24時（土・日曜、祝日は8時～）・入浴料600円（土・日曜、祝日は700円）・☎0545-63-2641。
問合先／富士市観光課☎0545-55-2777、富士山観光交流ビューロー☎0545-64-3776

高場所／林道入口に立つ標識

高場所／未舗装手前の駐車スペース

長泉町／夜間は閉鎖される町道ゲート

愛鷹山・長泉町森林公園
あしたかやま・ながいずみちょうしんりんこうえん

静岡県長泉町　標高673m

登山口概要／位牌岳（いはいだけ）の南東側、町道終点。池ノ平を経由する位牌岳の起点。
位置情報／［35°11′47″］［138°50′34″］
アクセス／新東名道長泉沼津ICから国道1号、町道経由で約9.5km、約15分。東名道沼津ICからもほぼ同距離。森林公園に続く町道の通行可能時間は8～17時。それ以外はゲートで

長泉町／森林公園駐車場

閉鎖される。
駐車場／森林公園に駐車場がある。約50台・48×46m・舗装・区画なし。
トイレ／駐車場に簡易トイレがある。TPあり。評価☆☆。また手前の「水と緑の杜公園」にもある。循環式。水道なし。TPあり。評価☆☆☆。
携帯電話／ドコモ📶～📶 通話可、au📶～📶 やや不安定、SB📶～📶 通話可。
その他／長泉町森林公園案内図、遊歩道案内板、展望台。
取材メモ／取材時は、ハイキングコース修繕のため当面の間、池の平～つるべ落としの滝間は通行できない旨の表示があった。また愛鷹山のアシタカツツジやミツバツツジは、5月下旬が見ごろ。
立ち寄り湯／東名道沼津IC近くの県道83号沿いに「万葉の湯」がある。無休・10時～翌朝9時・入館料平日1600円（土・日曜、祝日は2100円。ほか深夜料金の設定あり）・☎055-927-4126。
問合先／長泉町工事管理課（森林公園の問合先）☎055-989-5518、長泉町産業振興課☎055-989-5516

長泉町／同駐車場の簡易トイレ

長泉町／登山道入口

愛鷹山・山神社駐車場
あしたかやま・やまじんじゃちゅうしゃじょう

静岡県裾野市　標高743m

登山口概要／位牌岳（いはいだけ）の北東側、大沢入林道沿い。富士見峠を経由する越前岳、北沢出合を経由する鋸岳、位牌岳、越前岳などの起点。
位置情報／［35°14′49″］［138°49′19″］（山神社駐車場）［35°14′37″］［138°49′07″］（大沢入林道奥）
アクセス／新東名道新富士ICから県道88、72、76、24号、国道469号、大沢入林道（全線舗装）経由で約23.5km、約35分。または東名道裾野ICから市道、県道24号、国道469号、大沢入林道（全線舗装）経由で約10km、約15分。
駐車場／登山道入口手前に山神社駐車場がある。22台・32×22m・舗装＋砂利・区画あり。また大沢入林道（最後の100mは未舗装。路面評価★★★）を奥に進むと、河原を渡る手前左側にも2台分の駐車スペースがある。
駐車場混雑情報／シーズン中の休日は、満車になる可能性もある。
トイレ／駐車場に簡易トイレがある。TPあり。評価☆☆。
携帯電話／山神社駐車場＝ドコモ📶～📶 通話可（1回目はつながらず）、au📶通話可、SB📶通話可。大沢入林道奥＝ドコモ📶～📶 通話可、au📶通話可、SB📶だが通話可。
その他／愛鷹登山道案内図、松永塚、松永塚解説板、熊出没注意看板。
取材メモ／愛鷹山のアシタカツツジやミツバツツジは、5月下旬が見ごろ。
立ち寄り湯／近くの富士裾野工業団地南東側に「ヘルシーパーク裾野」がある。木曜休（祝日の場合は翌日）・10～21時・入浴料500円・☎055-965-1126。

山神社／山神社駐車場

山神社／大沢入林道途中の駐車スペース

山神社／愛鷹山案内板

問合先／裾野市観光協会☎055-992-5005、裾野市商工観光課観光係☎055-995-1825

アテビ平小鳥の森入口
あてびだいらことりのもりいりぐち

長野県売木村　標高1198m

登山口概要／売木峠（うるぎとうげ）の南西側、県道46号沿い。アテビ平小鳥の森の起点。
位置情報／［35°13′48″］［137°40′00″］
アクセス／猿投グリーンロード力石ICから国道153、257号、茶臼山高原道路、県道506号、林道、県道46号経由で約63km、約1時間35分。
駐車場／約8台・26×14m・砂利・区画なし。40m北側にも8〜10台分の駐車スペースがある。
携帯電話／ドコモ📶通話可、au📶通話可、SB📶〜📶通話可。
その他／小鳥茶屋（食堂・喫茶・売店。4月29日〜11月3日・月曜と天候不良日は休み・☎0260-28-2325)。宿泊・休憩棟、案内板、募金箱。
立ち寄り湯／県道46号で売木村市街地へ下ると「売木温泉・こまどりの湯」がある。木曜休（祝日の場合は翌日）・9〜21時・入浴料500円・☎0260-28-2334。
問合先／売木村産業課☎0260-28-2311

阿寺の七滝入口
あてらのななたきいりぐち

愛知県新城市　標高230m

登山口概要／阿寺の七滝（日本の滝100選）の下流側（南側）入口。阿寺の七滝遊歩道の起点。
位置情報／［34°56′38″］［137°38′35″］
アクセス／東名道豊川ICから国道151、257号、県道439、442号経由で約30km、約45分。または新東名道浜松いなさICから国道257号、県道439、442号経由で約22.5km、約34分。
駐車場／有料1回300円。遊歩道入口にある料金箱に入れる。68台＋大型・84×28m、48×10m、舗装・区画あり。
駐車場混雑情報／阿寺の七滝まつりが開かれる7月最終日曜は満車になる。
トイレ／駐車場にある。水洗。水道・TPあり。評価☆☆☆。
携帯電話／ドコモ📶〜📶通話可、au圏外、SB圏外。
ドリンク自販機／遊歩道入口にある(PBも)。
その他／売店、あずまや、観光案内板、ベンチ。
取材メモ／駐車場から阿寺の七滝まで徒歩約15分。阿寺の滝は、名前の通り7段の滝で落差64m。
立ち寄り湯／①国道151号に出て北上すると、湯谷温泉の先に「鳳来ゆ〜ゆ〜ありいな」がある。火曜休（祝日の場合は翌日）・10〜21時・入浴料600円・☎0536-32-2212。②また東名道豊川IC近くの県道21号から少し入ると「本宮の湯（ほんぐうのゆ）」がある。水曜休（祝日の場合は翌日）・10〜22時

山神社／登山道入口

アテビ／小鳥の森入口の駐車場

アテビ／小鳥の森入口の案内板

阿寺／有料駐車場とトイレ

阿寺／同トイレ内部

入浴料600円・☎0533-92-1880。
問合先／新城市観光協会☎0536-32-0022、新城市鳳来総合支所地域振興課☎0536-32-0513、新城市観光課☎0536-32-1985

天城山・天城高原駐車場
あまぎさん・あまぎこうげんちゅうしゃじょう

静岡県伊豆市　標高1045m

阿寺／滝に続く遊歩道入口

登山口概要／万二郎岳（ばんじろうだけ）の北側、県道111号終点付近。天城高原ゴルフコースのすぐ手前。天城山（日本百名山、花の百名山）の万二郎岳や万三郎岳の主要登山口。
位置情報／［34°52′23″］［139°01′23″］
アクセス／修善寺道路修善寺ICから国道136号、県道12号、伊豆スカイライン（有料）、県道111号経由で約27.5km、約40分。伊豆スカイライン天城高原ICから7.5km、約10分。
駐車場／天城高原ゴルフコース入口わきに登山者用の駐車場がある。計95台・48×36m、56×28m・舗装・区画あり。
駐車場混雑情報／アマギシャクナゲシーズン中の土・日曜は、満車になり、県道路肩に車が並ぶことも。
トイレ／駐車場にある。水洗。水道・TPあり。評価☆☆☆〜☆☆。
携帯電話／ドコモ📶通話可、au📶通話可、SB📶〜📡つながらず。
その他／危険木注意看板、天城山縦走路案内板、登山者カウンター。
取材メモ／天城山のアマギシャクナゲは、5月中旬〜下旬が見ごろ。
立ち寄り湯／伊豆スカイライン天城高原ICと冷川ICの中間付近に「万天の湯」がある。伊豆スカイラインを経由しないと行けないので注意。木曜休・10時〜20時30分・入浴料700円・☎0558-83-1154。※「国民宿舎・中伊豆荘」は、平成18年に閉館している。

天城高原／天城高原駐車場

天城高原／同駐車場のトイレ

天城高原／同トイレ内部

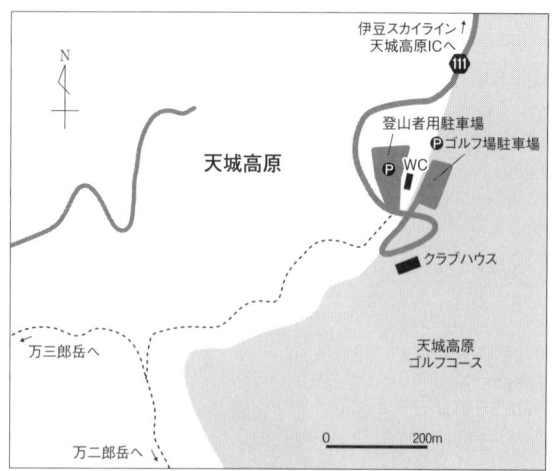

天城高原／登山道入口

問合先／伊豆市観光協会天城支部☎0558-85-1056、伊豆市観光協会☎0558-85-1883、伊豆市観光交流課☎0558-72-9911

天城山・天城峠（水生地下駐車場）
あまぎさん・あまぎとうげ（すいしょうちしたちゅうしゃじょう）

静岡県伊豆市　標高600m

登山口概要／天城山（日本百名山、花の百名山）や八丁池の南西側、国道414号沿い。天城峠の主要登山口。天城縦走路を経由する八丁池や天城山、伊豆山稜線歩道などの起点。
位置情報／［34°50′06″］［138°55′44″］
アクセス／修善寺道路修善寺ICから天城北道路、国道136、414号経由で約18.5km、約28分。
駐車場／17台・28×26m・舗装・区画あり（区画なしの部分も）。
駐車場混雑情報／駐車可能台数が少ないので、時々満車になる。満車の場合は、旧天城トンネル方面に少し入った水生地付近にも約10台分の駐車スペースがある。
携帯電話／ドコモ通話可、au通話可、SB通話可。
その他／水生地下駐車場＝水生地下バス停（東海バス）、テーブル・ベンチ、携帯基地局。天城山トンネル北口＝天城峠バス停（東海バス）、自然歩道案内板、ガイドマップ頒布箱。
取材メモ／天城峠下を貫く天城山隧道は、国の重要文化財や日本の道100選などにも選ばれている。天城山のアマギシャクナゲは、5月中旬〜下旬が見ごろ。
立ち寄り湯／①国道を北上して湯ヶ島温泉に行くと共同浴場の「河鹿の湯（かじかのゆ）」がある。水曜休・13〜22時・入浴料250円・☎0558-85-1056（伊豆市観光協会天城支部）。②湯ヶ島温泉には立ち寄り湯ができる温泉宿もある。例えば湯本館（無休・12時30分〜15時・入浴料800円・☎0558-85-1028）など。③さらに国道を北上すると「湯の国会館」もある。水曜休（祝日の場合は翌日）・10〜21時・入浴料800円・☎0558-87-1192。

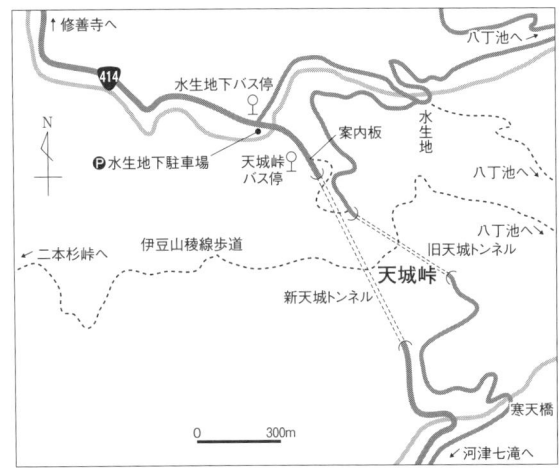

天城峠／駐車場を示す道路標識

天城峠／水生地下駐車場

天城峠／天城山隧道の案内標識

天城峠／天城山隧道方面に続く旧道入口

天城峠／新天城トンネルと登山道入口

問合先／伊豆市観光協会天城支部☎0558-85-1056、伊豆市観光協会☎0558-85-1883、伊豆市観光交流課☎0558-72-9911

天生湿原・天生峠
あもうしつげん・あもうとうげ

岐阜県飛騨市・白川村　標高1285m

登山口概要／天生湿原の北東側、国道360号沿い。天生湿原や籾糠山（もみぬかやま）の起点。シーズン中は、入口に係員が常駐し、任意の森林環境整備推進協力金500円を徴収している。
位置情報／［36°15′28″］［136°57′49″］
アクセス／東海北陸道白川郷ICから国道156、360号経由で約16km、約25分。国道360号の開通期間は、6月1日～11月10日頃。数年に一度くらいの割合で災害による通行止があるので、確認した方が無難。
駐車場／天生峠駐車場がある。約130台・74×32mなど2面・舗装＋砂利・区画あり（区画なしの駐車場も）。
駐車場混雑情報／ミズバショウや紅葉シーズンの土・日曜、祝日は混雑するが、満車になることはない。
トイレ／駐車場にある。非水洗。水道・TPあり。評価☆☆。施設は古いが、よく管理されている。
携帯電話／ドコモ圏外、au圏外、SB圏外。
登山届入れ／登山道入口にある。
その他／天生県立自然公園案内板、観光案内板、熊出没注意看板、車上荒らし注意看板、休憩所、天生峠バス停。
取材メモ／天生湿原のミズバショウやリュウキンカは6月10日頃、ニッコウキスゲは7月中旬、紅葉は10月20日前後が見ごろ。携帯トイレの利用が呼びかけられており、携帯トイレ（1個400円）が置かれたトイレブースが、コース途中の所々にある。使用後は入口の回収ボックスに入れるか、持ち帰って処分する。なお飛騨市観光サイトから詳しい天生湿原探勝

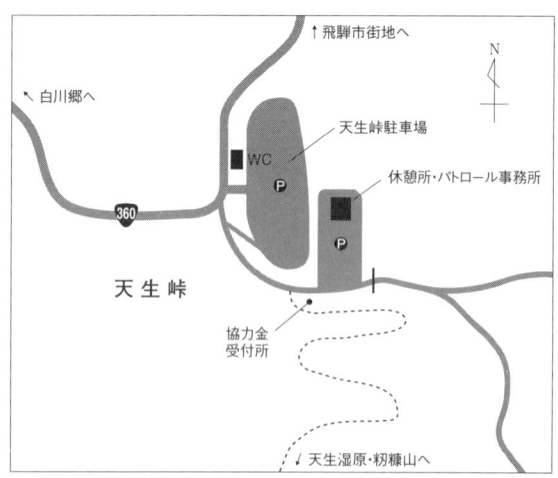

天生峠／峠に続く国道360号

天生峠／天生峠駐車場とトイレ

天生峠／同駐車場のトイレ

天生峠／同トイレ内部

天生峠／協力金受付所

マップをダウンロードできる。
立ち寄り湯／①白川村側に下ると、白川郷に「白川郷の湯」がある。無休・7時～21時30分・入浴料700円・☎05769-6-0026。②白川郷から国道156号を約12km南下すると、道の駅飛騨白山の隣に「大白川温泉・しらみずの湯」もある。水曜休（祝日の場合は営業）・10～21時（12～3月は11～20時）・入浴料600円・☎05769-5-4126。③飛騨市側に下ると、国道471号に出る手前に「ゆぅーわーくはうす」がある。木曜休（祝日の場合は翌日）・11～21時・入浴料500円・☎0577-65-2180。
問合先／天生県立自然公園協議会事務局(飛騨市観光課)☎0577-73-7463、飛騨市観光協会☎0577-74-1192、白川郷観光協会☎05769-6-1013

荒川岳→P249 南アルプス・畑薙臨時駐車場

飯盛山・香嵐渓
いいもりやま・こうらんけい

愛知県豊田市　標高125m

登山口概要／飯盛山の北西側、国道153号沿い。飯盛山や香嵐渓の起点。
位置情報／［35°08′02″］［137°18′48″］（西町第1駐車場）
アクセス／猿投グリーンロード力石ICから国道153号経由で約9.5km、約16分。または東海環状道豊田松平ICから国道301号、県道39号、国道153号経由で約14km、約22分。
駐車場／香嵐渓周辺に計6ヶ所、計580台分の有料駐車場がある。11月にはさらに750台分の臨時駐車場3ヶ所も設置される。常設駐車場のうち登山道入口に一番近いのは、西町第2駐車場（70台・50×20m・舗装・区画あり）。一方、最も広いのは、宮町駐車場（200台・86×62m・舗装・区画あり）。
駐車場混雑情報／紅葉シーズンの土・日曜、祝日は、付近の

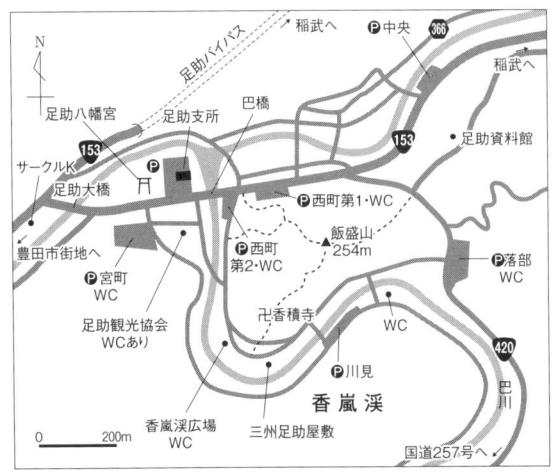

天生峠／登山道入口

香嵐渓／西町第1駐車場

香嵐渓／宮町駐車場

香嵐渓／同駐車場のトイレ

香嵐渓／飯盛山山頂

国道で最悪2時間以上の駐車待ち渋滞が発生する。
トイレ／各駐車場などにある。水洗。水道・TPあり。評価☆☆☆。
携帯電話／ドコモ通話可、au通話可、SB通話可。
ドリンク自販機／付近の商店などにある(PBも)。
取材メモ／飯盛山のカタクリは3月下旬〜4月上旬、香嵐渓の紅葉は11月中旬〜下旬が見ごろ。
立ち寄り湯／国道153号で力石ICに戻る途中、香嵐渓先の追分交差点付近に「白鷺温泉・白鷺館」がある。不定休・10〜20時・入浴料800円・☎0565-62-0151。
問合先／足助観光協会☎0565-62-1272、豊田市足助支所☎0565-62-0600

香嵐渓／白鷺温泉・白鷺館の浴室

池ヶ原湿原入口
いけがはらしつげんいりぐち

岐阜県飛騨市　標高986m

登山口概要／池ヶ原湿原の北東側、洞〜数河林道（ほら〜すごうりんどう）沿い。池ヶ原湿原の主要入口。
位置情報／［36°22′04″］［137°14′23″］
アクセス／東海北陸道飛騨清見ICから国道158号、県道90号、国道41号、471、360号、市道、洞〜数河林道（平成橋から湿原入口の少し先までは舗装）経由で約56.5km、約1時間26分。国道から9km、約14分。宮川町巣之内から林道に進入することも可能だが、未舗装なので、さらに国道を北上した先で右折して平成橋を渡って林道に進入する。洞〜数河林道の開通期間は4月下旬〜11月末。
駐車場／湿原入口に駐車場がある。23台・38×28m・舗装・区画あり。
駐車場混雑情報／ミズバショウシーズンの休日は、混雑することもある。
トイレ／駐車場にあるが、取材時は使用不可になっていた。

池ヶ原／国道を右折して平成橋を渡る

池ヶ原／湿原入口の駐車場

池ヶ原／湿原に続く遊歩道入口

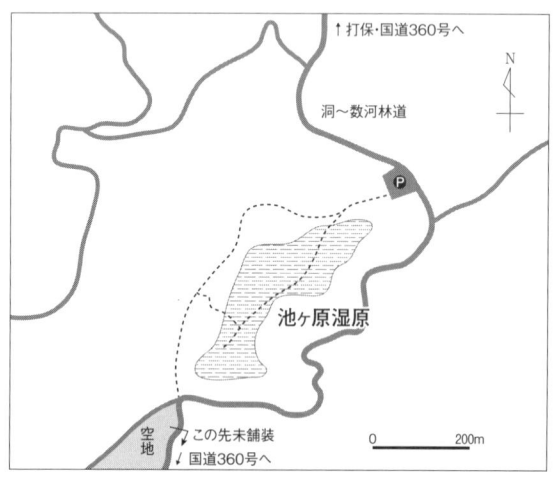

池ヶ原／池ヶ原湿原

携帯電話／ドコモ圏外、au圏外、SB圏外。
その他／石碑。
取材メモ／池ヶ原湿原のミズバショウは4月下旬～5月上旬、リュウキンカは5月上旬～5月下旬が見ごろ。
立ち寄り湯／①国道360号に戻って右折すると、約3km先の飛騨まんが王国内に「おんりー湯」がある。木曜休（祝日の場合は営業）・10時～20時30分・入浴料600円・☎0577-62-3259。②国道を南下し、宮川町落合で国道360号へ右折して橋を渡ると、河合振興事務所の先に「ゆぅーわーくはうす」もある。木曜休（祝日の場合は翌日）・11～21時・入浴料500円・☎0577-65-2180。
問合先／飛騨市宮川振興事務所産業振興係☎0577-63-2312、飛騨市観光協会☎0577-74-1192

池ヶ原／おんりー湯の浴室

池田山・池田の森
いけだやま・いけだのもり

岐阜県池田町　標高830m

登山口概要／池田山の南東側、池田-明神林道（池田山林道）沿い。池田山山頂付近にある最短登山口。
位置情報／［35°26′10″］［136°31′14″］
アクセス／名神道大垣ICから国道258、21、417号、県道53号、池田-明神林道（全線舗装）経由で約25km、約43分。県道の交差点に立つ「池田山入口」の標識に従って池田-明神林道へ。県道から8.4km、約18分。
駐車場／池田-明神林道終点付近に駐車場がある。約20台・50×18m・舗装・区画なし。その手前の林道沿いにもいくつか駐車場がある。
駐車場混雑情報／GWや紅葉シーズン休日は満車になることもあるが、手前の駐車場まで満車になることはない。
トイレ／駐車場にある。非水洗。水道・TPあり。評価☆☆。手前の池田の森公園駐車場にもある。

池田の森／池田-明神林道

池田の森／林道終点付近の駐車場

池田の森／あずまや

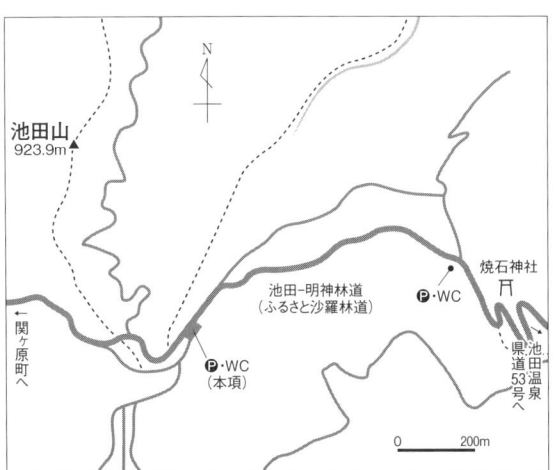

池田の森／手前の駐車場

携帯電話／ドコモ圏外、au圏外、SB圏外。
その他／あずまや、熊出没注意看板、ふるさと沙羅林道案内板。
立ち寄り湯／県道53号に戻ると「池田温泉」がある。本館と新館それぞれで可能。本館月曜休、新館水曜休（どちらも祝日の場合は翌日）・10～22時（新館のみ日曜は8時～）・入浴料500円・☎0585-45-1126（本館）。
問合先／池田町産業課産業係☎0585-45-0737

霞間ヶ渓／公園の駐車場

池田山・霞間ヶ渓公園
いけだやま・かまがたにこうえん

岐阜県池田町　標高85m

登山口概要／池田山の東側、町道沿い。池田の森を経由する池田山の起点。
位置情報／［35°25′54″］［136°33′07″］
アクセス／名神道大垣ICから国道258、21、417号、県道53号、町道経由で約18km、約27分。
駐車場／約10台・28×5m・砂地・区画なし。
駐車場混雑情報／サクラのシーズンは満車になる。
トイレ／駐車場の向かいにある。水洗。水道・TPあり。評価☆☆。
携帯電話／ドコモ通話可、au通話可、SB通話可。
その他／池田町山麓案内図、霞間ヶ渓の桜解説板、熊出没注意看板。
立ち寄り湯／市道を南下して県道53号に戻ると「池田温泉」がある。本館と新館それぞれで可能。本館月曜休、新館水曜休（どちらも祝日の場合は翌日）・10～22時（新館のみ日曜は8時～）・入浴料500円・☎0585-45-1126（本館）。
問合先／池田町産業課産業係☎0585-45-0737

霞間ヶ渓／駐車場向かいのトイレ

石巻山→P35 葦毛湿原入口

伊豆山稜線歩道→P97 金冠山・だるま山高原
　　　　　　　→P98 金冠山・戸田峠
　　　　　　　→P166 達磨山・伽藍山駐車場
　　　　　　　→P167 達磨山・戸田駐車場
　　　　　　　→P194 猫越岳・県道411号（土肥峠）
　　　　　　　→P195 猫越岳・仁科峠

霞間ヶ渓／登山道入口

板取山→P154 蕎麦粒山・山犬段駐車場

位牌岳→P21 愛鷹山・水神社
　　　→P22 愛鷹山・須津山休養林
　　　→P23 愛鷹山・高場所入口
　　　→P23 愛鷹山・長泉町森林公園
　　　→P24 愛鷹山・山神社駐車場

霞間ヶ渓／池田温泉本館

伊吹山・北尾根→（次項）伊吹山・笹又（さざれ石公園）

伊吹山・静馬ヶ原→（次々項）伊吹山・山頂駐車場「取材メモ」

霞間ヶ渓／同温泉の露天風呂

伊吹山・笹又（さざれ石公園）
いぶきやま・ささまた（さざれいしこうえん）

岐阜県揖斐川町　標高418m

登山口概要／伊吹山（日本百名山）の東側、町道沿い。静馬ヶ原を経由する伊吹山北尾根の起点。
位置情報／［35°25′04″］［136°25′57″］
アクセス／名神道大垣ICから国道258、21、417号、県道32、257号、町道経由で約39.5km、約1時間。途中に「さざれ石公園○km」の標識あり。
駐車場／さざれ石公園に駐車スペースがある。約15台・60×5mなど2面・砂利・区画なし。
トイレ／さざれ石公園の駐車スペースにある。水洗。水道・TPあり。評価☆☆☆～☆☆。
携帯電話／ドコモ圏外、au圏外、SB圏外。
登山届入れ／トイレ前にある。
取材メモ／登山道は、トイレ向かって右側の小屋の裏手に続いている。伊吹山のシモツケソウは、7月下旬～8月中旬が見ごろ。
立ち寄り湯／国道417号で大垣ICに戻る途中、池田町の下八幡広海橋交差点を右折すると「池田温泉」がある。本館と新館それぞれで可能。本館月曜休、新館水曜休（どちらも祝日の場合は翌日）・10～22時（新館のみ日曜は8時～）・入浴料500円・☎0585-45-1126（本館）。
問合先／揖斐川町商工観光課☎0585-22-2111

笹又／さざれ石公園の駐車スペース

笹又／同公園のトイレ

笹又／登山道入口

伊吹山・山頂駐車場
いぶきやま・さんちょうちゅうしゃじょう

滋賀県米原市　標高1245m

登山口概要／伊吹山（日本百名山）の北側、伊吹山ドライブウェイの終点。伊吹山の主要登山口。中央遊歩道と西遊歩道の起点（東遊歩道は下り専用）。
位置情報／［35°25′17″］［136°24′23″］
アクセス／名神道関ヶ原ICから国道365号、伊吹山ドライブウェイ（有料）経由で約18km、約25分。
伊吹山ドライブウェイ／4月上旬～11月最終日曜・8～20時（7月15日～8月31日は3～22時。10～11月は8～19時）・往復＋駐車料金3000円・☎0584-43-1155。
駐車場／伊吹山ドライブウェイ終点にある。600台・200×80m・舗装・区画あり。
駐車場混雑情報／夏休みの土・日曜、お盆休み、紅葉シーズンの土・日曜は満車になり、駐車待ちが発生することもある。
トイレ／山頂駐車場と山頂にある。山頂駐車場のトイレ＝簡易水洗。水道（飲用不可）・TPなし（自販機あり）。評価☆☆。山頂のトイレ＝チップ制。水洗。水道・TPあり。評価☆☆☆。
携帯電話／ドコモ📶通話可・au📶だが通話可・SB圏外。
ドリンク自販機／西の道茶屋前や西遊歩道入口、中央遊歩道入口にある(PBも)。

伊吹山頂／伊吹山ドライブウェイ

伊吹山頂／山頂駐車場

33

その他／レストハウス（食堂、売店）、ベンチ、有料望遠鏡、伊吹山頂お花畑案内板、熊出没注意看板、伊吹山ローカルルール、仮設食堂。

取材メモ／伊吹山のシモツケソウは、7月下旬～8月中旬が見ごろ。また手前のドライブウェイ沿いにある北尾根コース登山口・静馬ヶ原には、比較的広い待避帯があり、駐車は可能。ただし伊吹山ドライブウェイは、徒歩による通行は不可。

立ち寄り湯／①沸かし湯だが、米原市の三島池畔、グリーンパーク山東にある「鴨池荘」で可能。無休・16～22時（土・日曜、祝日は13時～）・入浴料500円・☎0749-55-3751。②米原市伊吹庁舎の近く「伊吹薬草の里文化センター」には薬草湯がある。月曜休（祝日の場合は翌日）・12時30分～19時30分・入浴料500円・☎0749-58-0105。

問合先／伊吹山ドライブウェイ☎0584-43-1155、米原観光協会（米原市商工観光課）☎0749-58-2227

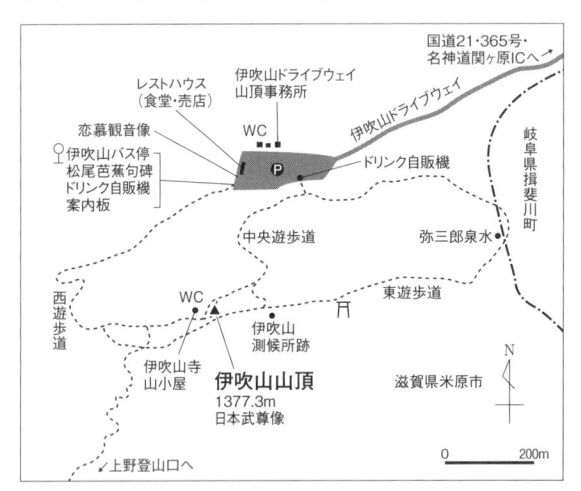

伊吹山頂／同駐車場のトイレ

伊吹山頂／西遊歩道入口

伊吹山頂／山頂のトイレ

今淵ヶ岳・滝神社
いまぶちがたけ・たきじんじゃ

岐阜県美濃市　標高470m

登山口概要／今淵ヶ岳の西側、市道終点や舗装林道沿い。今淵ヶ岳の起点。

位置情報／［35°37′41″］［136°51′39″］

アクセス／東海北陸美濃ICから県道94号、国道156号、県道81号、市道経由で約18km、約28分。県道81号から4.2km、約7分。

駐車場／登山道入口や権現前などに駐車スペースがある。計約10台・18×10mなど2面・舗装・区画なし。

携帯電話／ドコモ📶～📶通話可、au📶通話可、SB📶～📶通話可。

立ち寄り湯／①国道156号を北上すると、長良川鉄道みなみ子宝温泉駅に併設された「日本まん真ん中温泉・子宝の湯」

今淵／権現滝

がある。金曜休（祝日の場合は前日）・10～21時・入浴料500円・☎0575-79-4126。②県道290号を南下して関市武芸川町へ向かうと、関市武芸川事務所付近に「武芸川温泉（むげがわおんせん）・ゆとりの湯」がある。木曜休（祝日の場合は翌日）・10～21時・入浴料600円・☎0575-45-3011。
問合先／美濃市観光協会☎0575-35-3660、美濃市観光課☎0575-33-1122

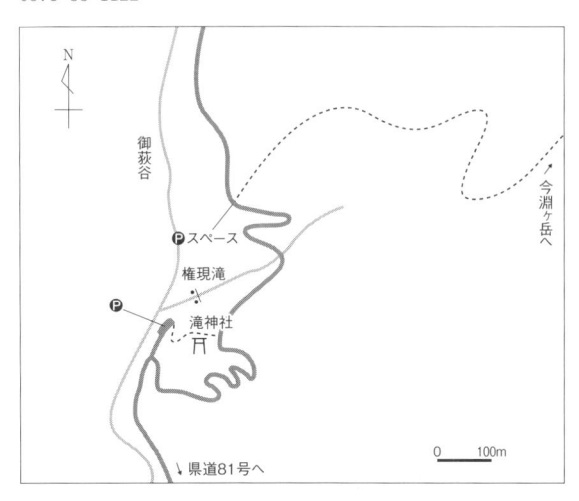

今淵／滝前の駐車場

今淵／武芸川温泉・ゆとりの湯浴室

葦毛湿原入口
いもうしつげんいりぐち
愛知県豊橋市　標高50m

登山口概要／葦毛湿原（愛知県の天然記念物、花の百名山）の北西側、市道終点。葦毛湿原の主要入口。神石山（かみい

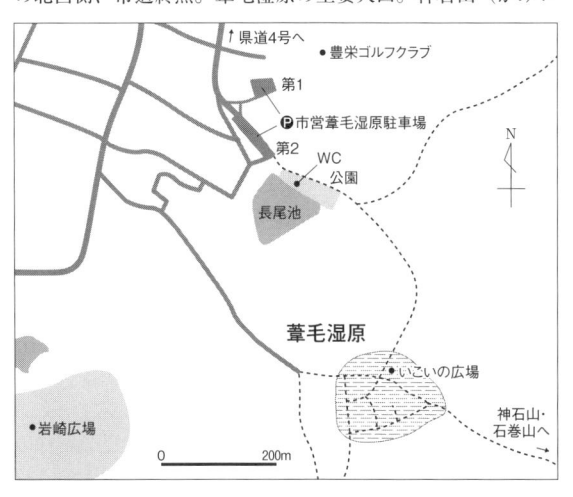

葦毛／市営第1駐車場

葦毛／市営第2駐車場

葦毛／公園のトイレ

35

しやま）や石巻山（いしまきさん）、豊橋自然歩道、岩崎自然歩道などの起点。
位置情報／［34°45′00″］［137°26′56″］
アクセス／東名道豊川ICから国道151号、県道400号、国道1号、市道経由で約16km、約25分。
駐車場／入口に市営葦毛湿原駐車場がある。計約80台。第1駐車場＝33台・52×28m・舗装・区画あり。第2駐車場＝約50台・108×10m・砂利＋砂地・区画なし。
駐車場混雑情報／湿原散策者以外の利用も多く、状況によっては混雑する可能性も。
トイレ／湿原入口の公園にある。水洗。水道・TPあり。評価☆☆☆。
携帯電話／ドコモ通話可、au通話可、SB通話可。
その他／葦毛湿原周辺案内図、豊橋市観光案内板、葦毛湿原案内板、豊橋自然歩道案内板、葦毛湿原散策マナー看板、葦毛湿原周辺の植物案内板、あずまや、テーブル・ベンチ。
取材メモ／葦毛湿原のミカワバイケイソウは4月下旬～5月中旬、シラタマホシクサは9月上旬～下旬が見ごろ。ほかにミミカキグサ、ムラサキミミカキグサ、キセルアザミ、ミカワシオガマなども自生する。駐車場から湿原一巡約40分。
問合先／豊橋市観光振興課☎0532-51-2430、豊橋観光コンベンション協会☎0532-54-1484

葦毛／同トイレ内部

葦毛／葦毛湿原

岩古谷山→P48大鈴山・和市登山口

岩岳・湯谷地区登山口
いわたけ・ゆやちくとざんぐち

愛知県設楽町　標高778m

登山口概要／岩岳の南東側、段戸林道沿い。岩岳の起点。
位置情報／［35°09′17″］［137°31′25″］
アクセス／猿投グリーンロード力石ICから国道153、257号、段戸林道（全線舗装）経由で約45km、約1時間10分。または東海環状道豊田松平ICから国道301号、県道39号、国道153、257号、段戸林道（全線舗装）経由で約49km、約1時間15分。あるいは新東名道浜松いなさICから国道257号、県道32、389号、国道257号、段戸林道（全線舗装）経由で約54.5km、約1時間20分。
駐車場／登山道入口の林道路肩に寄せれば駐車可能。約5台・24×5m・舗装・区画なし。
携帯電話／ドコモ通話可、au通話可、SB通話可。
立ち寄り湯／①国道257号を北上すると、国道153号沿いの道の駅どんぐりの里いなぶに「どんぐりの湯」がある。木曜休（祝日の場合は翌日）・10～21時（土・日曜、祝日は9時30分～）・入浴料600円・☎0565-82-3135。②その周辺にある夏焼温泉の各温泉宿でも可能。例えば「ホテル岡田屋」＝不定休（月に3日休みあり）・11時～21時30分・入浴料400円・☎0565-82-2544。
問合先／設楽町観光協会☎0536-62-1000

湯谷／林道路肩の駐車スペース

湯谷／登山道入口

湯谷／どんぐりの湯・露天風呂

岩岳山登山口
いわたけさんとざんぐち

静岡県浜松市天竜区　標高664m

登山口概要／岩岳山の南西側、舗装林道ゲート手前。岩岳山の主要登山口。
位置情報／［35°02′42″］［137°59′10″］
アクセス／新東名道浜松浜北ICから国道152、362号、市道、舗装林道経由で約42.5km、約1時間10分。県道389号との三叉路から国道362号を4.4km進み、杉川スタンド杉給油所を目印に左の橋を渡る。あとは舗装された狭い道が続くが、「ログペンションシンフォニー」の案内標識に従えばよい。国道362号の杉川スタンド杉給油所から7.5km、約15分。
駐車場／ログペンションシンフォニー前に登山者用駐車場がある。20～25台・46×24m・砂利・区画なし。
駐車場混雑情報／アカヤシオシーズンの休日は満車になることもある。
トイレ／駐車場に簡易トイレが1基ある。水道なし。TPあり。評価☆☆。林道奥の小俣事務所跡にもトイレがある。非水洗・水道・TPあり。評価☆☆。
携帯電話／ドコモ通話可、au圏外、SB圏外。
取材メモ／岩岳山のアカヤシオは5月上旬、シロヤシオは5月中旬が見ごろ。アカヤシオの開花状況は、浜松市春野協働センターに聞くと教えてくれる。
問合先／浜松市春野協働センター☎053-983-0001、天竜地域フォレストピア協議会（天竜区役所内）☎053-922-0012、浜松市観光インフォメーションセンター☎053-452-1634

岩岳山／登山者用駐車場

岩岳山／同駐車場の簡易トイレ

岩岳山／小俣事業所跡のトイレ

岩戸山・十国峠ケーブルカー
いわとやま・じっこくとうげけーぶるかー

静岡県函南町　標高665m

登山口概要／岩戸山の西側、県道20号沿い。十国峠や岩戸山などの起点。
位置情報／［35°07′40″］［139°02′13″］
アクセス／東名道沼津ICから県道83号、国道246、1、136号、県道11、20号経由で約25km、約38分。
駐車場／約100台＋大型・84×62m・舗装・区画あり。
駐車場混雑情報／満車になることはない。
トイレ／十国峠レストハウス内にある。詳細不明。
携帯電話／ドコモ通話可、au通話可、SB不安定。
その他／十国峠レストハウス（レストラン・売店。8時30分～17時、レストランは10時30分～16時。☎0557-83-6211）、十国峠登り口バス停（伊豆箱根バス）。
十国峠ケーブルカー／8時35分～16時50分（始発は8時51分。多客時は8時43分）・10～15分間隔・所要3分・片道210円、往復420円。☎0557-81-6895。
立ち寄り湯／①三島方面では、県道142号と東海道本線が交差する辺りにある「竹倉温泉・錦昌館（きんしょうかん）」

十国峠／駐車場

十国峠／十国峠レストハウス

で可能。不定休・9～19時・入浴料500円・☎055-975-3433。②熱海方面に下ると、国道135号沿いに「マリンスパあたみ」がある。木曜休（祝日の場合は前日）・10～20時（季節により変動）・入館料平日1200円、土・日曜、祝日は1300円。15時以降は割引もある・☎0557-86-2020。ほか熱海駅前にある「駅前温泉浴場」も近い。
問合先／十国峠ケーブルカー☎0557-81-6895、函南町農林商工課☎055-979-8113

岩伏山・津島神社
いわぶしやま・つしまじんじゃ

愛知県設楽町　標高638m

登山口概要／岩伏山の南側、町道終点。笠石や岩伏観音を経由する岩伏山の主要登山口。
位置情報／［35°10′16″］［137°32′31″］
アクセス／猿投グリーンロード力石ICから国道153、257号、町道経由で約42km、約1時間。または東海環状道豊田松平ICから国道301号、県道39号、国道153、257号、町道経由で約46km、約1時間10分。あるいは新東名道浜松いなさICから国道257号、県道32、389号、国道257号、町道経由で約54.5km、約1時間20分。
駐車場／津島神社の駐車場は登山者の利用可。約8台・18×14m・砂利・区画なし。
携帯電話／ドコモ通話可、au通話可、SB通話可。
登山届入れ／参道入口にある。
その他／岩伏山登山案内図、名倉奥平氏の墓石とその解説板。
立ち寄り湯／①国道257号を約8km北上すると、国道153号沿いの道の駅どんぐりの里いなぶに「どんぐりの湯」がある。木曜休（祝日の場合は翌日）・10～21時（土・日曜、祝日は9時30分～）・入浴料600円・☎0565-82-3135。②その周辺にある夏焼温泉の各温泉宿でも可能。例えば「ホテル岡田屋」

十国峠／十国峠ケーブルカー

岩伏山／登山口の案内標識

岩伏山／津島神社の駐車場

岩伏山／登山案内板

岩伏山／どんぐりの湯・浴室

＝不定休（月に3日休みあり）・11時〜21時30分・入浴料400円・
☎0565-82-2544。
問合先／設楽町観光協会☎0536-62-1000

宇連山・愛知県民の森
うれさん・あいちけんみんのもり

愛知県新城市　標高130m

登山口概要／宇連山の南東側、市道終点。宇連山や県民の森遊歩道の起点。
位置情報／［34°59′39″］［137°37′34″］
アクセス／東名道豊川ICから国道151号、県道434号、市道経由で約30.5km、約46分。または新東名道浜松いなさ北ICから三遠南信道（国道474号）、国道151号、県道434号、市道経由で約18km、約27分。
愛知県民の森／月曜休（祝日の場合は翌日。7〜8月は無休）・7〜20時・☎0536-32-1262。
駐車場／県民の森入口にあり、登山者の利用可だが、利用できるのは入口ゲートが開門される7〜20時のみ。それ以外の時間は閉鎖される。約500台・52×30mなど2面・舗装・区画あり。※駐車場での車中泊は禁止。
駐車場混雑情報／臨時駐車場もあるので、満車になってとめられないことはない。
トイレ／駐車場にある。水洗。水道・TPあり。評価☆☆☆〜☆☆。また「森の展示館」隣にもある。水洗。水道・TPあり。評価☆☆☆。さらに園内各所にも多数ある。
携帯電話／ドコモ通話可、au通話可、SB圏外。
公衆電話／駐車場近くの「森の展示館」にカード・コイン式公衆電話がある。
ドリンク自販機／駐車場近くの「森の展示館」にある(PBも)。
その他／森の展示館、モリトピア愛知（宿泊・レストラン・入浴）、県民の森施設案内図など。

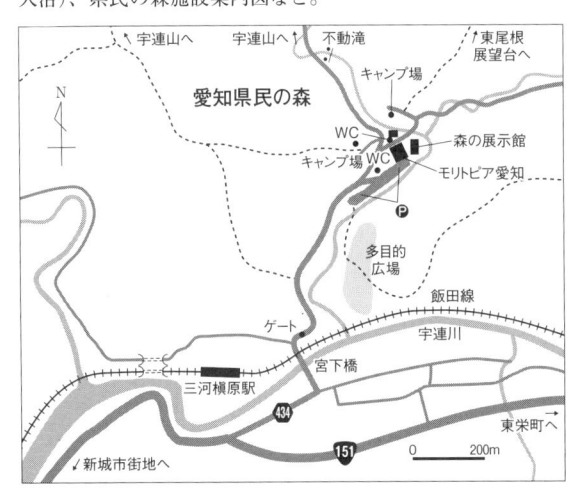

県民の森／国道に立つ大きな案内板

県民の森／県民の森の駐車場

県民の森／駐車場のトイレ

県民の森／同トイレ内部

県民の森／モリトピア愛知

39

取材メモ／県民の森のサクラは4月上旬、ツツジ類は4月上旬～6月初旬、ホソバシャクナゲは4月中旬～5月初旬、ササユリは6月上旬、ヤマユリは7月上旬、紅葉は11月中旬～下旬が見ごろ。
立ち寄り湯／①沸かし湯だが、県民の森内にある「モリトピア愛知」で入浴ができる。無休・11時～15時30分・入浴料400円・☎0536-32-1262。②国道151号を2kmほど南下すると、湯谷温泉手前に「鳳来ゆ～ゆ～ありいな」がある。火曜休（祝日の場合は翌日）・10～21時・入浴料600円・☎0536-32-2212。③一方、国道151号を約3km東進すると「名号温泉（みょうごうおんせん）・うめの湯」もある。木曜休（祝日の場合は営業）・10～20時・入浴料700円・☎0536-33-5126。
問合先／愛知県民の森☎0536-32-1262、新城市観光協会☎0536-32-0022、新城市観光課☎0536-32-1985

県民の森／鳳来ゆ～ゆ～ありいな・大浴場

宇連山・棚山林道
うれさん・たなやまりんどう

愛知県新城市　標高560m

登山口概要／宇連山の南西側、棚山林道ゲート前。棚山、宇連山、東海自然歩道などの起点。
位置情報／［35°00′45″］［137°34′50″］
アクセス／東名道豊川ICから国道151、257号、県道436、32号、市道、棚山林道（舗装と未舗装の繰り返し。未舗装は前半★★★、後半★★★★～★★、一部★。舗装区間にも路面に穴が開き、石が散在）経由で約36km、約1時間。または新東名道浜松いなさICから国道257号、県道32号、市道、棚山林道（上と同じ）経由で約30.5km、約50分。県道から6km、約15分。
駐車場／ゲート前の空き地に駐車可能。約4台・砂利＋草地・区画なし。すぐ手前右側に2台分、少し手前左側に5台分の駐車スペースがある。
携帯電話／未調査。
その他／東海自然歩道絵図。
立ち寄り湯／①鳳来寺山パークウェイを抜けて国道151号を1km北上すると「鳳来ゆ～ゆ～ありいな」がある。火曜休（祝日の場合は翌日）・10～21時・入浴料600円・☎0536-32-2212。②国道151号をさらに5.5km北上すると「名号温泉（みょうごうおんせん）・うめの湯」もある。木曜休（祝日の場合は営業）・10～20時・入浴料700円・☎0536-33-5126。③東名道豊川IC近くの県道21号から少し入ると「本宮の湯（ほんぐうのゆ）」がある。水曜休（祝日の場合は翌日）・10～22時・入浴料600円・☎0533-92-1880。
問合先／新城市鳳来総合支所地域振興課☎0536-32-0513、新城市観光協会☎0536-32-0022、新城市観光課☎0536-32-1985

越前岳→P20 愛鷹山・十里木高原
　　　→P24 愛鷹山・山神社駐車場

棚山／棚山林道の未舗装区間

棚山／ゲート前の空き地

棚山／林道ゲート

棚山／登山道入口

恵那山・追分登山口

えなさん・おいわけとざんぐち

岐阜県中津川市　標高1350m

登山口概要／恵那山（日本百名山）の北東側、大谷霧ヶ原林道沿い。鳥越峠（とりごえとうげ）を経由する恵那山の起点。詳細図は、P43「恵那山・神坂峠」の項参照。
位置情報／〔35°28′16″〕〔137°37′24″〕
アクセス／中央道中津川ICから国道19号、県道7号、大谷霧ヶ原林道（全線舗装）経由で約23.5km、約43分。国道から16.5km、約33分。大谷霧ヶ原林道の開通期間は4月29日〜11月20日前後。
駐車場／登山道入口の林道路肩に駐車スペースがある。4〜5台・小石＋草地・区画なし。
駐車場混雑情報／満車になることはほとんどないと思われるが、万一満車の場合は、手前に広い大桧駐車場がある。
トイレ／手前の強清水にある。非水洗。TPあり。評価☆☆。外見の印象よりも意外ときれいで、取材時は掃除が行われた直後だった。定期的に管理されていることを伺わせる。
携帯電話／ドコモ圏外つながらず、au通話可、SB圏外。
水場／手前に強清水があるが、環境変化で汚染されつつあり、生水で飲まないように書かれた注意看板が立っている。
登山届入れ／手前の大桧駐車場にある。「恵那山最終登山届提出所」という看板が立っている。
その他／登山者に対する注意喚起看板。
立ち寄り湯／県道7号へ戻る手前に「クアリゾート湯舟沢」がある。第4木曜休（7〜8月は無休）・10〜21時30分（施設は〜22時）・入浴料800円・☎0573-69-5000。
問合先／中津川観光センター☎0573-62-2277、中津川市観光課☎0573-66-1111

追分／大桧駐車場の登山届入れ

追分／登山道入口の駐車スペース

追分／登山道入口

恵那山・黒井沢登山口

えなさん・くろいさわとざんぐち

岐阜県中津川市　標高1178m

登山口概要／恵那山（日本百名山）の南側、恵那山林道沿い。黒井沢コースを経由する恵那山の起点。
位置情報／〔35°24′24″〕〔137°35′56″〕
アクセス／中央道中津川ICから国道19、363号、市道、恵那山林道（全線舗装）経由で約18km、約34分。手前の林道入口などに「恵那山・黒井沢登山口」の標識がある。恵那山林道入口から9.2km、約20分。恵那山林道の開通期間は、4月1日〜11月末日。
駐車場／登山道に続く黒井沢林道との交差点に駐車スペースがある。約18台・32×22m・砂利・区画なし。
トイレ／駐車スペースに簡易トイレが1基ある。TPあり。評価☆☆。
携帯電話／ドコモ圏外、au圏外、SB圏外。
登山届入れ／駐車スペースに立つ小屋前にある。

黒井沢／恵那山林道

黒井沢／林道交差点の駐車スペース

41

その他／国有林治山施行地案内板、国有林からのお願い看板。
立ち寄り湯／国道257号を北上し、城山大橋で木曽川を渡ると「ラジウム温泉・かすみ荘」で可能。国道から少し入る。無休・8〜22時・入浴料500円・☎0573-66-5674。
問合先／中津川観光センター☎0573-62-2277、中津川市観光課☎0573-66-1111

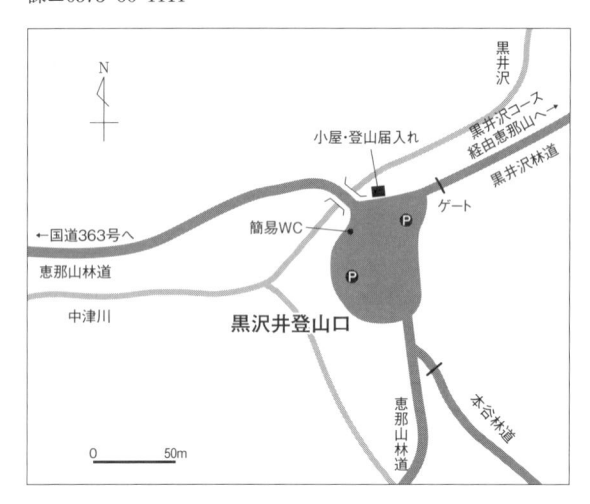

黒井沢／同駐車スペースの簡易トイレ

黒井沢／黒井沢林道入口

恵那山・強清水
えなさん・こわしみず

岐阜県中津川市　標高1110m

登山口概要／恵那山（日本百名山）の北側、大谷霧ヶ原林道沿い。旧・東山道（とうさんどう、とうせんどう）を経由する富士見台高原や恵那山の起点。
位置情報／［35°28′40″］［137°36′46″］
アクセス／中央道中津川ICから国道19号、県道7号、大谷霧ヶ原林道（全線舗装）経由で約21km、約35分。国道から14km、約25分。大谷霧ヶ原林道の開通期間は4月29日〜11月20日前後。
駐車場／登山道入口に駐車スペースがある。約3台・砂利＋草地・区画なし。また付近の林道路肩に寄せれば約5台は駐車可。
トイレ／すぐ先にある。非水洗。TPあり。評価☆☆。外見の印象よりも意外ときれいで、取材時は掃除が行われた直後だった。定期的に管理されていることを伺わせる。
携帯電話／ドコモ📶〜📶通話可、au📶通話可、SB圏外。
水場／登山道入口わきに強清水があるが、環境変化で汚染されつつあり、生水で飲まないように書かれた注意看板が立っている。
登山届入れ／登山道入口にある。
取材メモ／登山道入口付近には、風穴（ふうけつ）があり、解説板が立っている。

強清水／登山道入口の駐車スペース

強清水／すぐ近くにあるトイレ

強清水／風穴

立ち寄り湯／県道7号へ戻る手前に「クアリゾート湯舟沢」がある。第4木曜休（7～8月は無休）・10時～21時30分（施設は～22時）・入浴料800円・☎0573-69-5000。
問合先／中津川観光センター☎0573-62-2277、中津川市観光課☎0573-66-1111

え
な

強清水／強清水

恵那山・前宮登山口
えなさん・まえのみやとざんぐち

岐阜県中津川市　標高698m（駐車スペース）

登山口概要／恵那山（日本百名山）の西側、保安林管理道前山線沿い。前宮（前宮谷）コースを経由する恵那山の起点。取材時は、登山道入口の300m手前で通行止になっていたため、登山道入口付近の状況は不明。
位置情報／［35°26′43″］［137°32′27″］（駐車スペース）［35°26′55″］［137°32′32″］（登山道入口）
アクセス／中央道中津川ICから国道19、363号、市道、保安林管理道前山線（途中まで舗装。以後は未舗装。路面評価★★★）経由で約10.5km、約20分。国道から通行止地点まで2.8km、約8分。
駐車場／通行止地点の少し手前に駐車スペースがある。約4台・14×8m・砂利＋草地・区画なし。また保安管理道前山線入口の右側にも約8台分の駐車スペースがある。
携帯電話／ドコモ📶通話可、au📶通話可、SB📶～📶通話可。
立ち寄り湯／国道257号を北上し、城山大橋で木曽川を渡ると「ラジウム温泉・かすみ荘」で可能。国道から少し入る。無休・8～22時・入浴料500円・☎0573-66-5674。
問合先／中津川観光センター☎0573-62-2277、中津川市観光課☎0573-66-1111

前宮／駐車スペース

前宮／ラジウム温泉・かすみ荘の浴室

恵那山・神坂峠
えなさん・みさかとうげ

岐阜県中津川市／長野県阿智村　標高1569m

登山口概要／恵那山（日本百名山）の北東側、大谷霧ヶ原林道沿い。神坂峠ルートを経由する恵那山の主要登山口。旧・東山道（とうさんどう、とうせんどう）や富士見台高原などの起点。
位置情報／［35°28′20″］［137°37′56″］
アクセス／中央道中津川ICから国道19号、県道7号、大谷霧ヶ原林道（全線舗装）経由で25.5km、約50分。国道から18.5km、約40分。大谷霧ヶ原林道の開通期間は4月29日～11月20日前後。
駐車場／峠付近に恵那山登山者駐車場や駐車スペースがある。恵那山登山者駐車場＝8台・20×16m・砂地＋石・区画あり。峠付近の駐車スペース＝約4台・砂利＋舗装・区画なし。また手前の「水またぎ」にも広い駐車スペースがある。約12台・54×7m・砂地＋小石・区画なし。

神坂峠／水またぎの駐車スペース

神坂峠／峠の駐車スペース

43

駐車場混雑情報／紅葉シーズンの9月下旬〜10月上旬は満車になる。
トイレ／手前の強清水にある。非水洗。TPあり。評価☆☆。外見の印象よりも意外ときれいで、取材時は掃除が行われた直後だった。定期的に管理されていることを伺わせる。またさらに奥の萬岳荘（ばんがくそう）2階裏手にもある。チップ制。水洗。TPあり。評価☆☆☆。
携帯電話／ドコモ▼つながらず、au▼▲〜▼▲通話可、SB▼▲〜▼▲つながらず。
登山届入れ／手前の大桧駐車場にある。「恵那山最終登山届提出所」という看板が立っている。
その他／水またぎ解説板、神坂峠解説板、富士見台風致探勝林案内板。
立ち寄り湯／県道7号へ戻る手前に「クアリゾート湯舟沢」がある。第4木曜休（7〜8月は無休）・10〜21時30分（施設は〜22時）・入浴料800円・☎0573-69-5000。
問合先／中津川観光センター☎0573-62-2277、中津川市観光課☎0573-66-1111、阿智村地域経営課☎0265-43-2220

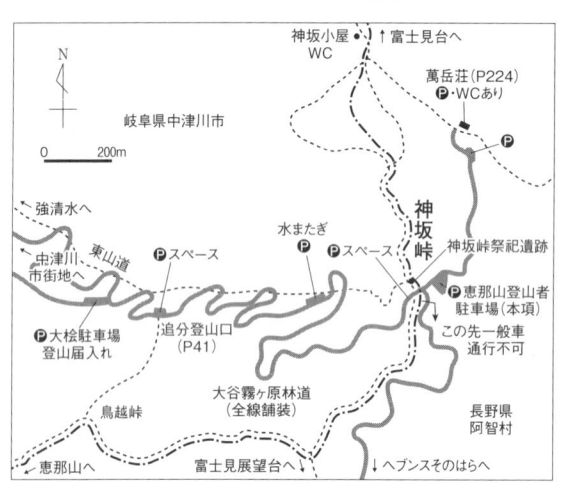

神坂峠／恵那山登山者駐車場

神坂峠／恵那山登山道入口

神坂峠／クアリゾート湯舟沢

時山／県道路肩の駐車スペース

烏帽子岳・時山文化伝承館付近
えぼしだけ・ときやまぶんかでんしょうかんふきん

岐阜県大垣市　標高240m

登山口概要／烏帽子岳の北西側、県道139号沿い。北西尾根を経由する烏帽子岳、阿蘇谷を経由する三国岳の起点。
位置情報／［35°14′23″］［136°25′17″］
アクセス／名神関ヶ原ICから国道365号、県道139号経由で約18.5km、約28分。
駐車場／清内橋付近の県道路肩に駐車スペースがある。普段から登山者がよく停めているようだ。8〜10台・30×3mなど2面・砂利＋草地・区画なし。※時山文化伝承館の駐車場は、登山者の利用不可。

時山／観光案内板

携帯電話／ドコモ通話可、au通話可、SB通話可。
立ち寄り湯／①隣の養老町の養老公園近くに「養老温泉・ゆせんの里」がある。第4木曜休（祝日の場合は前日）・10～22時・入浴料650円（土・日曜、祝日は750円）・☎0584-34-1313。②米原方面では、沸かし湯だが、三島池畔のグリーンパーク山東にある「鴨池荘」で可能。無休・16～22時（土・日曜、祝日は13時～）・入浴料500円・☎0749-55-3751。③また米原市伊吹庁舎の近く「伊吹薬草の里文化センター」に薬草湯もある。月曜休（祝日の場合は翌日）・12時30分～19時30分・入浴料500円・☎0749-58-0105。
問合先／大垣市上石津地域事務所産業建設課☎0584-45-3111

時山／時山文化伝承館入口

烏帽子岳・細野登山口（林間広場）
えぼしだけ・ほそのとざんぐち（りんかんひろば）

岐阜県大垣市　標高227m

登山口概要／烏帽子岳の北東側、市道沿い。烏帽子岳の起点。
位置情報／［35°14′11″］［136°27′06″］
アクセス／名神道関ヶ原ICから国道365号、県道139号、市道経由で約19km、約30分。市道に入ると右折左折を繰り返すが、「細野登山道入口」などの標識があり、迷うことはない。県道から3.4km、約6分。
駐車場／林間広場に駐車場がある。約30台・50×18m・砂利・区画なし。
トイレ／駐車場にある。センサーライト付き。水洗。水道・TPあり。評価☆☆☆。
携帯電話／ドコモ通話可、au通話可、SB通話可。
その他／あずまや、烏帽子岳登山道案内板、壬申の乱と輿越えの由来解説板。
立ち寄り湯／①隣の養老町の養老公園近くに「養老温泉・ゆせんの里」がある。第4木曜休（祝日の場合は前日）・10～22時・入浴料650円（土・日曜、祝日は750円）・☎0584-34-1313。②米原方面では、沸かし湯だが、三島池畔のグリーンパーク山東にある「鴨池荘」で可能。無休・16～22時（土・日曜、祝日は13時～）・入浴料500円・☎0749-55-3751。③また米原市伊吹庁舎の近く「伊吹薬草の里文化センター」に薬草湯もある。月曜休（祝日の場合は翌日）・12時30分～19時30分・入浴料500円・☎0749-58-0105。
問合先／大垣市上石津地域事務所産業建設課☎0584-45-3111

細野／林間広場の駐車場

細野／同駐車場のトイレ

細野／同トイレ内部

王滝渓谷入口
おうたきけいこくいりぐち

愛知県豊田市　標高58m（県道沿い駐車場）、標高70m（龍門橋駐車場）

登山口概要／王滝渓谷の下流側（北西側）、県道39号沿いや市道沿い。王滝渓谷や梟ヶ城址（ふくろうがじょうし）、天下峯（てんがみね）などの起点。

王滝渓谷／県道沿いの王滝渓谷駐車場

位置情報／［35°04′17″］［137°14′01″］（王滝渓谷駐車場）［35°04′17″］［137°14′24″］（龍門橋駐車場）
アクセス／東海環状道豊田松平ICから国道301号、県道39号経由で約2.7km、約4分。龍門橋駐車場はその800m先。
駐車場／県道沿いに王滝渓谷駐車場、少し奥へ入ったところに龍門橋駐車場がある。王滝渓谷駐車場＝52台＋大型・90×26m・舗装・区画あり。龍門橋駐車場＝12～15台・46×12m、舗装・区画なし。
駐車場混雑情報／夏休みはどちらの駐車場も満車になる。GWは空いている。
トイレ／それぞれの駐車場にある。王滝渓谷駐車場のトイレ＝水洗。水道・TPあり。評価☆☆～☆☆。龍門橋駐車場のトイレ＝水洗。水道・TPあり。評価☆☆☆～☆☆。
携帯電話／王滝渓谷駐車場＝ドコモ通話可、au通話可、SB通話可。龍門橋駐車場＝ドコモ通話可、au通話可、SB圏外。
ドリンク自販機／付近の県道沿いにある(PBも)。
その他／王滝渓谷と周辺案内図、梟ヶ城展望台、王滝渓谷解説板。
取材メモ／王滝渓谷の紅葉は11月中旬～下旬が見ごろ。王滝渓谷もみじまつりも開催。
立ち寄り湯／香嵐渓方面に向けて県道39号を北上すると追分交差点手前の巴川対岸に「白鷺温泉・白鷺館」がある。不定休・10～20時・入浴料800円・☎0565-62-0151。
問合先／松平観光協会☎0565-77-8089、豊田市松平支所☎0565-58-0001、豊田市観光協会（豊田市商業観光課）☎0565-34-6642

王滝渓谷／同駐車場のトイレ

王滝渓谷／同トイレ内部

王滝渓谷／龍門橋駐車場

王滝湖／同駐車場のトイレ

王滝湖／渓谷遊歩道入口（龍門橋）

王滝渓谷・王滝湖駐車場
おうたきけいこく・おうたきこちゅうしゃじょう

愛知県豊田市　標高190m

登山口概要／王滝渓谷の上流側（南東側）、市道沿い。王滝渓谷や天下峯（てんがみね）などの起点。詳細図は、P176「天下峯・古美山園地」の項参照。
位置情報／［35°03′51″］［137°14′52″］
アクセス／東海環状道豊田松平ICから国道301号、県道360号、市道経由で約6.5km、約10分。
駐車場／利用可能時間は午前5時〜夜（状況に応じて変動）。時間外は閉鎖される。46台・80×24m・舗装・区画あり。
駐車場混雑情報／夏休みは川遊び客が多いので満車になる。GWは混雑しない。秋は空いている。
携帯電話／ドコモ📶だが通話可、au📶通話可、SB圏外。
ドリンク自販機／駐車場付近にある(PBも)。
その他／王滝渓谷案内図、椿木（つばや）バス停（松平ともえ号バス）。
取材メモ／王滝渓谷の紅葉は11月中旬〜下旬が見ごろ。王滝渓谷もみじまつりも開催。
立ち寄り湯／香嵐渓方面に向けて県道39号を北上すると追分交差点手前の巴川対岸に「白鷺温泉・白鷺館」がある。不定休・10〜20時・入浴料800円・☎0565-62-0151。
問合先／松平観光協会☎0565-77-8089、豊田市松平支所☎0565-58-0001、豊田市観光協会（豊田市商業観光課）☎0565-34-6142

王滝湖／王滝湖駐車場

王滝湖／王滝湖観光案内板

大岩岳登山口
おおいわだけとざんぐち

愛知県東栄町　標高843m（林道途中）

登山口概要／大岩岳の西側、林道途中や終点。大岩岳や小岩岳の起点。取材時は悪天候のため、林道途中で取材を打ち切ったため、その先の状況は不明。
位置情報／［35°07′40″］［137°43′08″］（県道路肩）
［35°07′39″］［137°43′27″］（林道途中）
［35°07′22″］［137°44′34″］（林道終点）
アクセス／新東名道浜松いなさ北ICから三遠南信道（国道474号）、国道151号、県道74号、林道経由で約40km、約1時間5分（林道途中まで）。県道74号の御園トンネル南口すぐ手前を右折する（標識なし）。約1km先から未舗装となる。この先は悪路だが、普通車でも進入は可能のようだ。
駐車場／林道入口手前の県道路肩や林道途中、林道終点に駐車スペースがある。県道路肩＝約5台・舗装・区画なし。林道途中＝1台・砂地＋草地・区画なし。林道終点の状況は未取材なので不明だが、駐車スペースがあるらしい。大型車は、県道路肩の駐車スペースを利用する方が無難。
携帯電話／林道途中＝ドコモ📶〜📶通話可、au📶通話可、SB圏外。
立ち寄り湯／①県道74号を南下して、国道473号に左折すると「とうえい温泉」がある。水曜休（祝日の場合は営業。ほか3月と6月にメンテナンス休あり)・10〜21時・入浴料600円・☎0536-77-0268。②国道151号を南下すると、名号交差点の1km先に「名号温泉（みょうごうおんせん)・うめの湯」がある。

大岩岳／林道の入口

大岩岳／林道の舗装区間

大岩岳／未舗装区間手前の駐車スペース

木曜休（祝日の場合は営業）・10〜20時・入浴料700円・☎0536-33-5126。③さらにその先の湯谷温泉手前に「鳳来ゆ〜ゆ〜ありいな」もある。火曜休（祝日の場合は翌日）・10〜21時・入浴料600円・☎0536-32-2212。
問合先／東栄町経済課☎0536-76-1812

大鈴山・天堤登山口
おおすずやま・あまづつみとざんぐち

愛知県設楽町　標高655m

登山口概要／大鈴山の北側、県道427号沿い。大鈴山や鹿島山の起点。
位置情報／［35°06′53″］［137°36′10″］
アクセス／猿投グリーンロード力石ICから国道153、420、257、473号、県道427号経由で約55.5km、約1時間25分。または新東名道浜松いなさICから国道257号、県道32、389号、国道257、473号、県道427号経由で約47.5km、約1時間10分。
駐車場／登山道入口の南側県道路肩に駐車スペースがある。約5台・30×3m・泥＋草地＋落ち葉・区画なし。
携帯電話／ドコモ通話可、au だが通話可、SB圏外。
その他／天堤バス停（おでかけ北設バス）。
立ち寄り湯／国道153号で力石ICに戻る途中、香嵐渓先の追分交差点付近に「白鷺温泉・白鷺館」がある。不定休・10〜20時・入浴料800円・☎0565-62-0151。
問合先／設楽町観光協会☎0536-62-1000

大鈴山・大神田登山口→P211 平山明神山・大神田登山口

大鈴山・和市登山口
おおすずやま・わいちとざんぐち

愛知県設楽町　標高495m

登山口概要／大鈴山の南側、国道473号沿い。鹿島山や平山明神山、大鈴山、岩古谷山（いわごやさん）、東海自然歩道の起点。
位置情報／［35°05′32″］［137°35′51″］
アクセス／猿投グリーンロード力石ICから国道153、420、257、473号経由で約52km、約1時間18分。または新東名道浜松いなさICから国道257号、県道32、389号、国道257、473号経由で約39km、約58分。
駐車場／登山道入口の国道沿いに駐車スペースがある。約10台・32×14m・土＋砂地＋小石＋草地・区画なし。
携帯電話／ドコモ通話可、au通話可、SB通話可。
その他／東海自然歩道案内板。
立ち寄り湯／国道153号で力石ICに戻る途中、香嵐渓先の追分交差点付近に「白鷺温泉・白鷺館」がある。不定休・10〜20時・入浴料800円・☎0565-62-0151。
問合先／設楽町観光協会☎0536-62-1000

大岩岳／とうえい温泉の陶器風呂

天堤／県道路肩の駐車スペース

天堤／登山道入口

和市／国道沿いの駐車スペース

和市／登山道入口

大峠・大沢中俣林道
おおとうげ・おおさわなかまたりんどう

愛知県設楽町　標高693m

登山口概要／大峠の北側、大沢中俣林道沿い。大峠の起点。
位置情報／［35°08′59″］［137°39′25″］
アクセス／新東名道浜松いなさICから三遠南信道（国道474号）、国道151号、県道428号、町道、大沢中俣林道（全線舗装）経由で約45km、約1時間8分。林道入口から400m。
駐車場／登山道入口の100m先は幅員が広く路肩に寄せて駐車可能。1〜2台・舗装・区画なし。※登山道入口付近は狭く、通行の妨げになるので付近の駐車は遠慮してほしい旨の看板が立っている。
携帯電話／ドコモ通話可、au通話可、SB通話可。
立ち寄り湯／県道428号で豊根村に向かうと、「湯〜らんどパルとよね」がある。県道から少し入る。木曜休（祝日の場合は翌日）・10〜21時・入浴料500円・☎0536-85-1180。
問合先／設楽町観光協会☎0536-62-1000

大峠／100m先の駐車スペース

大峠／登山道入口

大野山・町道321号入口
おおのざん・ちょうどうさんびゃくにじゅういちごういりぐち

愛知県設楽町　標高676m

登山口概要／大野山の南西側、国道257号沿い。町道321号を経由する大野山の起点。
位置情報／［35°07′54″］［137°33′36″］
アクセス／猿投グリーンロード力石ICから国道153、257号経由で約46.5km、約1時間10分。または東海環状道豊田松平ICから国道301号、県道39号、国道153、257号経由で約50.5km、約1時間16分。あるいは新東名道浜松いなさICから国道257号、県道32、389号、国道257号経由で約49km、約1時間12分。
駐車場／町道321号入口付近の国道257号路肩に駐車スペースがある。約40台・152×8m・舗装・区画なし。
携帯電話／ドコモ通話可、au通話可、SB通話可。
取材メモ／町道321号市場口大野山線は、狭い未舗装道。
立ち寄り湯／①国道257号を北上すると、国道153号沿いの道の駅どんぐりの里いなぶに「どんぐりの湯」がある。木曜休（祝日の場合は翌日）・10〜21時（土・日曜、祝日は9時30分〜）・入浴料600円・☎0565-82-3135。②国道153号で力石ICに戻る途中、香嵐渓先の追分交差点付近に「白鷺温泉・白鷺館」がある。不定休・10〜20時・入浴料800円・☎0561-62-0151。
問合先／設楽町観光協会☎0536-62-1000

大野山／国道路肩の駐車スペース

大野山／町道321号入口

大光山・草木登山口
おおぴっかりやま・くさきとざんぐち

静岡県静岡市葵区　標高765m

草木／林道路肩の駐車スペース

49

登山口概要／大光山の西側、舗装林道沿い。大光山の主要登山口。
位置情報／[35°16′18″][138°20′39″]
アクセス／新東名道新静岡ICから県道27、29号、舗装林道経由で約34km、約54分。県道から1.6km、約5分。
駐車場／舗装林道途中の路肩に駐車スペースがある。4〜5台・コンクリート舗装＋砂利＋草地・区画なし。
携帯電話／ドコモ圏外、au圏外、SB圏外。
登山届入れ／駐車スペースにある。
その他／林道入口に安倍峠ハイキングコース案内板、草木バス停（しずてつジャストラインバス）。
立ち寄り湯／①県道に出て右折すると、少し先に「梅ヶ島新田温泉・黄金の湯（こがねのゆ）」がある。月曜休（祝日の場合は翌日）・9時30分〜17時30分（12〜3月は〜16時30分）・入浴料500円・☎054-269-2615。②また新静岡IC方面に県道を南下すると、静岡市街地周辺に「滝の谷温泉センター」や「静岡市ふれあい健康増進館ゆらら」などがある。
問合先／静岡市スポーツ振興課管理担当☎054-221-1071

草木／道標と登山届入れ

黄金／黄金の湯駐車場

大光山・黄金の湯
おおぴっかりやま・こがねのゆ

静岡県静岡市葵区　標高736m

登山口概要／大光山の西側、県道29号沿い。大光山を周遊する場合の起点にできる立ち寄り湯施設。
位置情報／[35°17′09″][138°20′26″]
アクセス／新東名道新静岡ICから県道27、29号経由で約34.5km、約52分。
駐車場／黄金の湯駐車場は、登山者の利用可。約100台・36×14mなど5面・舗装・区画あり。
駐車場混雑情報／紅葉シーズンの休日やイベント時には、満車になることもある。
トイレ／黄金の湯の駐車場に公衆トイレがある。水洗・水道・TPあり。評価☆☆☆〜☆☆。
携帯電話／ドコモ📶通話可、au📶通話可、SB📶通話可。
その他／梅ヶ島観光案内板。
立ち寄り湯／①「黄金の湯」で可能。月曜休（祝日の場合は翌日）・9時30分〜17時30分（12〜3月は〜16時30分）・入浴料500円・☎054-269-2615。②また新静岡IC方面に県道を南下すると、静岡市街地周辺に「滝の谷温泉センター」や「静岡市ふれあい健康増進館ゆらら」などがある。
問合先／梅ヶ島新田温泉・黄金の湯☎054-269-2615、静岡市スポーツ振興課管理担当☎054-221-1071

黄金／黄金の湯

黄金／黄金の湯・浴室

大札山・肩登山口
おおふだやま・かたとざんぐち

静岡県川根本町・浜松市天竜区　標高1145m

肩／国道に立つ案内標識

登山口概要／大札山の南西側、南赤石林道沿い。大札山の主要最短登山口。三星山（みつぼしやま）の起点。林道をさらに1.5km入ると北尾根登山口がある。
位置情報／［35°06′07″］［138°03′15″］（肩登山口）
アクセス／新東名道島田金谷ICから国道473、362号、南赤石林道（全線舗装）経由で約44km、約1時間10分。国道から12.8km、約26分。南赤石林道の開通期間は、4月初旬（状況によって変動）～12月中旬。
駐車場／登山道入口前に駐車場や駐車スペースがある。計22～23台・22×5m、48×20mなど3面・砂利・区画あり（区画なしも）。
駐車場混雑情報／混雑することはない。
トイレ／駐車場にある。非水洗。水道・TPあり。評価☆☆。
携帯電話／ドコモ📶圏外つながらず、au📶通話可、SB圏外。
その他／川根本町ハイキング案内図、大札山ハイキングコース案内図、川根本町観光案内図、あずまや、テーブル・ベンチ。
取材メモ／北尾根登山口前後の林道路肩にも計約10台分の駐車スペースがある。また大札山のアカヤシオは4月下旬～5月上旬、シロヤシオは5月中旬が見ごろ。
立ち寄り湯／国道を北上して千頭温泉に行くと立ち寄り湯が2軒ある。①「千頭温泉・旬」＝水曜休・10時～20時30分・入浴料500円・☎0547-59-1126。②「創造と生きがいの湯」＝月曜休（祝日の場合は翌日）・13～20時・入浴料150円・☎0547-59-3628（シルバー人材センター）。③また県道77、63号で南下すると、大井川鐵道川根温泉笹間渡駅（かわねおんせんささまどえき）近くに「川根温泉・ふれあいの泉」がある。第1もしくは第2火曜休・9～21時・入浴料500円・☎0547-53-4330。
問合先／川根本町まちづくり観光協会☎0547-59-2746、川根本町商工観光課観光室☎0547-58-7077

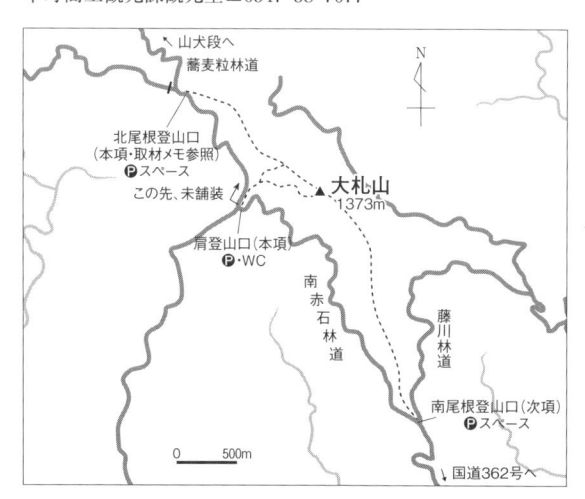

大札山・北尾根登山口→（前項）「取材メモ」欄参照

肩／肩登山口の駐車スペースとトイレ

肩／同トイレ

肩／同トイレ内部

肩／大札山登山案内板

肩／登山道入口

51

大札山・南尾根登山口（樅の木平）
おおふだやま・みなみおねとざんぐち（もみのきだいら）

静岡県川根本町　標高850m

登山口概要／大札山の南側、南赤石林道沿い。大札山の起点。詳細図は、前項参照。
位置情報／［35°05′04″］［138°04′15″］
アクセス／新東名道島田金谷ICから国道473、362号、南赤石林道（全線舗装）経由で約40km、約1時間5分。国道から9.2km、約20分。南赤石林道の開通期間は、4月初旬（状況によって変動）～12月中旬。
駐車場／登山道入口前の林道路肩に駐車スペースがある。7～8台・35×3mなど2面・砂利＋草地・区画なし。
携帯電話／ドコモ通話可、au通話可、SB通話可。
その他／FSC森林認証の森解説板、ベンチ。
取材メモ／大札山のアカヤシオは4月下旬～5月上旬、シロヤシオは5月中旬が見ごろ。
立ち寄り湯／千頭温泉に行くと立ち寄り湯が2軒ある。①「千頭温泉・旬」＝水曜休・10時～20時30分・入浴料500円・☎0547-59-1126。②「創造と生きがいの湯」＝月曜休（祝日の場合は翌日）・13～20時・入浴料150円・☎0547-59-3628（シルバー人材センター）。③県道77、63号で南下すると、大井川鐵道川根温泉笹間渡駅（かわねおんせんささまどえき）近くに「川根温泉・ふれあいの泉」がある。第1もしくは第2火曜休・9～21時・入浴料500円・☎0547-53-4330。
問合先／川根本町まちづくり観光協会☎0547-59-2746、川根本町商工観光課観光室☎0547-58-7077

南尾根／林道路肩の駐車スペース

南尾根／「樅の木平」標識

南尾根／登山道入口

大洞山・林道途中
おおほらやま・りんどうとちゅう

岐阜県郡上市　標高635m

登山口概要／大洞山の東側、未舗装林道の途中。大洞山の起点。手前の「和良大月の森公園」、および詳細図は、次項参照。
位置情報／［35°46′56″］［137°03′00″］
アクセス／東海北陸道郡上八幡ICから国道156、256号、県道323号、市道、未舗装林道（路面評価★★）経由で約29.5km、約50分。和良大月の森公園キャンプ場先の三叉路を右折すると、未舗装になり写真の駐車スペースに到着する。この先は路面評価★の悪路なので進入しない方が無難。県道323号から3.8km、約12分。
駐車場／林道途中に駐車スペースがある。約3台・土＋草地・区画なし。
トイレ／和良大月の森公園管理棟のトイレは、登山者が利用してもよいとのこと。バンガロー付近のトイレは、キャンプ場利用者がいない場合は閉鎖されている。どちらも詳細不明。
携帯電話／ドコモ圏外、au圏外、SB圏外。
立ち寄り湯／郡上市街地へ戻り、城南交差点から国道156号を3km南下すると「郡上温泉・やすらぎの湯宝泉」がある。

林道／キャンプ場先の三叉路

林道／林道途中の駐車スペース

無休（利用できない日もある）・10〜24時（受付締切は22時）・入浴料650円・☎0575-63-2311。
問合先／和良観光協会（和良振興事務所）☎0575-77-2211、郡上市観光連盟（郡上市観光課）☎0575-67-1808

大洞山・和良大月の森公園
おおぼらやま・わらおおつきのもりこうえん

岐阜県郡上市　標高548m

登山口概要／大洞山の東側、市道沿い。大洞山の主要登山口。和良大月の森公園の遊歩道「おおむらさきの小径」などの起点。
位置情報／［35°46′53″］［137°03′26″］
アクセス／東海北陸道郡上八幡ICから国道156、256号、県道323号、市道経由で約28.5km、約42分。県道323号から2.8km、約4分。
和良大月の森公園／4月1日〜10月31日・期間中無休・9〜16時・☎0575-77-3288。
駐車場／キャンプ場の駐車場やすぐ先の待避帯は登山者が駐車してもよいとのこと。約20台以上・20×15m・砂利+舗装・区画なし。
駐車場混雑情報／登山者の利用はGWが一番多いが、それでも満車になることはない。紅葉シーズンは少ない。
トイレ／和良大月の森公園管理棟のトイレは、登山者が利用してもよいとのこと。バンガロー付近のトイレは、キャンプ場利用者がいない場合は閉鎖されている。どちらも詳細不明。
携帯電話／ドコモ圏外、au圏外、SB圏外。
その他／和良大月の森公園案内図。
立ち寄り湯／郡上市街地に戻り、城南交差点から国道156号を3km南下すると「郡上温泉・やすらぎの湯宝泉」がある。無休（利用できない日もある）・10〜24時（受付締切は22時）・入浴料650円・☎0575-63-2311。
問合先／和良観光協会（和良振興事務所）☎0575-77-2211、

和良／県道交差点。ここを入る

和良／公園に続く市道

和良／管理棟と駐車場

和良／キャンプ場の待避帯

和良／公園の案内板

郡上市観光連盟（郡上市観光課）☎0575-67-1808

大室山・大室山登山リフト
おおむろやま・おおむろやまとざんりふと

静岡県伊東市　標高400m

登山口概要／大室山（伊豆富士）の北側、市道沿い。大室山の起点。
位置情報／［34°54′27″］［139°05′48″］
アクセス／修善寺道路修善寺ICから国道136号、県道12号、伊豆スカイライン（有料）、県道111号、市道経由で約26km、約40分。または西湘バイパス石橋ICから国道135号、県道12、351号、市道経由で約49km、約1時間10分。
駐車場／約500台・120×26mなど3面・舗装・区画あり。
駐車場混雑情報／元日や2月第2日曜日の山焼き大会などのイベントがある日は満車になる。山焼き大会は特に多く、11時頃には満車になる。
トイレ／リフト乗り場にある。詳細不明。
携帯電話／ドコモ通話可、au～通話可、SB通話可。
ドリンク自販機／駐車場にある(PBも)。
大室山リフト／9時～17時15分（季節により変動）・所要4～6分・往復500円・☎0557-51-0258。
その他／食事処大室茶屋、山頂売店、シャボテン公園大室山リフト東バス停（東海バス）、伊豆東部火山群と大室山解説板。
取材メモ／大室山は徒歩による登山が禁止されている。
立ち寄り湯／①伊豆スカイライン冷川ICから修善寺方面に下る県道12号沿い、中伊豆交流センター内に市営共同浴場の「白岩の湯」がある。火曜休・10～20時・入浴料200円・☎0558-83-2298。②また伊豆高原駅近くの国道135号沿いに「源泉野天風呂・高原の湯」がある。第1、3木曜休（祝日、GW、夏休みは営業）・10～22時・入浴料900円・☎0557-54-5200。
問合先／伊東観光協会☎0557-37-6105、伊東市観光課☎0557-36-0111

奥三界岳・夕森公園→P118 三界山・夕森公園

大室山／登山リフトの第1駐車場

大室山／登山リフト山麓駅

大室山／大室山登山リフト

奥三界岳・林道ゲート前
おくさんがいだけ・りんどうげーとまえ

岐阜県中津川市　標高730m

登山口概要／奥三界岳（日本三百名山）の南側、県道411号の奥、林道ゲート前。奥三界岳、田立天然公園などの起点。手前の夕森公園駐車場、および詳細図は、P118「三界山・夕森公園」の項参照。
位置情報／［35°38′41″］［137°30′47″］
アクセス／中央道中津川ICから国道19、256号、県道3、411号、林道経由で約26.5km、約40分。県道3号との交差点から5km、約7分。

奥三界／林道ゲート前の駐車スペース

奥三界／林道ゲート

駐車場／ゲート前に駐車スペースがある。約10台・28×10m・砂地＋草地・区画なし。
駐車場混雑情報／満車になることはない。
トイレ／手前のYOU・遊広場にある。簡易水洗。水道・TPあり。評価☆☆☆。
携帯電話／ドコモ📶〜📶通話可、au📶通話可、SB圏外。
ドリンク自販機／手前の夕森公園総合案内所前にある(PBも)。
登山届入れ／手前の夕森公園総合案内所玄関前にある。
その他／林道ゲートには、落石・落枝注意看板あり。
立ち寄り湯／県道3号を1kmほど西進して右折すると「くつかけの湯」がある。入浴できない日もあるので要確認。不定休・16〜20時・入浴料500円・☎0573-75-4866。
問合先／夕森公園総合案内所☎0573-74-2144、中津川観光センター☎0573-62-2277、中津川市観光課☎0573-66-1111

奥三界／YOU・遊広場のトイレ

奥三界／同トイレ内部

小津権現山・小津登山口
おづごんげんやま・おづとざんぐち

岐阜県揖斐川町　標高435m

登山口概要／小津権現山（白山権現山）の南東側、舗装林道終点。高屋山を経由する小津権現山の起点。
位置情報／［35°34′52″］［136°30′58″］
アクセス／名神道大垣ICから国道258、21、417、303号、県道268号、舗装林道経由で約43.5km、約1時間8分。または東海北陸道岐阜各務原ICから国道21号、国道303、157号、県道268号、舗装林道経由で約51km、約1時間20分。県道268号から7km、約13分。林道途中、路面に石が散在している区間があり、取材時は通行に支障なかったが要注意。
駐車場／舗装林道終点に駐車場がある。約20台・44×14m・舗装・区画なし。
携帯電話／ドコモ圏外、au圏外、SB圏外。
その他／登山者に対する注意喚起看板、ベンチ、熊出没注意看板。
立ち寄り湯／①国道303号に出て右折すると4.5km先に「いび川温泉・藤橋の湯」がある。木曜休（祝日の場合は翌日）・10〜21時（1〜2月は〜20時）・入浴料500円・☎0585-52-1126。②国道417号で大垣ICに戻る途中、池田町の下八幡広海橋交差点を右折すると「池田温泉」がある。本館と新館それぞれで可能。本館月曜休、新館水曜休（どちらも祝日の場合は翌日）・10〜22時（新館のみ日曜は8時〜）・入浴料500円・☎0585-45-1126（本館）。
問合先／揖斐川町商工観光課☎0585-22-2111

小津／林道終点の駐車場

小津／登山道入口

踊子歩道・二階滝駐車場
おどりこほどう・にかいだるちゅうしゃじょう

静岡県河津町　標高575m

登山口概要／二階滝の南西側、国道414号沿い。踊子歩道や

二階滝／二階滝駐車場

55

二階滝の起点。
位置情報／［34°49′21″］［138°56′04″］
アクセス／修善寺道路修善寺ICから天城北道路、国道136、414号経由で約21km、約30分。または西湘バイパス石橋ICから国道135号、県道14号、国道414号経由で約91.5km、約2時間18分。
駐車場／25〜30台（区画は15台分）・66×22m・舗装・区画あり。
トイレ／駐車場にある。センサーライト付き。水洗。水道（飲用不可）・TPあり。評価☆☆☆。
携帯電話／ドコモ通話可、au通話可、SB通話可。
その他／踊子歩道案内板、あずまや。
取材メモ／二階滝は落差20m。駐車場から徒歩約10分。
立ち寄り湯／①国道を北上して湯ヶ島温泉に行くと共同浴場の「河鹿の湯（かじかのゆ）」がある。水曜休・13〜22時・入浴料250円・☎0558-85-1056（伊豆市観光協会天城支部）。②湯ヶ島温泉には立ち寄り湯ができる温泉宿もある。例えば湯本館（無休・12時30分〜15時・入浴料800円・☎0558-85-1028）など。③国道を南下すると河津七滝町営駐車場の向かいの「七滝温泉ホテル」でも可能。無休・9〜20時・入浴料1100円・☎0558-35-7311。④近くの河津温泉に町営の立ち寄り湯「踊り子温泉会館」もある。火曜休・10〜21時・入浴料1000円・☎0558-32-2626。
問合先／河津町観光協会☎0558-32-0290、河津町産業振興課☎0558-34-1946

御嶽山・胡桃島キャンプ場
おんたけさん・くるみじまきゃんぷじょう
岐阜県高山市　標高1830m

登山口概要／御嶽山（日本百名山、花の百名山）の北側、県道435号沿い。胡桃島コースを経由する摩利支天山（まりしてんやま）や剣ヶ峰などの御嶽山の起点。
位置情報／［35°56′20″］［137°27′36″］
アクセス／中央道中津川ICから国道19号、県道20号、国道361号、県道463、435号経由で約99km、約2時間30分。または東海北陸道飛騨清見ICから中部縦貫道（高山清見道路・国道158号）、国道41、158、361号、県道463、435号経由で約80km、約2時間。
駐車場／県道から入ってすぐ、キャンプ場入口の駐車場は、登山者の利用可。あらかじめ電話連絡するか、あるいは登山前か下山時にキャンプ場管理棟に立ち寄り、ひと声かけてほしいとのこと。約10台・32×7m・舗装・区画なし。
携帯電話／ドコモ〜通話可、au圏外、SB圏外。
ドリンク自販機／キャンプ場にある（PBも）。
その他／御岳自然休養林案内板、飛騨御岳高原高地トレーニングエリア案内板。
取材メモ／御嶽山のコマクサやクロユリは、7月中旬〜下旬が見ごろ。
立ち寄り湯／近くの濁河温泉に「市営露天風呂」がある。営

二階滝／同駐車場のトイレ

二階滝／同トイレ内部

二階滝／踊子歩道（二階滝）入口

胡桃島／キャンプ場入口の案内標識

胡桃島／キャンプ場駐車場

業期間4月下旬～11月上旬・期間中無休・9～17時・入浴料500円・☎0576-62-3373。
問合先／胡桃島キャンプ場☎0576-62-3349、飛騨あさひ観光協会☎0577-55-3777、飛騨高山観光案内所☎0577-32-5328、高山市観光課☎0577-35-3145

御嶽山・飛騨小坂口（濁河温泉）
おんたけさん・ひだおさかぐち（にごりごおんせん）

岐阜県下呂市　標高1785m

登山口概要／御嶽山（日本百名山、花の百名山）の北西側、県道435号終点。飛騨小坂コースを経由する摩利支天山（まりしてんやま）や剣ヶ峰などの御嶽山、自然探勝路や原生林遊歩道、緋の滝・滝見歩道の起点。
位置情報／［35°55′24″］［137°27′01″］
アクセス／中央道中津川ICから国道19号、県道20号、国道361号、県道463、435号経由で約104km、約2時間36分。または東海北陸道飛騨清見ICから中部縦貫道（高山清見道路・国道158号）、国道41、158、361号、県道463、435号経由で約86km、約2時間10分。
駐車場／濁河温泉最上部、県道終点に市営駐車場がある。計約25台・36×24m、40×18m・舗装・区画あり（区画なしの駐車場もある）。またその手前の温泉街入口や温泉街の途中にも市営駐車場が点々とある。
駐車場混雑情報／県道終点の駐車場は、7～8月に満車になることがある。満車の場合は、その手前に点々とある市営駐車場を利用できる。
トイレ／登山道入口にトイレがある。利用可能なのは6～10月の登山シーズンのみ。それ以外は閉鎖される。バイオ式。水道・TPあり。評価☆☆。
携帯電話／ドコモ📶通話可、au📶通話可、SB📶通話可。
登山届入れ／登山道入口にある。

濁河／キャンプ場のコテージ

濁河／県道終点の市営駐車場

濁河／温泉街途中の市営駐車場のひとつ

濁河／登山道入口のトイレ

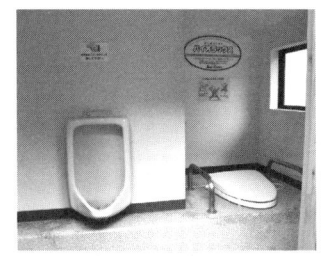

濁河／同トイレ内部

その他／登山者に対する注意喚起看板、国有林からのお願い、御嶽山登山案内図、御嶽垂直森林帯植物群落解説板。
取材メモ／御嶽山のコマクサやクロユリは、7月中旬〜下旬が見ごろ。なお、御嶽山登山道を10分ほど進み、分岐を左に入ると落差30mの仙人滝がある。分岐から滝まで往復15分。また、さらにその上部にある仙人橋から自然探勝路に進むと、うっそうとした苔の森が続く。
立ち寄り湯／県道を少し下ると「濁河温泉・市営露天風呂」がある。営業期間4月下旬〜11月上旬・期間中無休・9〜17時・入浴料500円・☎0576-62-3373。
問合先／下呂市小坂振興事務所小坂地域振興課☎0576-62-3111、下呂市観光課☎0576-24-2222

濁河／登山道入口に架かる橋

濁河／濁河温泉・市営露天風呂

御嶽山・日和田口（飛騨御岳橋）
おんたけさん・ひわだくち（ひだおんたけばし）

岐阜県高山市　標高1520m

登山口概要／御嶽山（日本百名山、花の百名山）の北東側、県道463号沿い。日和田道を経由する御嶽山・継子岳（ままこだけ）などの起点。
位置情報／［35°57′18″］［137°30′25″］
アクセス／中央道中津川ICから国道19号、県道20号、国道361号、県道463号経由で約92km、約1時間20分。または東海北陸道飛騨清見ICから中部縦貫道（高山清見道路・国道158号）、国道41、158、361号、県道463、435号経由で約73km、約1時間50分。県道463号の飛騨御岳橋のたもと（橋名の標識あり）を旧道へ入る。
駐車場／登山道入口前やそこから少し下ったところなどに駐車スペースがある。約5台・舗装＋草地・区画なし。
携帯電話／ドコモ〜圏外つながらず、au〜通話可、SB圏外。
登山届入れ／登山道入口にある。

日和田／飛騨御岳橋たもとの入口

日和田／飛騨御岳橋東側の駐車スペース

日和田／登山道入口とゲート前

取材メモ／御嶽山のコマクサやクロユリは、7月中旬～下旬が見ごろ。
立ち寄り湯／近くの濁河温泉に「市営露天風呂」がある。営業期間4月下旬～11月上旬・期間中無休・9～17時・入浴料500円・☎0576-62-3373。
問合先／高山市高根支所☎0577-59-2211、飛騨高山観光案内所☎0577-32-5328、高山市観光課☎0577-35-3145

お
ん

日和田／飛騨御岳橋下の駐車スペース

日和田／登山道入口

日和田／濁河温泉・市営露天風呂

か行

貝月山・栃の実荘
かいづきやま・とちのみそう

岐阜県揖斐川町　標高552m

登山口概要／貝月山の北東側、県道40号からわずかに入った場所にある。貝月山の主要登山口。
位置情報／［35°32′16″］［136°25′49″］
アクセス／名神道大垣ICから国道258、21、417、303号、県道40号、町道経由で約42.5km、約1時間5分。国道から7.6km、約12分。または北陸道木之本ICから国道8、303号、県道274、40号、町道経由で約42km、約1時間5分。
駐車場／栃の実荘前や県道沿いなどに駐車場があり、登山者の利用可。約100台以上・140×26mなど3面・舗装・区画あり（区画なしの駐車場も）。
駐車場混雑情報／グリーンシーズンに満車になることはない。
トイレ／手前の駐車場にある。水洗。水道・TPあり。評価☆☆。
携帯電話／ドコモ📶通話可、au📶〜📶通話可、SB📶通話可。
ドリンク自販機／栃の実荘前にある（PBも）。
登山届入れ／栃の実荘正面玄関にある。
立ち寄り湯／県道に出て右折し約1km東進すると「久瀬温泉露天風呂・白龍の湯」がある。火曜休（祝日の場合は翌日）・10〜20時・入浴料400円・☎0585-54-2678。
問合先／栃の実荘☎0585-54-2458、揖斐川町商工観光課☎0585-22-2111

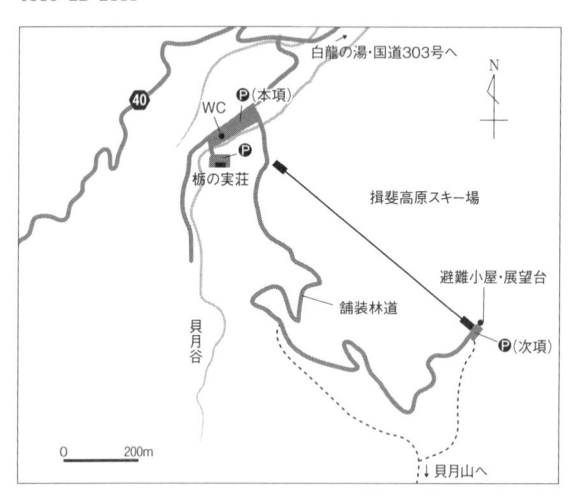

栃の実／県道沿いの駐車場

栃の実／同駐車場のトイレ

栃の実／同トイレ内部

栃の実／栃の実荘

林道／舗装林道

貝月山・林道終点
かいづきやま・りんどうしゅうてん

岐阜県揖斐川町　標高800m

登山口概要／貝月山の北東側、舗装林道終点。小貝月山を経由する貝月山の起点。詳細図は、前項参照。
位置情報／［35°32′00″］［136°26′17″］
アクセス／名神道大垣ICから国道258、21、417、303号、県道40号、町道、舗装林道経由で約45km、約1時間13分。または北陸道木之本ICから国道8、303号、県道274、40号、町道、舗装林道経由で約44.5km、約1時間13分。栃の実荘から2.4km、約8分。
駐車場／林道終点に広場がある。10〜12台・32×22m・砂地＋草地・区画なし。
トイレ／広場の避難小屋内にある。非水洗。水道（取材時は設備故障のため使用不可だった）・TPあり。評価☆☆。また栃の実荘付近の県道沿い駐車場にもある。水洗。水道・TPあり。評価☆☆。
携帯電話／ドコモ📶通話可、au📶通話可、SB📶通話可。
ドリンク自販機／栃の実荘前にある（PBも）。
登山届入れ／栃の実荘正面玄関にある。
その他／展望台、避難小屋。
取材メモ／この林道は、今後、通行制限される可能性も。
立ち寄り湯／県道に出て右折し約1km東進すると「久瀬温泉露天風呂・白龍の湯」がある。火曜休（祝日の場合は翌日）・10〜20時・入浴料400円・☎0585-54-2678。
問合先／揖斐川町商工観光課☎0585-22-2111

林道／林道終点の広場と避難小屋

林道／同避難小屋内部

川上岳登山口（市道本谷線終点）
かおれだけとざんぐち（しどうほんたにせんしゅうてん）

岐阜県下呂市　標高886m

登山口概要／川上岳（日本三百名山）の東側、未舗装の市道本谷線終点。川上岳の主要最短登山口。
位置情報／［36°00′48″］［137°10′30″］
アクセス／東海北陸道飛騨清見ICから中部縦貫道（高山清見道路・国道158号）、国道41号、県道98号、市道本谷線（路面評価★★★。部分的に★★。）経由で約68.5km、約1時間52分。または長野道松本ICから国道158号、中部縦貫道（安房峠道路。有料）、国道158号、市道、県道462号、市道、国道41号、県道98号、市道本谷線（上に同じ）経由で約126.5km、約3時間20分。市道途中、「登山道まで○km」の標識が点々とある。県道の700m先から未舗装になり、県道から5.2km、約17分。市道本谷線の開通期間は5月1日〜11月30日。
駐車場／市道終点に駐車スペースがある。約20台・70×20〜7m・砂地＋小石＋草地・区画なし。
携帯電話／ドコモ圏外、au📶通話可、SB📶〜📶通話可だが、直後に圏外になった。
水場／登山道入口にある。
その他／熊出没注意看板、登山者に対する注意喚起看板。
立ち寄り湯／①県道98号を北上して国道41号を左折すると、高山市一之宮町に「臥龍の郷（がりゅうのさと）」がある。月1回メンテナンス休・6〜23時・入浴料800円・☎0577-53-3933。②県道98号を南下し、県道88号を左折。1km先を左折

林道／登山道入口

川上岳／未舗装の市道本谷線

川上岳／市道終点の広い駐車スペース

すると「飛騨川温泉しみずの湯」もある。火曜休（祝日の場合は翌日。GWとお盆休みは無休）・10時30分〜21時30分（7〜8月は10時〜）・入浴料600円。☎0576-56-4326。
問合先／下呂市萩原振興事務所萩原地域振興課☎0576-52-2000、下呂市観光課☎0576-24-2222

笠ヶ岳→P77 北アルプス・新穂高駐車場①（深山荘付近）
　　　→P78 北アルプス・新穂高駐車場②（左俣林道入口）

笠置山・笠置山林道
かさぎやま・かさぎやまりんどう

岐阜県恵那市　標高648m

登山口概要／笠置山の南東側、笠置山林道沿い。笠置山やクライミングエリアの起点。
位置情報／[35° 30′ 01″] [137° 21′ 18″]
アクセス／中央道恵那ICから県道68号、市道、寺洞林道（全線舗装）、笠置山林道（笠木林道。全線舗装）経由で約11.5km、約15分。県道68号のJA恵那北部支店前の交差点で「笠置公民館」「笠置登山道」などの標識に従って斜め右の市道へ上がる。笠置コミュニティセンター（公民館）前の丁字路を左折して、すぐに寺洞林道へ右折。あとは道なり。県道から6.5km、約12分。
駐車場／登山道入口前後に駐車スペースがある。約15台・42×10mなど2面・舗装＋砂利・区画なし。100m先左側にも5台分の駐車スペースがある。
駐車場混雑情報／登山者よりもクライマーの利用が多く、他県から練習に来る人も結構いるようだ。連休や紅葉シーズン休日は混雑する可能性が高い。
トイレ／小屋の裏手に簡易トイレがある。水道あり。TPなし。評価☆☆。
携帯電話／ドコモ📶通話可、au📶通話可、SB📶〜📶通話可。

川上岳／登山道入口

林道／県道に立つ案内標識

林道／登山道入口の駐車スペース

林道／登山者休憩記帳小屋

林道／同小屋裏の簡易トイレ

登山届入れ／登山者休憩記帳小屋内にある。
その他／笠置山クライミングエリア案内板、笠置山案内板、登山者休憩記帳小屋。
立ち寄り湯／県道68号を東進し恵那峡方面に向かうと立ち寄り湯ができる温泉宿がいくつかある。①恵那ラヂウム温泉館＝不定休・10〜20時・入浴料500円・☎0573-25-2022。②恵那峡グランドホテル＝無休・11〜21時（土曜、休前日は〜16時）・入浴料800円・☎0573-25-5375。③かんぽの宿恵那＝無休・11〜22時・入浴料800円（木曜は600円。木曜が祝日の場合は翌金曜日）・☎0573-26-4600。
問合先／恵那市笠置コミュニティセンター（公民館）☎0573-27-3110、恵那市観光協会☎0573-25-4058、恵那市商工観光課☎0573-26-2111

林道／クライミングエリア入口

林道／登山道入口

笠置山・森林浴散策コース入口
かさぎやま・しんりんよくさんさくこーすいりぐち

岐阜県恵那市　標高980m

登山口概要／笠置山の南側、姫栗林道（ひめぐりりんどう）沿い。笠置山や森林浴散策コース、クライミングエリアの起点。詳細図は、前項参照。
位置情報／［35°30′18″］［137°20′47″］
アクセス／中央道恵那ICから県道68号、市道、寺洞林道（全線舗装）、笠置山林道（笠木林道。全線舗装）、姫栗林道（全線舗装）経由で約16.5km、約30分。県道68号のJA恵那北部支店前の交差点で「笠置公民館」「笠置登山道」などの標識に従って斜め右の市道に上がる。笠置コミュニティセンター（公民館）前の丁字路を左折して、すぐに寺洞林道へ右折。あとは道なり。県道から11.3km、約22分。
駐車場／森林浴散策コース（クライミングエリア）入口に駐車スペースがある。約30台・28×5m、48×5mなど4面・砂利・区画なし。さらに100m先に約5台分の大岩駐車場がある。
駐車場混雑情報／登山者よりもクライマーの利用が多く、他県から練習に来る人も結構いるようだ。連休や紅葉シーズン休日は混雑する可能性が高い。
トイレ／駐車場に簡易トイレ大小用各1基がある。水道・TPなし。評価☆☆。
携帯電話／ドコモ📶〜📶通話可、au📶〜📶やや不安定、SB📶〜📶通話可。
水道／駐車場にある。
その他／森林浴散策コース案内板。
立ち寄り湯／県道68号を東進し恵那峡方面に向かうと立ち寄り湯ができる温泉宿がいくつかある。①恵那ラヂウム温泉館＝不定休・10〜20時・入浴料500円・☎0573-25-2022。②恵那峡グランドホテル＝無休・11〜21時（土曜、休前日は〜16時）・入浴料800円・☎0573-25-5375。③かんぽの宿恵那＝無休・11〜22時・入浴料800円（木曜は600円。木曜が祝日の場合は翌金曜日）・☎0573-26-4600。
問合先／恵那市笠置コミュニティセンター（公民館）☎0573-27-3110、恵那市観光協会☎0573-25-4058、恵那市商工

森林浴／コース入口の駐車スペース

森林浴／大岩駐車場

森林浴／駐車場の簡易トイレ

観光課☎0573-26-2111

笠置山・高根駐車場（姫栗林道）
かさぎやま・たかねちゅうしゃじょう（ひめぐりりんどう）
岐阜県恵那市　標高935m（高根駐車場）

登山口概要／笠置山の南東側、姫栗林道沿い。笠置山や森林浴散策コースの起点。詳細図は、前々項参照。
位置情報／［35°30′30″］［137°21′14″］（高根駐車場）［35°30′28″］［137°21′08″］（登山道入口）
アクセス／中央道恵那ICから県道68号、市道、寺洞林道（全線舗装）、笠置山林道（笠木林道。全線舗装）、姫栗林道（全線舗装）経由で約15.5km、約28分。県道68号のJA恵那北部支店前の交差点で「笠置公民館」「笠置登山道」などの標識に従って斜め右の市道へ上がる。笠置コミュニティセンター（公民館）前の丁字路を左折して、すぐに寺洞林道へ右折。あとは道なり。県道から10.4km、約20分。
駐車場／計約20台・42×5mなど2面・砂利・区画なし。100m先の登山道入口前林道路肩にも7〜8台分の駐車スペースがある。またその先の影岩駐車場に約5台分。
トイレ／林道をさらに1km進むと、簡易トイレがある。TPなし。評価☆☆。
携帯電話／高根駐車場＝ドコモ圏外、au📶〜📶 通話可、SB📶だが通話可。登山道入口＝ドコモ📶〜📶 通話可、au📶〜📶通話可、SB📶通話可。
水場／手前の一望千金展望台入口にある。
立ち寄り湯／県道68号を東進し恵那峡方面に向かうと立ち寄り湯ができる温泉宿がいくつかある。①恵那ラヂウム温泉館＝不定休・10〜20時・入浴料500円・☎0573-25-2022。②恵那峡グランドホテル＝無休・11〜21時（土曜、休前日は〜16時）・入浴料800円・☎0573-25-5375。③かんぽの宿恵那＝無休・11〜22時・入浴料800円（木曜は600円。木曜が祝日の場合は翌金曜日）・☎0573-26-4600。
問合先／恵那市笠置コミュニティセンター（公民館）☎0573-27-3110、恵那市観光協会☎0573-25-4058、恵那市商工観光課☎0573-26-2111

高根／舗装された姫栗林道

高根／高根駐車場

高根／登山道入口前の駐車スペース

高根／登山道入口

笠置山・望郷の森駐車場
かさぎやま・ぼうきょうのもりちゅうしゃじょう
岐阜県恵那市　標高952m

登山口概要／笠置山の西側、川向林道沿い。笠置山の主要登山口。詳細図はP62「笠置山・笠置山林道」の項参照。
位置情報／［35°30′30″］［137°20′23″］
アクセス／中央道恵那ICから県道68号、市道、川向林道（全線舗装）経由で約20km、約30分。中野方振興事務所の手前で市道に右折するが、ここに標識はない。ほか南側の笠置から上がるルートもあるが、姫栗林道の終盤800mは未舗装（路

望郷／望郷の森駐車場とトイレ

面評価★★★。一部★★)。
駐車場／県民休養林管理棟前に駐車場があり、登山者の利用可。約30台・32×28m・舗装・区画なし。さらに川向林道を奥へ進んだ途中や林道終点にも駐車スペースがある。
駐車場混雑情報／満車になることはない。
トイレ／駐車場にある。簡易水洗。水道(飲用不可)・TPあり。評価☆☆☆。
携帯電話／ドコモ📶〜📶通話可、au📶通話可、SB圏外。
その他／笠置山山頂観光案内図、県民休養林管理棟。
立ち寄り湯／県道68号を東進し恵那峡方面に向かうと立ち寄り湯ができる温泉宿がいくつかある。①恵那ラヂウム温泉館＝不定休・10〜20時・入浴料500円・☎0573-25-2022。②恵那峡グランドホテル＝無休・11〜21時(土曜、休前日は〜16時)・入浴料800円・☎0573-25-5375。③かんぽの宿恵那＝無休・11〜22時・入浴料800円(木曜は600円。木曜が祝日の場合は翌金曜日)・☎0573-26-4600。
問合先／恵那市中野方振興事務所☎0573-23-2111、恵那市笠置コミュニティセンター(公民館)☎0573-27-3110、恵那市観光協会☎0573-25-4058、恵那市商工観光課☎0573-26-2111

鹿島山→P48 大鈴山・天堤登山口
　　　→P48 大鈴山・和市登山口

片知渓谷入口
かたじけいこくいりぐち

岐阜県美濃市　標高423m

登山口概要／片知渓谷の南側(下流側)、中美濃林道沿い。千畳岩などを経由する渓谷遊歩道の起点。
位置情報／[35°37′26″][136°53′33″]
アクセス／東海北陸道美濃ICから県道94号、国道156号、県道81号、市道、中美濃林道(全線舗装)経由で約15km、約23分。中美濃林道は積雪があれば閉鎖される。
駐車場／渓谷遊歩道の下流側入口の90m手前の左右に駐車スペースがある。5〜7台・36×4mなど2面・舗装・区画なし。
トイレ／さらに林道を進んだふくべの森にトイレがある。簡易水洗。水道あり。TPなし。評価☆☆。
携帯電話／ドコモ圏外、au圏外、SB圏外。
取材メモ／渓谷遊歩道入口には、「片知渓谷・千畳岩入口」の標識が立っている。
立ち寄り湯／国道156号を北上すると、長良川鉄道みなみ子宝温泉駅に併設された「日本まん真ん中温泉・子宝の湯」がある。金曜休(祝日の場合は前日)・10〜21時・入浴料500円・☎0575-79-4126。②県道290号を南下して関市武芸川町へ向かうと、関市武芸川事務所付近に「武芸川温泉(むげがわおんせん)・ゆとりの湯」がある。木曜休(祝日の場合は翌日)・10〜21時・入浴料600円・☎0575-45-3011。
問合先／美濃市観光協会☎0575-35-3660、美濃市観光課☎0575-33-1122

望郷／同トイレ内部

望郷／県民休養林管理棟

望郷／笠置山山頂案内板

片知／林道沿いの駐車スペース

片知／渓谷遊歩道入口

片知山→P213 瓢ヶ岳・板山神社

葛城山・伊豆の国パノラマパークロープウェイ山麓駅
かつらぎやま・いずのくにぱのらまぱーくろーぷうぇいさんろくえき

静岡県伊豆の国市　標高25m（山麓駅）、標高440m（山頂駅）

登山口概要／葛城山の北東側、国道414号沿い。葛城山頂とを結ぶ伊豆の国パノラマパークロープウェイの山麓側起点。
位置情報／［35°01′35″］［138°55′43″］（山麓駅）［35°00′43″］［138°55′15″］（山頂駅）
アクセス／東名道沼津ICから県道83号、国道246、1、136号、県道131、129、130号、国道414号経由で約18.5km、約28分。
駐車場／山麓駅周辺にある。200台・90×20mなど3面・舗装・区画あり。
駐車場混雑情報／ツツジシーズンは混雑するが、満車になって停められないことはない。
トイレ／山麓駅内1階と2階にある。どちらも温水洗浄機能付便座付き。水洗。水道・TPあり。評価☆☆☆。
携帯電話／山麓駅＝ドコモ通話可、au通話可、SB通話可。
ドリンク自販機／山麓駅前にある（PBも）。
伊豆の国パノラマパークロープウェイ／9時～17時10分（10月中旬～2月中旬は～16時40分）・所要7分・30秒間隔運行・片道700円、往復1300円・☎055-948-1525。
その他／山麓駅＝レストラン、スナックコーナー、売店、コインロッカー。山頂駅＝展望台、足湯、葛城神社、売店、茶屋。
取材メモ／葛城山のツツジは、4月下旬～5月中旬が見ごろ。
立ち寄り湯／①すぐ近くの県道130号沿いに「弘法の湯」がある。無休・5～24時・入浴料1800円・☎055-948-2641。②国道414号を600m北上し、こだま荘の先を右折すると「湯らっくすの湯」がある。火曜休・6～10時＋13～21時・入浴料300円・☎055-948-0776。③伊豆長岡駅近くには「韮山温泉館」もある。水曜休・16～20時（11～2月は15時～）・入浴料250円・☎055-949-6099。ほか伊豆長岡温泉には、「あやめ湯」や「長岡南浴場」（どちらも入浴料300円）なども。
問合先／伊豆の国パノラマパーク☎055-948-1525、伊豆の国市観光協会☎055-948-0304、伊豆の国市観光商工課☎055-948-1480

葛城山／パノラマパーク入口看板

葛城山／パノラマパーク駐車場

葛城山／パノラマパーク山麓駅

葛城山／ロープウェイ

金草岳・冠山峠→P73 冠山・冠山峠

蕪山・21世紀の森
かぶらやま・にじゅういっせいきのもり

岐阜県関市　標高360m

登山口概要／蕪山の南西側、県道52号から少し入った21世紀の森。自然観察道を経由する蕪山の起点。
位置情報／［35°43′29″］［136°46′59″］

蕪山／県道の案内標識。ここを入る

アクセス／東海北陸道美並ICから国道156、256号、県道52号、市道経由で約28km、約43分。
駐車場／21世紀の森に駐車場がある。約100台・66×26mなど3面・舗装・区画あり。
トイレ／駐車場にある。水洗。水道・TPあり。評価☆☆☆〜☆☆。
携帯電話／ドコモ通話可、au通話可、SB通話可。
その他／21世紀の森案内板、21世紀の森蕪山コース案内板。
立ち寄り湯／県道に出て右折すると3.5km先に「板取川温泉バーデェハウス・しゃくなげの湯」がある。水曜休（祝日の場合は翌日）・10〜21時（12〜3月は〜20時）・入浴料600円・☎0581-57-2822。
問合先／関市板取事務所産業建設係☎0581-57-2111、関市観光協会☎0575-22-3131、関市観光交流課☎0575-23-7704

蕪山／21世紀の森駐車場

蕪山／同駐車場のトイレ

蕪山／同トイレ内部

蕪山／蕪山案内板

神石山→P35 葦毛湿原入口

上高地→P75 北アルプス・あかんだな駐車場（平湯駐車場）

上河内岳→P248 南アルプス・沼平駐車場（東俣林道入口）

伽藍山→P166 達磨山・伽藍山駐車場

苅安湿原入口→P103 位山・道の駅モンデウス飛騨位山

皮子平・筏場林道終点
かわごだいら・いかだばりんどうしゅうてん

静岡県伊豆市　標高468m

登山口概要／皮子平の北側、筏場林道ゲート前。皮子平の主要入口。皮子平や戸塚峠を経由する天城山（万三郎岳、万二郎岳）、天城縦走路、八丁池などの起点。

皮子平／筏場林道

位置情報／［34°53′53″］［138°58′21″］
アクセス／修善寺道路修善寺ICから国道136号、県道12、59号、筏場林道（全線舗装）経由で約16.5km、約26分。県道59号から1.3km、約3分。
駐車場／ゲート前に駐車スペースがある。3～4台・14×10m・砂利・区画なし。
携帯電話／ドコモ📶～📶通話可、au📶通話可、SB圏外。
取材メモ／皮子平は、伊豆の秘境といわれ、かつての天城火山の火口跡にブナ、ヒメシャラ、マメザクラ、アマギシャクナゲ、ヒノキなどがうっそうと覆う。また戸塚峠直下の東皮子平には天城一とされるブナ巨木が立つ。
立ち寄り湯／①修善寺ICに戻る県道12号沿い、中伊豆交流センター内に市営共同浴場の「白岩の湯」がある。火曜休・10～20時・入浴料200円・☎0558-83-2298。②また修善寺温泉に行くと「筥湯（はこゆ）」もある。無休・正午～21時・入浴料350円・☎0558-72-2501（伊豆市観光協会修善寺支部）。
問合先／伊豆市観光協会天城支部☎0558-85-1056、伊豆市観光協会☎0558-85-1883、伊豆市観光交流課☎0558-72-9911

皮子平／林道ゲートの駐車スペース

皮子平／林道ゲート

河津七滝・町営無料駐車場
かわづななだる・ちょうえいむりょうちゅうしゃじょう

静岡県河津町　標高205m

登山口概要／河津七滝の下流側（南東側）、町道沿い。河津七滝の主要入口。
位置情報／［34°47′40″］［138°56′07″］
アクセス／修善寺道路修善寺ICから天城北道路、国道136、414号、町道経由で約27.5km、約40分。または西湘バイパス石橋ICから国道135号、県道14号、国道414号、町道経由で約86.5km、約2時間10分。
駐車場／遊歩道入口の手前にある。38台・74×32m・舗装・区画あり。さらにその手前、河津七滝ループ橋の下にも町営

七滝／国道の案内標識。ここを入る

七滝／町営無料駐車場

七滝／同駐車場のトイレ

無料駐車場（30台）がある。
駐車場混雑情報／満車になることはない。
トイレ／町営駐車場にある。水洗。水道あり。TPなし（自販機あり）。評価☆☆。
携帯電話／ドコモ通話可、au通話可、SB通話可。
ドリンク自販機／駐車場の食堂前などにある（PBも）。
その他／河津七滝バス停（南伊豆東海バス）、車上荒らし注意看板。
取材メモ／河津七滝の紅葉は11月下旬～12月上旬が見ごろ。また河津七滝の上流側、水垂（みずだれ）バス停付近から脇道を入ったところにも駐車場がある。河津町市街地からアクセスする場合は、入口がわかりにくい。
立ち寄り湯／①町営駐車場の向かいの七滝温泉ホテルで可能。無休・9～20時・入浴料1100円・☎0558-35-7311。②近くの河津温泉に町営の立ち寄り湯「踊り子温泉会館」もある。火曜休・10～21時・入浴料1000円・☎0558-32-2626。
問合先／河津町観光協会☎0558-32-0290、河津町産業振興課☎0558-34-1946

河津七滝・水垂駐車場
　→（前項）河津七滝・町営無料駐車場「取材メモ」欄参照。

巌立峡・がんだて公園
がんだてきょう・がんだてこうえん

岐阜県下呂市　標高683m

登山口概要／御嶽山（おんたけさん）の西側、市道沿い。巌立峡の三ツ滝コースなどの起点。
位置情報／[35°54′51″][137°19′45″]
アクセス／東海環状道富加関ICから県道58号、国道41号、県道437号、市道経由で約90km、約2時間15分。または中央道中津川ICから国道19、257、256、257、41号、県道437号、市道経由で約82km、約2時間5分。県道から1.7km、約3分。
駐車場／がんだて公園に駐車場がある。駐車場は無料だが、任意で環境維持協力金一人100円を払う。37台・60×22m・舗装・区画あり。利用可能なのは4月第1～2週の日曜日に行われる滝開き～12月15日。期間中は24時間出入り可。
駐車場混雑情報／シーズン中の土・日曜、祝日、GW、夏休み、紅葉シーズンは満車になり、最大30分程度の駐車待ちも発生。手前の立ち寄り湯・ひめしゃがの湯駐車場に誘導される場合もある（徒歩15分）。ただし回転は早い。
トイレ／駐車場にある。循環式水洗。水道・TPあり。評価☆☆。
携帯電話／ドコモ通話可、au通話可、SB圏外。
ドリンク自販機／がんだて茶屋前にある（PBも）。
水場／200m手前の市道沿いに名水・覚明水がある。
その他／小坂の滝めぐり案内所（期間中無休・8～17時）、がんだて茶屋（食堂・喫茶）、巌立（がんだて）解説板、中部北陸自然歩道案内板、水のふるさと御嶽山案内板、ベンチ。
取材メモ／がんだて公園の紅葉は、10月下旬～11月上旬が

七滝／同駐車場にある観光センター

七滝／ループ橋下の町営無料駐車場

巌立峡／がんだて公園駐車場

巌立峡／同駐車場のトイレ

巌立峡／同トイレ内部

見ごろ。公園から三ツ滝まで徒歩約10分、「あかがねとよ」と呼ばれる滝までさらに徒歩約40分。また公園から未舗装林道を奥に入る（車で15分。林道はマイクロバスも走行できる道らしい）と、日本の滝100選にも選ばれている「根尾の滝入口」があり、駐車場（約10台）とトイレがあるようだが、取材時は林道が通行止だった。ここから根尾の滝まで片道約1時間。なお、小坂は美しい滝が多いことで知られ、NPO法人飛騨小坂200滝により「小坂の滝めぐり」として複数のモデルコースが設定されており、ガイドが同行するツアーもある。詳しくは下記の公式サイトを参照のこと。
http://www.osaka-taki.com/
立ち寄り湯／県道に戻る途中、標識に従って右折すると「飛騨小坂温泉郷・ひめしゃがの湯」がある。水曜休（祝日の場合は営業）・10～21時・入浴料600円・☎0576-62-3434。
問合先／がんだて公園☎0576-62-2911、下呂市小坂振興事務所小坂地域振興課☎0576-62-3111、下呂市観光課☎0576-24-2222

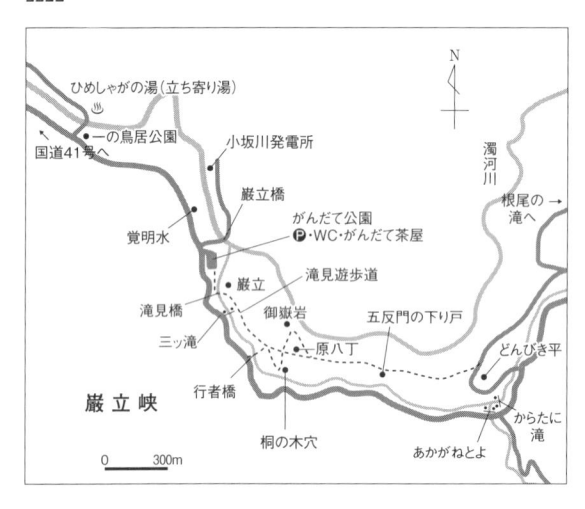

巌立峡／がんだて茶屋

巌立峡／名水・覚明水

巌立峡／巌立峡遊歩道入口

巌立峡／ひめしゃがの湯

函南原生林（原生の森公園）入口

かんなみげんせいりん（げんせいのもりこうえん）入口

静岡県函南町　標高570m

登山口概要／函南原生林の南西側、町道沿い。原生林に隣接する原生の森公園がある。函南原生林の主要入口。
位置情報／［35°09′09″］［139°00′42″］
アクセス／伊豆縦貫道三島塚原ICから国道1号、県道142号、町道経由で約12km、約18分。県道142号から8.7km、約12分。
駐車場／原生の森公園に駐車場がある。38台・84×5m・舗装・区画あり。ほかに公園入口に約8台分の駐車スペースもある。
トイレ／原生の森公園に少し入ったところにある。利用可能期間は4月1日～11月30日。水洗。水道・TPあり。評価☆☆
携帯電話／ドコモ通話可、au通話可、SBだが通話可。

原生／原生の森公園駐車場

その他／桑原生活環境保全林案内板。
取材メモ／函南原生林は、江戸時代から保護されてきた森で、樹齢数百年のブナやアカガシが生育する。一巡約2時間30分。
立ち寄り湯／県道142号を三島方面に下り、東海道本線をくぐった先の左側にある「竹倉温泉・錦昌館（きんしょうかん）」で可能。不定休・9～19時・入浴料500円・☎055-975-3433。
問合先／函南町農林商工課☎055-979-8113

原生／同公園のトイレ

原生／同トイレ内部

原生／原生の森公園

函南原生林・県道20号
かんなみげんせいりん・けんどうにじゅうごう

静岡県函南町　標高852m

登山口概要／函南原生林の北東側、県道20号沿い。函南原生林の起点。詳細図は、前項参照。
位置情報／［35°09′40″］［139°01′23″］
アクセス／伊豆縦貫道三島塚原ICから国道1号、県道20号経由で約17km、約25分。または西湘バイパス箱根口ICから国道1号、箱根新道、国道1号、県道20号経由で約19km、約30分。
駐車場／遊歩道入口の県道路肩に駐車スペースがある。約10台・44×3m・砂利・区画なし。
携帯電話／ドコモ〓〓〓〓～〓通話可、au〓〓〓～〓通話可、SB〓〓〓通話可。
その他／函南原生林入口バス停（伊豆箱根バス）、函南原生林案内板。
取材メモ／函南原生林は、江戸時代から保護されてきた森で、樹齢数百年のブナやアカガシが生育する。一巡約1時間30分。
立ち寄り湯／三島方面では国道1号から県道142号を下り、東海道本線をくぐった先の左側にある「竹倉温泉・錦昌館（きんしょうかん）」で可能。不定休・9～19時・入浴料500円・☎055-975-3433。
問合先／函南町農林商工課☎055-979-8113

県道／原生林入口の駐車スペース

県道／原生林入口

神野山・熊野神社
かんのさん（じんのやま）・くまのじんじゃ

愛知県東栄町　標高730m

登山口概要／神野山の東側、町道終点。望月峠を経由する神野山や御園富士（みそのふじ）の起点。
位置情報／［35°07′35″］［137°43′02″］
アクセス／新東名浜松いなさ北ICから三遠南信道（国道474号）、国道151号、県道74号、町道経由で約38km、約55分。県道74号と町道の交差点には標識がないので見落としやすい。少し先に「熊野神社」の標識があるだけ。
駐車場／熊野神社下に駐車スペースがある。約10台・40×5m・舗装・区画なし。
トイレ／熊野神社にある。非水洗。水道・TPなし。評価☆☆～☆。
携帯電話／ドコモ通話可、au通話可、SB通話可。
取材メモ／登山道入口は、駐車スペースのすぐ上にある水道施設の向かって右側から続いている。
立ち寄り湯／①県道74号を南下し、国道473号を左折してすぐ「とうえい温泉」がある。水曜休（祝日の場合は営業。ほか3月と6月にメンテナンス休あり）・10～21時・入浴料600円・☎0536-77-0268。②国道151号を南下すると、名号交差点の1km先に「名号温泉（みょうごうおんせん）・うめの湯」がある。木曜休（祝日の場合は営業）・10～20時・入浴料700円・☎0536-33-5126。③さらにその先の湯谷温泉手前に「鳳来ゆ～ゆ～ありいな」もある。火曜休（祝日の場合は翌日）・10～21時・入浴料600円・☎0536-32-2212。
問合先／東栄町経済課☎0536-76-1812

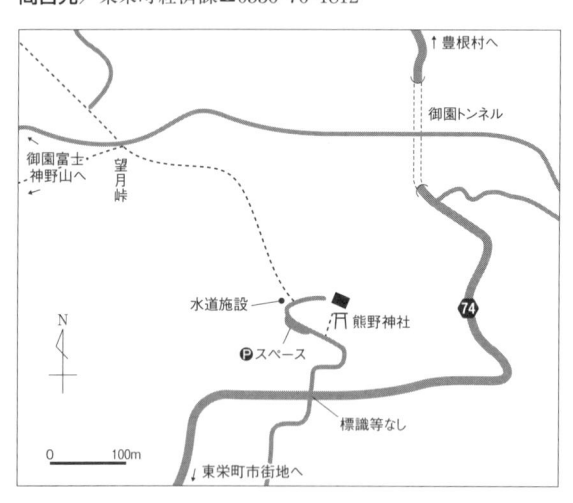

神野山／県道と町道の交差点。ここを入る

神野山／熊野神社下の駐車スペース

神野山／同神社のトイレ

神野山／水道施設わきの登山道入口

神野山／とうえい温泉・大浴場

観音山・財賀寺
かんのんやま・ざいかじ

愛知県豊川市　標高97m

登山口概要／観音山の南側、市道沿い。観音堂を経由する観音山、豊川自然遊歩道の起点。
位置情報／［34°52′13″］［137°21′26″］
アクセス／東名道音羽蒲郡ICから国道1号、県道5、31号、市道経由で約12km、約18分。または東名道豊川ICから国道151号、県道31、498号、市道経由で約10km、約15分。
駐車場／財賀寺の手前、仁王門右手に豊川自然遊歩道利用者駐車場がある。約10台・24×14m・草地＋砂利・区画なし。
トイレ／駐車場の前にある。センサーライト付き。水洗。水道・TPあり。評価☆☆☆。
携帯電話／ドコモ通話可、au だが通話可、SB通話可。
その他／財賀寺（境内自由。本堂内陣説明拝観は2名以上で、なるべく予約する。拝観料300円。☎0533-87-3494）、財賀寺仁王門と仁王様解説板、財賀寺境内図、財賀寺略史解説板。
取材メモ／財賀寺の新緑は4月中旬～5月中旬、紅葉は11月下旬～12月上旬、財賀寺の「力寿の桜」は4月上旬が見ごろ。
立ち寄り湯／近くの本宮山登山口に「本宮の湯（ほんぐうのゆ）」がある。県道21号から少し入る。水曜休（祝日の場合は翌日）・10～22時・入浴料600円・☎0533-92-1880。
問合先／豊川市観光案内所☎0533-86-2054、豊川市観光協会☎0533-89-2206、豊川市商工観光課☎0533-89-2140

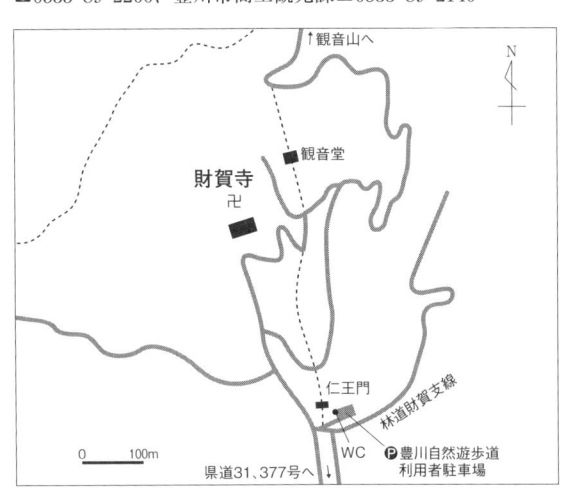

観音山／遊歩道利用者用駐車場とトイレ

観音山／同トイレ内部

観音山／仁王門

観音山／財賀寺

冠山・冠山峠（冠山林道）
かんむりやま・かんむりとうげ（かんむりやまりんどう）
岐阜県揖斐川町／福井県池田町　標高1050m

登山口概要／冠山（日本三百名山）の北西側、冠山林道沿い。冠平を経由する冠山、桧尾峠（ひのきおとうげ）を経由する金草岳（かなくさだけ）の起点。
位置情報／［35°47′17″］［136°23′34″］

冠山／冠山林道途中の三叉路

アクセス／名神道大垣ICから国道258、21、417、303、417号、冠山林道（全線舗装）経由で約76km、1時間42分。または北陸道木之本ICから国道8、303、417号、冠山林道（全線舗装）経由で約73km、約2時間。冠山林道途中の三叉路は右へ。国道417号終点から9.3km、約22分。あるいは北陸道鯖江ICから県道39号、市道、国道417号、冠山林道（全線舗装）経由で約43km、約1時間10分。冠山林道の開通期間は、6月上旬〜11月下旬。

駐車場／峠の前後に駐車スペースがある。計約60台・150×5mなど5面・舗装＋草地＋砂地・区画なし。また岐阜県側100m手前に計約10台分の駐車スペースが2面ある。

駐車場混雑情報／7〜8月や紅葉シーズン休日は、満車になることもある。

トイレ／峠から少し入ったところにある。非水洗。水道なし。TPあり。評価☆☆。また岐阜県側冠山林道入口の国道終点に駐車場とトイレがある。簡易水洗。水道（飲用不可）・TPあり。評価☆☆☆〜☆☆。

携帯電話／ドコモ圏外、au圏外、SB圏外。※岐阜県側、福井県側どちらも結果は同じ。

その他／越美山地緑の回廊案内板、楢俣県自然環境保全地域解説板。

取材メモ／冠山林道沿いや冠山のニッコウキスゲは、6月下旬〜7月上旬が見ごろ。

立ち寄り湯／①国道417号と303号を30km南下すると「いび川温泉・藤橋の湯」がある。木曜休（祝日の場合は翌日）・10〜21時（1〜2月は〜20時）・入浴料500円・☎0585-52-1126。②国道417号で大垣ICに戻る途中、池田町の下八幡広海橋交差点を右折すると「池田温泉」がある。本館と新館それぞれで可能。本館月曜休、新館水曜休（どちらも祝日の場合は翌日）・10〜22時（新館のみ日曜は8時〜）・入浴料500円・☎0585-45-1126（本館）。③一方、滋賀方面に戻る場合は、木之本の千田北交差点を右折。国道8号を約1.2km南下し、横山交差点を右折すると、天然温泉施設「北近江リゾート」がある。第3火曜休（祝日と特別日は営業）・7〜21時・入浴

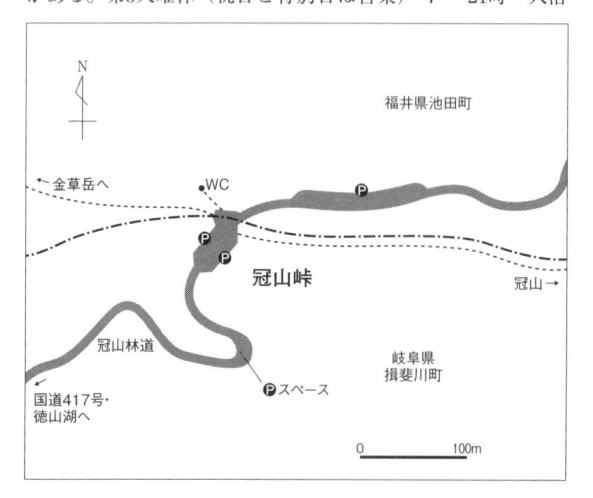

冠山／冠山林道

冠山／峠の駐車スペース

冠山／峠のトイレ

冠山／岐阜県側国道終点のトイレ

冠山／登山道入口。右奥は冠山

料900円（土・日曜、祝日は1200円）・☎0749-85-8888。④福井方面では、国道417号で鯖江ICに戻る途中にある「渓流温泉・冠荘」で可能。第1と第3火曜休（祝日の場合は営業）・10 ～ 21時・入浴料500円・☎0778-44-7755。
問合先／揖斐川町商工観光課☎0585-22-2111、池田町総務政策課☎0778-44-8004

寒陽気山・大多尾峠
かんようきざん・おおだおとうげ

岐阜県白川町・東白川村　標高780m

登山口概要／寒陽気山の西側、県道72号沿い。寒陽気山の起点。
位置情報／［35°36′56″］［137°21′55″］
アクセス／東海環状道美濃加茂ICから国道41号、県道62、68、70、72号経由で約45.5km、約1時間12分。白川町側山麓の県道70号と72号の交差点から6.6km、約11分。
駐車場／大多尾峠前後の県道路肩に駐車スペースがある。白川町側は、県道の幅員が広い場所に路肩に寄せれば駐車可能。また東白川村側にはモア・トゥリーズの森の標識前に砂利敷きの駐車スペースがある。計7 ～ 8台・14×3mなど2面・舗装＋砂利・区画なし。
携帯電話／峠の白川町側＝ドコモ📶～📶通話可、au📶～📶通話可、SB圏外。峠の東白川村側＝ドコモ圏外、au📶だが通話可、SB圏外。
立ち寄り湯／国道41号に出て約6.5km北上すると、道の駅美濃白川に「道の駅温泉・ピアチェーレ」がある。水曜休・10 ～ 21時・入浴料450円・☎0574-75-2146。※ピアチェーレ新設に伴い、「白川天然温泉・四季彩の湯」は閉鎖された。
問合先／白川町観光協会（白川町農林商工課商工グループ）☎0574-72-1311、東白川村産業建設課林務商工係☎0574-78-3111

木曽御嶽山→P56 ～ 58 御嶽山

北アルプス・あかんだな駐車場（平湯駐車場）
きたあるぷす・あかんだなちゅうしゃじょう（ひらゆちゅうしゃじょう）

岐阜県高山市　標高1280m

登山口概要／上高地と乗鞍岳は通年マイカー規制されているので、本項駐車場に車を置き、シャトルバスに乗り換える。
位置情報／［36°11′46″］［137°33′24″］
アクセス／東海北陸道飛騨清見ICから中部縦貫道（高山清見道路・国道158号）、国道41号、県道89号、国道158号経由で約54km、約1時間20分。
駐車場／平湯温泉街から少し離れた場所にある高山市営の駐車場。有料1日500円。出る時に自動精算機で精算（千円札とコインのみ受け入れ可）。営業期間4月20日 ～ 11月15日・営業時間7 ～ 8月は2時50分 ～ 18時35分、10月は4時20分 ～ 17時

寒陽気／峠の白川町側駐車スペース

寒陽気／峠の東白川村側駐車スペース

寒陽気／登山道入口

あかんだな／駐車場の案内板

あかんだな／あかんだな第2駐車場

35分（時期により変動）。出庫は24時間可能だが、営業時間外の入庫は不可。約850台・170×60mなど3面・舗装・区画あり。
駐車場混雑情報／紅葉シーズンの土・日曜、祝日には満車になることがある。
トイレ／ガイヤパークセンター（駐車場管理棟）に隣接。センサーライト付き。水洗。水道・TPあり。評価☆☆☆。
携帯電話／ドコモ通話可、au通話可、SB通話可。
ドリンク自販機／ガイヤパークセンターにある（PBも）。
その他／ガイヤパークセンター（中にバス乗車券自販機、休憩コーナー、安房トンネル資料室などあり）、中部山岳国立公園平湯地区案内板、あかんだな駐車場バス停（濃飛バス）。
取材メモ／平湯温泉から自然散策路を経由して本項駐車場まで歩いて行くことも可能。所要徒歩約8分。また上高地のニリンソウは5月中旬～6月上旬、ズミは6月上旬、カラマツ黄葉は10月中旬～下旬が見ごろ。乗鞍岳畳平のハクサンイチゲやクロユリ、コマクサは7月中旬～下旬が見ごろ。
立ち寄り湯／①国道を右折した100m先で左折すると「不動明王神の湯」がある。無休・7時～19時30分（季節により変動）・入浴料500円・☎0578-89-3448。②また平湯温泉に「ひらゆの森」がある。無休・10～21時・入浴料500円・☎0578-89-3338。③同じく平湯温泉に「アルプス街道・平湯」もある。無休・8時～17時30分・入浴料600円・☎0578-89-2611。
問合先／飛騨高山観光案内所☎0577-32-5328、高山市観光課☎0577-35-3145

あかんだな／ガイヤパークセンター

あかんだな／同センター内

あかんだな／隣接するトイレ

あかんだな／同トイレ内部

あかんだな／不動明王神の湯・露天風呂

北アルプス・笠ヶ岳
　　→P77 北アルプス・新穂高駐車場①（深山荘付近）
　　→P78 北アルプス・新穂高駐車場②（左俣林道入口）

北アルプス・北ノ俣岳→P88 北アルプス・飛騨新道登山口

北アルプス・黒部五郎岳
　　→P77 北アルプス・新穂高駐車場①（深山荘付近）

→P78 北アルプス・新穂高駐車場②（左俣林道入口）
→P88 北アルプス・飛騨新道登山口

北アルプス・五色ヶ原
→P84 北アルプス・乗鞍岳　五色ヶ原の森
　　　ツアーセンター

北アルプス・新穂高駐車場①（深山荘付近）
きたあるぷす・しんほたかちゅうしゃじょう（しんざんそうふきん）

岐阜県高山市　標高1042m

登山口概要／新穂高ロープウェイ新穂高温泉駅の手前、深山荘入口付近にある無料駐車場。笠新道を経由する笠ヶ岳（日本百名山、新・花の百名山）、抜戸岳（ぬけどだけ）、小池新道を経由する鏡平、双六岳（すごろくだけ。花の百名山）、三俣蓮華岳（みつまたれんげだけ。日本三百名山）、鷲羽岳（わしばだけ）、黒部五郎岳（日本百名山、花の百名山）、槍ヶ岳（日本百名山）などの起点。恵橋（めぐみばし）を渡った先にある左俣林道入口の有料駐車場については次項参照。詳細図はP80「北アルプス・新穂高ロープウェイ新穂高温泉駅」の項参照。
位置情報／［36°16′43″］［137°34′21″］
アクセス／東海北陸道飛騨清見ICから中部縦貫道（高山清見道路・国道158号）、国道41号、県道89号、国道158、471号、県道475号、市道経由で約70km、約1時間45分。または長野道松本ICから国道158号、中部縦貫道（安房峠道路。有料）、国道471号、県道475号、市道経由で約63.5km、約1時間36分。スノーシェッド途中に「登山者用無料駐車場」の標識と「深山荘」看板を目印に左斜めに。吊り橋が架かる深山荘を見送り、さらに奥へ進むと本項駐車場がある。※深山荘の吊り橋前にある空き地は深山荘の宿泊客用駐車場なので、登山者の利用不可。
駐車場／200台・38×24mなど4面・舗装・区画あり。
駐車場混雑情報／7〜8月の金、土曜、7月後半とお盆休みは満車になる。
トイレ／日帰り利用者専用の新穂高第1駐車場に公衆トイレがある。水洗。水道・TPあり。評価☆☆☆〜☆☆。
携帯電話／ドコモ通話可、au通話可、SB通話可。
登山届入れ／左俣林道ゲート前にある。
取材メモ／駐車場の奥から新穂高ロープウェイ方面に続く歩道がのびている。
立ち寄り湯／①深山荘で可能。不定休・露天風呂＝8〜17時＋18〜22時・入浴料500円。内風呂＝9時30分〜15時・入浴料700円。☎0578-89-2031。②新穂高温泉には「ひがくの湯」もある。不定休・9〜19時（5月、7〜10月は時間延長あり）・入浴料700円・☎0578-89-2855。
問合先／高山市上宝支所☎0578-86-2111、飛騨高山観光案内所☎0577-32-5328、高山市観光課☎0577-35-3145

あかんだな／ひらゆの森・露天風呂

深山荘／スノーシェッドに立つ看板

深山荘／新穂高駐車場

深山荘／同駐車場奥の歩道入口

深山荘／深山荘の露天風呂

北アルプス・新穂高駐車場②(左俣林道入口)

きたあるぷす・しんほたかちゅうしゃじょう (ひだりまたりんどういりぐち)

岐阜県高山市　標高1088m

登山口概要／新穂高ロープウェイ新穂高温泉駅の手前を左折して恵橋を渡った先にある市営有料駐車場。笠新道を経由する笠ヶ岳(日本百名山)、抜戸岳(ぬけどだけ)、小池新道を経由する鏡平、双六岳(すごろくだけ。花の百名山)、三俣蓮華岳(みつまたれんげだけ。日本三百名山)、鷲羽岳(わしばだけ)、黒部五郎岳(日本百名山。花の百名山)、槍ヶ岳(日本百名山)などの起点。※2012年度から付近の護岸工事に伴って恵橋(めぐみばし)は取り壊されるため、お盆休みを除いて本項駐車場は利用できないので注意。工事完了は2015年の予定。詳細図は、P80「北アルプス・新穂高ロープウェイ新穂高温泉駅」の項参照。
位置情報／[36°17′04″][137°34′26″]
アクセス／東海北陸道飛騨清見ICから中部縦貫道(高山清見道路・国道158号)、国道41号、県道89号、国道158、471号、県道475号、市道経由で約70.5km、約1時間45分。または長野道松本ICから国道158号、中部縦貫道(安房峠道路。有料)、国道471号、県道475号、市道経由で約64km、約1時間36分。
駐車場／有料。30分まで無料、30分〜6時間500円、以後6時間毎に500円。24時間出入り可。自動精算機は千円札とコインのみ受け入れ可。約120台・62×22mなど2面・舗装・区画あり。
駐車場混雑情報／7〜8月の金、土曜、7月後半とお盆休みは満車になる。
トイレ／恵橋を渡る手前にある日帰り利用者専用の新穂高第1駐車場に公衆トイレがある。水洗。水道・TPあり。評価☆☆☆〜☆☆。
携帯電話／ドコモ📶通話可、au📶通話可、SB📶通話可。
登山届入れ／さらに奥に進んだ左俣林道ゲート前にある。
その他／左俣林道ゲート＝登山案内板。
立ち寄り湯／①県道から鍋平高原方面に少し上がった「野の花山荘」で可能。不定休(事前に要確認のこと)・10〜17時・入浴料800円・☎0578-89-0030。②新穂高温泉には「ひがくの湯」もある。不定休・9〜19時(5月、7〜10月は時間延長あり)・入浴料700円・☎0578-89-2855。③さらに県道を栃尾温泉方面に戻る途中、蒲田川右岸に公共露天風呂の「新穂高の湯」がある。中尾高原口の公共駐車場に車を置いて橋を渡る。6月23日〜10月31日・期間中無休・8〜21時・入浴料寸志(200円程度)・☎0578-89-2458(奥飛騨温泉郷総合案内所)。
問合先／高山市上宝支所☎0578-86-2111、飛騨高山観光案内所☎0577-32-5328、高山市観光課☎0577-35-3145

左俣／左俣林道入口の新穂高駐車場

左俣／新穂高第1駐車場のトイレ

左俣／同トイレ内部

左俣／左俣林道ゲート

北アルプス・新穂高ロープウェイしらかば平駅(鍋平高原)

きたあるぷす・しんほたかろーぷうぇいしらかばたいらえき (なべだいらこうげん)

岐阜県高山市　標高1274m

鍋平／鍋平高原の有料駐車場

登山口概要／西穂高岳（花の百名山）の西側、市道終点。新穂高第2ロープウェイの山麓側起点。西穂山荘を経由する西穂独標や西穂高岳の主要登山口。割谷山を経由する焼岳（日本百名山）、鍋平高原自然散策路などの起点。車利用であれば、新穂高ロープウェイ新穂高温泉駅よりも本項駐車場を起点にする方が便利。

位置情報／［36°16′50″］［137°34′49″］

アクセス／東海北陸道飛騨清見ICから中部縦貫道（高山清見道路・国道158号）、国道41号、県道89号、国道158号、471号、県道475号、市道経由で約71km、約1時間45分。または長野道松本ICから国道158号、中部縦貫道（安房峠道路。有料）、国道471号、県道475号、市道経由で約64.5km、約1時間36分。県道475号で中尾橋を渡った約1km先で標識に従って右手前方向に。野の花山荘を過ぎると本項駐車場が見えてくる。手前にも駐車場があるが、混雑していなければ最奥の駐車場に車を置く方がしらかば平駅に近い。

駐車場／鍋平高原に有料駐車場がある。1日500円。通常はロープウェイ窓口でチケット購入時に一緒に精算するが、混雑時は駐車場に料金所が設置されることもある。開設は4月下旬～11月上旬。利用可能時間はロープウェイ運行時間に準ずるが、始発より少し早めに開けられる。450台・83×60mなど10面・舗装＋砂利・区画あり。

駐車場混雑情報／GW、お盆休み、紅葉シーズンの休日は満車になるが、新穂高温泉駅の駐車場よりも混雑は少ない。

トイレ／各駅にある。詳細不明。

携帯電話／ドコモ📶通話可、au📶通話可、SB📶通話可。

ドリンク自販機／しらかば平駅と西穂高口駅にある（PBも）。

登山届入れ／西穂高口駅と、千石園地奥の登山道入口に立つ小屋にある。

その他／しらかば平駅（中間駅）＝レストラン、喫茶・軽食、テイクアウトコーナー、パン屋、そば処、コインロッカー、新穂高ビジターセンター・山楽館（北アルプスの資料展示。無休・開館時間はロープウェイ運行時間に準ずる・☎0578-89-2254）。西穂高口駅（山頂駅）＝喫茶・軽食、売店、

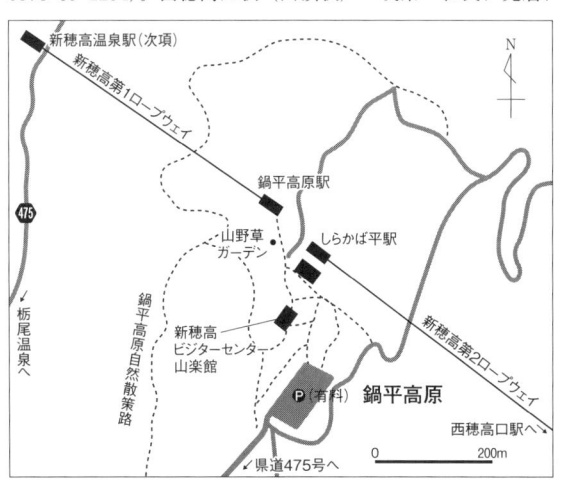

鍋平／しらかば平駅

鍋平／新穂高第2ロープウェイ

鍋平／西穂高口駅

鍋平／同駅屋上の展望台

展望台、千石園地。
新穂高ロープウェイ／しらかば平駅〜西穂高口駅間は第2ロープウェイが運行。通年運行・8時30分〜16時45分（お盆休みは7時〜17時15分。季節によって変動）・30分毎運行・所要7分・片道1350円、往復2700円・☎0578-89-2252。
立ち寄り湯／鍋平高原の新穂高ビジターセンター・山楽館内に露天風呂の「神宝乃湯」がある。ただし石けん・シャンプーの利用はできない。無休・9時〜15時30分（季節による変動あり）・入浴料600円・☎0578-89-2254。②県道へ下る途中の「野の花山荘」でも可能。不定休（事前に要確認のこと）・10〜17時・入浴料800円・☎0578-89-0030。③新穂高温泉には「ひがくの湯」もある。不定休・9〜19時（5月、7〜10月は時間延長あり）・入浴料700円・☎0578-89-2855。④さらに県道を栃尾温泉方面に戻る途中、蒲田川右岸に公共露天風呂の「新穂高の湯」がある。中尾高原口の公共駐車場に車を置き、橋を渡る。6月23日〜10月31日・期間中無休・8〜21時・入浴料寸志（200円程度）・☎0578-89-2458（奥飛騨温泉郷総合案内所）。
問合先／新穂高ロープウェイ☎0578-89-2252、飛騨高山観光案内所☎0577-32-5328、高山市観光課☎0577-35-3145

北アルプス・新穂高ロープウェイ新穂高温泉駅
きたあるぷす・しんほたかろーぷうぇいしんほたかおんせんえき

岐阜県高山市　標高1112m

登山口概要／西穂高岳（花の百名山）の西側、市道沿い。新穂高第1ロープウェイの山麓側起点。西穂山荘を経由する西穂独標や西穂高岳の主要登山口。割谷山を経由する焼岳（日本百名山）の起点。
位置情報／[36°17′11″][137°34′32″]
アクセス／東海北陸道飛騨清見ICから中部縦貫道（高山清見道路・国道158号）、国道41号、県道89号、国道158、471号、県道475号、市道経由で約70.5km、約1時間45分。または長野道松本ICから国道158号、中部縦貫道（安房峠道路。有料）、国道471号、県道475号、市道経由で約64km、約1時間36分。
駐車場／新穂高温泉駅奥に有料駐車場がある。6時間まで500円、以後6時間毎に500円。自動精算機は千円札と各コインのみ受け入れ可。24時間出入り可。約250台・50×50mなど3面・舗装・区画あり。
駐車場混雑情報／GW、お盆休み、紅葉シーズンの休日は満車になる。
トイレ／各駅にある。詳細不明。
携帯電話／ドコモ通話可、au通話可、SB通話可。
ドリンク自販機／新穂高温泉駅にある（PBも）。
登山届入れ／西穂高口駅と、千石園地奥の登山道入口に立つ小屋にある。また駐車場わきの右俣林道沿いにもある。
その他／新穂高温泉駅（山麓駅）＝喫茶・軽食、テイクアウトコーナー、売店、足湯、コインロッカー。しらかば平駅（中間駅）＝レストラン、喫茶・軽食、テイクアウトコーナー、パン屋、そば処、コインロッカー、新穂高ビジターセンター・

鍋平／新穂高ビジターセンター

鍋平／同センター内の展示

鍋平／野の花山荘の浴室

新穂高／新穂高温泉駅奥の有料駐車場

新穂高／新穂高温泉駅

山楽館(北アルプスの資料展示。無休・開館時間はロープウェイの運行時間に準ずる・☎0578-89-2254)。西穂高口駅(山頂駅)＝喫茶・軽食、売店、展望台、千石園地。

新穂高ロープウェイ／第1ロープウェイと第2ロープウェイがある。通年運行・8時30分〜16時45分(お盆休みは7時〜17時15分。季節によって変動)・30分毎運行・第1は所要5分、第2は所要7分(乗り継ぎ時間も含めれば第1〜第2所要約25分)・第1＋第2片道1500円、往復2800円。第1片道200円、往復400円。第2片道1350円、往復2700円・☎0578-89-2252。

立ち寄り湯／①鍋平高原の新穂高ビジターセンター・山楽館内に露天風呂の「神宝乃湯」がある。ただし石けん・シャンプーの利用はできない。無休・9時〜15時30分(季節による変動あり)・入浴料600円・☎0578-89-2254。②新穂高温泉には「ひがくの湯」もある。不定休・9〜19時(5月、7〜10月は時間延長あり)・入浴料700円・☎0578-89-2855。③さらに県道を栃尾温泉方面に戻る途中、蒲田川右岸に公共露天風呂の「新穂高の湯」がある。中尾高原口の公共駐車場に車を置き、橋を渡る。6月23日〜10月31日・期間中無休・8〜21時・入浴料寸志(200円程度)・☎0578-89-2458(奥飛騨温泉郷総合案内所)。

問合先／新穂高ロープウェイ☎0578-89-2252、飛騨高山観光案内所☎0577-32-5328、高山市観光課☎0577-35-3145

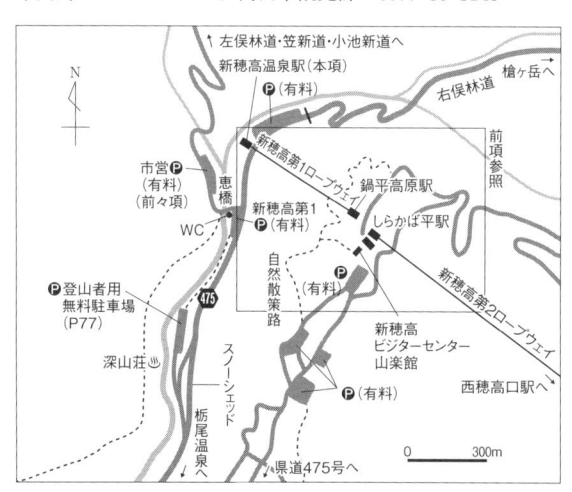

新穂高／駐車場わきの登山届入れ

新穂高／右俣林道入口

新穂高／新穂高温泉駅前の案内板

新穂高／新穂高ビジターセンター・神宝乃湯

新穂高／新穂高の湯

北アルプス・双六岳
　　→P77 北アルプス・新穂高駐車場①(深山荘付近)
　　→P78 北アルプス・新穂高駐車場②(左俣林道入口)

北アルプス・西穂高岳
　　→P78 北アルプス・新穂高ロープウェイしらかば平駅(鍋平高原)
　　→P80 北アルプス・新穂高ロープウェイ新穂高温泉駅

北アルプス・抜戸岳
　　→P77 北アルプス・新穂高駐車場①(深山荘付近)

→P78 北アルプス・新穂高駐車場②（左俣林道入口）

北アルプス・乗鞍岳
　　→P90 北アルプス・朴の木平駐車場

北アルプス・乗鞍岳　アイミックス自然村南乗鞍オートキャンプ場
きたあるぷす・のりくらだけ　あいみっくすしぜんむらみなみのりくらおーときゃんぷじょう

岐阜県高山市　標高1460m

アイミックス／県道に立つ自然村の看板

登山口概要／乗鞍岳の南側、阿多野郷林道（あたのごうりんどう）沿い。阿多野郷林道と中洞権現ノ尾根（なかほらごんげんのおね）を経由する乗鞍岳の起点。さらに奥にあるゲート前の駐車スペースは、次項参照。
位置情報／［36°03′24″］［137°31′53″］（キャンプ場）
アクセス／東海北陸道飛騨清見ICから中部縦貫道（高山清見道路・国道158号）、国道41号、市道（山王トンネル）、県道462号、国道361号、県道39号、阿多野郷林道（キャンプ場までは舗装）経由で約64km、約1時間40分。または長野道松本ICから国道158号、中部縦貫道（安房峠道路。有料）、国道158号、広域基幹林道駄吉青屋線（ほとんど舗装されているが、一部未舗装区間あり。路面評価★★★★～★★★）、市道、国道361号、県道39号、阿多野郷林道（上と同じ）経由で約100km、約2時間40分。県道に立つアイミックス自然村の看板を目印に阿多野郷林道へ入り2.3km、約5分。※広域基幹林道駄吉青屋線は、丹生川町駄吉から飛騨高山スキー場付近の県道462号の一部を間に挟んで、カクレハ高原まで続く林道。松本方面からのショートカットルートとして利用できるが、ゲートが閉鎖されることもあるので注意。

アイミックス／駐車場

駐車場／アイミックス南乗鞍オートキャンプ場の駐車場は登山者の利用可。有料1泊1500円。あらかじめ電話連絡すること。約15台・34×18m・砂利・区画なし。
駐車場混雑情報／GWとお盆休みはキャンプ場利用者で満車になり、登山者は停められないこともある。
トイレ／アイミックス南乗鞍オートキャンプ場にある。簡易水洗。水道・TPあり。評価☆☆。
携帯電話／ドコモ📶通話可、au📶通話可、SB📵つながらず。
公衆電話／管理棟内にコイン式公衆電話がある。
ドリンク自販機／管理棟にあるが、取材時は販売休止中だった（PBも）。

アイミックス／トイレ

その他／キャンプ場管理棟。
立ち寄り湯／①県道39号と国道361号で高山市街地方面に向かう途中、高根町上ヶ洞に「塩沢温泉・七峰館」がある。無休・10時～20時30分・入浴料500円・☎0577-59-2326。②高山市一之宮町に向かうと「臥竜の郷（がりゅうのさと）」がある。月1回メンテナンス休・6～23時・入浴料800円・☎0577-53-3933。③国道158号で松本IC方面に向かう途中、朴の木平のジョイフル朴の木に「飛騨にゅうかわ温泉・宿儺の湯（すくなのゆ）」がある。無休（秋にメンテナンス休あり）・10時30分～18時・入浴料600円・☎0577-79-2109。
問合先／アイミックス自然村南乗鞍オートキャンプ場☎

アイミックス／管理棟

アイミックス／臥龍の郷・陶器風呂

0577-59-2727、高山市高根支所☎0577-59-2211、飛騨高山観光案内所☎0577-32-5328、高山市観光課☎0577-35-3145

北アルプス・乗鞍岳　阿多野郷林道ゲート前
きたあるぷす・のりくらだけ　あたのごうりんどうげーとまえ
岐阜県高山市　標高1460m

登山口概要／乗鞍岳の南側、阿多野郷林道（あたのごうりんどう）のゲート前。中洞権現ノ尾根（なかぼらごんげんのおね）を経由する乗鞍岳の起点。
位置情報／［36°03′48″］［137°32′26″］（林道ゲート前）
アクセス／東海北陸道飛騨清見ICから中部縦貫道（高山清見道路・国道158号）、国道41号、市道（山王トンネル）、県道462号、国道361号、県道39号、阿多野郷林道（キャンプ場までは舗装。以後は未舗装。路面評価★★★。部分的に★★）経由で約65km、約1時間45分。または長野松本ICから国道158号、中部縦貫道（安房峠道路。有料）、国道158号、広域基幹林道駄吉青屋線（ほとんど舗装されているが、一部未舗装区間あり。路面評価★★★★〜★★★）、市道、国道361号、県道39号、阿多野郷林道（上と同じ）経由で約101km、約2時間45分。県道に立つアイミックス自然村の看板を目印に阿多野郷林道へ入り3.3km、約9分。※広域基幹林道駄吉青屋線は、丹生川町駄吉から飛騨高山スキー場付近の県道462号の一部を間に挟んで、カクレハ高原まで続く林道。松本方面からのショートカットルートとして利用できるが、ゲートが閉鎖されることもあるので注意。
駐車場／ゲート前に駐車スペースがある。崩れかけた崖のそばにあり、落石も多く見られるためお勧めはしないが、登山者の利用は割と多いようだ。駐車する場合は自己責任で。8〜10台・砂地＋砂利＋草地・区画なし。
携帯電話／ドコモ📶〜📶 通話可、au📶〜📶 通話可、SB圏外。
立ち寄り湯／①県道39号と国道361号で高山市街地方面に向かう途中、高根町上ヶ洞に「塩沢温泉・七峰館」がある。無休・10時〜20時30分・入浴料500円・☎0577-59-2326。②高山市一之宮町に向かうと「臥竜の郷（がりゅうのさと）」がある。月1回メンテナンス休・6〜23時・入浴料800円・☎0577-53-3933。③国道158号で松本IC方面に向かう途中、朴の木平のジョイフル朴の木に「飛騨にゅうかわ温泉・宿儺の湯（すくなのゆ）」がある。無休（秋にメンテナンス休あり）・10時30分〜18時・入浴料600円・☎0577-79-2109。
問合先／高山市高根支所☎0577-59-2211、飛騨高山観光案内所☎0577-32-5328、高山市観光課☎0577-35-3145

阿多野／自然村先の未舗装林道

阿多野／林道ゲート前の駐車スペース

阿多野／橋と林道ゲート

阿多野／宿儺の湯・2階内風呂

北アルプス・乗鞍岳　カクレハ高原オートキャンプ場
きたあるぷす・のりくらだけ　かくれはこうげんおーときゃんぷじょう
岐阜県高山市　標高956m

登山口概要／乗鞍岳の西側、市道沿い。長倉林道を経由す

カクレハ／キャンプ場駐車場

る丸黒山（まるくろやま）や千町ヶ原（せんちょうがはら）、乗鞍岳などの起点。
位置情報／［36°06′42″］［137°24′55″］
アクセス／東海北陸道飛騨清見ICから中部縦貫道（高山清見道路・国道158号）、国道41号、市道（山王トンネル）、県道462号、国道361号、市道経由で約44.5km、約1時間7分。または長野道松本ICから国道158号、中部縦貫道（安房峠道路。有料）、国道158号、広域基幹林道駄吉青屋線（ほとんど舗装されているが、一部未舗装区間あり。路面評価★★★★〜★★）、市道経由で約80.5km、約2時間10分。※広域基幹林道駄吉青屋線は、丹生川町駄吉から飛騨高山スキー場付近の県道462号の一部を間に挟んで、カクレハ高原まで続く林道。松本方面からのショートカットルートとして利用できるが、ゲートが閉鎖されることもあるので注意。
駐車場／カクレハ高原オートキャンプ場の駐車場は、登山者の利用可。有料1日1600円。50〜60台・52×12m、120×7m・舗装＋草地・区画なし。あらかじめ利用日と到着予定時間、下山予定時間をキャンプ場に電話連絡してもらえるとありがたいとのこと。不在時は留守電に入れておけばよい。料金は先に管理棟で払うが、早朝など管理人不在時は下山後の支払いでも可。
駐車場混雑情報／夏休み期間中は混雑するので、駐車場利用を予約しておく方が確実。
トイレ／カクレハ高原オートキャンプ場にある。北側のトイレ＝水洗。水道・TPあり。評価☆☆☆。南側のトイレ＝水洗。水道・TPあり。評価☆☆。
携帯電話／ドコモ圏外、au圏外、SB圏外。
ドリンク自販機／カクレハ高原オートキャンプ場にある（PBも）。
取材メモ／千町ヶ原のワタスゲは7月中旬が見ごろ。
立ち寄り湯／①山麓に下って国道361号を左折すると、16km先に「塩沢温泉・七峰館」がある。無休・10時〜20時30分・入浴料500円・☎0577-59-2326。②高山市一之宮町に向かうと「臥竜の郷（がりゅうのさと）」がある。月1回メンテナンス休・6〜23時・入浴料800円・☎0577-53-3933。③国道158号で松本IC方面に向かう途中、朴の木平のジョイフル朴の木に「飛騨にゅうかわ温泉・宿儺の湯（すくなのゆ）」がある。無休（秋にメンテナンス休あり）・10時30分〜18時・入浴料600円・☎0577-79-2109。
問合先／カクレハ高原オートキャンプ場☎0577-55-3464、飛騨あさひ観光協会☎0577-55-3777、高山市朝日支所☎0577-55-3311、飛騨高山観光案内所☎0577-32-5328、高山市観光課☎0577-35-3145

カクレハ／キャンプ場駐車場（草地）

カクレハ／同キャンプ場トイレ

カクレハ／同トイレ内部

カクレハ／キャンプ場管理棟

北アルプス・乗鞍岳　五色ヶ原の森ツアーセンター
きたあるぷす・のりくらだけ　ごしきがはらのもりつあーせんたー

岐阜県高山市　標高910m

登山口概要／乗鞍岳の北西側、国道158号線から少し入った五色ヶ原の森ツアーセンター（飛騨大鍾乳洞内）。五色ヶ

五色／国道の「飛騨大鍾乳洞」標識

のカモシカコースとシラビソコースの起点。掲載写真は、五色ヶ原の森運営共同事業体からの提供。

位置情報／[36°11′01″][137°25′28″]（五色ヶ原の森ツアーセンター駐車場）

アクセス／東海北陸道飛騨清見ICから中部縦貫道（高山清見道路・国道158号）、国道41号、県道89号、国道158号、市道経由で約37km、約55分。または長野道松本ICから国道158号、中部縦貫道（安房峠道路。有料）、国道158号、市道経由で約63km、約1時間35分。国道には「飛騨大鍾乳洞」、「五色ヶ原の森ツアーセンター」の標識が立っている。

乗鞍山麓五色ヶ原／営業期間5月20日～10月31日・水曜休。五色ヶ原の森ツアー（有料）は、認定ガイド同伴が条件となり、1日あたりの入場者制限もある。入山日の10日前までの予約が必要。当日は五色ヶ原の森ツアーセンターに集合する。ツアー申込みについては、以下の公式サイトを参照のこと。
http://www.hida.jp/goshiki/index.shtml

駐車場／五色ヶ原の森ツアーセンター（飛騨大鍾乳洞内）に駐車場がある。約300台・168×37m・舗装・区画あり。ここに車を置き、センターで受付後、バスで各コースの起点まで移動する。

トイレ／ツアーセンターにある。水洗・TPあり。またコース途中にある4ヶ所の避難小屋にも温水洗浄機能付き水洗トイレがある。

携帯電話／ツアーセンター前では、ドコモ、au、SBいずれも通話可。

公衆電話／ツアーセンターにある。

水場／カモシカコース・シラビソコースとも途中に水飲み場がある。

その他／五色ヶ原の森ツアーセンターにコインロッカーあり。

ドリンク自販機／ツアーセンターにある。

取材メモ／五色ヶ原の紅葉は10月中旬～下旬が見ごろ。この時期は満員になりやすいので、早めの予約が望ましい。また高山植物のフラワーシーズンは、6月上旬～7月中旬が見ごろ。7月中旬にはオオヤマレンゲも咲く。

立ち寄り湯／①国道を西進する途中、朴の木平のジョイフル朴の木に「飛騨にゅうかわ温泉・宿儺の湯（すくなのゆ）」がある。無休（秋にメンテナンス休あり）・10時30分～18時・入浴料600円・☎0577-79-2109。②平湯温泉に向かうと「ひらゆの森」がある。無休・10～21時・入浴料500円・☎0578-89-3338。③同じく平湯温泉に「アルプス街道・平湯」もある。無休・8時～17時30分・入浴料600円・☎0578-89-2611。

問合先／五色ヶ原の森ツアーセンター☎0577-79-2344、高山市丹生川支所☎0577-78-1111、飛騨高山観光案内所☎0577-32-5328、高山市観光課☎0577-35-3145

五色／飛騨大鍾乳洞駐車場

五色／ツアーセンター入口

五色／五色ヶ原の起点・出合いの小屋

五色／横手吊り橋

五色／カモシカコースを歩くツアー参加者

北アルプス・乗鞍岳　畳平
きたあるぷす・のりくらだけ　たたみだいら

岐阜県高山市　標高2705m

登山口概要／乗鞍岳・剣ヶ峰の北側、乗鞍スカイライン（県道5号）の終点。乗鞍観光の拠点で、乗鞍バスターミナルなどがある。乗鞍岳・剣ヶ峰、富士見岳、魔王岳、大黒岳の主要最短登山口。お花畑周回コースの起点。

マイカー規制／畳平に至る岐阜県側道路の乗鞍スカイライン（平湯ゲート～乗鞍鶴ヶ池駐車場間）、長野県側道路の乗鞍エコーライン（三本滝ゲート～乗鞍鶴ヶ池駐車場間）は、通年マイカー規制されている。岐阜県側は、朴の木平駐車場（P90）、もしくはあかんだな駐車場（P75）に車を置き、乗鞍岳シャトルバス、またはタクシーに乗り換える。長野県側は、乗鞍高原の駐車場に車を置き、乗鞍岳シャトルバス、またはタクシーに乗り換える。

乗鞍スカイライン／開通期間5月15日～10月31日・開通時間5月15日～6月と10月は7～18時、7～9月は3時30分～18時。

乗鞍エコーライン／開通期間7月1日～10月31日・開通時間7～9月は6～18時、10月は7～18時。

トイレ／畳平に2ヶ所ある。どちらも水洗。水道・TPあり。評価☆☆☆。ほか乗鞍バスターミナル内にもある。

携帯電話／飛騨乗鞍観光協会によるとドコモとauどちらも通話可能、SBは通話不可とのこと。

公衆電話／乗鞍山頂銀嶺荘にある。

ドリンク自販機／乗鞍バスターミナルや銀嶺荘などにある（PBも）。

登山届入れ／乗鞍バスターミナルの受付に提出可能。

その他／乗鞍バスターミナル＝レストラン・売店・乗鞍自然展示館。5月15日～10月中旬・期間中無休・8～17時（夏期は4時30分～）・☎0577-32-3191。ほか乗鞍山頂郵便局（一万尺）、乗鞍山頂銀嶺荘（レストラン・売店。5月15日～10月中旬、宿泊7月1日～10月10日頃・☎0577-32-3145）、乗鞍本宮神社、飛騨森林管理署。

取材メモ／畳平のハクサンイチゲやクロユリ、コマクサは、7月中旬～下旬が見ごろ。

立ち寄り湯／①岐阜県側の平湯温泉に「ひらゆの森」がある。無休・10～21時・入浴料500円・☎0578-89-3338。②同じく

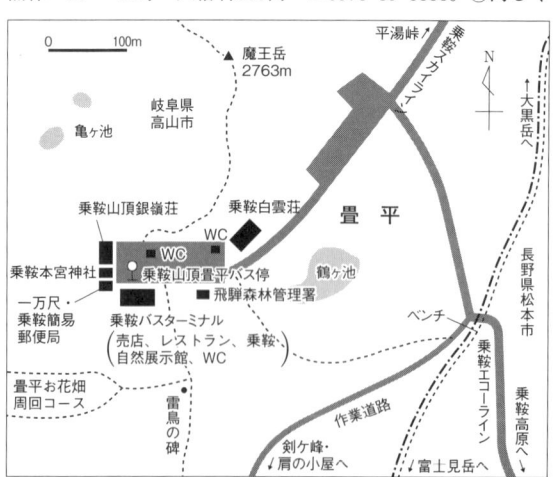

畳平／畳平に到着したシャトルバス

畳平／乗鞍バスターミナル（左）など

畳平／富士見岳から畳平を俯瞰する

畳平／東側のトイレ

畳平／同トイレ内部

平湯温泉に「アルプス街道・平湯」もある。無休・8時〜17時30分・入浴料600円・☎0578-89-2611。一方、長野県側の乗鞍高原では、③休暇村・乗鞍高原の温泉館「天峰の湯（てんぽうのゆ）」がある。無休・11〜17時・入浴料500円・☎0263-93-2304。④また鈴蘭十字路の東側には「乗鞍高原温泉・湯けむり館」もある。第3火曜休（オフシーズンに長期休館あり）・9時30分〜21時・入浴料700円・☎0263-93-2589。
問合先／飛騨乗鞍観光協会☎0577-78-2345、乗鞍高原観光案内所☎0263-93-2147、高山市丹生川支所☎0577-78-1111、高山市観光課☎0577-35-3145、松本市アルプス観光協会☎0263-94-2221

畳平／畳平お花畑周回コース

北アルプス・乗鞍岳　飛騨高山スキー場
きたあるぷす・のりくらだけ　ひだたかやますきーじょう

岐阜県高山市　標高1305m

登山口概要／乗鞍岳の北西側、県道462号から少し入った場所にある。日影平山（ひかげだいらやま）や乗鞍岳の起点。
位置情報／［36°08′27″］［137°25′42″］
アクセス／東海北陸道飛騨清見ICから中部縦貫道（高山清見道路・国道158号）、国道41号、市道（山王トンネル）、県道462号、国道361号、県道462号、市道経由で約39km、約1時間。または長野道松本ICから国道158号、中部縦貫道（安房峠道路。有料）、国道158号、広域基幹林道駄吉青屋線（ほとんど舗装されているが、一部未舗装区間あり。路面評価★★★★〜★★★）、県道462号、市道経由で約72km、約1時間48分。※広域基幹林道駄吉青屋線は、丹生川町駄吉から飛騨高山スキー場付近の県道462号の一部を間に挟んで、カクレハ高原まで続く林道。松本方面からのショートカットルートとして利用できるが、ゲートが閉鎖されることもあるので注意する必要あり。
駐車場／飛騨高山スキー場に駐車場があり、登山者の利用可。

畳平／魔王岳登山道入口

飛騨高山／スキー場駐車場

飛騨高山／センターハウス

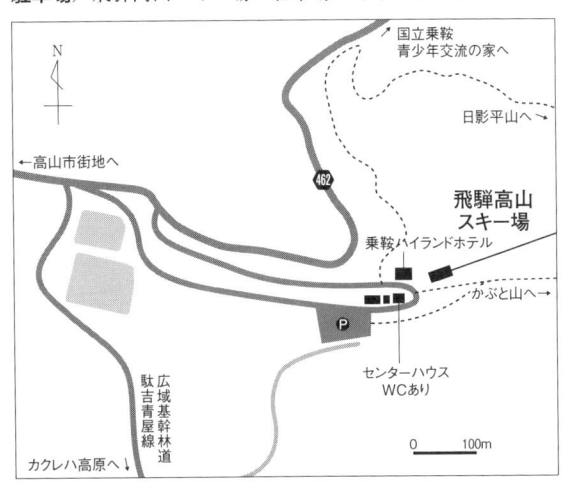

飛騨高山／同ハウスのトイレ内部

計約500台・86×76mなど4面・舗装＋砂地・区画なし。
駐車場混雑情報／スキーシーズン以外に満車、混雑することはない。
トイレ／センターハウス向かって1階右横にある。グリーンシーズン中は開放されており、登山者の利用可。温水洗浄機能付便座。水洗。水道・TPあり。評価☆☆☆。手前にもトイレがあるが、グリーンシーズン中は閉鎖されている。
携帯電話／ドコモ📶通話可、au📶通話可、SB📶通話可。
立ち寄り湯／①中部縦貫道（高山清見道路）高山IC付近には、「ひだまりの湯」がある。無休・7時30分〜23時30分・入館料1050円、☎0577-37-4126。②国道158号で松本IC方面に戻る途中、朴の木平のジョイフル朴の木に「飛騨にゅうかわ温泉・宿儺の湯（すくなのゆ）」がある。無休（秋にメンテナンス休あり）・10時30分〜18時・入浴料600円、☎0577-79-2109。
問合先／飛騨高山スキー場☎0577-31-1020、飛騨高山観光案内所☎0577-32-5328、高山市観光課☎0577-35-3145

北アルプス・日影平山
→（前項）北アルプス・乗鞍岳　飛騨高山スキー場

飛騨高山／かぶと山登山道入口

飛騨高山／日影平山登山道入口

北アルプス・飛騨新道登山口
きたあるぷす・ひだしんどうとざんぐち

岐阜県飛騨市　標高1450m

登山口概要／北ノ俣岳（新・花の百名山）の西側、大規模林道高山大山線沿い。北ノ俣岳、黒部五郎岳（日本百名山、花の百名山）、三俣蓮華岳（みつまたれんげだけ。日本三百名山）などの起点。飛越トンネルの西口。トンネルを抜けた富山県側は、有峰林道（有料）となって有峰湖へ下っている。
位置情報／［36°25′00″］［137°26′06″］
アクセス／東海北陸道飛騨清見ICから国道158号、県道80号、国道41号、県道75号、国道41、471号、大規模林道高山大山線（2車線全線舗装の快適な道）、県道484号、舗装林道経由で約76km、約1時間55分。または長野道松本ICから国道158号、中部縦貫道（安房峠道路。有料）、国道471号、大規模林道高山大山線（2車線全線舗装の快適な道）、県道484号、大規模林道高山大山線経由で約100km、約2時間30分。県道484号から7.2km、約10分。神岡町市街地の国道471号から県道484号を経由するよりも、その東側の大規模林道高山大山線を経由する方が道も広くてお勧め（国道と林道の交差点に「北ノ俣岳登山口」の標識あり）。県道484号は一部、行き違い困難な区間もあり、つづら折りも多い。大規模林道高山大山線（国道471号〜県道484号間）の開通期間は、GW〜11月下旬頃。大規模林道高山大山線（県道484号〜飛騨新道登山口間）の開通期間はGW明け〜11月下旬頃。
駐車場／登山道入口に駐車場がある。約30台・138×20m・砂利＋砂地＋草地・区画なし。飛越トンネル側のスペースは、間に溝があるため駐車不可。
駐車場混雑情報／混雑することはない。

新道／大規模林道高山大山線

新道／登山口の標識

新道／登山道入口の駐車場

トイレ／登山道入口に簡易トイレがある。水道なし。TPあり。評価☆☆。
携帯電話／ドコモ📶〜📵通話可、au圏外、SB圏外。
登山届入れ／登山道入口にある。
取材メモ／北ノ俣岳のハクサンイチゲや黒部五郎岳のシナノキンバイは、7月中旬〜下旬が見ごろ。
立ち寄り湯／①国道471号に戻り、さらに国道41号を北上すると「割石温泉」がある。割石橋を渡って割石交差点を左折。月曜休（祝日の場合は翌日）・10〜21時・入浴料400円・☎0578-82-0988。②神岡から国道41号を西進すると「流葉温泉・Mプラザ」がある。無休・10〜21時・入浴料600円・☎0578-82-2275。③さらに飛騨市街地に向かうと「飛騨古川桃源郷ぬく森の湯すぱーふる」がある。場所はわかりにくいが、飛騨市街地の西側、県道75号479号の交差点付近を目指す。水曜休（祝日の場合は営業）・10〜21時・入浴料600円・☎0577-75-3111。
問合先／飛騨市神岡振興事務所商工観光係☎0578-82-2250、飛騨市観光課☎0577-73-7463、飛騨市観光協会☎0577-74-1192

新道／登山道入口前にある簡易トイレ

新道／登山道入口

北アルプス・平湯大滝公園
きたあるぷす・ひらゆおおたきこうえん

岐阜県高山市　標高1337m

登山口概要／平湯大滝（日本の滝100選）の北西側（下流側）、市道終点。平湯大滝の入口。
位置情報／［36°11′00″］［137°33′18″］
アクセス／東海北陸道飛騨清見ICから中部縦貫道（高山清見道路・国道158号）、国道41号、県道89号、国道158号、市道経由で約52.5km、約1時間20分。または長野道松本ICから国道158号、中部縦貫道（安房峠道路。有料）、国道158号、市道経由で約46.5km、約1時間10分。
駐車場／有料（環境整備協力金）1回500円（半額になる時期

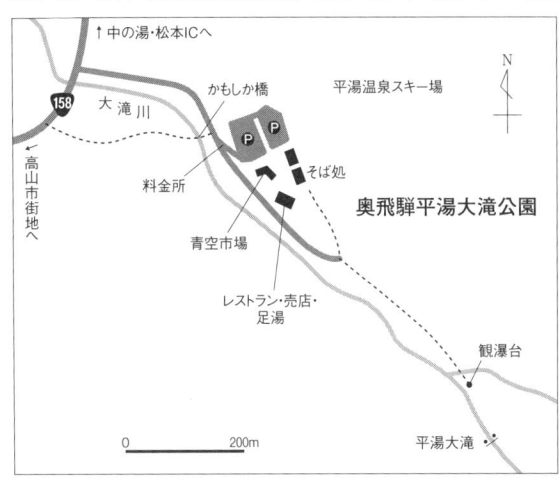

大滝／駐車場の料金所

大滝／公園の有料駐車場

大滝／青空市場

もある)。係員による精算(前払い)。無休・9〜17時(冬期は〜16時)。約210台+大型・87×55mなど2面・舗装・区画あり。
駐車場混雑情報／満車になることはない。
トイレ／平湯大滝公園に2棟ある。詳細不明。
携帯電話／ドコモ通話可、au通話可、SB通話可。
ドリンク自販機／青空市場にある(PBも)。
その他／平湯大滝公園案内板、レストラン、売店、足湯など。
取材メモ／平湯大滝は落差64m。駐車場から観瀑台まで徒歩12分だが、シャトルバスも運行。平湯大滝の紅葉は10月中旬〜11月初旬が見ごろ。滝が氷結する2月にはライトアップもされる。
立ち寄り湯／①平湯温泉に「ひらゆの森」がある。無休・10〜21時・入浴料500円・☎0578-89-3338。②同じく平湯温泉に「アルプス街道・平湯」もある。無休・8時〜17時30分・入浴料600円・☎0578-89-2611。③あかんだな駐車場の近くには「不動明王神の湯」もある。無休・7時〜19時30分(季節により変動)・入浴料500円・☎0578-89-3448。
問合先／平湯大滝公園☎0578-89-1250、飛騨高山観光案内所☎0577-32-5328、高山市観光課☎0577-35-3145

北アルプス・平湯駐車場
　→P75 北アルプス・あかんだな駐車場

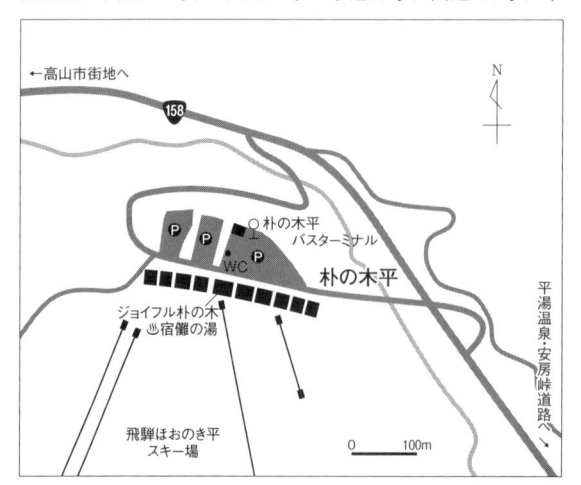

大滝／平湯大滝

大滝／ひらゆの森・大浴場

北アルプス・朴の木平駐車場
きたあるぷす・ほおのきだいらちゅうしゃじょう

岐阜県高山市　標高1232m

登山口概要／乗鞍岳は通年マイカー規制されているので、本項駐車場に車を置き、シャトルバスに乗り換える。
位置情報／[36°10′34″][137°29′31″]
アクセス／東海北陸道飛騨清見ICから中部縦貫道(高山清見道路・国道158号)、国道41号、県道89号、国道158号、市

朴の木／朴の木平駐車場

朴の木／同駐車場のトイレ

90

道経由で約45km、約1時間8分。
駐車場／約240台（最大1500台）・155×70mなど4面・舗装・区画あり。
駐車場混雑情報／お盆休みは10時頃には満車になる。それ以外に満車になることはない。
トイレ／駐車場にある。水洗。水道・TPあり。評価☆☆☆〜☆☆。
携帯電話／ドコモ📶通話可、au📶通話可、SB📶通話可。
ドリンク自販機／バスターミナルや駐車場管理棟などにある（PBも）。
その他／朴の木平バスターミナル（休憩所、軽食・喫茶）、ほおのき平バス停（濃飛バス）。
取材メモ／乗鞍畳平行きシャトルバスは、あかんだな駐車場→平湯温泉→朴の木平駐車場→乗鞍畳平の順に停車する。畳平のハクサンイチゲやクロユリ、コマクサは7月中旬〜下旬が見ごろ。
立ち寄り湯／①駐車場向かいのジョイフル朴の木に「飛騨にゅうかわ温泉・宿儺の湯（すくなのゆ）」がある。無休（秋にメンテナンス休あり）・10時30分〜18時・入浴料600円・☎0577-79-2109。②平湯温泉に「ひらゆの森」がある。無休・10〜21時・入浴料500円 ☎0578-89-3338。③同じく平湯温泉に「アルプス街道・平湯」もある。無休・8時〜17時30分・入浴料600円・☎0578-89-2611。
問合先／飛騨高山観光案内所☎0577-32-5328、高山市丹生川支所☎0577-78-1111、高山市観光課☎0577-35-3145

北アルプス・丸黒山
　　→P83 北アルプス・乗鞍岳　カクレハ高原オートキャンプ場

北アルプス・三俣蓮華岳
　　　　→P77 北アルプス・新穂高駐車場①（深山荘付近）
　　　　→P78 北アルプス・新穂高駐車場②（左俣林道入口）
　　　　→P88 北アルプス・飛騨新道登山口

北アルプス・焼岳
　　　　→P78 北アルプス・新穂高ロープウェイしらかば平駅（鍋平高原）
　　　　→P80 北アルプス・新穂高ロープウェイ新穂高温泉駅

朴の木／同トイレ内部

朴の木／朴の木平バスターミナル

朴の木／ジョイフル朴の木・宿儺の湯

朴の木／同露天風呂

北アルプス・焼岳　中尾登山口
きたあるぷす・やけだけ　なかおとざんぐち

岐阜県高山市　標高1200m

登山口概要／焼岳（日本百名山）の北側、割谷資材運搬道路入口。中尾峠を経由する焼岳の岐阜県側起点。
位置情報／［36°15′13″］［137°34′34″］
アクセス／東海北陸道飛騨清見ICから中部縦貫道（高山清見道路・国道158号）、国道41号、県道89号、国道158、471号、県道475号、市道経由で約70km、約1時間45分。または長野道松本ICから国道158号、中部縦貫道（安房峠道路。有料）、

中尾／登山口の駐車スペース

91

国道471号、県道475号、市道経由で約63.5km、約1時間36分。県道475号で中尾橋を渡ってすぐ中尾高原方面に右折。中尾高原の三叉路はどちらを通ってもいずれ合流する。やがて本項駐車スペースが右手に見えてくる。

駐車場／登山道入口の300m手前に駐車スペースがある。15〜20台・32×20m・砂利＋草地・区画なし。※この先の割谷資材運搬道路は砂防工事専用であるため、一般車通行禁止。
駐車場混雑情報／混雑することはない。
携帯電話／ドコモ📶〜📶通話可、au📶〜📶通話可、SB圏外。
登山届入れ／駐車スペースにある。
取材メモ／焼岳の紅葉は10月中旬が見ごろ。
立ち寄り湯／①県道に戻ると蒲田川右岸に公共露天風呂の「新穂高の湯」がある。中尾高原口の公共駐車場に車を置き、橋を渡る。6月23日〜10月31日・期間中無休・8〜21時・入浴料寸志（200円程度）・☎0578-89-2458（奥飛騨温泉郷総合案内所）。②県道に出て右折すると500m先に「ひがくの湯」もある。不定休・9〜19時（5月、7〜10月は時間延長あり）・入浴料700円・☎0578-89-2855。
問合先／飛騨高山観光案内所☎0577-32-5328、高山市上宝支所☎0578-86-2111、高山市観光課☎0577-35-3145

北アルプス・槍ヶ岳
　　→P77 北アルプス・新穂高駐車場①（深山荘付近）
　　→P78 北アルプス・新穂高駐車場②（左俣林道入口）

北アルプス・鷲羽岳
　　→P77 北アルプス・新穂高駐車場①（深山荘付近）
　　→P78 北アルプス・新穂高駐車場②（左俣林道入口）

北ノ俣岳→P88 北アルプス・飛騨新道登山口

中尾／駐車スペースにある登山届入れ

中尾／一般車通行禁止の運搬道路

中尾／新穂高の湯

北山・西洞
きたやま・にしぼら

岐阜県山県市　標高392m

登山口概要／北山の南西側、舗装林道沿い。北山の起点。
位置情報／［35°38′37″］［136°46′05″］（登山道入口の位置）
アクセス／東海環状道関広見ICから国道418、256号、県道196号、舗装林道経由で約24km、約38分。舗装林道は、柿野川沿いに続く行き違い困難な狭い道。
駐車場／登山道入口の手前300mに1台分、登山道入口の200m、300m、400m先に各1〜2台分の駐車スペースがある。計約10台・草地＋砂利・区画なし。登山道入口にも駐車スペースがあるが、普段はタイヤでバリケードされて利用できないようになっている。付近にある2軒の民家どちらかに声をかければ利用できる場合がある。
駐車場混雑情報／山頂でカタクリが咲くGWの頃は満車になることがある。
携帯電話／ドコモ圏外、au圏外、SB圏外。
取材メモ／付近の民家の方によると、初夏〜夏はヒルに注意

北山／西洞谷沿いに続く舗装林道

北山／300m手前の駐車スペース

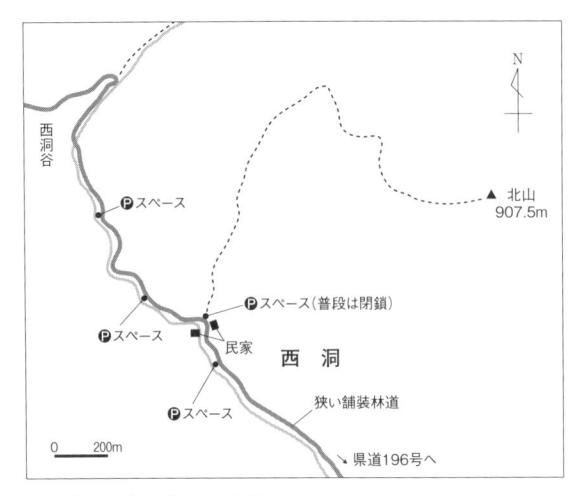

する必要があるとのことだ。
立ち寄り湯／関広見ICに戻る途中、国道418号の事務所前交差点を左折すると、関市武芸川事務所の先に「武芸川温泉（むげがわおんせん）・ゆとりの湯」がある。木曜休（祝日の場合は翌日）・10〜21時・入浴料600円・☎0575-45-3011。
問合先／山県市観光協会（山県市産業課商工観光係）☎0581-22-6830

吉祥山・市民ふれあいの森
きちじょうさん・しみんふれあいのもり

愛知県豊橋市　標高44m

登山口概要／吉祥山の南西側、県道381号から少し入ったところにある。市民ふれあいの森を経由する吉祥山の起点。
位置情報／［34°50′54″］［137°27′45″］
アクセス／東名道豊川ICから国道151号、県道31、380、499号、市道、県道381号経由で約6.5km、約10分。または東名道三ヶ日ICから県道85号、国道362、301号、県道81、381号経由で約18km、約27分。
駐車場／市民ふれあいの森に駐車場がある。17台・36×20m・砂利・区画なし。
トイレ／駐車場にある。水洗。水道・TPあり。評価☆☆☆。
携帯電話／ドコモ通話可、au通話可、SB通話可。
その他／休憩所、ハチ・ヘビ・イノシシ注意看板、市民ふれあいの森案内板。
立ち寄り湯／①近くの本宮山登山口に「本宮の湯（ほんぐうのゆ）」がある。水曜休（祝日の場合は翌日）・10〜22時・入浴料600円・☎0533-92-1880。②三ヶ日IC方面では、猪鼻湖の西岸に「三ヶ日温泉・ホテルリステル浜名湖」がある。不定休・12〜22時（火曜のみ15時〜）・入浴料1000円・☎053-525-1222。
問合先／豊橋市観光振興課☎0532-51-2430、豊橋観光コンベ

北山／登山道入口と駐車スペース

北山／300m奥の駐車スペース

吉祥山／ふれあいの森駐車場とトイレ

吉祥山／同トイレ内部

吉祥山／休憩所内部

ンション協会☎0532-54-1484

衣笠山・滝頭公園
きぬがさやま・たきがしらこうえん

愛知県田原市　標高34m（公園駐車場）、標高68m（滝頭上池駐車場）

登山口概要／衣笠山の南東側、市道沿い。衣笠山や滝頭山、藤尾山、稲荷山などの主要登山口。
位置情報／［34°40′10″］［137°14′42″］（公園駐車場）［34°40′00″］［137°14′29″］（滝頭上池駐車場）
アクセス／東名道豊川ICから国道151、1、259号、県道413号、市道経由で約29km、約45分。
滝頭公園／月曜休（祝日の場合は翌日）・8～17時・☎0531-22-3936。
駐車場／滝頭公園に駐車場があり、登山者の利用可。休園日・開園時間外でも駐車はできる。100台・102×36mなど2面・舗装・区画あり。さらに市道を奥に入った滝頭上池にも滝頭公園の駐車場がある。
駐車場混雑情報／休日やイベントがある日は、朝早くから満車になる。
トイレ／南側の駐車場にある。センサーライト付き。水洗。水道・TPあり。評価☆☆☆～☆☆。ほか園内各所にもある。
携帯電話／ドコモ通話可、au通話可、SB通話可。
公衆電話／公園入口にカード・コイン式公衆電話ボックスがある。
ドリンク自販機／センターハウス前やトイレ前などにある（PBも）。
その他／センターハウス、滝頭公園ウォーキングマップなど。
問合先／滝頭公園管理事務所☎0531-22-3936、渥美半島観光ビューロー☎0531-23-3516、田原市商工観光課☎0531-23-3522

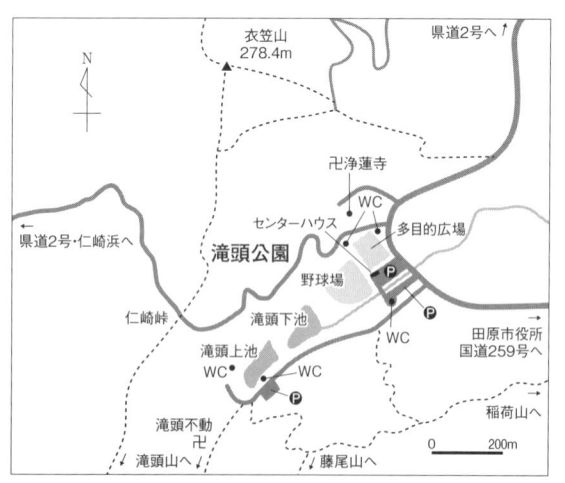

衣笠山／滝頭公園の駐車場

衣笠山／同駐車場のトイレ

衣笠山／同トイレ内部

衣笠山／センターハウス

衣笠山／公園の案内板

京ヶ峯登山口
きょうがみねとざんぐち

愛知県岡崎市　標高182m

登山口概要／京ヶ峯の南東側、県道377号と市道の交差点。京ヶ峯の最短登山口。ホタルの里山野辺ウォーキングコースの起点。詳細図は次項参照。※4km西側、岡崎市と豊川市の境界にある京ヶ峰とは別の山なので注意。
位置情報／［34°53′40″］［137°19′41″］
アクセス／東名道音羽蒲郡ICから国道1号、県道332、377号経由で約7.5km、約11分。
駐車場／白髭八柱神社の向かって右側に駐車場がある。8～10台・18×18m・砂地・区画なし。
駐車場混雑情報／取材時は付近で行われている新東名高速道路工事の車両も停まっており、状況によっては停められないことがあるかもしれない。万一、満車の場合は、インフォメーションコーナーや岡崎市ホタル学校の駐車場を利用してもよいとのことだ。ただしホタル学校の駐車場は休館日にあたる月曜日は利用できない。
トイレ／駐車場にある。非水洗。水道・TPあり。評価☆☆～☆。
登山届入れ／近くの岡崎市ホタル学校に登山者名簿がある。
携帯電話／ドコモ通話可、au通話可、SB圏外。
その他／宮前バス停（ほたるバス）、岡崎市ホタル学校（月曜休、祝日の場合は翌日以降の最初の平日が休み・9～17時、6月は～21時・☎0564-82-3027)。
立ち寄り湯／隣の蒲郡市に行くと、東海道本線三河大塚駅近くの海岸沿いに「ラグーナの湯」がある。無休・7～22時・入浴料1000円・☎0533-58-2700。
問合先／岡崎市ホタル学校☎0564-82-3027、岡崎市観光案内所☎0564-25-7767、岡崎市観光協会☎0564-23-6216、岡崎市観光課観光振興班☎0564-23-6327

京ヶ峯／神社右側の駐車場とトイレ

京ヶ峯／同トイレ内部

京ヶ峯／登山案内板

京ヶ峯／登山道入口

京ヶ峯・中貝津口（愛宕山登山口）
きょうがみね・なかがいつぐち（あたごやまとざんぐち）

愛知県岡崎市　標高168m

登山口概要／京ヶ峯の東側、県道377号沿い。愛宕山を経由する京ヶ峯、ホタルの里山野辺ウォーキングコースの起点。※4km西側、岡崎市と豊川市の境界にある京ヶ峰とは別の山なので注意。
位置情報／［34°53′48″］［137°19′52″］
アクセス／東名道音羽蒲郡ICから国道1号、県道332、377号経由で約7.8km、約12分。
駐車場／登山道入口の県道路肩に駐車スペースがある。4～5台・舗装・区画なし。またその北側の県道路肩にも駐車スペースがある。約10台・70×8m・舗装・区画なし。さらに県道を500m北上すると、インフォメーションコーナーにも駐車場がある。23台・74×15m・砂地＋砂利・区画あり。
駐車場混雑情報／取材時は付近で行われている新東名高速道

中貝津／県道路肩の駐車スペース

路工事の車両も停まっており、状況によっては停められないことがあるかもしれない。万一、満車の場合は、インフォメーションコーナーや岡崎市ホタル学校の駐車場を利用してもよいとのことだ。ただしホタル学校の駐車場は休館日にあたる月曜日は利用できない。

トイレ／インフォメーションコーナーの鳥川（とっかわ）集会所隣に簡易トイレ2基がある。TPあり。評価☆☆。
携帯電話／ドコモ通話可、au通話可、SB圏外。
水場／近くの県道沿いに「大岩（おおいわ・おいわ）の水」がある。飲用については各自の責任で。
登山届入れ／近くの岡崎市ホタル学校に登山者名簿がある。
その他／インフォメーションコーナー＝鳥川ホタルの里案内板、テーブル・ベンチ。中貝津口＝鳥川ホタルの里の山歩き案内板。岡崎市ホタル学校（月曜休、祝日の場合は翌日以降の最初の平日が休み・9〜17時、6月は〜21時・☎0564-82-3027）。
取材メモ／ホタルの里山野辺ウォーキングコースは、インフォメーションコーナーからトヨトミナシ（梨の原種）、代官屋敷、鳥川城址に続く道で、片道2km、所要約1時間。
立ち寄り湯／隣の蒲郡市に行くと、東海道本線三河大塚駅近くの海岸沿いに「ラグーナの湯」がある。無休・7〜22時・入浴料1000円・☎0533-58-2700。
問合先／岡崎市ホタル学校☎0564-82-3027、岡崎市観光案内所☎0564-25-7767、岡崎市観光協会☎0564-23-6216、岡崎市観光課観光振興班☎0564-23-6627

中貝津／インフォメーションコーナー駐車場

中貝津／同駐車場の簡易トイレ

中貝津／大岩の水

中貝津／登山道入口

京丸山登山口
きょうまるやまとざんぐち

静岡県浜松市天竜区　標高510m

登山口概要／京丸山の南側、未舗装林道ゲート前。京丸山の主要登山口。

京丸山／門島橋手前の交差点を直進

位置情報／［35°04′01″］［137°58′04″］
アクセス／新東名道浜松浜北ICから国道152、362号、県道389号、市道、未舗装林道（路面評価★★★。最初のうちは一部コンクリート舗装あり。後半は部分的に★★）経由で約45km、約1時間17分。浜松市春野協働センターの6km先で県道389号へ。小石間トンネルを抜け、2km北上した門島橋手前（対岸に豊岡発電所あり）を道なりに直進（写真参照）。石切集落を過ぎると、やがて林道三叉路のゲート前に到着する。県道から10km、約25分。最後の3kmは未舗装。
駐車場／林道ゲート前の路肩に駐車スペースがある。5〜6台・砂利＋砂地・区画なし。※林道ゲート前は駐車禁止。
携帯電話／ドコモ圏外、au圏外、SB圏外。
その他／京丸山・岩岳山自然環境保全地域解説板。
取材メモ／京丸山のシロヤシオは、5月中旬が見ごろ。
問合先／浜松市春野協働センター☎053-983-0001、天竜地域フォレストピア協議会（天竜区役所内）☎053-922-0012、浜松市観光インフォメーションセンター☎053-452-1634

京丸山／未舗装林道

京丸山／林道ゲート前の駐車スペース

金冠山・だるま山高原
きんかんざん・だるまやまこうげん

静岡県伊豆市　標高627m

登山口概要／金冠山の東側、県道18号沿い。金冠山や達磨山などの伊豆山稜線歩道、きよせの森遊歩道の起点。
位置情報／［34°58′31″］［138°51′02″］
アクセス／修善寺道路修善寺ICから県道18号経由で約10km、約15分。
駐車場／だるま山高原レストハウス前に駐車場があり、登山者の利用可。41台・70×28m・舗装・区画あり。
駐車場混雑情報／イベント時には満車になることもある。
トイレ／駐車場にある。水洗。水道・TPあり。評価☆☆☆〜☆☆。

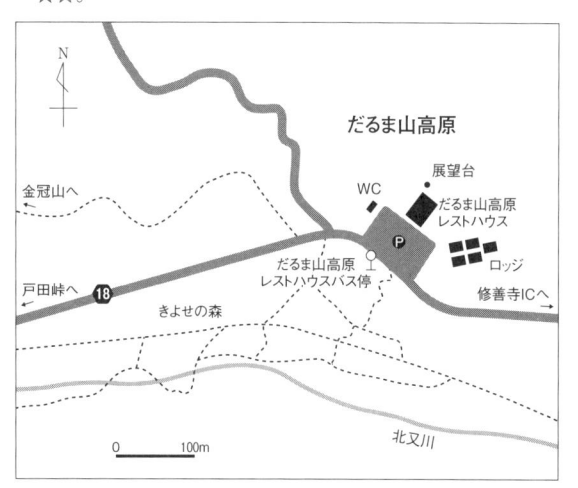

だるま／だるま高原駐車場

だるま／同駐車場のトイレ

だるま／同トイレ内部

携帯電話／ドコモ通話可、au通話可、SB通話可。
公衆電話／駐車場にカード・コイン式公衆電話ボックス。
ドリンク自販機／だるま山高原レストハウス前にある（PBも）。
その他／だるま山高原レストハウス、だるま山高原ロッジ、きよせの森案内板、伊豆観光案内板、伊豆山稜線歩道案内板、展望台、だるま山高原レストハウスバス停（東海バス）。
取材メモ／金冠山のフジザクラ（マメザクラ）やアセビは、4月中旬が見ごろ。
立ち寄り湯／①修善寺温泉に「筥湯（はこゆ）」がある。無休・正午～21時・入浴料350円・☎0558-72-2501（伊豆市観光協会修善寺支部）。②修善寺ICを過ぎ、国道136号と県道129号で伊豆温泉村に行くと「百笑の湯（ひゃくわらいのゆ）」がある。無休・10～24時・入浴料800円（土・日曜、祝日、特定期間は1000円）・☎0558-73-1126。
問合先／伊豆市観光協会☎0558-85-1883、伊豆市観光交流課☎0558-72-9911

だるま／だるま高原レストハウス

金冠山・戸田峠
きんかんざん・へだとうげ

静岡県伊豆市・沼津市　標高730m

登山口概要／金冠山の南東側、県道18号と西伊豆スカイライン（県道127号）の交差点。金冠山の最短主要登山口。達磨山などの伊豆山稜線歩道、きよせの森などの起点。
位置情報／［34°58′15″］［138°50′12″］
アクセス／修善寺道路修善寺ICから県道18号経由で約11km、約17分。
駐車場／戸田峠に駐車場が2面ある。計約50台・44×27m、50×30m・舗装・区画あり（区画なしも）。また付近の県道127号路肩に7～8台分の駐車スペースもある。
駐車場混雑情報／満車になることはない。

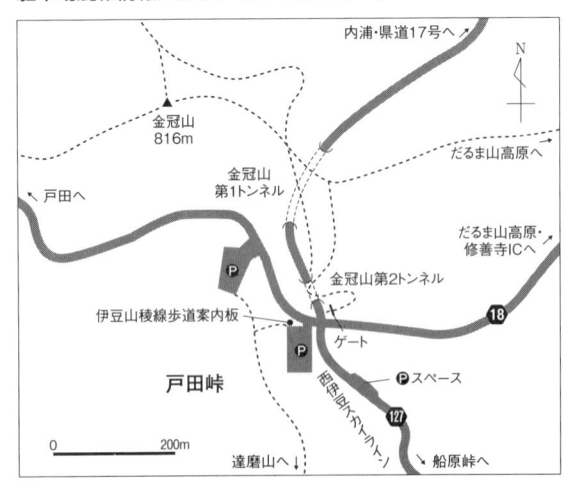

だるま／金冠山登山道入口

戸田峠／峠の駐車場

戸田峠／達磨山登山道入口

戸田峠／金冠山登山道入口

トイレ／手前のだるま山高原駐車場にある。水洗。水道・TPあり。評価☆☆☆～☆☆。
携帯電話／ドコモ通話可、au通話可、SB圏外。
その他／戸田峠バス停（東海バス）、伊豆山稜線歩道案内板。
取材メモ／金冠山のフジザクラ（マメザクラ）やアセビは、4月中旬～下旬が見ごろ。
立ち寄り湯／①修善寺温泉に「筥湯（はこゆ）」がある。無休・正午～21時・入浴料350円・☎0558-72-2501（伊豆市観光協会修善寺支部）。②修善寺ICを過ぎ、国道136号と県道129号で伊豆温泉村に行くと「百笑の湯（ひゃくわらいのゆ）」がある。無休・10～24時・入浴料800円（土・日曜、祝日、特定期間は1000円）・☎0558-73-1126。③県道18号で戸田側に下ると「戸田温泉・壱の湯」がある。火曜休（夏休み期間中は無休）・10～22時・入浴料300円・☎0558-94-4149。
問合先／伊豆市観光協会☎0558-85-1883、沼津市観光交流課☎055-934-4747、戸田観光協会☎0558-94-3115

金時山・足柄峠→P260～261 矢倉岳・足柄峠

戸田峠／金冠山山頂から望む富士山

戸田峠／筥湯・浴室

金時山・乙女駐車場
きんときやま・おとめちゅうしゃじょう

静岡県御殿場市　標高595m

登山口概要／金時山の西側、県道401号沿い。乙女峠を経由する金時山や丸岳の起点。
位置情報／［35°17′17″］［138°58′15″］
アクセス／東名道御殿場ICから県道401号、市道、国道138号、県道401号経由で約3.5km、約6分。深沢東交差点を右折すぐ。
※東京方面からアクセスする場合は、御殿場ICから直接、国道138号に出られる。
駐車場／30台・62×38m・砂地・区画あり。
トイレ／駐車場にある。水洗。水道・TPあり。評価☆☆☆。

乙女／乙女駐車場

乙女／同駐車場のトイレ

乙女／同トイレ内部

携帯電話／ドコモ通話可、au通話可、SB通話可。
その他／ハイキングコース案内板、展望案内板、ハイキングコースマップ頒布箱。
立ち寄り湯／①深沢東交差点前に「富士八景の湯」がある。公式サイトに割引クーポンあり。不定休・10〜21時・入浴料1000円・☎0550-84-1126。②深沢東交差点から国道138号の御殿場IC方面300m先を右折すると「御殿場温泉会館」がある。月曜休（祝日の場合は翌日）・10〜21時・入浴料500円・☎0550-83-3303。
問合先／御殿場市観光協会☎0550-83-4770、御殿場市商工観光課☎0550-82-4622

乙女／富士八景の湯・内風呂

金時山・乙女峠ふじみ茶屋
きんときやま・おとめとうげふじみちゃや

静岡県御殿場市　標高795m

登山口概要／金時山の南西側、国道138号沿い。乙女峠を経由する金時山や丸岳の起点。詳細図は前項参照。
位置情報／［35°16′58″］［138°58′58″］
アクセス／東名道御殿場ICから県道401号、市道、国道138号経由で約7km、約11分。※東京方面からアクセスする場合は、御殿場ICから直接、国道138号に出られる。
駐車場／ふじみ茶屋に登山者用の有料駐車場がある。1日1000円。営業時間9〜17時（冬期は〜16時）。定休日や早朝着の場合は利用不可。10台・25×20m・舗装・区画あり。
駐車場混雑情報／シーズン中の土・日曜、祝日は満車になることもある。
トイレ／駐車場利用者は乙女峠ふじみ茶屋店内のトイレ利用可。詳細不明。
携帯電話／ドコモ通話可、au通話可、SB通話可。
ドリンク自販機／乙女峠ふじみ茶屋にある（PBも）。
その他／乙女峠ふじみ茶屋（食堂・売店。金曜休・9〜17時。冬期は〜16時）、ハイキングコース案内板、静岡県観光案内板、金時山と金太郎解説板、熊と金太郎像。
立ち寄り湯／①深沢東交差点前に「富士八景の湯」がある。公式サイトに割引クーポンあり。不定休・10〜21時・入浴料1000円・☎0550-84-1126。②深沢東交差点から国道138号御殿場IC方面300m先を右折すると「御殿場温泉会館」がある。月曜休（祝日の場合は翌日）・10〜21時・入浴料500円・☎0550-83-3303。
問合先／乙女峠ふじみ茶屋☎0550-82-3279、御殿場市観光協会☎0550-83-4770、御殿場市商工観光課☎0550-82-4622

茶屋／乙女峠ふじみ茶屋

茶屋／登山者用有料駐車場案内看板

茶屋／登山者用有料駐車場

金時山・県道731号終点
きんときやま・けんどうななひゃくさんじゅういちごうしゅうてん

静岡県小山町／神奈川県南足柄市　標高848m

登山口概要／金時山の北側、足柄峠（あしがらとうげ）から

県道／県道終点の駐車スペース

金時山に向けて続く県道731号の実質上終点（県道731号は、この先、登山道となって金時山山頂を越え、仙石原まで続いている）。丸鉢山を経由する金時山、足柄峠ハイキングコースの起点。
位置情報／［35°18′16″］［139°00′31″］
アクセス／東名道御殿場ICから県道401、394、78号、県道731号（県道だが未舗装。路面評価★★★。途中、舗装区間あり）経由で約16km、約25分。または東名道大井松田ICから県道78号、県道731号（上と同じ）経由で約18km、約30分。県道78号の足柄峠から登山口まで1.9km、約5分。
駐車場／県道731号終点や手前路肩に駐車スペースがある。23～24台・26×12mなど5面・砂利＋小石・区画なし。
駐車場混雑情報／平日でも満車になることがある。休日は満車となって、林道路肩に車があふれる。
携帯電話／ドコモ圏外、au▂～▂つながらず、SB▇～圏外つながらず。
トイレ／手前の足柄関所跡に公衆トイレがある。水洗。水道なし。TPあり。評価☆☆☆。
取材メモ／ゲートがある県道終点の100m手前左側に夕日の滝に下る登山道入口がある（道標あり）。
立ち寄り湯／小山町側に下ると県道78号沿いに「小山町民いこいの家・あしがら温泉」がある。火曜休（祝日の場合は翌日）・10～21時・入浴料500円・☎0550-76-7000。
問合先／小山町商工観光課☎0550-76-6114、南足柄市商工観光課☎0465-73-8031

県道／足柄関所跡の公衆トイレ

県道／県道ゲート（登山道入口）

県道／夕日の滝に続くコース入口

国見岳・国見峠
くにみだけ・くにみとうげ
岐阜県揖斐川町／滋賀県米原市　標高845m

登山口概要／国見岳の北西側、国見林道沿い。国見岳や虎子山（とらすやま）の主要登山口。※2012年10月現在、国見林道は災害のため通行止。開通時期は未定とのこと。
位置情報／［35°28′02″］［136°24′47″］
アクセス／名神道大垣ICから国道258、21、417号、県道32号、国見林道（全線舗装）経由で約42km、約1時間6分。県道32号終点から4.7km、約12分。または北陸道長浜ICから県道37号、国道365号、県道40号、国見林道（全線舗装）経由で約26km、約40分。県道40号から10.5km、約25分。※滋賀県側の国見林道は未調査。国見林道の開通期間は、GW～11月末。
駐車場／峠に駐車できる広場や駐車スペースがある。約20台・22×20mなど3面・砂利＋舗装・区画なし。
駐車場混雑情報／満車になることはない。
携帯電話／岐阜県側＝ドコモ▇～▂通話可、au圏外、SB▇通話可。滋賀県側＝ドコモ▇～▂通話可、au圏外、SB▇～▂だが、つながらず。
その他／祠、石仏、国見峠解説石碑、国見峠之碑。
立ち寄り湯／①国道417号で大垣ICに戻る途中、池田町の下八幡広海橋交差点を右折すると「池田温泉」がある。本館と新館それぞれで可能。本館月曜休、新館水曜休（どちらも祝

国見岳／国見林道

国見岳／峠の広場　奥の山は伊吹山

101

日の場合は翌日)・10～22時(新館のみ日曜は8時～)・入浴料500円・☎0585-45-1126(本館)。②一方、滋賀県側に下り、県道40号を南下すると、沸かし湯だが、三島池畔のグリーンパーク山東にある「鴨池荘」で可能。無休・16～22時(土・日曜、祝日は13時～)・入浴料500円・☎0749-55-3751。③また米原市伊吹庁舎の近く「伊吹薬草の里文化センター」には薬草湯がある。月曜休(祝日の場合は翌日)・12時30分～19時30分・入浴料500円・☎0749-58-0105。

問合先／揖斐川町春日振興事務所地域振興課☎0585-57-2111、揖斐川町商工観光課☎0585-22-2111、米原観光協会(米原市商工観光課)☎0749-58-2227

国見岳／国見岳登山道入口

位山官道匠の道入口
くらいやまかんどうたくみのみちいりぐち

岐阜県下呂市　標高763m

登山口概要／位山峠の南側、県道98号沿い。ダンゴ淵近くにある位山官道匠の道の起点。位山官道匠の道は、ここから位山峠を経由してアララギ湖まで続く道。位山峠はP229「船山・位山峠」の項参照。
位置情報／〔35°59′44″〕〔137°12′34″〕
アクセス／東海北陸道飛騨清見ICから中部縦貫道(高山清見道路・国道158号)、国道41号、県道98号経由で約43.5km、約1時間8分。または長野道松本ICから国道158号、中部縦貫道(安房峠道路。有料)、国道158号、市道、県道462号、市道、国道41号、県道98号経由で約103.5km、約2時間38分。
駐車場／遊歩道入口に駐車スペースがある。約11台・18×10mなど3面・砂地・区画なし。
トイレ／遊歩道入口にある。非水洗。水道・TPあり。評価☆～☆。また北側のアララギ湖畔(久々野防災ダム)にもトイレがある。センサーライト付き。水洗。水道・TPあり。評価☆☆☆。

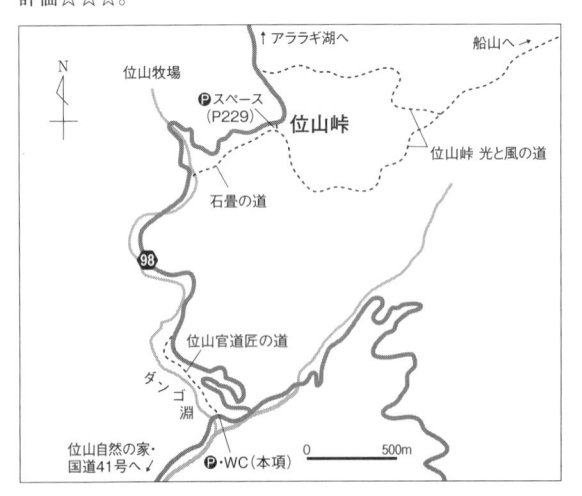

匠の道／遊歩道入口の駐車スペース

匠の道／遊歩道入口のあずまやとトイレ

匠の道／匠の道入口

匠の道／アララギ湖畔のトイレ

携帯電話／ドコモ通話可、au通話可、SB圏外。
その他／あずまや、ベンチ。
取材メモ／位山官道は、かつて飛騨の匠たちが都との往復に使った古道で、現在の高山市一之宮と萩原町山之口を結ぶ。
立ち寄り湯／①県道98号を北上して国道41号を左折すると、高山市一之宮町に「臥龍の郷（がりゅうのさと）」がある。月1回メンテナンス休・6～23時・入浴料800円・☎0577-53-3933。②県道98号を南下し、県道88号へ左折。1km先を左折すると「飛騨川温泉しみずの湯」もある。火曜休（祝日の場合は翌日。GWとお盆休みは無休）・10時30分～21時30分（7～8月は10時～）・入浴料600円・☎0576-56-4326。
問合先／下呂市萩原振興事務所萩原地域振興課☎0576-52-2000、下呂市観光課☎0576-24-2222

位山官道匠の道・位山峠→P229 船山・位山峠

位山・巨石群登山口→（次項）「取材メモ」欄参照

位山・道の駅モンデウス飛騨位山
くらいやま・みちのえきもんでうすひだくらいやま

岐阜県高山市　標高895m

登山口概要／位山（日本二百名山）の北東側、県道98号沿い。位山の主要登山口。苅安湿原（かりやすしつげん）の起点。
位置情報／［36°03′44″］［137°13′34″］
アクセス／東海北陸道飛騨清見ICから中部縦貫道（高山清見道路・国道158号）、国道41号、県道98号経由で約32km、約48分。または長野道松本ICから国道158号、中部縦貫道（安房峠道路。有料）、国道158号、市道、県道462号、市道、国道41号、県道98号経由で約92km、約2時間18分。
道の駅モンデウス飛騨位山／水曜休（冬期は無休）・9～17時（レストランは～16時）・☎0577-53-2421。

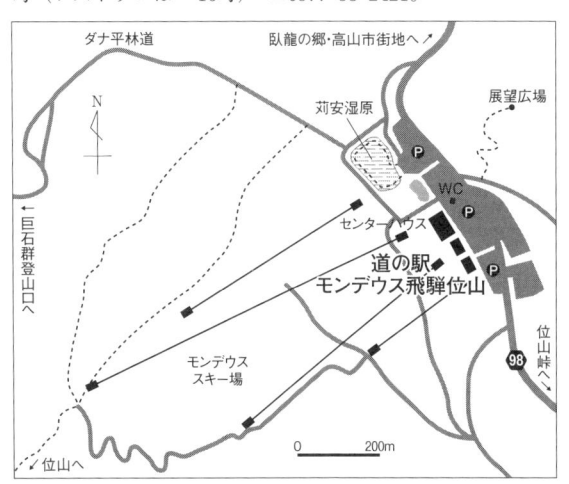

匠の道／同トイレ内部

匠の道／臥龍の郷・露天風呂

道の駅／道の駅駐車場

道の駅／道の駅センターハウス

道の駅／同ハウスのトイレ内部

103

駐車場／計200台以上（道の駅に属する駐車場は28台だが、実際にはその周囲に広い駐車場がある）・105×60mなど3面・舗装・区画あり。
トイレ／道の駅にある。水洗。水道・TPあり。評価☆☆☆。
携帯電話／ドコモ通話可、au通話可、SB通話可。
公衆電話／道の駅にカード・コイン式公衆電話がある。
ドリンク自販機／道の駅にある（PBも）。
その他／モンデウス飛騨位山スノーパーク案内板、位山分水嶺公園案内板。
取材メモ／道の駅に隣接して高層湿原の苅安湿原があり、短い木道桟道も整備されている。またダナ平（だなびら）林道終点にある巨石群登山口（位山の北西側）にも20～30台分の駐車場とトイレがある。ダナ平林道は、未舗装（部分的に舗装区間あり）だが、普通車でも走行できるようだ。道の駅から約5km、約10分。登山者の利用は多く、土・日曜、祝日は混雑する可能性もある。
立ち寄り湯／①県道98号を北上して国道41号を左折すると、高山市一之宮町に「臥龍の郷（がりゅうのさと）」がある。月1回メンテナンス休・6～23時・入浴料800円・☎0577-53-3933。②県道98号を南下し、県道88号へ左折。1km先を左折すると「飛騨川温泉しみずの湯」もある。火曜休（祝日の場合は翌日。GWとお盆休みは無休）・10時30分～21時30分（7～8月は10時～）・入浴料600円・☎0576-56-4326。
問合先／道の駅モンデウス飛騨位山☎0577-53-2421、高山市一之宮支所☎0577-53-2211、飛騨高山観光案内所☎0577-32-5328、高山市観光課☎0577-35-3145

道の駅／位山案内板

道の駅／苅安湿原と桟道

道の駅／臥龍の郷・大浴場

鞍掛山・塩津登山口

くらかけさん・しおつとざんぐち

愛知県設楽町　標高360m

登山口概要／鞍掛山の北側、町道沿い。びわくぼ峠を経由する鞍掛山の起点。
位置情報／［35°04′24″］［137°34′49″］
アクセス／猿投グリーンロード力石ICから国道153、420、257号、県道433号、町道経由で約47.5km、約1時間12分。または新東名道浜松いなさICから国道257号、県道32、389号、国道257号、県道433号、町道経由で約34.5km、約50分。県道から400m、約1分。
駐車場／登山道入口の手前に駐車場がある。約5台・18×6m・砂利＋草地・区画なし。
トイレ／駐車場にある。非水洗。水道・TPなし。評価☆☆～☆。
携帯電話／ドコモ通話可、au通話可、SBだが通話可（1回目はつながらず）。
その他／小塩バス停（おでかけ北設バス）、案内板、石仏。
立ち寄り湯／国道153号で力石ICに戻る途中、香嵐渓先の追分交差点付近に「白鷺温泉・白鷺館」がある。不定休・10～20時・入浴料800円・☎0565-62-0151。
問合先／設楽町観光協会☎0536-62-1000

塩津／登山道入口手前の駐車場とトイレ

塩津／登山道入口

鞍掛山・仏坂トンネル

くらかけさん・ほとけざかとんねる

愛知県新城市　標高500m

登山口概要／鞍掛山の南側、県道32号沿い。馬桶岩（うまおけいわ）を経由する鞍掛山の起点。
位置情報／［35°02′47″］［137°34′53″］
アクセス／東名道豊川ICから国道151、257号、県道436、32号経由で約37km、約56分。または新東名道浜松いなさICから国道257号、県道32号経由で約32km、約47分。
駐車場／仏坂トンネルの西口に駐車スペースがある。5～7台・14×10m・砂利＋草地・区画なし。
携帯電話／ドコモ通話可、au～通話可、SB圏外。
その他／ベンチ、東海自然歩道案内板、仏坂トンネル解説板。
立ち寄り湯／①鳳来寺山パークウェイを抜けて国道151号を1km北上すると「鳳来ゆ～ゆ～ありいな」がある。火曜休（祝日の場合は翌日）・10～21時・入浴料600円・☎0536-32-2212。②さらに国道151号を5.5km北上すると「名号温泉（みょうごうおんせん）・うめの湯」もある。木曜休（祝日の場合は営業）・10～20時・入浴料700円・☎0536-33-5126。③東名道豊川IC近くの県道21号から少し入ると「本宮の湯（ほんぐうのゆ）」がある。水曜休（祝日の場合は翌日）・10～22時・入浴料600円・☎0533-92-1880。
問合先／新城市鳳来総合支所地域振興課☎0536-32-0513、新城市観光協会☎0536-32-0022、新城市観光課☎0536-32-1985

黒部五郎岳
　　→P77 北アルプス・新穂高駐車場①（深山荘付近）
　　→P78 北アルプス・新穂高駐車場②（左俣林道入口）
　　→P88 北アルプス・飛騨新道登山口

桑谷山・桑谷キャンプ場駐車場

くわがいさん・くわがいきゃんぷじょうちゅうしゃじょう

愛知県岡崎市　標高137m

登山口概要／桑谷山の北側、市道沿い。坂口池を経由する桑谷山の起点。
位置情報／［34°52′55″］［137°13′09″］
アクセス／東名道岡崎ICから国道1号、県道329、328、326号、市道経由で約9km、約13分。県道から1.3km、約2分。
駐車場／桑谷キャンプ場の手前にキャンプ場利用者用の駐車場があり、登山者の利用可。約10台・24×24m・砂地＋草地・区画なし。
駐車場混雑情報／6～9月の土・日曜、祝日は満車になる。
携帯電話／ドコモ通話可、au通話可、SB通話可。
問合先／岡崎市観光課観光施設斑（桑谷キャンプ場）☎0564-23-6384、岡崎市観光課観光振興班☎0564-23-6627、岡崎市観光案内所☎0564-25-7767、岡崎市観光協会☎0564-23-6216

仏坂／トンネル入口の駐車スペース

仏坂／仏坂トンネル

仏坂／登山道入口

桑谷山／キャンプ場案内標識

桑谷山／桑谷キャンプ場の駐車場

毛無山・毛無山駐車場

けなしやま・けなしやまちゅうしゃじょう

静岡県富士宮市　標高865m

登山口概要／毛無山の南東側、市道終点。不動の滝を経由する毛無山、地蔵峠を経由する金山や雪見岳の起点。
位置情報／[35°23′58″][138°33′15″]
アクセス／新東名道新富士ICから西富士道路（国道139号）、富士宮道路（国道139号）、国道139号、市道経由で約27km、約42分。
駐車場／有料1日500円。24時間出入り可。約20台・32×22m・石＋土＋水たまり・区画なし。駐車場に備え付けの封筒に料金を入れ、車のナンバーを記入して料金箱に投入する。駐車場の問合せは、ふもとっぱら☎0544-52-2112へ。
駐車場混雑情報／GWとお盆休みは満車になる。7月の連休は混雑する程度。満車になると停められないが、ほかの駐車場が用意される場合もある。手前の臨時駐車場は2012年度で閉鎖された。
トイレ／付近の市道沿いに麓公衆便所がある。水洗。水道・TPあり。評価☆☆☆。
携帯電話／ドコモ通話可、au通話可、SB通話可。
登山届入れ／林道入口の案内板下にある。
その他／毛無山登山案内図。
立ち寄り湯／①田貫湖畔の「休暇村富士」で立ち寄り湯が可能。火曜休・11〜14時・入浴料650円・☎0544-54-5200。②国道139号を南下し、猪之頭入口交差点から県道75号へ。そのまま南下すると県道71号沿いに「バナジウム温泉・風の湯」がある。火曜休（祝日の場合は翌日）・10〜22時・入浴料800円（17時以降は500円）・☎0544-54-2331。③山梨県方面では、国道139号を河口湖IC方面に進むと、道の駅なるさわの裏手に「富士眺望の湯ゆらり」がある。無休・10〜22時・入浴料1200円（貸しバスタオル・タオル付き）・☎0555-85-3126。

毛無山／毛無山駐車場

毛無山／同駐車場の料金箱

毛無山／麓公衆便所

毛無山／同トイレ内部

毛無山／林道入口の案内板と登山届入れ

問合先／ふもとっぱら（駐車場管理者）☎0544-52-2112、富士宮市観光協会☎0544-27-5240、富士宮市観光課☎0544-22-1155

毛無山・湯之奥猪之頭林道入口
けなしやま・ゆのおくいのがしらりんどういりぐち

静岡県富士宮市　標高730m

登山口概要／毛無山の南側、湯之奥猪之頭林道の入口。雪見岳を経由する毛無山、湧水峠を経由する長者ヶ岳の起点。
位置情報／［35°22′05″］［138°32′57″］
アクセス／新東名道新富士ICから西富士道路（国道139号）、富士宮道路（国道139号）、国道139号、市道、県道414号、市道経由で約24.5km、約38分。
駐車場／林道入口の三叉路路肩に駐車スペースがある。計約4台・草地・区画なし。
携帯電話／ドコモ通話可、au通話可、SB通話可。
立ち寄り湯／①田貫湖畔の「休暇村富士」で立ち寄り湯が可能。火曜休・11〜14時・入浴料650円・☎0544-54-5200。②国道139号を南下し、猪之頭入口交差点から県道75号へ。そのまま南下すると県道71号沿いに「バナジウム温泉・風の湯」がある。火曜休（祝日の場合は翌日）・10〜22時・入浴料800円（17時以降は500円）・☎0544-54-2331。③山梨県方面では、国道139号を河口湖IC方面に進むと、道の駅なるさわの裏手に「富士眺望の湯ゆらり」がある。無休・10〜22時・入浴料1200円（貸しバスタオル・タオル付き）・☎0555-85-3126。
問合先／富士宮市観光協会☎0544-27-5240、富士宮市観光課☎0544-22-1155

剣ヶ峰（御嶽山）→P56 御嶽山・胡桃島キャンプ場
　　　　　　　　→P57 御嶽山・飛騨小坂口（濁河温泉）

剣ヶ峰（乗鞍岳）→P85 北アルプス・乗鞍岳　畳平

見当山登山口
けんとうさんとざんぐち

岐阜県郡上市　標高1058m

登山口概要／見当山の西側、舗装林道沿い。見当山の起点。
位置情報／［35°58′43″］［136°56′47″］
アクセス／東海北陸道高鷲ICから県道45、452号、市道、舗装林道経由で約13km、約20分。場所はわかりにくいが、デイリー郡上カントリー倶楽部の上部を目指す。
駐車場／登山道入口などに駐車スペースが2面ある。約5台・舗装・区画なし。
携帯電話／ドコモ通話可、au通話可、SB〜通話可。
立ち寄り湯／①北東側にのびる県道321号へ下る途中に「牧

毛無山／林道入口

湯之奥／三叉路の駐車スペース

湯之奥／林道案内板

湯之奥／休暇村富士

見当山／登山道入口の駐車スペース

歌の里温泉・牧華」がある。3月下旬〜4月中旬と11月下旬〜12月の木曜休・11〜21時（GW、夏休み、土・日曜、祝日は10時〜）・入浴料800円・☎0575-73-2888。②高鷲ICに戻る県道452号沿いには「ふたこえ温泉」がある。火〜水曜休（1〜3月の水曜は13〜20時で営業）・11〜20時・入浴料650円・☎0575-72-6011。③高鷲IC手前、高鷲小前交差点を右折すると県道45号沿いに「湯の平温泉（ゆのひらおんせん）」がある。木曜休（祝日の場合は営業）・10時〜21時30分・入浴料500円・☎0575-72-6455。

問合先／高鷲観光協会☎0575-72-5000、郡上市観光連盟（郡上市観光課）☎0575-67-1808

小岩岳→P47 大岩岳登山口

見当山／登山道入口

高賀山・たずさえの森
こうかさん・たずさえのもり

岐阜県関市　標高452m

登山口概要／高賀山の南側、市道終点（宮下林道入口）。高賀山の主要登山口。
位置情報／［35°39′16″］［136°51′18″］
アクセス／東海北陸道美濃ICから県道94号、国道156号、県道81号、国道256号、市道経由で約28km、約45分。国道から4.6km、約7分。
駐車場／たずさえの森に駐車場がある。30台・52×32m・舗装・区画あり。手前左側に数台分の駐車スペースもある。
携帯電話／ドコモ▮通話可、au圏外、SB▮だが通話可（直後に圏外になった）。
その他／高賀登山道案内板、あずまや、ハチ注意看板。
問合先／関市洞戸事務所産業建設係☎0581-58-2111、関市観光協会☎0575-22-3131、関市観光交流課☎0575-23-7704

高賀山／高賀神社鳥居をくぐる

高賀山／たずさえの森駐車場

香嵐渓→P29 飯盛山・香嵐渓

五色ヶ原→P84 北アルプス・乗鞍岳　五色ヶ原の森ツアーセンター

高賀山／登山道入口

御前山・桜洞登山口
ごぜんやま・さくらぼらとざんぐち

岐阜県下呂市　標高878m

登山口概要／御前山の北西側、桜洞林道の終点。御前山の主要登山口。
位置情報／［35°52′59″］［137°14′59″］
アクセス／東海環状道富加関ICから県道58号、国道41号、市道、桜洞林道（ほぼ全線舗装だが、途中わずかな未舗装区間あり。路面評価★★★）経由で約81km、約2時間。または中央道中津川ICから国道19、257、256、257、41号、市道、桜

御前山／三叉路。ドライブコースの方へ

洞林道（上に同じ）経由で約71.5km、約1時間48分。国道から9km、約20分。国道41号から林道までのアクセスは少しわかりにくいが、飛騨萩原駅付近から山側の市道へ入ると、所々に「御前山登山道」の標識があるので、それに従う。目安としては、飛騨萩原駅東側を南北に走る市道に入り、大覚寺を経由して北上する。「←ドライブコース・ハイキングコース→」の標識が立つ三叉路（写真参照）は、左の道へ。さらに標識に従うと、「登山道入口1km」と「霊峰御前山を探る道」の案内板が立つ三叉路（写真参照）が見えてくるので、斜め左の桜洞林道に入る。やがて林道終点に到着。
駐車場／林道終点に駐車場がある。10台・40×5m・舗装・区画あり。また500m手前の登山道観音前にも3台分の駐車スペース、さらに1km手前の林道三叉路付近にも10〜15台分の駐車スペースがある。
携帯電話／ドコモ📶だが通話可、au圏外、SB圏外。
立ち寄り湯／国道41号を南下して下呂温泉に行くと、立ち寄り湯施設がある。①クアガーデン露天風呂＝木曜休・8〜21時（夏休みは〜22時）・入浴料600円・☎0576-24-1182。②白鷺の湯＝水曜休・10〜22時・入浴料300円・☎0576-25-2462。③幸乃湯＝火曜休・10〜23時・入浴料350円・☎0576-25-2157。④一方、国道41号を北上し、上呂駅の約2km先を左折すると「飛騨川温泉しみずの湯」もある。火曜休（祝日の場合は翌日）・10時30分〜21時30分（7〜8月は10時〜）・入浴料600円・☎0576-56-4326。
問合先／下呂市萩原振興事務所萩原地域振興課☎0576-52-2000、下呂市観光課☎0576-24-2222

御前山／次の三叉路。左が桜洞林道

御前山／林道終点の駐車場

御前山／登山道入口

小田貫湿原入口
こだぬきしつげんいりぐち

静岡県富士宮市　標高687m

登山口概要／田貫湖の北側、市道沿い。詳細図は、P164「田貫湖・田貫湖北駐車場（湖畔荘）」の項参照。
位置情報／［35°21′00″］［138°33′31″］
アクセス／新東名道新富士ICから西富士道路（国道139号）、富士宮道路（国道139号）、県道72号、市道、県道414号、市道経由で約24km、約37分。
駐車場／入口付近に湿原散策者用の駐車場がある。約25台・48×25m・砂利＋草地・区画なし。
トイレ／近くの田貫湖北駐車場にある。チップ制。水洗。水道・TPあり。評価☆☆☆〜☆☆。
携帯電話／ドコモ📶通話可、au📶通話可、SB📶通話可。
その他／あずまや、小田貫湿原案内板。
取材メモ／小田貫湿原周辺のフジザクラ（マメザクラ）は、4月中旬〜下旬、レンゲツツジは5月下旬〜6月中旬、アサマフウロは8月下旬〜9月上旬が見ごろ。
立ち寄り湯／①田貫湖畔の「休暇村富士」で立ち寄り湯が可能。火曜休・11〜14時・入浴料650円・☎0544-54-5200。②田貫湖東側に南北にのびる県道71号沿いに「バナジウム温泉・風の湯」がある。火曜休（祝日の場合は翌日）・10〜22

小田貫／湿原散策者用の駐車場

小田貫／湿原入口に立つあずまや

時・入浴料800円（17時以降は500円）・☎0544-54-2331。③山梨県方面では、国道139号を河口湖IC方面に進むと、道の駅なるさわの裏手に「富士眺望の湯ゆらり」がある。無休・10～22時・入浴料1200円（貸しバスタオル・タオル付き）・☎0555-85-3126。
問合先／富士宮市観光協会☎0544-27-5240、富士宮市観光課☎0544-22-1155

御殿山・槻神社
ごてんざん・つきじんじゃ

愛知県東栄町　標高452m

登山口概要／御殿山の南側、町道終点。御殿山の起点。
位置情報／［35°04′50″］［137°39′44″］
アクセス／新東名道浜松いなさ北ICから三遠南信道（国道474号）、国道151、473号、町道経由で約32.5km約50分。国道と町道の交差点に「御殿山登山口」の標柱が立っている。
駐車場／槻神社に駐車場がある。約10台・20×8m・舗装・区画なし。※町道と駐車場との間に若干の段差あり。
携帯電話／ドコモ📶通話可、au📶通話可、SB📶通話可。
立ち寄り湯／①東栄町役場から国道473号を東進すると、「とうえい温泉」がある。水曜休（祝日の場合は営業。ほか3月と6月にメンテナンス休あり）・10～21時・入浴料600円・☎0536-77-0268。②国道151号を南下すると、名号交差点の1km先に「名号温泉（みょうごうおんせん）・うめの湯」がある。木曜休（祝日の場合は営業）・10～20時・入浴料700円・☎0536-33-5126。③さらにその先の湯谷温泉手前に「鳳来ゆ～ゆ～ありいな」がある。火曜休（祝日の場合は翌日）・10～21時・入浴料600円・☎0536-32-2212。
問合先／東栄町経済課☎0536-76-1812

碁盤石山・町道名倉津具線（笹暮峠手前）
ごばんいしさん（ごばんいしやま）・ちょうどうなぐらつぐせん（ささぐれとうげてまえ）

愛知県設楽町　標高868m

登山口概要／碁盤石山の南側、町道名倉津具線沿い。天狗の庭を経由する碁盤石山の起点。
位置情報／［35°09′37″］［137°34′26″］
アクセス／猿投グリーンロード力石ICから国道153、257号、町道経由で約48km、約1時間12分。または東海環状道豊田松平ICから国道301号、県道39号、国道153、257号、町道、段戸林道（全線舗装）経由で約52km、約1時間17分。あるいは新東名道浜松いなさICから国道257号、県道32、389号、国道257号、町道経由で約55.5km、約1時間22分。国道から4.5km、約8分。
駐車場／登山道入口の50m東側に駐車スペースがある。2台・石＋砂地＋落ち葉・区画なし。さらに100m先右側にも1台分の駐車スペースがある。

小田貫／小田貫湿原

御殿山／槻神社の駐車場

御殿山／槻神社

町道／50m東側の駐車スペース

携帯電話／ドコモ📶通話可、au📶通話可、SB📶〜📶だが通話可（1回目はすぐに切れた）。
その他／碁盤石山コース案内板、愛知高原国定公園案内板。
立ち寄り湯／①県道428号で豊根村に向かうと、「湯〜らんどパルとよね」がある。県道から少し入る。木曜休（祝日の場合は翌日）・10〜21時・入浴料500円・☎0536-85-1180。②稲武方面に向かうと、国道153号沿いの「道の駅どんぐりの里いなぶ」に「どんぐりの湯」がある。木曜休（祝日の場合は翌日）・10〜21時（土・日曜、祝日は9時30分〜）・入浴料600円・☎0565-82-3135
問合先／設楽町観光協会☎0536-62-1000

町道／登山道入口

碁盤石山・西納庫登山口
ごばんいしさん（ごばんいしやま）・にしなぐらとざんぐち

愛知県設楽町　標高1078m

登山口概要／碁盤石山の北側、茶臼山高原道路（県道507号）沿い。碁盤石山の起点。
位置情報／［35°10′46″］［137°34′41″］
アクセス／猿投グリーンロード力石ICから国道153、257号、茶臼山高原道路（県道507号）経由で約47km、約1時間10分。または東海環状道豊田松平ICから国道301号、県道39号、国道153、257号、茶臼山高原道路（県道507号）経由で約51km、約1時間17分。あるいは新東名道浜松いなさ北ICから三遠南信道（国道474号）、国道151号、県道80号、茶臼山高原道路（県道507号）経由で約53km、約1時間20分。
駐車場／登山口に駐車スペースがある。約8台・22×20m・砂利＋草地・区画なし。
携帯電話／ドコモ📶通話可、au📶通話可、SB📶〜📶通話可（1回目はすぐに切れた）。
立ち寄り湯／①県道428号で豊根村に向かうと、「湯〜らんどパルとよね」がある。県道から少し入る。木曜休（祝日の場合は翌日）・10〜21時・入浴料500円・☎0536-85-1180。②稲武方面に向かうと、国道153号沿いの「道の駅どんぐりの里いなぶ」に「どんぐりの湯」がある。木曜休（祝日の場合は翌日）・10〜21時（土・日曜、祝日は9時30分〜）・入浴料600円・☎0565-82-3135
問合先／設楽町観光協会☎0536-62-1000

西納庫／登山口の標識

西納庫／登山口の駐車スペース

西納庫／湯〜らんどパルとよね・大浴場

小秀山・乙女渓谷キャンプ場
こひでやま・おとめけいこくきゃんぷじょう

岐阜県中津川市　標高880m

登山口概要／小秀山（日本二百名山）の南西側、市道沿い。二ノ谷コース、三ノ谷コースを経由する小秀山の主要登山口。
位置情報／［35°46′36″］［137°21′35″］
アクセス／中央道中津川ICから国道19、257、256、257号、市道経由で約43.5km、約1時間5分。国道から4.7km、約7分。

小秀山／キャンプ場駐車場

111

乙女渓谷キャンプ場／GW～6月第2日曜＋7月1日～9月30日・☎0573-79-3333（加子母森林組合）。
駐車場／キャンプ場に有料駐車場があり、登山者の利用可。1日500円（キャンプ場も利用する場合は無料）。中央管理棟で支払う。早朝着の場合は下山後の支払いでも可。約50台・35×18mなど2面・砂利・区画なし。※キャンプ場の奥にある広い空き地は、ドクターヘリの臨時離着陸場につき駐車禁止だが、そのすぐ下にある空き地は駐車してもよい。
駐車場混雑情報／8月の土、日曜とお盆休みは満車になる。キャンプ場利用者が優先されるので、満車になった場合は登山者が置けないこともある。紅葉シーズン休日も多い。
トイレ／キャンプ場にある。水洗。水道・TPあり。評価☆☆。
携帯電話／ドコモ📶～📶通話可、au📶通話可、SB圏外。
登山届入れ／中央管理棟前にある。
その他／登山者に対する注意喚起看板、キャンプ場案内板、乙女渓谷案内板。
立ち寄り湯／①国道257号と256号で南下すると、付知峡口交差点近くに「付知峡倉屋温泉・おんぽいの湯」がある。第4水曜休・10～22時・入浴料600円・☎0573-82-5311。一方、国道257号を北上して下呂温泉に行くと、複数の立ち寄り湯施設がある。②クアガーデン露天風呂＝木曜休・8～21時（夏休みは～22時）・入浴料600円・☎0576-24-1182。③白鷺の湯＝水曜休・10～22時・入浴料300円・☎0576-25-2462。④幸乃湯＝火曜休・10～23時・入浴料350円・☎0576-25-2157。
問合先／乙女渓谷キャンプ場（加子母森林組合）☎0573-79-3333、中津川市加子母総合事務所☎0573-79-2111、中津川観光センター☎0573-62-2277、中津川市観光課☎0573-66-1111

小秀山／ドクターヘリ着陸場下の空き地

小秀山／キャンプ場トイレ

小秀山／同トイレ内部

小秀山／キャンプ場中央管理棟

小秀山／二ノ谷ルート入口

小富士→P218 富士山・須走口

駒山・奥矢作第2発電所
こまやま・おくやはぎだいにはつでんしょ

愛知県豊田市　標高310m

登山口概要／駒山の北西側、県道356号沿い。駒山の起点。
位置情報／［35°13′46″］［137°26′51″］
アクセス／猿投グリーンロード枝下ICから県道11、356号経由で約32.5km、約50分。
駐車場／奥矢作第2発電所東側の県道沿い登山道入口や県道向かい側に駐車スペースや駐車場がある。計約25台・76×5m、36×10m・舗装・区画なし。
携帯電話／ドコモ通話可、au圏外、SB通話可。
取材メモ／登山道入口に標識はなく、少々わかりにくい。
立ち寄り湯／①枝下ICに戻る途中、県道11号沿いにある温泉宿「小渡温泉（おどおんせん）・はしもと」で可能。不定休（要確認）・11～20時・入浴料露天風呂800円、家族風呂600円・☎0565-68-2136。②その先の「笹戸温泉・紫翠閣とうふや」でも可能。無休（立ち寄り湯ができない日もある）・11～19時・入浴料1000円・☎0565-68-2331。
問合先／豊田市旭支所☎0565-68-2211、豊田市観光協会（豊田市商業観光課）☎0565-34-6642

駒山／県道沿いの駐車場

駒山／奥矢作第２発電所

権現山・西洞林道入口（落洞古墳）
ごんげんやま・にしほらりんどういりぐち（おちほらこふん）

岐阜県関市　標高98m

登山口概要／権現山の南側、市道終点（西洞林道入口）。権現山の起点。
位置情報／［35°32′38″］［136°50′18″］
アクセス／東海北陸道美濃ICから県道94号、市道経由で7km、約12分。付近の市道交差点に「権現山入口・落洞古墳」の標識あり。
駐車場／西洞林道入口の落洞古墳前に駐車スペースがある。1台・草地・区画なし。
携帯電話／ドコモ通話可、au通話可、SB通話可。
その他／落洞古墳、落洞古墳解説板。
立ち寄り湯／すぐ手前の市道交差点を左折し、800mほどで右折すると関市武芸川事務所付近に「武芸川温泉（むげがわおんせん）・ゆとりの湯」がある。木曜休（祝日の場合は翌日）・10～21時・入浴料600円・☎0575-45-3011。
問合先／関市武芸川事務所産業建設係☎0575-46-2311、関市観光協会☎0575-22-3131、関市観光交流課☎0575-23-7704

権現山／古墳前の駐車スペース

権現山／落洞古墳

権現山／ゆとりの湯・露天風呂

さ行

笹頭山・田峯観音
ささのうずやま（ささのずやま）・だみねかんのん

愛知県設楽町　標高392m

登山口概要／笹頭山の南側、町道沿い。笹頭山や田峯遊歩道の起点。
位置情報／［35°03′31″］［137°31′54″］
アクセス／東名道豊川ICから国道151、257号、県道436、32、389号、国道257号、町道経由で約37km、約56分。または新東名道浜松いなさICから国道257号、県道32、389号、国道257号、町道経由で約32km、約46分。
駐車場／田峯観音に駐車場がある。86台＋大型・88×60m・舗装・区画あり。
トイレ／駐車場にある。水洗。水道・TPあり。評価☆☆☆。
携帯電話／ドコモ通話可、au通話可、SB通話可。
ドリンク自販機／田峯特産物直売所前にある（PBも）。
その他／田峯特産物直売所、田峯遊歩道案内板、田峯城総合案内図、したら観光マップ。
立ち寄り湯／東名道豊川IC近くの県道21号から少し入ると「本宮の湯（ほんぐうのゆ）」がある。水曜休（祝日の場合は翌日）・10〜22時・入浴料600円・☎0533-92-1880。
問合先／設楽町観光協会☎0536-62-1000

笹頭山／田峯観音駐車場

笹頭山／同駐車場のトイレ

笹頭山／田峯観音

笹山・静岡県県民の森
ささやま・しずおかけんけんみんのもり

静岡県静岡市葵区　標高1463m

登山口概要／笹山の南側、勘行峰林道（かんぎょうみねりんどう）沿い。笹山や県民の森遊歩道の起点。
位置情報／［35°14′20″］［138°16′52″］
アクセス／新東名道島田金谷ICから国道473、362号、県道77、388号、市道、県道60号、市道、勘行峰林道（全線舗装）経由で約82.5km、約2時間10分。または新東名道新静岡ICから県道27号、市道、勘行峰林道（全線舗装）経由で約43km、約1時間10分。勘行峰林道の開通期間は、12月1日〜4月中旬。
※取材時、アクセスルートの県道189号は、全面通行止だった。開通時期は未定。周辺の道路は、台風などの大雨のあとは、たまに通行止になることがある。
静岡県県民の森／4月第3土曜〜11月第3土曜・火曜休（7、8月は無休）・9〜16時・☎054-260-2214。
駐車場／県民の森に複数の駐車場がある。開園期間外や休園日でも駐車は可能。第3駐車場＝34台・74×14m・舗装・区画あり。ほかにも駐車場が3ヶ所ある。
駐車場混雑情報／夏休み期間中、第3と第4駐車場は、満車になることもあるが、第1と第2駐車場まで満車になることはない。

笹山／「県民の森まで○km」の標識

笹山／県民の森第3駐車場

トイレ／県民の森内の各所にある。詳細不明。
携帯電話／ドコモ圏外、au圏外、SB圏外。
その他／県民の森案内板。
立ち寄り湯／①県道27号を南下すると、市営の「口坂本温泉浴場」がある。水曜休（祝日の場合は翌日）・9時30分～16時30分・入浴料280円・☎054-297-2155。②県道60号へ出て約20km南下すると、市営の「湯ノ島温泉浴場」がある。木曜休（祝日の場合は翌日）・9時30分～16時30分・入浴料500円・☎054-291-2177。③接岨峡（せっそきょう）に出ると、公共温泉施設の「接岨峡温泉会館」がある。第2、4木曜休・10～20時・入浴料300円・☎0547-59-3764。
問合先／静岡県県民の森管理棟☎054-260-2214南アルプス井川観光会館☎054-260-2377、静岡市井川支所地域振興担当☎054-260-2211

笹山／県民の森センター入口

笹山／口坂本温泉浴場・露天風呂

猿投山・猿投神社奥
さなげやま・さなげじんじゃおく

愛知県豊田市　標高140m（登山者用駐車場）

登山口概要／猿投山（新・花の百名山）の南側、市道沿い。猿投山の主要登山口。
位置情報／［35°10′38″］［137°10′36″］（登山者用駐車場）
アクセス／東海環状道豊田藤岡ICから県道13号、市道、県道349号、市道経由で約2.5km、約4分。県道沿いに立つ猿投神社総門向かって右手の道（猿投山の標識あり）に入る。そこから500m、約2分。
駐車場／猿投神社の奥に登山者用駐車場がある。計35台・44×14m、36×14m・舗装・区画あり。
駐車場混雑情報／満車の場合は、猿投神社第2駐車場が利用できる。※猿投神社第1駐車場は登山者の利用不可。
トイレ／駐車場にある。泡水洗。水道・TPあり。評価☆☆☆～☆☆。

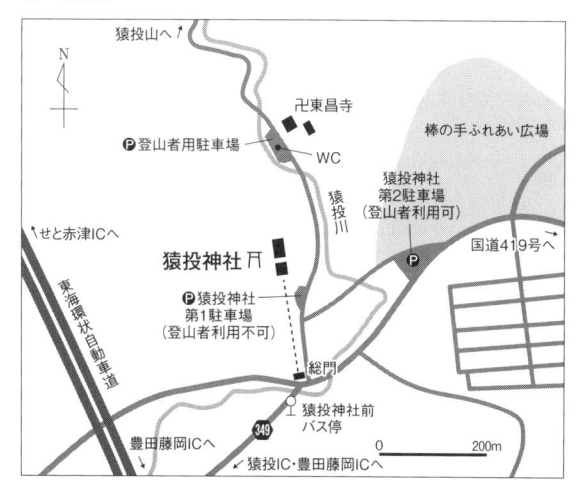

猿投山／猿投神社総門

猿投山／登山者用駐車場

猿投山／同駐車場のトイレ

携帯電話／ドコモ▊～▋通話可、au▋だが通話可、SB圏外。
その他／車上荒らし注意看板、ハチ注意看板、熊出没注意看板、猿投神社前バス停（とよたおいでんバス）。
立ち寄り湯／猿投山の南西側山麓にある「猿投温泉」で立ち寄り湯が可能。無休・10～24時・入浴料1500円・☎0565-45-6111。
問合先／豊田市猿投支所☎0565-45-1211、豊田市観光協会（豊田市商業観光課）☎0565-34-6642

猿投山／同トイレ内部

寒狭山・宇連林道
さぶさやま・うれりんどう

愛知県設楽町　標高812m

登山口概要／寒狭山の東側、宇連林道ゲート前。寒狭山の起点。
位置情報／［35°07′07″］［137°31′43″］
アクセス／猿投グリーンロード力石ICから国道153号、県道33号、宇連林道（未舗装。路面評価★★★。部分的に★★）経由で約45km、約1時間12分。または東海環状道豊田松平ICから国道301号、県道39号、国道153号、県道33号、宇連林道（上と同じ）経由で約49km、約1時間18分。あるいは新東名道浜松いなさICから国道257号、県道32、389号、国道257号、県道33号、宇連林道（上と同じ）経由で約50.5km、約1時間20分。県道の宇連林道入口に手書きの「寒狭山登山道」と書かれた小さな標識が立っている。そこから1.6km、約7分でチェーンが張られたゲート前に着く。登山道入口はさらに15分林道を進んだところにある。
駐車場／宇連林道ゲート前の左右路肩に駐車スペースがある。計約4台・草地・区画なし。
携帯電話／ドコモ▊通話可、au▊通話可、SB▊～▋だがつながらず。
立ち寄り湯／国道153号で力石ICに戻る途中、香嵐渓先の追分交差点付近に「白鷺温泉・白鷺館」がある。不定休・10～20時・入浴料800円・☎0565-62-0151。
問合先／設楽町観光協会☎0536-62-1000

寒狭山／県道から宇連林道へ

寒狭山／未舗装の宇連林道

笊ヶ岳→P248 南アルプス・沼平駐車場（東俣林道入口）
　　　→P249 南アルプス・畑薙臨時駐車場

猿見石山→P177 天狗石山・奥泉駐車場

寒狭山／林道ゲート前の駐車スペース

沢口山・寸又峡温泉
さわぐちやま・すまたきょうおんせん

静岡県川根本町　標高538m（第5駐車場）、標高507m（第3駐車場）

登山口概要／沢口山の北東側、県道77号終点付近。富士見平を経由する沢口山の主要登山口。寸又峡プロムナード、グリーンシャワーロード、外森山遊歩道などの起点。

寸又峡／寸又峡温泉第5駐車場

位置情報／［35°10′31″］［138°07′07″］（第5駐車場）
［35°10′23″］［138°07′23″］（第3駐車場）
アクセス／新東名道島田金谷ICから国道473、362号、県道77号経由で約58km、約1時間27分。
駐車場／寸又峡温泉の駐車場は、GW、お盆休み、紅葉シーズンは有料1日500円。それ以外は無料。いずれの駐車場も登山者の利用可。第5駐車場＝約18台・20×18m・舗装・区画あり。その手前右側の駐車場＝約15分・20×20m・砂利・区画なし。第3駐車場（大きな水車がある）＝101台＋大型・70×40mなど2面・舗装・区画あり。ほか第1、2、4駐車場もある。
駐車場混雑情報／有料期間中の土・日曜、祝日はお昼頃には満車になる。混雑時は、温泉街手前に広い臨時駐車場が用意される。また無料期間中でも満車になることがある。
トイレ／第5駐車場の向かいにある。水洗。水道・TPあり。評価☆☆〜☆☆。また第3駐車場にもある。水洗。水道・TPあり。評価☆☆☆。
携帯電話／ドコモ通話可、au通話可、SB通話可。寸又峡温泉街のいずれの駐車場でも同様の結果だった。
公衆電話／第3駐車場の観光協会前にカード・コイン式公衆電話がある。
ドリンク自販機／第3駐車場の観光協会前や温泉街などにある（PBも）。
登山届入れ／南アルプス山岳図書館玄関前と沢口山登山道入口にある。
その他／寸又峡温泉バス停（大井川鐵道寸又峡バス）、寸又峡温泉総合案内板、郵便局。
取材メモ／寸又峡の新緑は5月中旬〜6月中旬、紅葉は11月上旬〜下旬、外森山のアカヤシオは4月中旬〜下旬が見ごろ。寸又峡プロムナードは所要1時間30分、グリーンシャワーロードは所要1時間の散策路。
立ち寄り湯／①登山口のすぐ近くに町営露天風呂「美女づくりの湯」がある。木曜休（8、11月は無休）・9時30分〜18時（8、11月の木曜は12時〜18時30分）・入浴料400円・☎0547-59-3985。②県道を約12km南下して「もりのくに」案内看板

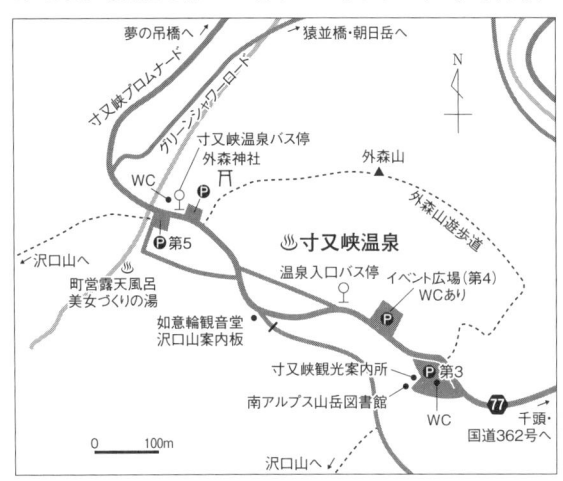

寸又峡／同駐車場向かいのトイレ

寸又峡／同トイレ内部

寸又峡／同駐車場前の沢口山方面の道

寸又峡／寸又峡温泉第3駐車場

寸又峡／同駐車場のトイレ

さ
さわ

117

に従って左折すると「白沢温泉・もりのいずみ」がある。水曜休（祝日の場合は翌日）・10～20時・入浴料1000円（17時～は800円）・☎0547-59-3800。
問合先／寸又峡観光案内所☎0547-59-1011、川根本町まちづくり観光協会☎0547-59-2746、川根本町商工観光課観光室☎0547-58-7077

寸又峡／同トイレ内部

三界山・夕森公園（夕森花の森）
さんがいさん（さんかいさん）・ゆうもりこうえん（ゆうもりはなのもり）

岐阜県中津川市　標高638m

登山口概要／三界山の南側、県道411号終点付近。三界山や奥三界岳（日本三百名山）などの起点。
位置情報／［35°38′27″］［137°30′25″］
アクセス／中央道中津川ICから国道19、256号、県道3、411号経由で約25.5km、約38分。県道3号との交差点から3.9km、約5分。
駐車場／夕森公園に駐車場がある。約80台・84×32m・舗装・区画あり。
駐車場混雑情報／満車になることはない。
トイレ／車道を少し上がった右手、YOU・遊広場にある。簡易水洗。水道・TPあり。評価☆☆☆。
携帯電話／ドコモ📶通話可、au📶通話可、SB📶通話可。
ドリンク自販機／夕森公園総合案内所前にある（PBも）。
登山届入れ／夕森公園総合案内所玄関前にある。
その他／夕森花の森案内図。
取材メモ／取材時は、災害のため三界山は入山禁止になっていた。開通はしばらく先のようだ。
立ち寄り湯／県道3号を1km西進して右折すると「くつかけの湯」もある。入浴できない日もあるので要確認。不定休・16～20時・入浴料500円・☎0573-75-4866。
問合先／夕森公園総合案内所☎0573-74-2144、中津川観光セ

三界山／夕森公園の駐車場

三界山／夕森公園総合案内所

三界山／YOU・遊広場のトイレ

三界山／同トイレ内部

ンター☎0573-62-2277、中津川市観光課☎0573-66-1111

三周ヶ岳・夜叉ヶ池登山口（池ノ又林道）→P271

三方岩岳→P203 白山・三方岩駐車場
　　　　→P204 白山・白川郷展望台駐車場

三方崩山・道の駅飛騨白山
さんぽうくずれやま・みちのえきひだはくさん

岐阜県白川村　標高610m

登山口概要／三方崩山の東側、国道156号沿い。三方崩山の起点。
位置情報／［36°10′27″］［136°54′05″］
アクセス／東海北陸道荘川ICから国道158、156号経由で約22.5km、約35分。
道の駅飛騨白山／無休（物産館は12〜3月は休み）・8〜17時・☎05769-5-4126。
駐車場／38台＋大型・80×50m・舗装・区画あり。
トイレ／道の駅にある。水洗。水道・TPあり。評価☆☆☆。
携帯電話／ドコモ通話可、au通話可、SB通話可。
ドリンク自販機／道の駅にある（PBも）。
その他／物産館（売店。12〜3月は休み・8〜17時・無休）、情報コーナー、足湯。
立ち寄り湯／①道の駅の隣に「大白川温泉・しらみずの湯」がある。水曜休（祝日の場合は営業）・10〜21時（12〜3月は11〜20時）・入浴料600円・☎05769-5-4126。②荘川ICすぐ手前、道の駅桜の郷荘川に隣接する「飛騨荘川温泉・桜香の湯（おうかのゆ）」もある。木曜休（祝日の場合は翌日）・10時〜20時30分・入浴料700円・☎05769-2-2044。
問合先／道の駅飛騨白山☎05769-5-4126、白川郷観光協会☎05769-6-1013

塩見岳→P249 南アルプス・畑薙臨時駐車場

十国山→P37 岩戸山・十国峠ケーブルカー

十枚山・中の段
じゅうまいさん・なかのだん

静岡県静岡市葵区　標高736m

登山口概要／十枚山の南西側、市道沿い。十枚山の主要登山口。
位置情報／［35°14′28″］［138°21′32″］
アクセス／新東名新静岡ICから県道27、29号、市道経由で約30km、約45分。
駐車場／「この先、関係者以外の通行禁止」の看板が立つ林道三叉路すぐ手前に駐車スペースがある。4〜5台・26×5m・舗装・区画なし。また、その手前にも5台分程度の駐車

三方崩／道の駅駐車場

三方崩／道の駅トイレと物産館

三方崩／同トイレ内部

三方崩／しらみずの湯・内湯

十枚山／登山口に続く市道

スペースがある。付近の住民に確認すると、どちらの駐車スペースも民有地だが、普段から登山者が車を停めており利用しても問題ないだろうとのことだった。
駐車場混雑情報／紅葉シーズンの土・日曜、祝日は満車になる。GWも混雑するが、夏は少ない。
携帯電話／ドコモ📶通話可、au📶～📶通話可、SB圏外。
取材メモ／駐車スペースのすぐ先の市道と南沢林道の三叉路は、標識に従って大きく左にカーブする市道へ。その先に登山道入口がある。
立ち寄り湯／県道に戻り、約7km北上すると「梅ヶ島新田温泉・黄金の湯（こがねのゆ）」がある。月曜休・9時30分～17時30分（12～3月は～16時30分）・入浴料500円・☎054-269-2615。
問合先／静岡市スポーツ振興課管理担当☎054-221-1071

十枚山・真先峠→P18 青笹山・真先峠（正木峠）

城ヶ崎海岸ピクニカルコース・門脇駐車場
じょうがさきかいがんぴくにかるこーす・かどわきちゅうしゃじょう

静岡県伊東市　標高30m

登山口概要／城ヶ崎海岸・門脇埼の北西側、市道沿い。城ヶ崎海岸ピクニカルコースの起点。
位置情報／［34°53′27″］［139°08′15″］
アクセス／修善寺道路修善寺ICから国道136号、県道12号、伊豆スカイライン（有料）、県道111号、国道135号、市道経由で約34km、約53分。または西湘バイパス石橋ICから国道135号、市道、県道109号、市道経由で53.5km、約1時間20分。
駐車場／有料1回500円。15分までは無料。24時間出入り可。自動精算機は千円札とコインのみ受け入れる。117台・92×30m、58×32m・舗装・区画あり。
駐車場混雑情報／お盆休みなど、稀に満車になることも。

十枚山／林道三叉路手前の駐車スペース

門脇／門脇駐車場

門脇／遊歩道入口

門脇／遊歩道入ってすぐのトイレ

門脇／同トイレ内部

トイレ／遊歩道に入ってすぐのところにある。水洗。水道・TPあり。評価☆☆☆。
携帯電話／ドコモ通話可、au通話可、SB通話可。
公衆電話／駐車場にカード・コイン式公衆電話がある。
その他／城ヶ崎海岸周辺案内図、富戸・城ヶ崎観光案内板。
取材メモ／城ヶ崎海岸のイソギクは11月上旬～下旬が見ごろ。
立ち寄り湯／伊豆高原駅近くの国道135号沿いに「源泉野天風呂・高原の湯」がある。第1、3木曜休（祝日、GW、夏休みは営業）・10～22時・入浴料900円・☎0557-54-5200。
問合先／伊東観光協会☎0557-37-6105、伊東市観光課☎0557-36-0111

門脇／半四郎落し吊橋

城ヶ崎海岸ピクニカルコース・城ヶ崎駐車場（伊豆四季の花公園）

じょうがさきかいがんぴくにかるこーす・じょうがさきちゅうしゃじょう（いずしきのはなこうえん）

静岡県伊東市　標高33m

登山口概要／城ヶ崎海岸・門脇崎の南西側、市道沿い。伊豆四季の花公園（伊豆海洋公園）前にある駐車場。城ヶ崎海岸ピクニカルコースの起点。
位置情報／［34°53′08″］［139°07′54″］
アクセス／修善寺道路修善寺ICから国道136号、県道12号、伊豆スカイライン（有料）、県道111号、国道135号、市道経由で約34.5km、約53分。または西湘バイパス石橋ICから国道135号、市道、県道109号、市道経由で約54km、約1時間20分。
駐車場／城ヶ崎駐車場は、ハイカーの利用可。有料1回500円。約200台・138×88m・舗装・区画あり。
駐車場混雑情報／お盆休みなど、稀に満車になることも。
トイレ／駐車場にある。水洗。水道・TPあり。評価☆☆☆。
伊豆四季の花公園／9～17時（冬期は～16時）・500円（トワイライト料金250円）・☎0557-51-1128。
携帯電話／ドコモ通話可、au通話可、SB通話可。
ドリンク自販機／駐車場にある（PBも）。
その他／伊豆四季の花公園内＝レストラン、売店など。
取材メモ／伊豆四季の花公園のサクラは1月上旬～2月上旬、ウメは2月上旬～3月上旬、アジサイは5月上旬～7月初旬、キダチアロエは11月下旬～2月、ナノハナは12月中旬～2月が見ごろ。また城ヶ崎海岸のイソギクは11月上旬～下旬が見ごろ。
立ち寄り湯／伊豆高原駅近くの国道135号沿いに「源泉野天風呂・高原の湯」がある。第1、3木曜休（祝日、GW、夏休みは営業）・10～22時・入浴料900円・☎0557-54-5200。
問合先／伊東観光協会☎0557-37-6105、伊東市観光課☎0557-36-0111

城ヶ崎／城ヶ崎駐車場

城ヶ崎／同駐車場のトイレ

城ヶ崎／ピクニカルコース入口

笙ヶ岳→P265 養老山・滝駐車場
　　　→P266 養老山・養老公園

城ヶ山→P189～190 夏焼城ヶ山

常光寺山・水窪カモシカと森の体験館
じょうこうじさん・みさくぼかもしかともりのたいけんかん

静岡県浜松市天竜区　標高1110m

登山口概要／常光寺山の南側、天竜スーパー林道沿い。常光寺山の主要登山口。
位置情報／〔35°08′30″〕〔137°55′10″〕（カモシカと森の体験館）、〔35°08′46″〕〔137°55′22″〕（林道沿い）
アクセス／新東名道浜松浜北ICから国道152号、県道389号、天竜スーパー林道（全線舗装）経由で約58km、約1時間27分。天竜スーパー林道の開通期間は4月中旬～12月中旬。
駐車場／水窪カモシカと森の体験館前に駐車場がある。20台・52×12m・舗装・区画あり。また登山道入口前の林道路肩にも7～8台分の駐車スペースがある。さらに奥にある登山道入口の林道路肩にも3～4台分の駐車スペースがある。※路面に石があるので注意。
トイレ／駐車場にある。水洗。水道・TPあり。評価☆☆☆～☆☆。また手前の山住峠付近にも公衆トイレがある。使用可能期間4月上旬～11月。水洗。水道・TPあり。評価☆☆～☆☆。
携帯電話／水窪カモシカと森の体験館前駐車場＝ドコモ圏外、au圏内～通話可（2回目はつながらず）、SB圏外。登山道入口＝ドコモ圏外、au圏外、SB圏外。
その他／水窪カモシカと森の体験館（平成23年から休館中。今後の開館については未定。駐車場は利用可）、みさくぼフィールドミュージアム案内板。
立ち寄り湯／国道152号と県道285号を約25km南下すると、秋葉ダム手前に沸かし湯だが、「龍山入浴施設（たつやまにゅうよくしせつ）・やすらぎの湯」がある。月～火曜休（祝日の場合は営業）・水～木曜と祝日は10時30分～16時30分、金～日曜は～20時・入浴料800円・☎053-969-0082。
問合先／浜松市水窪協働センター地域振興グループ☎053-982-0001、天竜地域フォレストピア協議会（天竜区役所内）

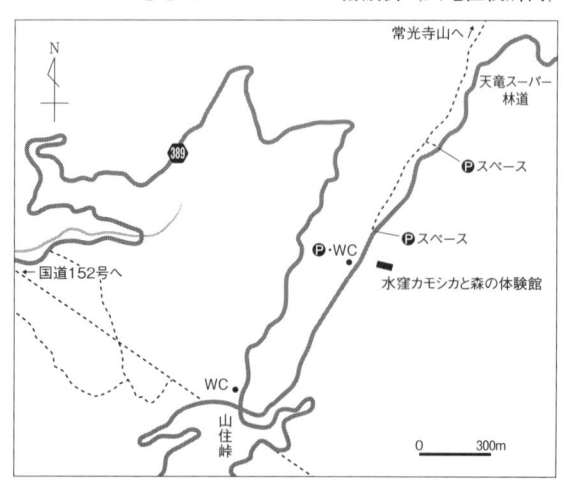

常光寺／体験館前の駐車場

常光寺／同駐車場のトイレ

常光寺／同トイレ内部

常光寺／水窪カモシカと森の体験館

常光寺／登山道入口

122

☎053-922-0012、浜松市観光インフォメーションセンター☎053-452-1634

城山・県道129号
じょうやま・けんどうひゃくにじゅうきゅうごう

静岡県伊豆の国市　標高28m

登山口概要／城山の南東側、県道129号沿い。城山の主要登山口。
位置情報／［35°00′04″］［138°55′56″］
アクセス／東名道沼津ICから県道83号、国道246、1、136号、市道、県道129号経由で約21.5km、約33分。
駐車場／登山道入口付近の路肩に駐車スペースが3ヶ所ある。約13台・舗装・区画なし。
携帯電話／ドコモ📶通話可、au📶通話可、SB📶通話可。
その他／城山ハイキングコース案内板。
立ち寄り湯／近くの伊豆長岡温泉に立ち寄り湯や共同浴場が何軒もある。①県道130号沿いに「弘法の湯」がある。無休・5～24時・入浴料1800円・☎055-948-2641。②国道414号を北上し、こだま荘の先を右折すると「湯らっくすの湯」がある。火曜休・6～10時＋13～21時・入浴料300円・☎055-948-0776。伊豆長岡温泉には、ほかに「あやめ湯」や「長岡南浴場」（どちらも入浴料300円）などもある。③一方、県道129号を南下すると、修善寺道路をくぐった先、伊豆温泉村に「百笑の湯（ひゃくわらいのゆ）」がある。無休・10～24時・入浴料800円（土・日曜、祝日、特定期間は1000円）・☎0558-73-1126。
問合先／伊豆の国市観光協会☎055-948-0304、伊豆の国市観光商工課☎055-948-1480

白糸ノ滝→P181 天子ヶ岳・白糸ノ滝入口

城山／登山道入口の駐車スペース①

城山／登山道入口の駐車スペース②

城山／登山道入口

白木峰・小坂谷林道終点
しらきみね・おさかだにりんどうしゅうてん

岐阜県飛騨市　標高1155m

登山口概要／白木峰（日本三百名山）の南西側、小坂谷林道と万波上林道（まんなみかみりんどう）の交差点付近。小白木峰を経由する白木峰の起点。
位置情報／［36°23′29″］［137°05′56″］
アクセス／東海北陸道飛騨清見ICから国道158号、県道90号、国道41、471、360号、大谷林道（11.6km先までは舗装。以降は路面評価★★★★～★★★の未舗装。部分的に舗装区間あり）と小坂谷林道（路面評価★★★。部分的に★★）経由で約60km、約1時間42分。打保駅近くの国道360号沿いに立つJA打保ストアを目印に（標識等なし）大谷林道へ入る。国道から林道三叉路まで13.5km、約30分。大谷林道と小坂谷林道の開通期間は、6月中旬～11月上旬。※国道471号から登山道入口まで続く万波上林道は一般車通行禁止。

白木峰／JA打保ストアから大谷林道へ

白木峰／未舗装の小坂谷林道

駐車場／小坂谷林道と万波上林道の三叉路付近などに約5台分の駐車スペースがある。三叉路の先、登山道入口までのびる万波上林道は、通常はチェーンで閉鎖され、一般車の進入はできない。登山道入口まで徒歩で20～30分。
携帯電話／ドコモ圏外、au圏外、SB圏外。
その他／登山者に対する注意喚起看板。
取材メモ／白木峰のニッコウキスゲやササユリは、7月中旬が見ごろ。
立ち寄り湯／①国道360号に戻って左折すると、約3km先の飛騨まんが王国内に「おんりー湯」がある。木曜休（祝日の場合は営業）・10時～20時30分・入浴料600円・☎0577-62-3259。②宮川町落合で国道360号へ右折して橋を渡ると、河合振興事務所の先に「ゆぅーわーくはうす」もある。木曜休（祝日の場合は翌日）・11～21時・入浴料500円・☎0577-65-2180。
問合先／飛騨市宮川振興事務所産業振興係☎0577-63-2312、飛騨市観光課☎0577-73-7463、飛騨市観光協会☎0577-74-1192

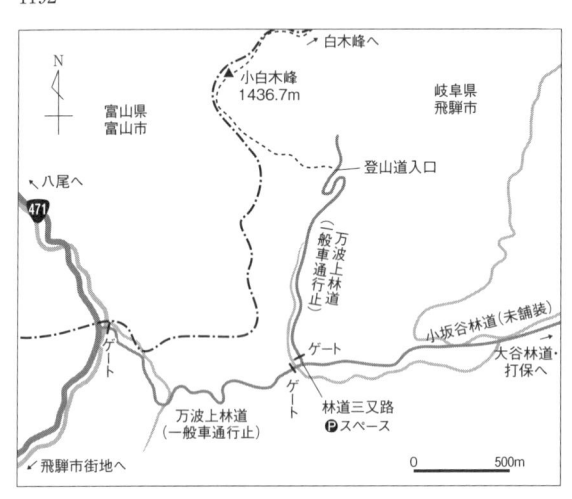

白木峰／林道三叉路

白木峰／万波上林道奥の登山道入口

白木峰／おんりー湯・浴室

白草山／途中に立つ案内標識

白草山／登山者駐車場①

白草山・黒谷林道ゲート
しらくさやま・くろだにりんどうげーと

岐阜県下呂市　標高970m

登山口概要／白草山の北西側、黒谷林道入口ゲート手前の舗装林道沿い。白草山の主要登山口。
位置情報／［35°48′46″］［137°18′36″］
アクセス／東海環状富加関ICから県道58号、国道41、257号、県道440号、舗装林道経由で約70.5km、約1時間47分。または中央道中津川ICから国道19、257、256、257号、県道440号、舗装林道経由で約54km、約1時間22分。国道から8.4km、約15分。
駐車場／黒谷林道ゲート手前100～400mの市道路肩に登山

者駐車場がある。計10〜15台・40×2mなど4面・舗装・区画なし。※ゲート前は駐車禁止。
トイレ／手前の乗政キャンプ場にあるが、取材時は2棟とも閉鎖されていた。詳細不明。
携帯電話／ドコモ📶通話可、au📶〜📶通話可、SB圏外。
その他／白草山山歩き案内図。
立ち寄り湯／①県道を下ると「乗政一乃湯」がある。県道から少し入る。水〜木曜休（祝日の場合は翌日）・12〜21時・入浴料500円・☎0576-26-3456。また国道41号を北上し下呂温泉に行くと、複数の立ち寄り湯施設がある。②クアガーデン露天風呂＝木曜休・8〜21時（夏休みは〜22時）・入浴料600円・☎0576-24-1182。③白鷺の湯＝水曜休・10〜22時・入浴料300円・☎0576-25-2462。④幸乃湯＝火曜休・10〜23時・入浴料350円・☎0576-25-2157。
問合先／下呂市観光課☎0576-24-2222

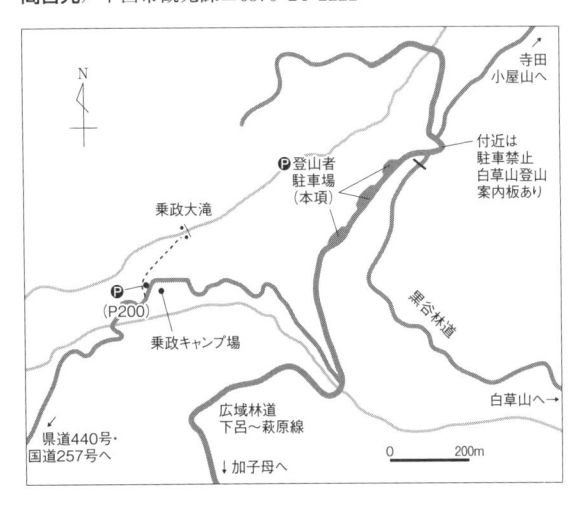

白草山／登山者駐車場②

白草山／登山案内板

白草山／黒谷林道入口

白鳥山・白鳥神社
しらとりさん・しらとりじんじゃ

愛知県設楽町　標高740m

登山口概要／白草山の南西側、町道終点。白鳥山の主要登山口。
位置情報／［35°09′24″］［137°38′58″］
アクセス／新東名道浜松いなさ北ICから三遠南信道（国道474号）、国道151号、県道428、427号、町道（ほとんど舗装されているが、終点手前で砂利道になる）経由で約45km、約1時間8分。県道沿いに立つ白鳥神社の鳥居を目印に町道470号白鳥線に入り、500mで終点の駐車スペースに着く。
駐車場／町道終点に駐車スペースがある。10〜12台・砂地＋草地・区画なし。
トイレ／白鳥神社にあるが、大は使用不可。評価☆☆。
携帯電話／ドコモ📶〜📶通話可、au📶〜📶通話可、SB📶通話可。

白鳥／町道入口。ここを入る

白鳥／町道終点の駐車スペース

その他／登山者への注意喚起看板、愛知県白鳥山自然環境保全地域解説板。
取材メモ／白鳥神社境内には、設楽町の天然記念物に指定された幹周り3.3mのヒノキとその解説板がある。
立ち寄り湯／県道428号で豊根村に向かうと、「湯～らんどパルとよね」がある。県道から少し入る。木曜休（祝日の場合は翌日）・10～21時・入浴料500円・☎0536-85-1180。
問合先／設楽町観光協会☎0536-62-1000

白鳥／白鳥神社

白水の滝入口
しらみずのたきいりぐち

岐阜県白川村　標高1255m

登山口概要／白水の滝の北東側、県道451号沿い。白水の滝や大白川園地（おおしらかわえんち）自然探勝路の起点。詳細図は、P202「白山・大白川登山口」の項参照。
位置情報／［36°08′43″］［136°49′38″］
アクセス／東海北陸道荘川ICから国道158、156号、県道451号経由で約33.5km、約50分。国道から12.5km、約20分。県道451号の開通期間は、6月1日～11月15日（変更になることもある）。大雨で通行止になることも多い。県道の管理もしている白水湖畔ロッジ☎090-2770-2893、もしくは高山土木事務所☎0577-33-1111で通行可否を教えてくれる。
駐車場／約10台・54×10m・砂利・区画なし。
携帯電話／ドコモ圏外、au圏外、SB圏外。
その他／白水の滝案内板、白山森林生態系保護地域案内板。
取材メモ／大白川野営場周辺には、大白川園地自然探勝路が整備されている。
立ち寄り湯／①さらに奥にある白水湖畔ロッジに「大白川露天風呂」がある。受付・問い合わせは白水湖畔ロッジへ。6月1日～11月15日・期間中無休・7～17時・入浴料300円・☎090-2770-2893。②国道156号に出て左折してすぐ、道の駅飛騨白山の隣に「大白川温泉・しらみずの湯」もある。水曜休（祝日の場合は営業）・10～21時（12～3月は11～20時）・入浴料600円・☎05769-5-4126。③荘川ICすぐ手前、道の駅桜の郷荘川に隣接する「飛騨荘川温泉・桜香の湯（おうかのゆ）」もある。木曜休（祝日の場合は翌日）・10時～20時30分・入浴料700円・☎05769-2-2044。
問合先／白川郷観光協会☎05769-6-1013

白水／滝入口の駐車場

白水／森林生態系保護地域案内板

城山（しろやま）・岩村城址→P127 水晶山・岩村城址

白水／大白川露天風呂

新巣山・越道峠（郷土の森入口）
しんすざん・こいどとうげ（きょうどのもりいりぐち）

岐阜県中津川市・東白川村　標高780m

登山口概要／新巣山の南東側、県道359号沿い。新巣山、郷土の森遊歩道の起点。

白水／しらみずの湯・露天風呂

位置情報／［35°38′27″］［137°24′19″］
アクセス／中央道中津川ICから国道19、257、256号、県道359号経由で約30km、約45分。
駐車場／登山道入口のすぐ西側、郷土の森入口の林道路肩に駐車スペースがある。3～4台・砂利＋砂地・区画なし。
携帯電話／ドコモ通話可、au通話可、SB圏外。
その他／ベンチ。
立ち寄り湯／①県道359号を中津川市側へ下り、突き当たりの市道を左折すると、約3.5km先に「付知峡倉屋温泉・おんぽいの湯」がある。第4水曜休・10～22時・入浴料600円・☎0573-82-5311。②国道256、257号を南下すると、中津川市福岡総合事務所内（入口は別）に「満天星温泉（どうだんおんせん）・健康増進施設 ほっとサロン」がある。月曜休・10～21時・入浴料300円・☎0573-72-4126。③また国道257号をさらに南下すると城山大橋で木曽川を渡る手前に「ラジウム温泉・かすみ荘」で可能。国道から少し入った場所にある。無休・8～22時・入浴料500円・☎0573-66-5674。
問合先／中津川市付知総合事務所☎0573-82-2111、付知町観光協会☎0573-82-4737、中津川観光センター☎0573-62-2277、中津川市観光課☎0573-66-1111、東白川村産業建設課林務商工係☎0574-78-3111

神野山→P72 神野山・熊野神社

水晶山・岩村城跡
すいしょうざん・いわむらじょうあと

岐阜県恵那市　標高708m

登山口概要／水晶山の西側、市道終点。城山（しろやま）の山頂直下。水晶山や三森山の起点。
位置情報／［35°21′34″］［137°27′02″］
アクセス／中央道恵那ICから県道68、66号、国道19、257、

新巣山／郷土の森入口の駐車スペース

新巣山／登山道入口

岩村城／国道の「岩村城跡」案内標識

岩村城／出丸駐車場

岩村城／同駐車場のトイレ付き休憩舎

127

418号、市道（最後の50mだけ未舗装。路面評価★★★★。一部★★★）経由で約17km、約30分。国道から700m、約5分。
駐車場／岩村城跡に出丸駐車場がある。約20台・36×32m・砂地・区画なし。
駐車場混雑情報／混雑することはない。
トイレ／駐車場の休憩舎にある。センサーライト付き。水洗。水道・TPあり。評価☆☆☆。
携帯電話／ドコモ通話可、au通話可、SB通話可。
その他／休憩舎、岩村城絵図、出丸案内板、ベンチ。
取材メモ／岩村城は、日本三大山城のひとつで、県の史跡にも指定されている。
立ち寄り湯／国道363号を西進すると、明知鉄道花白駅前に「花白温泉（はなしろおんせん）」がある。月曜休（祝日の場合は翌日）・11〜21時・入浴料500円・☎0573-56-2020。
問合先／恵那市観光協会岩村支部☎0573-43-3231、恵那市観光協会☎0573-25-4058、恵那市商工観光課☎0573-26-2111

水晶山・岩村ダム→P246 三森山・岩村ダム

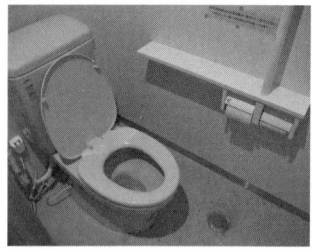

岩村城／同トイレ内部

岩村城／岩村城跡に残る石垣

水昌山（水晶山）・小田木登山口
すいしょうざん・おたぎとざんぐち

愛知県豊田市　標高634m

登山口概要／水昌山（水晶山）の南東側、国道153号沿い。水昌山の起点。
位置情報／［35°10′58″］［137°26′30″］
アクセス／猿投グリーンロード力石ICから国道153号経由で約26km、約40分。または東海環状道豊田松平ICから国道301号、県道39号、国道153号経由で約30.5km、約46分。
駐車場／登山道入口付近前後の国道路肩に駐車スペースがある。計約10台・48×3m、36×8m・舗装・区画なし。
携帯電話／ドコモ通話可、au通話可、SB通話可。

小田木／国道路肩南側の駐車スペース

小田木／国道路肩東側の駐車スペース

小田木／登山道入口

その他／小田木バス停（とよたおいでんバス）。
取材メモ／登山道は国道擁壁の間からのびている。
立ち寄り湯／①国道153号を稲武方面に向かうと国道沿いの道の駅どんぐりの里いなぶに「どんぐりの湯」がある。木曜休（祝日の場合は翌日）・10〜21時（土・日曜、祝日は9時30分〜）・入浴料600円・☎0565-82-3135。②その周辺にある夏焼温泉の各温泉宿でも可能。例えば「ホテル岡田屋」＝不定休（月に3日休みあり）・11時〜21時30分・入浴料400円・☎0565-82-2544。③国道153号で力石ICに戻る途中、香嵐渓の先にある「白鷺温泉・白鷺館」でも可能。不定休・10〜20時・入浴料800円・☎0565-62-0151。
問合先／豊田市稲武支所☎0565-82-2511、豊田市観光協会（豊田市商業観光課）☎0565-34-6642

双六岳→P77 北アルプス・新穂高駐車場①（深山荘付近）
　　　→P78 北アルプス・新穂高駐車場②（左俣林道入口）

須崎歩道・爪木崎駐車場
すさきほどう・つめきさきちゅうしゃじょう

静岡県下田市　標高15m

登山口概要／爪木崎の北西側、市道終点。須崎歩道の起点。
位置情報／［34°39′40″］［138°59′01″］
アクセス／修善寺道路修善寺ICから天城北道路、国道136、414号、県道14号、国道135号、市道経由で約52km、約1時間20分。
駐車場／有料1日500円。営業時間は6時30分〜16時だが、早朝着でも駐車は可能。計160台＋大型・58×30m、90×40m・舗装・区画あり。また手前に無料駐車場もある。126台・76×44m・舗装・区画あり。
駐車場混雑情報／スイセンシーズンの休日は満車になる。
トイレ／有料駐車場と無料駐車場にそれぞれある。有料駐車場トイレ＝水洗。水道・TPあり。評価☆☆☆〜☆☆。無料駐車場トイレ＝水洗。水道・TPあり。評価☆☆。
携帯電話／有料、無料どちらの駐車場もドコモ通話可、au通話可、SB通話可。
ドリンク自販機／駐車場にある（PBも）。
その他／売店、須崎歩道案内板、静岡県観光案内板、ベンチ、爪木崎花園。
取材メモ／爪木崎のスイセンは、12月下旬〜1月下旬が見ごろ。
立ち寄り湯／①爪木崎のすぐ西側、須崎にある「ホテルいそかぜ」で可能。無休・11〜20時・入浴料1000円・☎0558-22-3407。②国道135号沿いにある下田温泉の「下田聚楽ホテル」、「下田ベイクロシオ」、「黒船ホテル」などでも立ち寄り湯が可能（入浴料1200〜1500円）。③近くの河津温泉には、町営の立ち寄り湯「踊り子温泉会館」もある。火曜休・10〜21時・入浴料1000円・☎0558-32-2626。
問合先／下田市観光協会☎0558-22-1531、下田市観光交流課☎0558-22-3913

小田木／どんぐりの湯・露天風呂

爪木崎／手前の無料駐車場

爪木崎／有料駐車場

爪木崎／同駐車場のトイレ

爪木崎／同トイレ内部

鈴鹿山脈・青川峡→P271

鈴鹿山脈・蒼滝駐車場→P271

鈴鹿山脈・朝明渓谷有料駐車場
すずかさんみゃく・あさけけいこくゆうりょうちゅうしゃじょう

三重県菰野町　標高446m

登山口概要／御在所岳の北東側、県道762号沿い。根の平峠を経由する御在所岳、鳴滝コバを経由する釈迦ヶ岳、ハト峰などの起点。
位置情報／［35°02′40″］［136°26′18″］
アクセス／東名阪道四日市ICから国道477、306号、県道762号経由で約13.5km、約20分。
駐車場／有料1回500円。係員による徴収（先払い）。早朝着の場合は下山後の支払いでも可。24時間出入り可。82台＋大型・120×30m・舗装・区画あり。駐車場の問い合わせは、朝明観光協会☎059-393-1786へ。
駐車場混雑情報／GW、お盆休み、紅葉シーズンの土・日曜は満車になる。
トイレ／駐車場にある。簡易水洗。水道・TPあり。評価☆☆。また手前の県道沿いにも公衆トイレがある。水洗。水道・TPあり。評価☆☆☆。
携帯電話／ドコモ通話可、au〜だが通話可、SB〜通話可。
ドリンク自販機／駐車場先の橋のたもとにある（PBも）。
登山届入れ／駐車場先の橋のたもとにある。
その他／登山マップ、朝明ロッジ（宿泊。☎059-394-3012）、朝明バス停（三重交通バス）。
取材メモ／御在所岳のアカヤシオやホンシャクナゲは4月下旬〜5月中旬、コバノミツバツツジは5月上旬、シロヤシオ

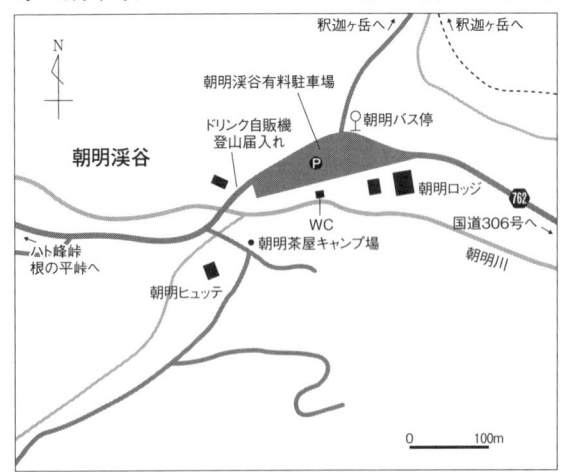

朝明／朝明渓谷有料駐車場

朝明／同駐車場のトイレ

朝明／同トイレ内部

朝明／手前の県道沿いトイレ

朝明／登山届入れ

は5月中旬～6月中旬、紅葉は10月下旬～11月上旬が見ごろ。
立ち寄り湯／①県道を500m戻ると「釈迦の隠し湯・三休の湯」がある。金・土・日曜、祝日のみ営業（1～3月は土・日曜、祝日のみ営業）・11～18時（土曜は～20時）・入浴料600円・☎059-393-5439。②国道306号を南下し国道477号へ右折するとアクアイグニス内に「片岡温泉」がある。無休・6～24時・入浴料600円・☎059-394-1511。③さらにその先には「ホテルウェルネス鈴鹿路」もある。第1、3月曜休・10～20時・入浴料600円・☎059-392-2233。
問合先／朝明観光協会☎059-393-1786、菰野町観光協会☎059-394-0050、菰野町観光産業課観光商工推進室☎059-391-1129

鈴鹿山脈・油日岳
　　→P136 鈴鹿山脈・奥余野登山口①（一馬谷橋）
　　→P136 鈴鹿山脈・奥余野登山口②（三馬谷橋）

鈴鹿山脈・雨乞岳
　　→P149 鈴鹿山地・武平峠（鈴鹿スカイライン）

鈴鹿山脈・一の谷新道登山口
　　→P142 鈴鹿山脈・中道登山口

鈴鹿山脈・宇賀渓入口
すずかさんみゃく・うがけいいりぐち

三重県いなべ市　標高242m

登山口概要／竜ヶ岳の南東側、国道421号沿い。宇賀渓を経由する竜ヶ岳、東海自然歩道などの起点。
位置情報／［35°06′07″］［136°28′24″］
アクセス／東名阪道四日市ICから国道477、306、421号、市道経由で約18km、約28分。または名神道八日市ICから国道

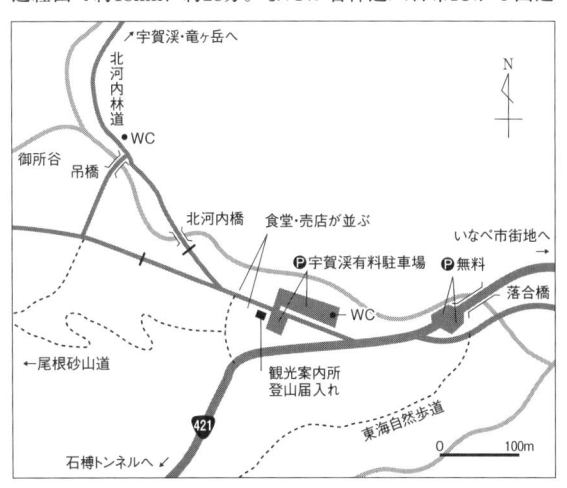

朝明／登山案内板

朝明／片岡温泉・露天風呂

宇賀渓／国道沿いの無料駐車場

宇賀渓／有料駐車場

宇賀渓／同駐車場のトイレ

421号、市道経由で約28.5km、約45分。
駐車場／国道沿いに無料駐車場、少し入ったところに有料駐車場がある。無料駐車場＝約17～20台（区画は8台分）・40×18mなど2面・舗装・区画あり（区画なしも）。有料駐車場＝通年営業。1日500円。係員による徴収（先払い）。24時間出入り可。早朝着の場合は下山後の支払いでも可。70台＋大型・90×18mなど2面・舗装・区画あり。※無料駐車場は、過去には車上荒らし被害もあったようだ。不安な人は管理人が常駐している有料駐車場を利用するほうがよい。
駐車場混雑情報／GW、お盆休み、紅葉シーズンの土・日曜、祝日は満車になる。
トイレ／有料駐車場にある。簡易水洗。水道・TPあり。評価☆☆☆～☆☆。
携帯電話／ドコモ通話可、au通話可、SB通話可。
ドリンク自販機／駐車場付近などにある（PBも）。
登山届入れ／駐車場管理棟（観光案内所）の横にある。
その他／宇賀渓案内図、宇賀渓登山道位置確認案内板、食堂、売店。
取材メモ／宇賀渓は入山料一人200円が必要だが、駐車料金には入山料が含まれ、何人乗車していても別途入山料を払う必要はない。宇賀渓の紅葉は11月中旬～11月下旬が見ごろ。
立ち寄り湯／①国道306号を北上すると三岐鉄道北勢線阿下喜駅（あげきえき）近くに「阿下喜温泉・あじさいの里」がある。木曜休（祝日の場合は翌日）・11～21時・入浴料500円・☎0594-82-1126。②八日市ICに戻る途中、永源寺ダムの2km先で右折すると「永源寺温泉・八風の湯（はっぷうのゆ）」がある。無休・10～22時（土曜は～23時）・入浴料1300円（土・日曜、祝日は1500円）・☎0748-27-1126。
問合先／宇賀渓観光案内所☎0594-78-3737、いなべ市観光協会（いなべ市商工観光課）☎0594-46-6309

宇賀渓／同トイレ内部

宇賀渓／駐車場管理棟と宇賀渓入口

宇賀渓／あじさいの里・露天風呂

宇賀渓／八風の湯・露天風呂

鈴鹿山脈・臼杵山登山口
すずかさんみゃく・うすきねやまとざんぐち

三重県亀山市　標高245m

登山口概要／臼杵山の東側、安楽越林道（あんらくごえりんどう）と船石林道の交差点付近。臼杵山（臼杵岩、臼杵ヶ岳）、京道、東海自然歩道、鬼ヶ牙などの起点。
位置情報／［34°55′22″］［136°23′18″］
アクセス／伊勢道亀山ICから国道1号、市道、県道302号、安楽越林道（全線舗装）経由で約12.5km、約20分。
駐車場／臼杵山登山道入口に駐車スペースがある。4～5台・26×8m・砂地・区画なし。また林道反対側の京道入口にも駐車スペースがある。5～6台・24×8m・砂地・区画なし。ほか林道交差点付近の路肩に寄せれば約10台の駐車が可能。
携帯電話／ドコモ～通話可、au通話可、SB圏外。
取材メモ／鬼ヶ牙登山道入口付近は、落石の危険のため駐車禁止。代わりに本項駐車スペースを利用するとよい。
立ち寄り湯／県道302号と637号を東進して隣の鈴鹿市に行くと、JR関西本線加佐登駅（かさどえき）近くに「鈴鹿さつ

臼杵山／登山口に続く安楽越林道

き温泉」がある。木曜と第3水曜休・10～21時・入浴料500円・☎059-370-2611。
問合先／亀山市観光振興室☎0595-96-1215、亀山市観光協会☎0595-97-8877

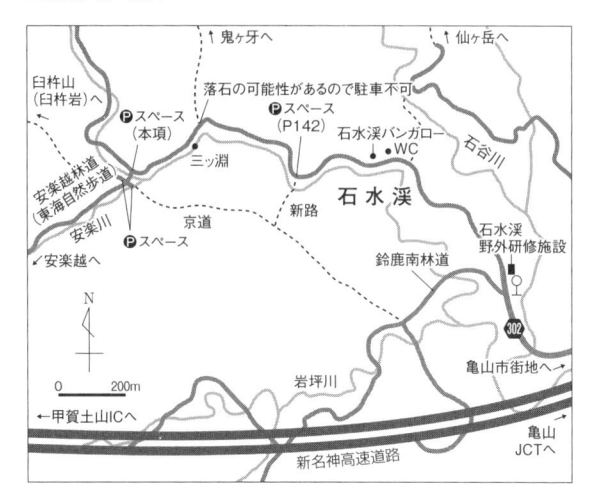

臼杵山／林道交差点の駐車スペース

臼杵山／臼杵山登山道入口の駐車スペース

鈴鹿山脈・裏道登山口（鈴鹿スカイライン）
すずかさんみゃく・うらみちとざんぐち（すずかすかいらいん）

三重県菰野町　標高490m（蒼滝大橋東側）、標高504m（蒼滝トンネル西側）

登山口概要／御在所岳の東側、鈴鹿スカイライン（国道477号）沿い。裏道（裏登山道）を経由する御在所岳や国見岳などの起点。詳細図はP142「鈴鹿山脈・中道登山口」の項参照。
位置情報／［35°01′09″］［136°26′42″］（蒼滝大橋東側）［35°01′02″］［136°26′28″］（蒼滝トンネル西側）
アクセス／東名阪道四日市ICから国道477号、鈴鹿スカイライン（国道477号）経由で約12km、約18分。または新名神道甲賀土山ICから県道24号、国道1号、県道9号、国道477号経由で約31km、約48分。鈴鹿スカイライン（三重県菰野町千草～滋賀県甲賀市大河原）の開通期間は、3月下旬～12月上旬。
駐車場／蒼滝大橋東側と登山道入口に駐車スペースがある。計13～15台・36×5mなど2面・舗装・区画なし。また蒼滝トンネルの西側にも駐車場がある。約20台・44×23m・舗装・区画なし。
駐車場混雑情報／取材した2011年11月22日は、紅葉シーズン終盤の曇天の火曜日だったが、到着した午前11時過ぎの時点で上記の駐車場と駐車スペースは、どちらもほぼ満車だった。
携帯電話／ドコモ通話可、au通話可、SB通話可。どちらの駐車場も結果は同じ。
取材メモ／御在所岳のアカヤシオやホンシャクナゲは4月下旬～5月中旬、コバノミツバツツジは5月上旬、シロヤシオは5月中旬～6月中旬、紅葉は10月下旬～11月上旬、樹氷は1

裏道／蒼滝大橋東側の駐車スペース

裏道／登山道入口の駐車スペース

裏道／蒼滝トンネル西側の駐車場

月中旬が見ごろ。
立ち寄り湯／①鈴鹿スカイラインを下るとアクアイグニス内に「片岡温泉」がある。無休・6～24時・入浴料600円・☎059-394-1511。②また近鉄湯の山温泉駅付近には、「ホテルウェルネス鈴鹿路」もある。第1、3月曜休・10～20時・入浴料600円・☎059-392-2233。
問合先／菰野町観光協会☎059-394-0050、菰野町観光産業課観光商工推進室☎059-391-1129

鈴鹿山脈・烏帽子岳→P272 鈴鹿山脈・長楽寺駐車場

鈴鹿山脈・御池岳→P138 鈴鹿山脈・鞍掛トンネル
　　　　　　　→P139 鈴鹿山脈・コグルミ谷登山口

鈴鹿山脈・大石橋
すずかさんみゃく・おおいしばし

三重県鈴鹿市　標高382m

登山口概要／仙ヶ岳の北東側、御弊林道（おんべりんどう）沿い。仙ヶ岳や宮指路岳（くしろだけ）、入道ヶ岳などの起点。詳細図および手前の小岐須渓谷山の家駐車場は、次項参照。
位置情報／［34°57′43″］［136°25′27″］
アクセス／東名阪道鈴鹿ICから県道27、560号、市道、御弊林道（全線舗装）経由で約7.6km、約12分。山麓の国道306号と県道が交差する鈴峰中西方交差点から6.7km、約12分。
駐車場／大石橋の奥、林道ゲート前に約20台分、大石橋手前右側に2台分、大石橋の120m手前右側にも5～6台分の駐車スペースがある。
駐車場混雑情報／7～8月はほぼ満車になる。GWや紅葉シーズンは混まない。
トイレ／大石橋120m手前の駐車スペースそばにある。非水洗。水道なし。TPあり。評価☆☆。
携帯電話／ドコモ圏外、au圏外、SB圏外。
水場／駐車スペースの少し手前、林道沿いにある。
取材メモ／取材時、大石橋で通行止になっていたため、それより奥にある林道ゲート前の駐車スペースは未取材だが、小岐須渓谷山の家から情報提供してもらった。通常はゲートまで進入できるようだ。
立ち寄り湯／①鈴鹿ICを通り過ぎて、さらに県道27号を南下するとJR関西本線加佐登駅（かさどえき）近くに「鈴鹿さつき温泉」がある。木曜と第3水曜休・10～21時・入浴料500円・☎059-370-2611。②また隣の四日市市、南部丘陵公園近くの県道44号沿いに「天然温泉ジャブ」もある。無休・9時30分～23時（土曜は～23時30分）・入浴料600円・☎059-322-5111。
問合先／鈴鹿山渓観光協会☎059-371-0029、鈴鹿市商業観光課☎059-382-9016

裏道／片岡温泉・露天風呂

大石橋／登山口に続く御弊林道

大石橋／橋の120m手前の駐車スペース

大石橋／同駐車スペースのトイレ

大石橋／橋手前の駐車スペース

鈴鹿山脈・小岐須渓谷山の家駐車場
すずかさんみゃく・おぎすけいこくやまのいえちゅうしゃじょう

三重県鈴鹿市　標高268m

登山口概要／入道ヶ岳の南側、御幣林道（おんべりんどう）沿い。滝ヶ谷（たきがたに・りゅうがだに）コースを経由する入道ヶ岳の主要登山口。一ノ谷コースを経由する野登山（ののぼりやま）などの起点。奥にある大石橋前後の駐車スペースについては前項参照。

位置情報／[34°57′23″][136°26′01″]

アクセス／東名阪道鈴鹿ICから県道27、560号、市道、御幣林道（全線舗装）経由で約6km、約12分。山麓の国道306号と県道が交差する鈴峰中西方交差点から5.1km、約10分。

駐車場／20～30台・44×20m・砂利・区画なし。※手前側の駐車場は、山の家・キャンプ場利用者用なので、奥の登山者用駐車場を利用する。また100m手前左側にも8台分の駐車スペースがある。

駐車場混雑情報／7～8月はほぼ満車になる。GWや紅葉シーズンは混まない。

トイレ／駐車場の向かいにある。簡易水洗。水道・TPあり。評価☆☆。

携帯電話／ドコモ📶～📵 通話可、au📶通話可、SB📶～0すぐ切れた。

ドリンク自販機／手前駐車場の管理棟横にある（PBも）。

登山届入れ／トイレ前にある。

その他／鈴鹿山渓観光協会の掲示板、鈴鹿国定公園登山案内板、県指定文化財天然記念物・石大神（しゃくだいじん）解説板、登山される皆様へ注意看板、ヤマビル注意看板、マムシ注意看板、小岐須渓谷山の家（宿泊・キャンプ場。予約・問い合わせは鈴鹿山渓観光協会☎059-371-0029へ）。

取材メモ／入道ヶ岳登山道には各所に通報ポイントの標識が設置されており、万一の場合は標識の番号を通報することで迅速に救助してもらうことができる。

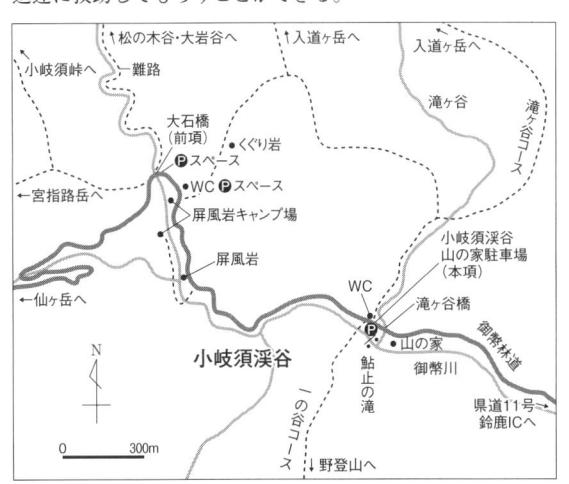

小岐須／山の家駐車場

小岐須／駐車場向かいのトイレ

小岐須／同トイレ内部

小岐須／駐車場管理棟

小岐須／入道ヶ岳登山道入口

立ち寄り湯／①鈴鹿ICを通り過ぎて、さらに県道27号を南下するとJR関西本線加佐登駅（かさどえき）近くに「鈴鹿さつき温泉」がある。木曜と第3水曜休・10〜21時・入浴料500円・☎059-370-2611。②また隣の四日市市、南部丘陵公園近くの県道44号沿いに「天然温泉ジャブ」もある。無休・9時30分〜23時（土曜は〜23時30分）・入浴料600円・☎059-322-5111。
問合先／鈴鹿山渓観光協会☎059-371-0029、鈴鹿市商業観光課☎059-382-9016

小岐須／鈴鹿さつき温泉・露天風呂

鈴鹿山脈・奥余野登山口①（一馬谷橋）
すずかさんみゃく・おくよのとざんぐち（いちばだにばし）

三重県伊賀市　標高326m

登山口概要／油日岳（あぶらひだけ）の南西側、余野林道沿い。油日岳、ぞろ峠を経由する三国岳（三国山）、那須ヶ原山、東海自然歩道、奥余野森林公園遊歩道などの起点。さらに奥の林道終点・三馬谷橋は、次項参照。
位置情報／［34°51′50″］［136°16′08″］
アクセス／名阪国道上柘植ICから県道4号、余野林道（全線舗装）経由で約5.7km、約10分。または新名神道甲南ICから県道337、123、4号、余野林道（全線舗装）経由で約15.5km、約25分。余野公園を通り抜け、その先の丁字路は「奥余野森林公園」「鈴鹿国定公園南登山口」などの標識に従って左折、余野林道へ入る。続く三叉路は道なりに直進する。
駐車場／登山口に駐車スペースがある。30〜35台・44×10mなど4面・舗装＋砂利＋草地・区画なし。
トイレ／登山口にある。水洗。水道あり（飲用不可）。TPあり。評価☆☆☆〜☆☆。
携帯電話／ドコモ通話可、au通話可、SB通話可。
その他／北打山生活環境保全林整備事業案内板。
取材メモ／余野公園のツツジはGW〜5月中旬が見ごろ。
立ち寄り湯／県道4号から上柘植ICへ向かう途中で県道50号へ右折。さらに県道673、133号を経由すると伊賀の里モクモク手づくりファーム内に「野天もくもくの湯」がある。第2水曜休（8月と12月は無休。冬期は水曜休）・13〜22時（土・日曜、祝日は11時〜）・入浴料800円（入浴利用の場合はファーム入園料は不要）・☎0595-43-0909。
問合先／伊賀市伊賀支所振興課産業建設係☎0595-45-9119、伊賀市商工労働観光課観光振興係☎0595-43-2309、伊賀上野観光協会☎0595-26-7788

一馬谷／三叉路は道なりに直進

一馬谷／登山口の駐車スペース

一馬谷／登山口のトイレ

鈴鹿山脈・奥余野登山口②（三馬谷橋）
すずかさんみゃく・おくよのとざんぐち（さんばだにばし）

三重県伊賀市　標高410m

登山口概要／油日岳（あぶらひだけ）の南側、余野林道終点。油日岳や三国岳（三国山）、那須ヶ原山などの起点。手前の

一馬谷／同トイレ内部

一馬谷橋は、前項参照。

位置情報／［34°52′01″］［136°16′28″］
アクセス／名阪国道上柘植ICから県道4号、余野林道（全線舗装）経由で約6.5km、12分。または新名神道甲南ICから県道337、123、4号、余野林道（全線舗装）経由で約16.5km、約27分。余野公園を通り抜け、その先の丁字路は「奥余野森林公園」「鈴鹿国定公園南登山口」などの標識に従って左折、余野林道へ入る。続く三叉路は道なりに直進する。やがて一馬谷橋の登山口（前項）と二馬谷小家を見送ると林道終点は近い。
駐車場／林道終点手前の林道沿いに駐車スペースが4面ある。10～13台・砂利・区画なし。
トイレ／手前の一馬谷橋の登山口にある。水洗。水道あり（飲用不可）。TPあり。評価☆☆☆～☆☆。
携帯電話／ドコモ▮▮通話可、au▮▮通話可、SB▮▮～▮ 通話可。
その他／あずまや、北打山生活環境保全林整備事業案内板。
取材メモ／余野公園のツツジはGW～5月中旬が見ごろ。
立ち寄り湯／県道4号から上柘植ICへ向かう途中で県道50号へ右折。さらに県道673、133号を経由すると伊賀の里モクモク手づくりファーム内に「野天もくもくの湯」がある。第2水曜休（8月と12月は無休。冬期は水曜休）・13～22時（土・日曜、祝日は11時～）・入浴料800円（入浴利用の場合はファーム入園料は不要）・☎0595-43-0909。
問合先／伊賀市伊賀支所振興課産業建設係☎0595-45-9119、伊賀市商工労働観光課観光振興係☎0595-43-2309、伊賀上野観光協会☎0595-26-7788

鈴鹿山脈・表道登山口（鈴鹿スカイライン）
すずかさんみゃく・おもてみちとざんぐち（すずかすかいらいん）

三重県菰野町　標高706m

登山口概要／御在所岳の南東側、鈴鹿スカイライン（国道477号）沿い。表道（表登山道）を経由する御在所岳や鎌ヶ岳などの起点。詳細図はP142「鈴鹿山脈・中道登山口」の項参照。
位置情報／［35°00′45″］［136°25′34″］
アクセス／東名阪道四日市ICから国道477号、鈴鹿スカイライン（国道477号）経由で約15km、約25分。または新名神道甲賀土山ICから県道24号、国道1号、県道9号、国道477号経由で約28km、約42分。鈴鹿スカイライン（三重県菰野町千草～滋賀県甲賀市大河原）の開通期間は、3月下旬～12月上旬。
駐車場／表道登山口のすぐ西側に駐車場がある。21台＋軽2台・74×5m・舗装・区画あり。
駐車場混雑情報／取材した2011年11月22日は紅葉シーズン終盤の曇天の火曜日で、周辺の駐車場はかなり埋まっていたにも関わらず、本項駐車場は到着した午前11時過ぎの時点で一台も停まっていなかった。
携帯電話／ドコモ▮つながらず、au▮つながったが通話不可、SB▮▮～▮ 通話可。
取材メモ／御在所岳のアカヤシオやホンシャクナゲは4月下

三馬谷／登山口に続く余野林道

三馬谷／林道終点手前の駐車スペース

三馬谷／登山道入口のあずまや

三馬谷／野天もくもくの湯・露天風呂

表道／登山道入口すぐ西側の駐車場

旬～5月中旬、コバノミツバツツジは5月上旬、シロヤシオは5月中旬～6月中旬、紅葉は10月下旬～11月上旬、樹氷は1月中旬が見ごろ。
立ち寄り湯／①鈴鹿スカイラインを下るとアクアイグニス内に「片岡温泉」がある。無休・6～24時・入浴料600円・☎059-394-1511。②また近鉄湯の山温泉駅付近には、「ホテルウェルネス鈴鹿路」もある。第1、3月曜休・10～20時・入浴料600円・☎059-392-2233。
問合先／菰野町観光協会☎059-394-0050、菰野町観光産業課観光商工推進室☎059-391-1129

鈴鹿山脈・鎌ヶ岳
　　→（前項）鈴鹿山脈・表道登山口（鈴鹿スカイライン）
　　→P140 鈴鹿山脈・御在所ロープウェイ湯の山温泉駅
　　→P142 鈴鹿山脈・中道登山口（一の谷山荘）
　　→P149 鈴鹿山地・武平峠（鈴鹿スカイライン）
　　→P150 鈴鹿山脈・宮妻峡①（鎌ヶ岳登山口）
　　→P151 鈴鹿山脈・宮妻峡②（宮妻峡キャンプ場）
　　→P152 鈴鹿山脈・湯の山パーキングセンター

鈴鹿山脈・雲母峰（きららみね）
　　→P272 鈴鹿山脈・岳不動
　　→P150 鈴鹿山脈・宮妻峡①（鎌ヶ岳登山口）
　　→P151 鈴鹿山脈・宮妻峡②（宮妻峡キャンプ場）

鈴鹿山脈・宮指路岳→P134 鈴鹿山脈・大石橋

鈴鹿山脈・鞍掛トンネル
すずかさんみゃく・くらかけとんねる
三重県いなべ市／滋賀県多賀町　標高624m

登山口概要／御池岳（おいけだけ。花の百名山）の北側、国道306号沿い。鞍掛峠下をくぐる鞍掛トンネルの三重県側と滋賀県側にそれぞれ登山道入口がある。鞍掛峠を経由する御池岳や三国岳などの起点。
位置情報／［35°11′58″］［136°25′06″］（三重県側駐車場）［35°12′11″］［136°24′38″］（滋賀県側駐車場）
アクセス／東名阪道桑名ICから国道421号、県道5号、国道306号経由で約30km、約45分。または名神道彦根ICから国道306号経由で約21km、約30分。国道306号（三重県いなべ市藤原町山口～滋賀県多賀町）の開通期間は、3月下旬～12月上旬。
駐車場／三重県側駐車場＝計50～60台・62×24m、42×10mなど3面・舗装・区画なし（区画ありの駐車場も）。滋賀県側駐車場＝15～17台・26×16m・砂地・区画なし。
トイレ／四日市ICや桑名IC方面からアクセスする場合は、国道365号と分かれる大橋南交差点手前、国道360号沿いの藤原簡易パーキングにトイレがある。詳細不明。また滋賀県側の彦根ICからアクセスする場合は、途中の佐目トンネル手前の駐車場にある。水洗。水道あり。TPなし。評価☆☆。

表道／表道登山道入口

表道／片岡温泉・露天風呂

表道／三重県側の駐車場

表道／滋賀県側の駐車場

鞍掛／三重県側の登山道入口

携帯電話／三重県側＝ドコモ📶〜📵通話可、au圏外、SB圏外。滋賀県側＝ドコモ圏外、au圏外、SB圏外。
登山届入れ／滋賀県側の登山道入口にある。
その他／三重県側＝鞍掛峠解説板、鈴鹿国定公園の植物保護を訴える看板。滋賀県側＝遭難多発注意看板、登山者向け注意看板。
取材メモ／御池岳のカタクリは、4月中旬〜5月上旬が見ごろ。
立ち寄り湯／国道306号で三重県側に下り、三岐鉄道北勢線阿下喜駅（あげきえき）近くの病院西交差点を左折すると「阿下喜温泉・あじさいの里」がある。木曜休（祝日の場合は翌日）・11〜21時・入浴料500円・☎0594-82-1126。
問合先／いなべ市観光協会（いなべ市商工観光課）☎0594-46-6309、多賀町観光案内所☎0749-48-1553、多賀町産業環境課商業観光係☎0749-48-8118

鞍掛／滋賀県側の登山道入口

鞍掛／植物保護を訴える看板

鞍掛／藤原簡易パーキング

鈴鹿山脈・コグルミ谷登山口
すずかさんみゃく・こぐるみだにとざんぐち

三重県いなべ市　標高512m

登山口概要／御池岳（おいけだけ。花の百名山）の北東側、国道306号沿い。コグルミ谷を経由する御池岳や藤原岳、鈴北岳の起点。
位置情報／［35°11′42″］［136°25′41″］
アクセス／東名阪道桑名ICから国道421号、県道5号、国道306号経由で約28.5km、約43分。または名神道彦根ICから国道306号経由で約19.5km、約28分。国道306号（三重県いなべ市藤原町山口〜滋賀県多賀町）の開通期間は、3月下旬〜12月上旬。
駐車場／コグルミ谷の登山道入口の300m東側（山麓側）に駐車スペースがある。約8台・34×5m・砂利・区画なし。また登山道入口すぐ手前にも1台分の駐車スペースがある。
トイレ／四日市ICや桑名IC方面からアクセスする場合は、

コグルミ／300m手前の駐車スペース

コグルミ／すぐ手前の1台分駐車スペース

国道365号と分かれる大橋南交差点手前、国道306号沿いの藤原簡易パーキングにトイレがある。詳細不明。
携帯電話／ドコモ通話可、au通話可、SBだが通話可。
登山届入れ／登山道入口にある。
取材メモ／御池岳のカタクリは、4月中旬～5月上旬が見ごろ。藤原岳のフクジュソウやセツブンソウは3月中旬～4月上旬が見ごろ。また11月15日～翌年3月15日は狩猟期間にあたるため、目立つ服装にするなど注意が必要。
立ち寄り湯／国道306号を南下すると三岐鉄道北勢線阿下喜駅（あげきえき）近くに「阿下喜温泉・あじさいの里」がある。木曜休（祝日の場合は翌日）・11～21時・入浴料500円・☎0594-82-1126。
問合先／いなべ市商工観光課☎0594-46-6309

鈴鹿山脈・御在所岳
　→P271 鈴鹿山脈・蒼滝（あおたき）駐車場
　→P130 鈴鹿山脈・朝明渓谷有料駐車場
　→P133 鈴鹿山脈・裏道登山口（鈴鹿スカイライン）
　→P137 鈴鹿山脈・表道登山口（鈴鹿スカイライン）
　→（次項）鈴鹿山脈・御在所ロープウェイ湯の山温泉駅
　→P142 鈴鹿山脈・中道登山口（一の谷山荘）
　→P149 鈴鹿山地・武平峠（鈴鹿スカイライン）
　→P152 鈴鹿山脈・湯の山パーキングセンター

コグルミ／御池岳の登山道入口

コグルミ／あじさいの里・内風呂

鈴鹿山脈・御在所ロープウェイ湯の山温泉駅
すずかさんみゃく・ございしょろーぷうぇいゆのやまおんせんえき

三重県菰野町　標高398m

登山口概要／御在所岳の東側、町道終点。御在所ロープウェイの山麓側起点。御在所岳の主要最短登山口。藤内小屋を経由する御在所岳や国見岳、長石尾根を経由する鎌ヶ岳などの起点。
位置情報／［35°01′00″］［136°26′51″］
アクセス／東名阪道四日市ICから国道477号、県道577号、町道経由で約11.5km、約18分。
駐車場／駅前に有料駐車場がある。立体＋屋外駐車場。1日500円（土・日曜、祝日＋1月2～3日＋海の日～8月末日＋10～11月は1日800円）。係員による徴収（先払い）。24時間出入り可。係員不在時は下山後の支払いでも可。約360台＋大型・舗装・区画あり。
駐車場混雑情報／10月中旬～11月下旬、特に11月上旬の好天の土・日曜、祝日は満車になり、道路では駐車待ちの渋滞が生じる。手前の県道沿いにある湯の山パーキングセンターの有料駐車場（P152）を利用し、徒歩で700m先の湯の山温泉駅に向かう方法もある。なお、取材した2011年11月22日は紅葉シーズン終盤の曇天の火曜日だったが、到着した10時半の時点で駐車場はほぼ満車で、駅前は観光客で混雑していた。
トイレ／駅前に公衆トイレがある。水洗。水道・TPあり。評価☆☆。
携帯電話／ドコモ通話可、au通話可、SB通話可。

御在所／駅前の有料駐車場

御在所／ロープウェイ湯の山温泉駅

御在所／駅前のトイレ

ドリンク自販機／駅前にある（PBも）。
御在所ロープウェイ／9〜17時（下り最終17時20分。冬期は9〜16時。下り最終16時20分）・1分間隔運行・所要12分・片道1200円、往復2100円・☎059-392-2261。
観光リフト／9時30分〜16時30分（冬期は〜15時30分）・ロープウェイ駅〜頂上駅＝所要8分、片道300円。ロープウェイ駅〜カモシカ駅＝所要3分、片道200円・☎059-392-2261。
その他／湯の山温泉駅＝売店、パン屋、軽食（そば・うどん・大石焼）、コインロッカー、御在所岳解説板、テーブル・ベンチ、登山道案内板。山上公園駅およびその周辺＝ロープウェイ博物館、食堂売店アルペン（9時10分〜16時10分、冬期は〜15時10分）、おみやげコーナー（9時40分〜17時40分、冬期は〜16時40分）、レストランアゼリア（9時30分〜16時30分。冬期は〜15時30分）、ございしょ自然学校、朝陽台広場（ちょうようだいひろば）、見晴台、富士見台展望台、テーブル・ベンチ。※日本カモシカセンターは2006年に閉園。
取材メモ／御在所岳のアカヤシオやホンシャクナゲは4月下旬〜5月中旬、コバノミツバツツジは5月上旬、シロヤシオは5月中旬〜6月中旬、紅葉は10月下旬〜11月上旬、樹氷は1月中旬が見ごろ。
立ち寄り湯／①ロープウェイ湯の山温泉駅前にある「ホテル湯の本」で立ち寄り湯が可能だが、入浴できない日もある。不定休・11時30分〜16時・入浴料800円・☎059-392-2141。②ロープウェイ湯の山温泉駅から町道を下る途中の「鹿の湯ホテル」でも可能。不定休・11〜15時・入浴料1000円・☎059-392-3141。③さらに県道577号を下ると、「ホテルウェルネス鈴鹿路」もある。第1、3月曜休・10〜20時・入浴料600円・☎059-392-2233。
問合先／御在所ロープウェイ☎059-392-2261、菰野町観光協会☎059-394-0050、菰野町観光産業課観光商工推進室☎059-391-1129

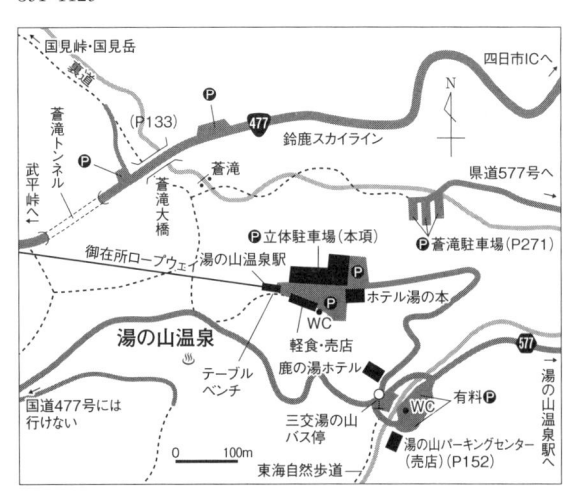

御在所／同トイレ内部

御在所／駅前の軽食コーナー

御在所／御在所ロープウェイ

御在所／駅舎横の登山道入口

御在所／ホテルウェルネス鈴鹿路・内風呂

鈴鹿山脈・静ヶ岳（しずがたけ）→P271 鈴鹿山脈・青川峡

鈴鹿山脈・釈迦ヶ岳→P130 鈴鹿山脈・朝明渓谷有料駐車場

鈴鹿山脈・石水渓
<small>すずかさんみゃく・せきすいけい</small>

三重県亀山市　標高186m

登山口概要／臼杵山（臼杵岩、臼杵ヶ岳）の東側、安楽越林道（あんらくごえりんどう）沿い。新路や京道、臼杵山、鬼ヶ牙、東海自然歩道などの起点。詳細図はP132「鈴鹿山脈・臼杵山登山口」の項参照。
位置情報／［34°55′22″］［136°23′38″］
アクセス／伊勢道亀山ICから国道1号、県道302号、安楽越林道（全線舗装）経由で約14km、約22分。
駐車場／石水渓キャンプ場の少し先、新路の入口に駐車スペースがある。4〜5台・18×7m・砂地・区画なし。
トイレ／石水渓キャンプ場にある。非水洗。水道・TPあり。評価☆☆。
携帯電話／ドコモ📶〜📶通話可、au📶通話可、SB📶通話可。
その他／石水渓ガイドマップ。
取材メモ／鬼ヶ牙登山道入口付近は、落石の危険のため駐車禁止。代わりに本項駐車スペースを利用するとよい。
立ち寄り湯／県道302号と637号を東進して隣の鈴鹿市に行くとJR関西本線加佐登駅（かさどえき）近くに「鈴鹿さつき温泉」がある。木曜と第3水曜休・10〜21時・入浴料500円・☎059-370-2611。
問合先／亀山市観光振興室☎0595-96-1215、亀山市観光協会☎0595-97-8877

鈴鹿山脈・仙ヶ岳→P134 鈴鹿山脈・大石橋
　　　　　　→P271 鈴鹿山脈・仙ヶ岳登山口

鈴鹿山脈・岳不動（だけふどう）→P272

鈴鹿山脈・中道登山口(一の谷山荘・鈴鹿スカイライン)
<small>すずかさんみゃく・なかみちとざんぐち（いちのたにさんそう、すずかすかいらいん）</small>

三重県菰野町　標高560m（旧料金所）、標高572m（一の谷山荘）

登山口概要／御在所岳の南東側、鈴鹿スカイライン（国道477号）沿い。一ノ谷新道を経由する御在所岳、中道（中登山道）を経由する国見岳、長石谷や長石尾根を経由する鎌ヶ岳の起点。
位置情報／［35°00′53″］［136°26′12″］（旧料金所の駐車場）［35°00′50″］［136°26′04″］（一の谷山荘）
アクセス／東名阪道四日市ICから国道477号、鈴鹿スカイライン（国道477号）経由で約13km、約20分。または新名神道甲賀土山ICから県道24号、国道1号、県道9号、国道477号経由で約30km、約47分。鈴鹿スカイライン（三重県菰野町千

石水渓／キャンプ場先の駐車スペース

石水渓／石水渓キャンプ場

石水渓／キャンプ場のトイレ

石水渓／石水渓案内板

中道／旧料金所の駐車場

草〜滋賀県甲賀市大河原)の開通期間は、3月下旬〜12月上旬。
駐車場／旧料金所と一の谷山荘前に駐車場や駐車スペースがある。旧料金所の駐車場＝27台・64×5mなど3面・舗装・区画あり。一の谷山荘前の駐車スペース＝宿泊客以外も利用してよいとのこと。約8台・32×5m・舗装・区画なし。ほかに一の谷山荘の120m西側にも7台分の駐車スペースがある。
駐車場混雑情報／取材した2011年11月22日は、紅葉シーズン終盤の曇天の火曜日だったが、到着した午前11時過ぎの時点で旧料金所の駐車場は満車、一の谷山荘前は3台のみだった。ただ山荘前の駐車スペースについて一の谷山荘に確認すると、GWやお盆休み、紅葉シーズンの土・日曜は満車になることもあるとのことだ。
携帯電話／旧料金所＝ドコモ通話可、au通話可、SB通話可。一の谷山荘前＝ドコモ〜通話可、auやや不安定、SB通話可。
登山届入れ／中道の登山道入口にある。
その他／御在所一の谷山荘（素泊まりのみ、要予約。土・日曜＝☎059-392-2654、平日＝☎059-393-1516）。
取材メモ／御在所岳のアカヤシオやホンシャクナゲは4月下旬〜5月中旬、コバノミツバツツジは5月上旬、シロヤシオは5月中旬〜6月中旬、紅葉は10月下旬〜11月上旬、樹氷は1月中旬が見ごろ。
立ち寄り湯／①鈴鹿スカイラインを下るとアクアイグニス内の「片岡温泉」がある。無休・6〜24時・入浴料600円・☎059-394-1511。②また近鉄湯の山温泉駅付近には、「ホテルウェルネス鈴鹿路」もある。第1、3月曜休・10〜20時・入浴料600円・☎059-392-2233。③一方、滋賀県側に下り、野洲川ダムの先で右折すると「国民宿舎かもしか荘」のかもしか温泉で可能だが、改装工事のため休館中。以後の営業時間等は未定。2013年7月にリニューアルオープンの予定。
問合先／菰野町観光協会☎059-394-0050、菰野町観光産業課観光商工推進室☎059-391-1129

中道／一の谷山荘前の駐車スペース

中道／山荘120m西側の駐車スペース

中道／一の谷山荘

中道／登山道入口の登山届入れ

中道／中道登山道入口

鈴鹿山脈・那須ヶ原山
　　→P136 鈴鹿山脈・奥余野登山口①（一馬谷橋）
　　→P136 鈴鹿山脈・奥余野登山口②（三馬谷橋）

鈴鹿山脈・二本松尾根コース登山口
　　→（次項）鈴鹿山脈・入道ヶ岳井戸谷コース登山口

鈴鹿山脈・入道ヶ岳
　　→P134 鈴鹿山脈・大石橋
　　→P135 鈴鹿山脈・小岐須渓谷山の家駐車場
　　→（次項）鈴鹿山脈・入道ヶ岳井戸谷コース登山口
　　→（次々項）鈴鹿山脈・入道ヶ岳北尾根コース登山口
　　→P151 鈴鹿山脈・宮妻峡②（宮妻峡キャンプ場）

鈴鹿山脈・入道ヶ岳井戸谷コース登山口（椿渓谷キャンプ場）

すずかさんみゃく・にゅうどうがたけいどだにこーすとざんぐち（つばきけいこくきゃんぷじょう）

三重県鈴鹿市　標高274m

登山口概要／入道ヶ岳の南東側、市道沿い。椿大神社（つばきおおかみやしろ）の奥にある。井戸谷コースや二本松尾根コースを経由する入道ヶ岳の起点。手前の北尾根コース登山口は次項参照。
位置情報／［34°58′01″］［136°26′49″］
アクセス／東名阪道鈴鹿ICから県道27、506、11、560号、市道経由で約6.5km、約10分。付近に立つ「椿大神社」の標識に従い、椿大神社わきを抜けて市道を奥へ進む。鳥居が目印の北尾根コース登山口を見送ると約400m先にある。
駐車場／井戸谷コースと二本松尾根コースの分岐点に駐車スペースがある。約15台・36×25m・砂利＋石・区画なし。※駐車スペースは、路面がかなり悪い部分もあるので注意。
トイレ／駐車スペースそばにある。非水洗。水道・TPなし。評価☆☆。

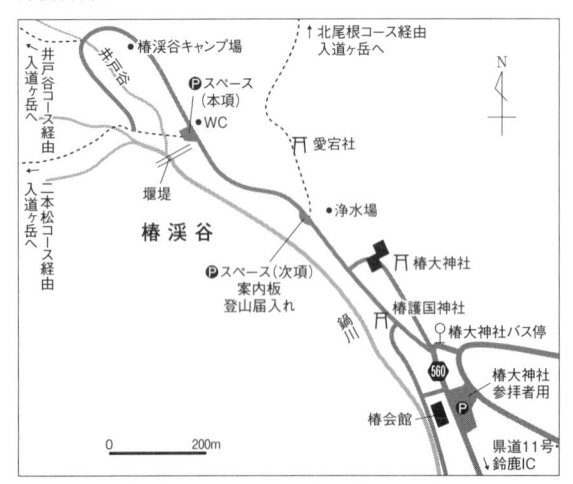

中道／湯の山温泉方面の道入口

井戸谷／椿大神社の標識

井戸谷／駐車スペース

井戸谷／駐車スペースそばのトイレ

井戸谷／同トイレ内部

携帯電話／ドコモ通話可、au通話可、SB圏外。
登山届入れ／登山道入口にある。
その他／入道ヶ岳周辺図、椿渓谷キャンプ場。
取材メモ／入道ヶ岳登山道には各所に通報ポイントの標識が設置されており、万一の場合は標識の番号を通報することで迅速に救助してもらうことができる。
立ち寄り湯／①鈴鹿ICを通り過ぎて、さらに県道27号を南下するとJR関西本線加佐登駅（かさどえき）近くに「鈴鹿さつき温泉」がある。木曜と第3水曜休・10〜21時・入浴料500円・☎059-370-2611。②また隣の四日市市、南部丘陵公園近くの県道44号沿いに「天然温泉ジャブ」もある。無休・9時30分〜23時（土曜は〜23時30分）・入浴料600円・☎059-322-5111。
問合先／鈴鹿山渓観光協会☎059-371-0029、鈴鹿市商業観光課☎059-382-9016

井戸谷／井戸谷コースに続く舗装林道

鈴鹿山脈・入道ヶ岳北尾根コース登山口
すずかさんみゃく・にゅうどうがたけきたおねこーすとざんぐち

三重県鈴鹿市　標高238m

登山口概要／入道ヶ岳の南東側、市道沿い。椿大神社（つばきおおかみやしろ）の奥にある。北尾根コースを経由する入道ヶ岳の起点。詳細図、およびさらに奥にある井戸谷コース登山口は前項参照。
位置情報／［34°57′54″］［136°27′01″］
アクセス／東名阪道鈴鹿ICから県道27、506、11、560号、市道経由で約6km、約10分。付近に立つ「椿大神社」の標識に従い、椿大神社わきを抜けて市道を奥へ進む。
駐車場／登山道入口に駐車スペースがある。8〜10台・30×5m・砂利・区画なし。
トイレ／さらに舗装林道を奥に進んだ井戸谷コース登山口にある。非水洗。水道・TPなし。評価☆☆。
携帯電話／ドコモ通話可、au通話可、SB圏外。
登山届入れ／登山道入口にある。
その他／入道ヶ岳案内板。
取材メモ／入道ヶ岳登山道には各所に通報ポイントの標識が設置されており、万一の場合は標識の番号を通報することで迅速に救助してもらうことができる。
立ち寄り湯／①鈴鹿ICを通り過ぎて、さらに県道27号を南下するとJR関西本線加佐登駅（かさどえき）近くに「鈴鹿さつき温泉」がある。木曜と第3水曜休・10〜21時・入浴料500円・☎059-370-2611。②また隣の四日市市、南部丘陵公園近くの県道44号沿いに「天然温泉ジャブ」もある。無休・9時30分〜23時（土曜は〜23時30分）・入浴料600円・☎059-322-5111。
問合先／鈴鹿山渓観光協会☎059-371-0029、鈴鹿市商業観光課☎059-382-9016

鈴鹿山脈・野登山→P135 鈴鹿山脈・小岐須渓谷山の家駐車場

北尾根／椿大神社の参道入口

北尾根／登山道入口の駐車スペース

北尾根／北尾根コース登山道入口

北尾根／鈴鹿さつき温泉・浴室

鈴鹿山脈・八風キャンプ場奥

すずかさんみゃく・はっぷうきゃんぷじょうおく

三重県菰野町　標高415m

登山口概要／三池岳（みいけだけ）の南東側、未舗装林道終点。八風峠や中峠を経由する三池岳の起点。
位置情報／［35°04′38″］［136°27′29″］
アクセス／東名阪道四日市ICから国道477、306号、市道、未舗装林道（路面評価★★★〜★★）経由で約16.5km、約25分。
駐車場／林道の丁字路を左折した林道終点に駐車スペースがある。6〜7台・18×8m・砂地＋小石・区画なし。※ほかに林道丁字路を右折した先などにも駐車スペースがあるが、取材時は砂防ダム工事のため一部資材などが置かれていた。駐車可否については不明。
携帯電話／ドコモ圏外、au◰だが通話可、SB圏外。
その他／登山マップ、登山者の皆様へ注意看板。
立ち寄り湯／①国道306号を南下し国道477号へ右折するとアクアイグニス内に「片岡温泉」がある。無休・6〜24時・入浴料600円・☎059-394-1511。②さらにその先には、「ホテルウェルネス鈴鹿路」もある。第1、3月曜休・10〜20時・入浴料600円・☎059-392-2233。③朝明渓谷に向かう県道沿いには「釈迦の隠し湯・三休の湯」がある。金・土・日曜、祝日のみ営業（1〜3月は土・日曜、祝日のみ営業）・11〜18時（土曜は〜20時）・入浴料600円・☎059-393-5439。④また国道306号を北上すると三岐鉄道北勢線阿下喜駅（あげえき）近くに「阿下喜温泉・あじさいの里」がある。木曜休（祝日の場合は翌日）・11〜21時・入浴料500円・☎0594-82-1126。
問合先／菰野町観光協会☎059-394-0050、菰野町観光産業課観光商工推進室☎059-391-1129

八風／林道の丁字路

八風／丁字路を左折した先の駐車スペース

八風／登山道入口

鈴鹿山脈・藤原岳観光駐車場

すずかさんみゃく・ふじわらだけかんこうちゅうしゃじょう

三重県いなべ市　標高137m

登山口概要／藤原岳の北東側、県道614号から少し下った市道沿いにある駐車場。表登山道（大貝戸道）を経由する藤原岳の主要登山口。通常は、登山道入口前にある藤原岳登山口駐車場（次々項）を利用する方が便利。満車になった場合のみ、本項駐車場を利用する。詳細図も次々項参照。
位置情報／［35°10′25″］［136°28′30″］
アクセス／名神道関ヶ原ICから国道365、306号、県道614号、市道経由で約24km、約35分。または東名阪道四日市ICから国道477、306号、県道614号、市道経由で約26km、約38分。あるいは東名阪道桑名ICから国道421、365号、県道614号、市道経由で約21km、約32分。※県道に「藤原岳観光駐車場→」という看板が立っており、県道沿いにある駐車場を指しているようにも見えるが、これは西藤原小学校の職員用。藤原岳観光駐車場は、そこから少し下った場所にある。

観光／藤原岳観光駐車場

観光／同駐車場のトイレ

駐車場／有料。1回300円。24時間出入り可。管理棟で支払うが、管理人不在時は管理棟横にある料金箱に入れる。約70台・68×38m・砂利・区画あり。
駐車場混雑情報／フクジュソウシーズンや紅葉の休日は混雑し、藤原岳登山口駐車場は満車になるが、本項駐車場まで満車になることはない。
トイレ／駐車場にある。水洗。水道・TPあり。評価☆☆☆。
携帯電話／ドコモ通話可、au通話可、SB通話可。
その他／聖宝寺周辺マップ。
取材メモ／藤原岳のフクジュソウやセツブンソウは3月中旬～4月上旬が見ごろ。また11月15日～翌年3月15日は狩猟期間にあたるため、目立つ服装にするなど注意が必要。
立ち寄り湯／国道306号を南下すると三岐鉄道北勢線阿下喜駅（あげきえき）近くに「阿下喜温泉・あじさいの里」がある。木曜休（祝日の場合は翌日）・11～21時・入浴料500円・☎0594-82-1126。
問合先／いなべ市観光協会（いなべ市商工観光課）☎0594-46-6309

観光／同トイレ内部

観光／管理棟横の料金箱

鈴鹿山脈・藤原岳聖宝寺道登山口
すずかさんみゃく・ふじわらだけしょうほうじどうとざんぐち

三重県いなべ市　標高148m

登山口概要／藤原岳の北東側、県道614号沿い。聖宝寺道を経由する藤原岳、東海自然歩道の起点。詳細図は、次項参照。
位置情報／［35°10′31″］［136°28′17″］
アクセス／名神道関ヶ原ICから国道365、306号、県道614号、市道経由で約23.5km、約38分。または東名阪道四日市ICから国道477、306号、県道614号、市道経由で約26km、約38分。あるいは東名阪道桑名ICから国道421、365号、県道614号、市道経由で約21.5km、約32分。
駐車場／県道沿いの聖宝寺入口付近に民間有料駐車場の宮前パーキングがある。1回300円（11月初旬～下旬のもみじ祭り期間中は1000円）。係員による徴収（先払い）。24時間出入り可で、早朝着の場合は管理棟の料金箱に入れる。通年営業。約30台・40×36m・砂利・区画あり。また少し東側の県道沿いに児玉パーキングもあり、料金等は同じ。
駐車場混雑情報／もみじ祭りの期間中でも満車になることはない。
携帯電話／ドコモ通話可、au通話可、SB通話可。
その他／聖宝寺周辺マップ、藤原岳自然科学館（2012年4月にいなべ市藤原文化センター内に移転。文化センターは西藤原駅と藤原庁舎の間に位置し、国道306号の文化センター入口交差点が目印となる。月・火曜休・9～17時・☎0594-46-8488）、聖宝寺。
取材メモ／聖宝寺道は、平成25年8月末まで砂防ダム工事のため通行止。また聖宝寺のもみじ祭り期間中は、協力金200円が必要。藤原岳のフクジュソウやセツブンソウは3月中旬～4月上旬が見ごろ。また11月15日～翌年3月15日は狩猟期間にあたるため、目立つ服装にするなど注意が必要。

聖宝寺／宮前パーキング

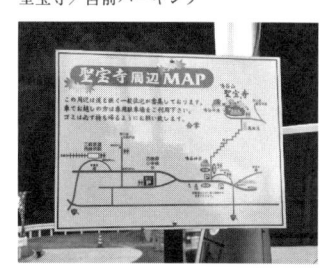

聖宝寺／聖宝寺周辺案内板

聖宝寺／聖宝寺に続く道路

立ち寄り湯／国道306号を南下すると三岐鉄道北勢線阿下喜駅（あげきえき）近くに「阿下喜温泉・あじさいの里」がある。木曜休（祝日の場合は翌日）・11～21時・入浴料500円・☎0594-82-1126。
問合先／いなべ市商工観光課☎0594-46-6309

鈴鹿山脈・藤原岳登山口駐車場
すずかさんみゃく・ふじわらだけとざんぐちちゅうしゃじょう

三重県いなべ市　標高163m

登山口概要／藤原岳の北東側、県道614号から山の方へ少し入った市道終点。表登山道（大貝戸道）を経由する藤原岳の主要登山口。
位置情報／［35°10′14″］［136°28′30″］
アクセス／名神道関ヶ原ICから国道365号、306号、県道614号、市道経由で約24km、約38分。または東名阪道四日市ICから国道477、306号、県道615、614号、市道経由で約25.5km、約38分。あるいは東名阪道桑名ICから国道421、365号、県道614号、市道経由で約21km、約32分。
駐車場／23台・40×16m、26×16m・舗装・区画あり。
駐車場混雑情報／フクジュソウシーズンや紅葉シーズンの休日は満車になる。満車の場合は、近くの藤原岳観光駐車場（前々項）を利用する。
トイレ／駐車場隣接の休憩所内にある。水洗。水道・TPあり。評価☆☆☆。
携帯電話／ドコモ📶通話可、au📶通話可、SB📶通話可。
登山届入れ／休憩所横の道路沿いにある。
その他／休憩所（中にテーブル・ベンチ）、藤原岳の四季解説板、藤原岳聖宝寺園地周辺案内板。
取材メモ／藤原岳のフクジュソウやセツブンソウは3月中旬～4月上旬が見ごろ。また11月15日～翌年3月15日は狩猟期間にあたるため、目立つ服装にするなど注意が必要。

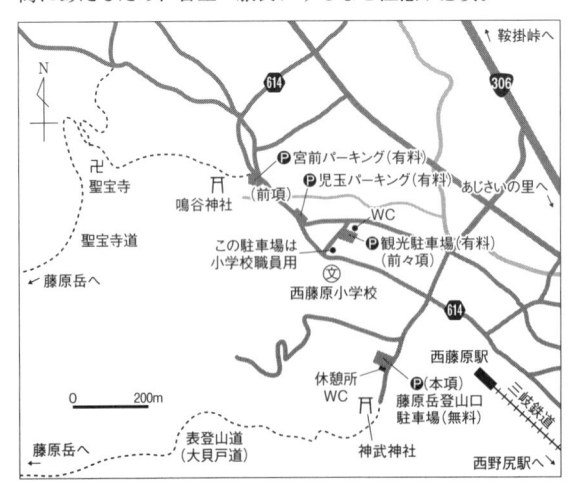

登山口／県道614号からここを入る

登山口／藤原岳登山口駐車場

登山口／休憩所

登山口／休憩所のトイレ

登山口／休憩所内

立ち寄り湯／国道306号を南下すると三岐鉄道北勢線阿下喜駅（あげきえき）近くに「阿下喜温泉・あじさいの里」がある。木曜休（祝日の場合は翌日）・11〜21時・入浴料500円・☎0594-82-1126。
問合先／いなべ市観光協会（いなべ市商工観光課）☎0594-46-6309

鈴鹿山脈・武平峠（鈴鹿スカイライン）
すずかさんみゃく・ぶへいとうげ（すずかすかいらいん）

三重県菰野町／滋賀県甲賀市　標高810m

登山口概要／御在所岳の南側、鈴鹿スカイライン（国道477号）沿い。御在所岳と鎌ヶ岳の最短登山口。雨乞岳（あまごいだけ）などの起点。
位置情報／[35°00′41″][136°25′18″]（三重県側の駐車場）[35°00′35″][136°24′54″]（滋賀県側の駐車スペース）
アクセス／東名阪道四日市ICから国道477号、鈴鹿スカイライン（国道477号）経由で約16km、約24分。または新名神道甲賀土山ICから県道24号、国道1号、県道9号、国道477号、鈴鹿スカイライン（国道477号）経由で約26.5km、約40分。あるいは名神道八日市ICから国道421、307、477号、鈴鹿スカイライン（国道477号）経由で約35.5km、約55分。鈴鹿スカイライン（三重県菰野町千草〜滋賀県甲賀市大河原）の開通期間は、3月下旬〜12月上旬。
駐車場／武平トンネルの三重県側に駐車場と駐車スペース、滋賀県側に駐車スペースがある。三重県側＝計約50〜60台・62×24m、46×8mなど3面・舗装＋砂地・区画なし（区画ありの駐車場もある）。滋賀県側＝計12〜15台・30×10mなど2面・舗装＋砂利＋小石・区画なし。
トイレ／三重県側の駐車場にある。非水洗。水道あり（飲用不可）。TPあり。評価☆☆☆。
携帯電話／三重県側＝ドコモ📶〜圏外不安定、au📶〜📶通

登山口／藤原岳の表登山道入口

武平峠／三重県側の駐車場

武平峠／同駐車場のトイレ

武平峠／同トイレ内部

武平峠／国道沿いの駐車区画

話可、SB やや不安定。滋賀県側＝ドコモ～通話可、au～通話可、SB圏外。
水場／三重県側駐車場のトイレ前にある。
登山届入れ／滋賀県側の雨乞岳登山道入口にある。
その他／滋賀県側＝鈴鹿国定公園観光案内板、鎌田正清邸址の石標。三重県側＝ベンチ。
取材メモ／御在所岳のアカヤシオやホンシャクナゲは4月下旬～5月中旬、コバノミツバツツジは5月上旬、シロヤシオは5月中旬～6月中旬、紅葉は10月下旬～11月上旬が見ごろ。
立ち寄り湯／①三重県側に下ると湯の山温泉があり、立ち寄りり湯ができる温泉宿も（入浴料600～1000円）。例えば、ホテルウェルネス鈴鹿路＝第1、3月曜休・10～20時・入浴料600円・☎059-392-2233。片岡温泉＝無休・7～23時・入浴料600円・☎059-394-1511。②一方、滋賀県側に下り、野洲川ダムの先で右折すると「国民宿舎かもしか荘」のかもしか温泉で可能だが、改装工事のため休館中。以後の営業時間等は未定。2013年7月にリニューアルオープンの予定。
問合先／菰野町観光協会☎059-394-0050、甲賀市観光協会☎0748-60-2690、甲賀市観光推進戦略室☎0748-65-0708

鈴鹿山脈・三池岳→P146 鈴鹿山脈・八風キャンプ場奥

鈴鹿山脈・三国岳→P138 鈴鹿山脈地・鞍掛トンネル

鈴鹿山脈・宮妻峡①（鎌ヶ岳登山口）
すずかさんみゃく・みやづまきょう（かまがたけとざんぐち）

三重県四日市市　標高387m

登山口概要／鎌ヶ岳の南東側、市道ゲート前。カズラ谷を経由する鎌ヶ岳や雲母峰（きららみね）、水沢峠（すいざわとうげ）を経由する水沢岳の起点。詳細図、および手前の宮妻峡キャンプ場は次項参照。
位置情報／［34°59′19″］［136°26′15″］
アクセス／東名阪道鈴鹿ICから県道27号、国道306号、県道44号、市道経由で約14km、約20分。または東名阪道四日市ICから国道477号、県道140、44号、市道経由で約15.5km、約25分。
駐車場／登山道入口手前に駐車スペースがある。15～20台・30×20mなど4面・細砂利＋草地・区画なし。
駐車場混雑情報／7～8月の土・日曜、祝日、お盆休みは満車になる。GWや紅葉シーズンは、それほど混まない。
トイレ／手前の宮妻峡キャンプ場にある。詳細不明。
携帯電話／ドコモ だが通話可（1回目は不安定）、au通話可、SB ～圏外つながらず。
取材メモ／宮妻峡の紅葉は、11月下旬が見ごろ。
立ち寄り湯／①湯の山温泉方面に向かうと「ホテルウェルネス鈴鹿路」がある。第1、3月曜休・10～20時・入浴料600円・☎059-392-2233。②その東側にある「アクアイグニス・片岡温泉」も近い。無休・6～24時・入浴料600円・☎059-394-1511。③また四日市市街地へ向かうと、南部丘陵公園近くの

武平峠／三重県側の登山道入口

武平峠／雨乞岳の登山道入口

鎌ヶ岳／アクセス途中の宮妻峡標識

鎌ヶ岳／登山道入口手前の駐車スペース

鎌ヶ岳／鎌ヶ岳を示す道標

県道44号沿いに「天然温泉ジャブ」もある。無休・9時30分～23時（土曜は～23時30分）・入浴料600円・☎059-322-5111。
問合先／四日市観光協会☎059-357-0381

鈴鹿山脈・宮妻峡②（宮妻峡キャンプ場）
すずかさんみゃく・みやづまきょう（みやづまきょうきゃんぷじょう）

三重県四日市市　標高338m

登山口概要／入道ヶ岳の北東側、市道沿い。宮妻新道を経由する入道ヶ岳のほか、水沢岳（すいざわだけ）、鎌ヶ岳、雲母峰（きららみね）などの起点。さらに奥の鎌ヶ岳登山口は、前項参照。
位置情報／［34°59′19″］［136°26′27″］
アクセス／東名阪道鈴鹿ICから県道27号、国道306号、県道44号、市道経由で約13.5km、約20分。または東名阪道四日市ICから国道477号、県道140、44号、市道経由で約15km、約25分。
駐車場／宮妻峡キャンプ場に公共駐車場があり、登山者の利用可。約60台・66×24mなど3面・舗装・区画あり（区画なしの駐車スペースもある）。
駐車場混雑情報／7～8月の土・日曜、祝日、お盆休みは満車になる。GWや紅葉シーズンは、それほど混まない。
トイレ／キャンプ場にある。詳細不明。
携帯電話／ドコモ通話可、au通話可、SB～通話可。
その他／宮妻峡周辺観光案内図、宮妻峡ヒュッテ（宿泊。☎059-329-2237）、宮妻峡キャンプ場（☎059-329-2316）、宮妻峡バンガロー・キャンプ場案内板。
取材メモ／宮妻峡の紅葉は、11月下旬が見ごろ。
立ち寄り湯／①湯の山温泉方面に向かうと「ホテルウェルネス鈴鹿路」がある。第1、3月曜休・10～20時・入浴料600円・☎059-392-2233。②その東側にある「アクアイグニス・片岡温泉」も近い。無休・6～24時・入浴料600円・☎059-394-

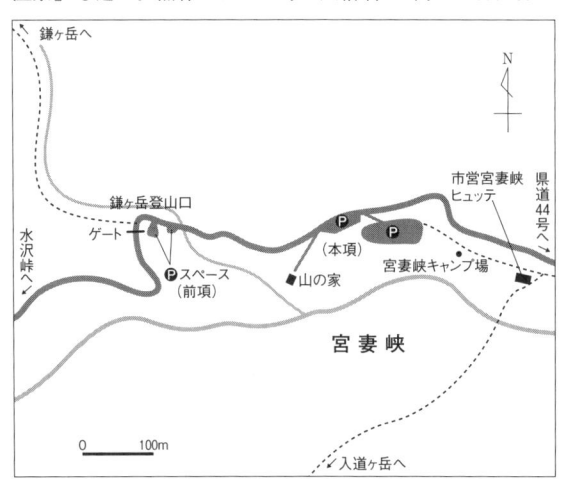

鎌ヶ岳／水沢峠方面の林道ゲート

キャンプ場／公共駐車場

キャンプ場／公共駐車場上の駐車スペース

キャンプ場／宮妻峡周辺観光案内板

キャンプ場／入道ヶ岳を示す道標

1511。③また四日市市街地へ向かうと、南部丘陵公園近くの県道44号沿いに「天然温泉ジャブ」もある。無休・9時30分～23時（土曜は～23時30分）・入浴料600円・☎059-322-5111。
問合先／四日市観光協会☎059-357-0381

鈴鹿山脈・湯の山パーキングセンター
すずかさんみゃく・ゆのやまぱーきんぐせんたー

三重県菰野町　標高340m

登山口概要／御在所岳の東側、県道577号沿い。御在所ロープウェイを経由する御在所岳、長石尾根を経由する鎌ヶ岳、東海自然歩道などの起点。詳細図はP140「鈴鹿山脈・御在所ロープウェイ湯の山温泉駅」の項参照。
位置情報／［35°00′52″］［136°26′55″］
アクセス／東名阪道四日市ICから国道477号、県道577号経由で約11km、約18分。
駐車場／有料1日800円。7～20時。早朝着の場合は下山後の支払いでも可。60台・94×5m・舗装・区画あり。
駐車場混雑情報／GW、お盆休み、紅葉シーズンの土・日曜、祝日は、混雑する。
トイレ／駐車場にある。水洗。水道・TPあり。評価☆☆。
携帯電話／ドコモ圏外、au圏外、SB圏外。
公衆電話／三交湯の山バス停そばにカード・コイン式公衆電話ボックスがある。
ドリンク自販機／湯の山パーキングセンター前にある（PBも）。
その他／湯の山パーキングセンター（土産物販売。☎059-392-2073）、三交湯の山バス停（三重交通バス）。
取材メモ／御在所岳のアカヤシオやホンシャクナゲは4月下旬～5月中旬、コバノミツバツツジは5月上旬、シロヤシオは5月中旬～6月中旬、紅葉は10月下旬～11月上旬、樹氷は1月中旬が見ごろ。
立ち寄り湯／①ロープウェイ湯の山温泉駅前にある「ホテル湯の本」で立ち寄り湯が可能だが、入浴できない場合もある。不定休・11時30分～16時・入浴料800円・☎059-392-2141。②ロープウェイ湯の山温泉駅から町道を下る途中の「鹿の湯ホテル」でも可能。不定休・11～15時・入浴料1000円・☎059-392-3141。③さらに県道577号を町道を下ると「ホテルウェルネス鈴鹿路」もある。無休・10～20時（第1、3月曜は16時～）・入浴料600円・☎059-392-2233。
問合先／湯の山パーキングセンター☎059-392-2073、菰野町観光協会☎059-394-0050、菰野町観光産業課観光商工推進室☎059-391-1129

鈴鹿山脈・竜ヶ岳→P271 鈴鹿山脈・青川峡
　　　　　　→P131 鈴鹿山脈・宇賀渓入口

寸又峡→P116 沢口山・寸又峡温泉

湯の山／パーキングセンター駐車場

湯の山／同駐車場のトイレ

湯の山／同トイレ内部

湯の山／パーキングセンター

湯の山／三交湯の山バス停

西台山登山口
せいだいさん（せいたいさん）とざんぐち

岐阜県揖斐川町　標高338m

登山口概要／西台山の南側、舗装林道沿い。西台山の起点。
位置情報／［35°34′26″］［136°33′46″］
アクセス／名神道大垣ICから国道258、21、417、303号、県道40、267、268号、舗装林道経由で約38km、約1時間。県道から2km、約5分。または東海北陸道一宮木曽川ICから国道22、21号、県道23号、国道157号、県道40、267、268号、舗装林道経由で約45km、約1時間10分。
駐車場／登山道入口付近の林道路肩に駐車スペースがある。約4台・舗装・区画なし。※付近は狭く、特に大型車はUターン困難だが、林道の200m奥で可能。
トイレ／手前の上神原（かみかんばら）地区の観光用駐車場にある。水洗。水道・TPあり。評価☆☆☆～☆☆。
携帯電話／ドコモ圏外、au圏外、SB圏外。
ドリンク自販機／上神原地区の観光用駐車場にある（PBも）。
取材メモ／登山道入口に標識等はない。
立ち寄り湯／①県道40号を東進し、華厳寺入口の山門前交差点を右折。県道251号を200m南下すると「谷汲温泉・満願の湯」がある。第2金曜休・10～20時（12～3月は～19時）・入浴料500円・☎0585-56-1126。②樽見鉄道谷汲口駅近くに「根尾川谷汲温泉」もある。火曜休（祝日の場合は翌日）・10～20時・入浴料500円・☎0585-55-2299。
問合先／揖斐川町商工観光課☎0585-22-2111

1200高地
　　→P178 天狗棚・県道80号
　　→P178 天狗棚・天狗棚駐車場
　　→P180 天狗棚・面ノ木第1園地
　　→P180 天狗棚・面ノ木第3園地

西台山／登山口に続く舗装林道

西台山／林道路肩の駐車スペース

西台山／上神原地区観光駐車場のトイレ

西台山／同トイレ内部

袖山（袖山岳）・県道426号
そでやま（そでやまだけ）・けんどうよんひゃくにじゅうろくごう

愛知県豊根村　標高622m

登山口概要／袖山（袖山岳）の南西側、県道426号沿い。袖山の主要登山口。
位置情報／［35°11′32″］［137°46′09″］
アクセス／新東名道浜松いなさ北ICから三遠南信道（国道474号）、国道151号、県道428、74、426号経由で約62km、約1時間35分。
駐車場／登山道入口前に駐車スペースがある。2～3台・砂地＋小石・区画なし。
携帯電話／ドコモ圏外、au圏外、SB圏外。
取材メモ／登山道入口には、「袖山岳登山口」の小さな標識が立っているが、目立たないので注意。駐車スペースに立つカーブミラーを目印に。

袖山／登山道入口前の駐車スペース

立ち寄り湯／浜松いなさ北ICに戻る途中、豊根村の県道428号から少し入ると「湯〜らんどパルとよね」がある。木曜休（祝日の場合は翌日）・10〜21時・入浴料500円・☎0536-85-1180。
問合先／豊根村観光協会☎0536-87-2525

蕎麦粒山・山犬段駐車場
そばつぶやま・やまいぬだんちゅうしゃじょう

静岡県川根本町　標高1404m

登山口概要／蕎麦粒山の北東側、蕎麦粒林道沿い。蕎麦粒山や山犬段（山犬の段）、高塚山（たかつかやま）、板取山（いたどりやま）、千石平（せんごくだいら）などの起点。
位置情報／［35°07′58″］［138°02′35″］
アクセス／新東名道島田金谷ICから国道473、362号、南赤石林道（大札山の肩登山口まで舗装。以降は未舗装。路面評価★★★）、蕎麦粒林道（路面評価★★★。部分的に★★★★。後半★★★〜★★。水たまりあり）経由で約49km、約1時間32分。国道から約18km、約47分。南赤石林道と蕎麦粒林道の開通期間は、4月初旬（状況によって変動）〜12月中旬。
駐車場／約30台・66×26m・砂利+草地・区画なし。
駐車場混雑情報／混雑することはない。
トイレ／休憩舎横にある。非水洗。水道（雨水利用なので飲用不可）あり。TPあり。評価☆☆〜☆。
携帯電話／ドコモ📶通話可、au📶〜📶通話可、SB圏外。
その他／山犬段休憩舎、テーブル・ベンチ、熊出没注意看板、山犬段周辺で見られる野鳥解説板、大井川流域治山事業解説板、静岡大学演習林宿舎。
取材メモ／蕎麦粒山〜高塚山のシロヤシオは、5月下旬〜6月上旬が見ごろ。
立ち寄り湯／国道を北上して千頭温泉に行くと立ち寄り湯が2軒ある。①「千頭温泉・旬」＝水曜休・10時〜20時30分・

袖山／登山道入口

山犬段／未舗装の蕎麦粒林道

山犬段／山犬段駐車場

山犬段／山犬段休憩舎

山犬段／同休憩舎内部

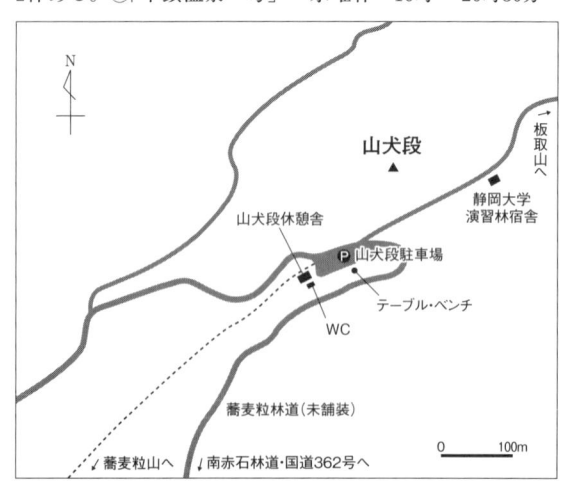

入浴料500円・☎0547-59-1126。②「創造と生きがいの湯」＝月曜休（祝日の場合は翌日）・13〜20時・入浴料150円・☎0547-59-3628（シルバー人材センター）。③県道77、63号で南下すると、大井川鐵道川根温泉笹間渡駅（かわねおんせんささまどえき）近くに「川根温泉・ふれあいの泉」がある。第1もしくは第2火曜休・9〜21時・入浴料500円・☎0547-53-4330。
問合先／川根本町まちづくり観光協会☎0547-59-2746、川根本町商工観光課観光室☎0547-58-7077

蕎麦粒山・大谷川林道
そむぎやま・おおたにがわりんどう

岐阜県揖斐川町　標高350m

登山口概要／蕎麦粒山の南側、大谷川林道ゲート前。蕎麦粒山の起点。
位置情報／［35°37′40″］［136°24′02″］
アクセス／名神道大垣ICから国道258、21、417、303号、大谷川林道（ゲートまでは全線舗装）経由で約50.5km、1時間18分。または北陸道木之本ICから国道8、303号、大谷川林道（ゲートまでは全線舗装）経由で約33km、約52分。国道から3.1km、約7分。
駐車場／ゲート前に駐車スペースがある。12〜15台・42×10〜5m・砂利＋草地・区画なし。
携帯電話／ドコモ圏外、au圏外、SB圏外。
立ち寄り湯／①国道303号を約10km東進すると「いび川温泉・藤橋の湯」がある。木曜休（祝日の場合は翌日）・10〜21時（1〜2月は〜20時）・入浴料500円・☎0585-52-1126。②国道417号で大垣ICに戻る途中、池田町の下八幡広海橋交差点を右折すると「池田温泉」がある。本館と新館それぞれで可能。本館月曜休、新館水曜休（どちらも祝日の場合は翌日）・10〜22時（新館のみ日曜は8時〜）・入浴料500円・☎0585-45-1126（本館）。③一方、滋賀方面に戻る場合は、木之本の千田北交差点を右折。国道8号を約1.2km南下し、横山交差点を右折すると、天然温泉施設の「北近江リゾート」がある。第3火曜休（祝日と特別日は営業）・7〜21時・入浴料900円（土・日曜、祝日は1200円）・☎0749-85-8888。
問合先／揖斐川町商工観光課☎0585-22-2111

山犬段／同休憩舎横のトイレ内部

山犬段／蕎麦粒山登山道入口

大谷川／ゲート前の駐車スペース

大谷川／林道ゲート

大谷川／池田温泉・新館露天風呂

た行

大黒岳（乗鞍岳）→P85 北アルプス・乗鞍岳　畳平

大黒山・林道終点
だいこくやま・りんどうしゅうてん

岐阜県山県市　標高290m

登山口概要／大黒山の西側、林道終点。大黒山の起点。
位置情報／［35°36′43″］［136°42′44″］（林道終点）
［35°37′11″］［136°43′42″］（林道入口）
アクセス／東海環状道関広見ICから国道418号、県道200号、林道（大半はコンクリート舗装だが、部分的に路面評価★★★★の未舗装区間あり。最後の200mは路面評価★★★〜★★）経由で約24km、約40分。県道から2.5km、約7分。
駐車場／林道終点に駐車スペースがある。約4台・小石＋草地・区画なし。また林道入口（日原山戸橋）の県道路肩にも16〜17台分の駐車スペースがある。
携帯電話／林道終点＝ドコモ圏外、au圏外、SB圏外。林道入口（美舟養魚場前）＝ドコモ📶だが通話可、au📶通話可、SB📶不安定（直後に圏外）。
その他／林道入口＝美舟養魚場前バス停（岐阜バス）。
立ち寄り湯／関広見ICに戻る途中、国道418号の事務所前交差点を左折すると、関市武芸川事務所の先に「武芸川温泉（むげがわおんせん）・ゆとりの湯」がある。木曜休（祝日の場合は翌日）・10〜21時・入浴料600円・☎0575-45-3011。
問合先／山県市観光協会（山県市産業課商工観光係）☎0581-22-6830

大黒山／県道路肩の駐車スペース

大黒山／登山口に続く林道

大黒山／林道終点の駐車スペース

大日ヶ岳・ダイナランドスキー場
だいにちがたけ・だいならんどすきーじょう

岐阜県郡上市　標高1010m

登山口概要／大日ヶ岳（日本二百名山）の東側、市道終点。前大日を経由する大日ヶ岳の起点。
位置情報／［35°59′26″］［136°52′06″］
アクセス／東海北陸道高鷲ICから県道45号、国道156号、市道経由で約10km、約15分。付近に「ダイナランド」の大きな看板あり。国道から3.3km、約6分。
駐車場／ダイナランドスキー場に駐車場があり、登山者の利用可。約30台以上・60×58m・舗装・区画なし。
駐車場混雑情報／混雑することはない。
トイレ／駐車場の建物内にあり、開いていれば利用可だが、閉まっていることもある。水洗・水道・TPあり。評価☆☆☆。
※照明を付けたら出る時に消すこと。
携帯電話／ドコモ📶通話可、au📶通話可、SB📶通話可。
立ち寄り湯／①高鷲ICに戻ると、その手前の県道45号沿い

ダイナ／ダイナランドスキー場入口

ダイナ／スキー場駐車場

に「湯の平温泉（ゆのひらおんせん）」がある。木曜休（祝日の場合は営業）・10時〜21時30分・入浴料500円・☎0575-72-6455。②その先の高鷲小前交差点を左折すると、「ふたこえ温泉」もある。火〜水曜休（1〜3月の水曜は13〜20時で営業）・11〜20時・入浴料650円・☎0575-72-6011。
問合先／ダイナランドスキー場事務所☎0575-72-6636、高鷲観光協会☎0575-72-5000、郡上市観光連盟（郡上市観光課）☎0575-67-1808

大日ヶ岳・桧峠
だいにちがたけ・ひのきとうげ

岐阜県郡上市　標高955m

登山口概要／大日ヶ岳（日本二百名山）の南西側、県道314号沿い。鎌ヶ峰を経由する大日ヶ岳の起点。
位置情報／［35°57′45″］［136°48′32″］
アクセス／東海北陸道白鳥ICから県道82号、国道156号、県道314号経由で約16.5km、約25分。国道から7.7km、約13分。
駐車場／桧峠の登山道入口に駐車スペースがある。登山者の利用可。8〜10台・26×22m・砂利・区画なし。
駐車場混雑情報／春や秋の休日は満車になることもある。
携帯電話／ドコモ通話可、au通話可、SB通話可。
その他／桧峠バス停（自主バス）、地蔵。
立ち寄り湯／①すぐ近くのウイングヒルズ白鳥リゾートに「満天の湯」がある。無休・10〜20時（土・日曜、祝日、GW、お盆休みは〜21時。冬期は毎日〜21時30分）・入浴料800円・☎0575-86-3487。②白鳥ICのすぐ南側に「美人の湯しろとり」がある。木曜休（祝日の場合は営業)・11〜21時・入浴料650円・☎0575-83-0126。
問合先／白鳥観光協会（白鳥地域物産振興センター内）☎0575-82-5900、郡上市観光連盟（郡上市観光課）☎0575-67-1808

大日ヶ岳・ひるがの高原奥（水道山）
だいにちがたけ・ひるがのこうげんおく（すいどうやま）

岐阜県郡上市　標高950m

登山口概要／大日ヶ岳（日本二百名山）の東側、市道終点付近。一ぷく平を経由する大日ヶ岳の起点。
位置情報／［36°00′20″］［136°53′16″］
アクセス／東海北陸道高鷲ICから県道45号、国道156号、市道経由で約13km、約20分。国道から1.6km、約4分。要所毎に「登山道」の道標あり。
駐車場／約12台・24×20m・砂利＋草地・区画なし。
駐車場混雑情報／シーズン中の休日は満車になることもある。
携帯電話／ドコモ通話可、au通話可、SB通話可。
その他／車上荒らし注意看板。
立ち寄り湯／①高鷲ICに戻ると、その手前の県道45号沿い

ダイナ／駐車場のトイレがある建物

ダイナ／同トイレ内部

桧峠／登山道入口の駐車スペース

桧峠／登山道入口

ひるがの／途中に立つ案内標識

に「湯の平温泉（ゆのひらおんせん）」がある。木曜休（祝日の場合は営業）・10時～21時30分・入浴料500円・☎0575-72-6455。②その先の高鷲小前交差点を左折すると、「ふたこえ温泉」もある。火～水曜休（1～3月の水曜は13～20時で営業）・11～20時・入浴料650円・☎0575-72-6011。
問合先／高鷲観光協会ひるがの支部☎0575-73-2241、高鷲観光協会☎0575-72-5000、郡上市観光連盟（郡上市観光課）☎0575-67-1808

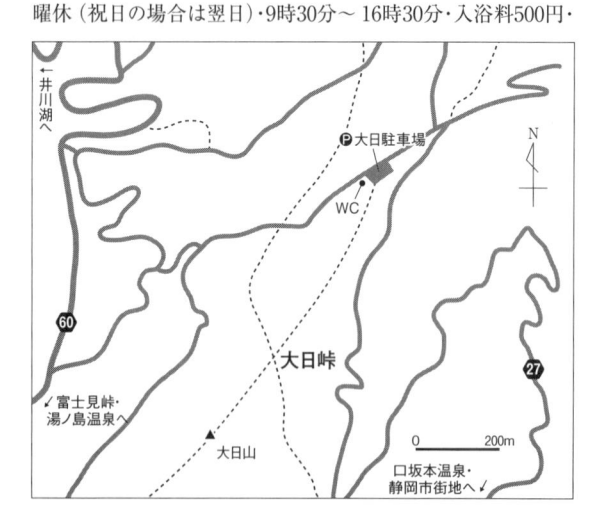

ひるがの／市道終点付近の駐車場

大日峠・大日駐車場
だいにちとうげ・だいにちちゅうしゃじょう

静岡県静岡市葵区　標高1160m

登山口概要／大日峠の北東側、市道沿い。井川高原自然歩道を経由する大日峠や大日山、大日古道などの起点。
位置情報／［35°12′04″］［138°15′37″］
アクセス／新東名道島田金谷ICから国道473、362号、県道77、388号、市道、県道60号、市道経由で約76km、約2時間。または新東名道新静岡ICから県道27号、市道経由で約36.5km、約1時間。※取材時、アクセスルートの県道189号は全面通行止だった。開通時期は未定とのこと。周辺の道路は、台風などの大雨のあとは、たまに通行止になることがある。
駐車場／約30台・56×30m・舗装・区画なし。
トイレ／駐車場にある。非水洗。水道あるがコックなし。TPなし。評価☆。
携帯電話／ドコモ通話可、au通話可、SB圏外。
その他／井川高原国民休養地自然歩道案内板、あずまや。
立ち寄り湯／①県道27号を南下すると、市営の「口坂本温泉浴場」がある。水曜休（祝日の場合は翌日）・9時30分～16時30分・入浴料280円・☎054-297-2155。②県道60号へ出て約20km南下すると、市営の「湯ノ島温泉浴場」がある。木曜休（祝日の場合は翌日）・9時30分～16時30分・入浴料500円・

ひるがの／登山道入口

大日峠／大日駐車場

大日峠／同駐車場のトイレ

大日峠／あずまや

☎054-291-2177。③接岨峡（せっそきょう）に出ると、公共温泉施設の「接岨峡温泉会館」がある。第2、4木曜休・10～20時・入浴料300円・☎0547-59-3764。
問合先／静岡市スポーツ振興課管理担当☎054-221-1071、静岡市井川支所地域振興担当☎054-260-2211

大日山・富士見峠→P192 七ツ峰・富士見峠

大無間山・田代登山口
だいむげんざん・たしろとざんぐち

静岡県静岡市葵区　標高664m

登山口概要／大無間山（日本二百名山）の東側、県道60号沿い。小無間山を経由する大無間山の主要登山口。
位置情報／［35°15′29″］［138°14′03″］
アクセス／新東名道島田金谷ICから国道473、362号、県道77、388号、市道、県道60号経由で約73.5km、約1時間55分。または新東名道新静岡ICから県道27号、市道、県道60号経由で約58km、約1時間30分。※取材時、アクセスルートの県道189号は、全面通行止だった。開通時期は未定。周辺の道路は、台風などの大雨のあとは、たまに通行止になることがある。
駐車場／登山口付近の県道沿いに駐車場があり、登山者の利用可。12台・18×18mなど2面・舗装・区画消えかけ。
駐車場混雑情報／シーズン中の休日は、満車になる。
トイレ／駐車場にある。水洗。水道・TPあり。評価☆☆☆～☆☆。
携帯電話／ドコモ通話可、au通話可、SB通話可。
その他／大無間山案内図、奥大井周辺案内板、ベンチ。
立ち寄り湯／①県道27号に出て南下すると、市営の「口坂本温泉浴場」がある。水曜休（祝日の場合は翌日）・9時30分～16時30分・入浴料280円・☎054-297-2155。②県道60号を

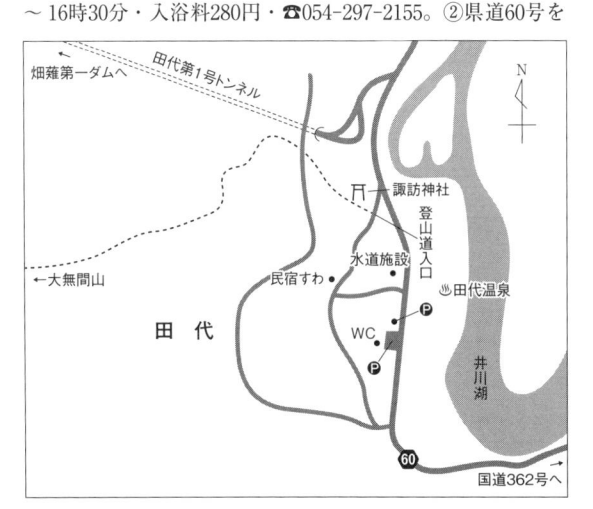

大日峠／湯ノ島温泉浴場の浴室

田代／県道沿いの駐車場

田代／同駐車場のトイレ

田代／同トイレ内部

田代／口坂本温泉浴場の浴室

159

42km南下すると、市営の「湯ノ島温泉浴場」がある。木曜休（祝日の場合は翌日）・9時30分〜16時30分・入浴料500円・☎054-291-2177。③接岨峡（せっそきょう）に出ると、公共温泉施設の「接岨峡温泉会館」がある。第2、4木曜休・10〜20時・入浴料300円・☎0547-59-3764。
問合先／南アルプス井川観光協会☎054-260-2377、静岡市井川支所地域振興担当☎054-260-2211

田代／湯ノ島温泉浴場

高樽の滝入口
たかだるのたきいりぐち

岐阜県中津川市　標高720m

登山口概要／付知川（つけちがわ）の上流、高樽谷に懸かる滝。渡合温泉（どあいおんせん）に続く林道途中にある。
位置情報／［35°44′02″］［137°26′04″］
アクセス／中央道中津川ICから国道19、257、256号、県道486号、市道、林道（前半は舗装。後半は未舗装。路面評価★★★★〜★★★）経由で約36km、約1時間5分。国道から9km、約25分。林道の開通期間は4月1日〜11月30日。
駐車場／滝入口に駐車スペースがある。約3台・16×7m・砂利・区画なし。
携帯電話／ドコモ圏外、au圏外、SB圏外。
取材メモ／高樽の滝は落差約30m、駐車スペースから滝の全貌が望めるが、階段を下ると観瀑台もある。
立ち寄り湯／①県道486号を南下し、国道256号を突っ切ると「付知峡倉屋温泉・おんぽいの湯」がある。第4水曜休・10〜22時・入浴料600円・☎0573-82-5311。一方、国道257号を北上して下呂温泉に行くと、複数の立ち寄り湯施設がある。②クアガーデン露天風呂＝木曜休・8〜21時（夏休みは〜22時）・入浴料600円・☎0576-24-1182。③白鷺の湯＝水曜休・10〜22時・入浴料300円・☎0576-25-2462。④幸乃湯＝火曜休・10〜23時・入浴料350円・☎0576-25-2157。
問合先／付知町観光協会☎0573-82-4737、中津川観光センター☎0573-62-2277、中津川市付知総合事務所☎0573-82-2111、中津川市観光課☎0573-66-1111

高樽／滝入口の駐車スペース

高樽／高樽の滝

高屹山登山口
たかたわやまとざんぐち

岐阜県高山市　標高940m

登山口概要／高屹山の西側、未舗装林道終点。ゴジラの背を経由する高屹山の起点。
位置情報／［36°03′01″］［137°18′13″］
アクセス／東海北陸道飛騨清見ICから中部縦貫道（高山清見道路・国道158号）、国道41号、県道87号、市道、未舗装林道（路面評価★★★〜★★。終盤は砂利道となり、評価★★★）経由で約37km、約1時間。県道から2.7km、約12分。国道や市道途中に「高屹山」の標識あり。

高屹山／登山口に続く未舗装林道

駐車場／林道終点に駐車スペースがある。約5台・草地＋小石＋砂地・区画なし。また1km手前にも約15台分の駐車スペースがある。
トイレ／登山口に簡易トイレがある。TPあり。評価☆☆。
携帯電話／ドコモ📶〜📶通話可、au📶通話可、SB📶通話可だが、直後に圏外に。
水場／登山口にある。
その他／高屹山山歩き案内板。
取材メモ／取材時は、山頂で登山記念の木製ホルダー（1個300円）を無人販売中との看板が立てられていた。
立ち寄り湯／①国道41号を南下し、飛騨宮田駅の2km先を右折すると「飛騨川温泉しみずの湯」がある。火曜休（祝日の場合は翌日。GWとお盆休みは無休）・10時30分〜21時30分（7〜8月は10時〜）・入浴料600円・☎0576-56-4326。②国道41号を北上すると、高山市一之宮町に「臥龍の郷（がりゅうのさと）」がある。月1回メンテナンス休・6〜23時・入浴料800円・☎0577-53-3933。
問合先／高山市久々野支所☎0577-52-3111、飛騨高山観光案内所☎0577-32-5328、高山市観光課☎0577-35-3145

高塚山→P154 蕎麦粒山・山犬段駐車場

高時山・国設渡合野営場（渡合温泉）
たかときやま・こくせつどあいやえいじょう（どあいおんせん）

岐阜県中津川市　標高847m

登山口概要／高時山の北側、未舗装林道沿い。高時山の主要登山口。どあいの森遊歩道、木曽越古道、渡合三滝などの起点。
位置情報／〔35°44′59″〕〔137°24′45″〕
アクセス／中央道中津川ICから国道19、257、256号、県道486号、市道、林道（最初は舗装、以後は未舗装。路面評価★★★★〜★★★。部分的にアスファルト舗装区間あり）経由で約39.8km、約1時間15分。国道から12.8km、約35分。国道から4.5kmで林道ゲートがあり（通常は開放されているが、多雨時には閉鎖）、その約2km先から未舗装となる。途中、地図上の林道を迂回して左岸に移る区間もあるが、通行に支障はない。林道の開通期間は4月1日〜11月30日。
駐車場／国設渡合野営場に駐車スペースがあり、登山者の利用可。約15台・40×18m・泥＋草地＋砂利・区画なし。また下記のトイレ奥にも5〜6台分の駐車スペースがある。渡合温泉の駐車場も登山者の利用可だが、あらかじめ電話連絡するか、到着が午前6時以降であれば宿に立ち寄りひと声かける。
駐車場混雑情報／周辺の駐車場と駐車スペースすべてが満車になることはない。
トイレ／林道を奥に進むとトイレ標識があり、左折した先にキャンプ場のトイレがある。利用可能期間は4月1日〜11月14日。簡易水洗。水道・TPあり。評価☆☆☆。
携帯電話／ドコモ圏外、au圏外、SB圏外。
その他／野営場管理棟、高時山登山道案内板、裏木曽県立公園案内板。

高屹山／林道終点の駐車スペース

高屹山／同駐車スペースの簡易トイレ

高時山／未舗装林道のゲート（通常開放）

高時山／登山口に続く未舗装林道

高時山／国設渡合野営場の駐車スペース

取材メモ／渡合温泉によると、高時山登山道は、やや荒れており、時折迷う人もいるとのことだ。
立ち寄り湯／①渡合温泉で立ち寄り湯が可能（できない日もある）。4月1日〜11月30日・不定休・7時〜20時30分・入浴料500円・☎090-1092-8588。②県道486号を南下し、国道256号を突っ切ると「付知峡倉屋温泉・おんぽいの湯」がある。第4水曜休・10〜22時・入浴料600円・☎0573-82-5311。一方、国道257号を北上して下呂温泉に行くと、複数の立ち寄り湯施設がある。③クアガーデン露天風呂＝木曜休・8〜21時（夏休みは〜22時）・入浴料600円・☎0576-24-1182。④白鷺の湯＝水曜休・10〜22時・入浴料300円・☎0576-25-2462。⑤幸乃湯＝火曜休・10〜23時・入浴料350円・☎0576-25-2157。
問合先／中津川市付知総合事務所☎0573-82-2111、付知町観光協会☎0573-82-4737、中津川観光センター☎0573-62-2277、中津川市観光課☎0573-66-1111

高時山／野営場管理棟

高時山／キャンプ場トイレ

高時山／同トイレ内部

高時山／高時山登山道案内板

高土幾山・馬籠峠
たかときやま・まごめとうげ

岐阜県中津川市／長野県南木曽町　標高785m

登山口概要／高土幾山の南東側、県道7号沿い。高土幾山や中山道の起点。
位置情報／［35°32′23″］［137°35′01″］
アクセス／中央道中津川ICから国道19号、市道、県道7号経由で約16km、約25分。
駐車場／峠のすぐ北側（南木曽町側）の県道沿いに駐車スペースがある。約5台・30×12m・舗装・区画なし。
トイレ／駐車スペースと峠の間に公衆トイレがある。非水洗。水道・TPあり。評価☆☆。
携帯電話／ドコモ📶通話可、au📶通話可、SB📶〜📶通話可。
ドリンク自販機／峠の茶屋前にある（PBも）。
その他／峠の茶屋、馬籠峠バス停（おんたけ交通バス）、中

馬籠峠／峠北側の駐車スペース

山道案内板、妻籠宿郷土環境保全地域案内板。
立ち寄り湯／①県道7号を2kmほど南下し、突き当たりを左折すると、中津川市神坂事務所の手前に「クアリゾート湯舟沢」がある。第4木曜休（7〜8月は無休）・10〜21時30分（施設は〜22時）・入浴料800円・☎0573-69-5000。②長野県側では、国道256号に出て東進すると「南木曽温泉・木曽路館」がある。無休・11時〜19時・入浴料700円・☎0264-58-2046。③またすぐ近くの「あららぎ温泉・湯元館」でも可能。火曜休（祝日の場合は翌日）・10〜20時・入浴料550円・☎0264-58-2365。
問合先／馬籠観光協会☎0573-69-2336、中津川観光センター☎0573-62-2277、中津川市観光課☎0573-66-1111、南木曽町観光協会☎0264-57-2727

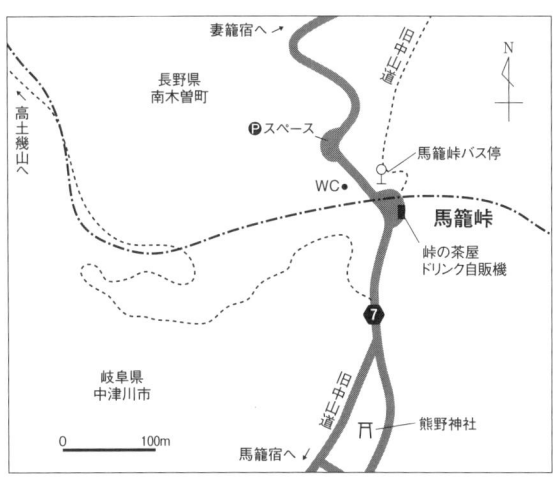

馬籠峠／駐車スペース近くのトイレ

馬籠峠／茶屋や案内板などがある馬籠峠

馬籠峠／クアリゾート湯舟沢の露天風呂

高ドッキョウ・樽峠登山口
たかどっきょう・たるとうげとざんぐち

静岡県静岡市清水区　標高403m

登山口概要／高ドッキョウの東側、県道195号終点。樽峠を経由する高ドッキョウの起点。
位置情報／［35°10′12″］［138°27′54″］
アクセス／新東名道清水いはらICから市道、県道75、195号経由で約21km、約32分。
駐車場／登山口の林道三叉路付近に駐車スペースがある。5〜6台・24×3mなど2面・砂地＋落ち葉・区画なし。
携帯電話／ドコモ圏外、au↑〜圏外、SB圏外。
立ち寄り湯／県道75号から県道196号を西進すると、清水森林公園やすらぎの森の中に「やませみの湯」がある。月曜休（祝日の場合は翌日）・9時30分〜18時（土・日曜、祝日は〜19時30分）・入浴料600円・☎0543-43-1126。
問合先／静岡市観光・シティプロモーション課☎054-354-2422

樽峠／登山口の駐車スペース

樽峠／やませみの湯・露天風呂

高峰山・ちんの峠
たかみねやま・ちんのとうげ

岐阜県中津川市　標高712m

登山口概要／高峰山の西側、高峯下林道沿い。高峰山の主要登山口。
位置情報／［35°33′20″］［137°29′19″］
アクセス／中央道中津川ICから国道19、257号、市道、高峯林道、高峯下林道（ともに全線舗装）経由で約15km、約24分。高峰湖畔の中津川市鉱物博物館を目指す。そこから4.6km、約10分。
駐車場／登山道入口付近に駐車スペースがある。約5台・36×3m・砂利＋草地・区画なし。
携帯電話／ドコモ通話可、au通話可、SB〜通話可。
立ち寄り湯／国道257号に出て南下すると、城山大橋を渡る手前に「ラジウム温泉・かすみ荘」がある。国道から少し入る。無休・8〜22時・入浴料500円・☎0573-66-5674。
問合先／中津川市苗木事務所☎0573-66-1301、中津川観光センター☎0573-62-2277、中津川市観光課☎0573-66-1111

滝頭山→P94 衣笠山・滝頭公園

田立天然公園→P54 奥三界岳・林道ゲート前

棚山→P40 宇連山・棚山林道

田貫湖・田貫湖北駐車場（湖畔荘）
たぬきこ・たぬきこきたちゅうしゃじょう（こはんそう）

静岡県富士宮市　標高665m

登山口概要／田貫湖の北岸、市道終点。田貫湖周遊道、東海自然歩道などの起点。
位置情報／［35°20′46″］［138°33′31″］
アクセス／新東名道新富士ICから西富士道路（国道139号）、富士宮道路（国道139号）、国道139号、県道72号、市道、県道414号、市道経由で約22.5km、約35分。
駐車場／30台・55×26m・舗装・区画あり。手前にも駐車スペースがある。
駐車場混雑情報／ヘラブナ釣り客が多いので春〜秋の土・日曜、祝日は9時くらいからほぼ満車になる。富士山山頂から朝日が昇る「ダイヤモンド富士」が見られる時期（4月20日と8月20日前後）も混雑する。取材した2012年4月24日（火曜）は、「ダイヤモンド富士」期間中の快晴日だったため、到着した午前8時の時点で、ほぼ満車。その後、市道路肩に駐車の列ができるほど混雑したが、手前の駐車スペースは8割が埋まった程度だった。
トイレ／駐車場にある。チップ制。水洗。水道・TPあり。評価☆☆☆〜☆☆。
携帯電話／ドコモ通話可、au通話可、SB通話可。

高峰山／登山口に続く高峯下林道

高峰山／登山道入口付近の駐車スペース

高峰山／登山道入口

田貫湖北／田貫湖北駐車場

田貫湖北／同駐車場のトイレ

公衆電話／湖畔荘玄関前にカード・コイン式公衆電話がある。
ドリンク自販機／湖畔荘にある（PBも）。
その他／湖畔荘（食堂・売店。平日は富士宮市観光協会☎0544-27-5240、土・日曜、祝日は☎0544-52-0015）、田貫湖周辺案内図、バンガロー、北バンガローサイト周辺案内板、たぬき展望台。
取材メモ／ダイヤモンド富士撮影者が、午後5時以降に駐車場を確保することや車中泊、炊飯行為は禁止されている。
立ち寄り湯／①田貫湖畔の「休暇村富士」で立ち寄り湯が可能。火曜休・11～14時・入浴料650円・☎0544-54-5200。②田貫湖東側に南北にのびる県道71号沿いに「バナジウム温泉・風の湯」がある。火曜休（祝日の場合は翌日）・10～22時・入浴料800円（17時以降は500円）・☎0544-54-2331。③山梨県方面では、国道139号を河口湖IC方面に進むと、道の駅なるさわの裏手に「富士眺望の湯ゆらり」がある。無休・10～22時・入浴料1200円（貸しバスタオル・タオル付き）・☎0555-85-3126。
問合先／富士宮市観光協会☎0544-27-5240、富士宮市観光課☎0544-22-1155

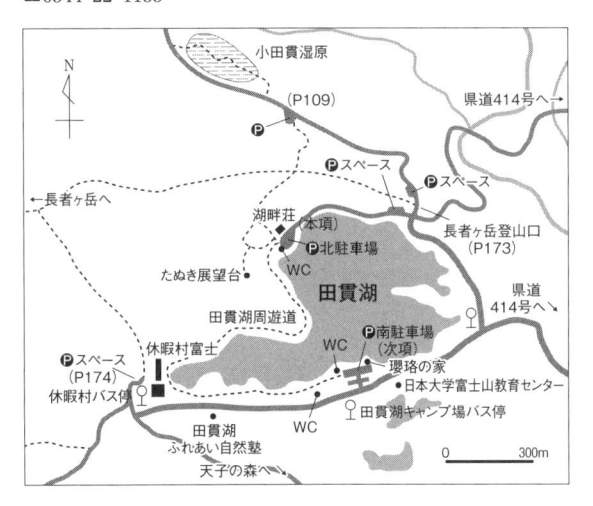

田貫湖北／同トイレ内部

田貫湖北／湖畔荘

田貫湖北／たぬき展望台

田貫湖南／湖畔遊歩道

田貫湖・田貫湖南駐車場
たぬきこ・たぬきこみなみちゅうしゃじょう

静岡県富士宮市　標高665m

登山口概要／田貫湖の南岸、市道沿い。田貫湖周遊道、東海自然歩道などの起点。詳細図は前項参照。
位置情報／［35°20′29″］［138°33′39″］
アクセス／新東名道新富士ICから西富士道路（国道139号）、富士宮道路（国道139号）、県道72号、市道、県道414号、市道経由で約22km、約33分。
駐車場／約200台・40×30mなど5面・舗装・区画あり。
駐車場混雑情報／GWなどの連休には満車になる。

田貫湖南／田貫湖南駐車場

トイレ／駐車場にある。水洗。水道・TPあり。評価☆☆☆
～☆☆。ほかに付近に3棟ある。
携帯電話／ドコモ📶通話可、au📶通話可、SB📶通話可。
ドリンク自販機／駐車場に隣接する瓔珞の家(ようらくのいえ)前にある(PBも)。
その他／瓔珞の家(南テントサイト受付・食堂・売店。平日は富士宮市観光協会☎0544-27-5240、土・日曜、祝日は☎0544-52-0155)、南テントサイト周辺案内図、田貫湖キャンプ場バス停、車上荒らし注意看板。
立ち寄り湯／①すぐ近くの「休暇村富士」で立ち寄り湯が可能。火曜休・11～14時・入浴料650円・☎0544-54-5200。②田貫湖東側に南北にのびる県道71号沿いに「バナジウム温泉・風の湯」がある。火曜休(祝日の場合は翌日)・10～22時・入浴料800円(17時以降は500円)・☎0544-54-2331。③山梨県方面では、国道139号を河口湖IC方面に進むと、道の駅なるさわの裏手に「富士眺望の湯ゆらり」がある。無休・10～22時・入浴料1200円(貸しバスタオル・タオル付き)・☎0555-85-3126。
問合先／富士宮市観光協会☎0544-27-5240、富士宮市観光課☎0544-22-1155

タライ岬歩道→P251～252 南伊豆歩道

達磨山・伽藍山駐車場
だるまやま・がらんやまちゅうしゃじょう

静岡県伊豆市　標高870m

登山口概要／達磨山の南側、西伊豆スカイライン(県道127号)沿い。達磨山などの伊豆山稜線歩道の起点。
位置情報／[34°56′11″] [138°50′03″]
アクセス／修善寺道路修善寺ICから県道18号、西伊豆スカイライン(県道127号)経由で約17.5km、約27分。
駐車場／約40台・150×12m・舗装・区画なし。
駐車場混雑情報／満車になることはない。
携帯電話／ドコモ📶通話可、au📶通話可、SB📶～📶だがつながらず。
その他／展望案内板。
立ち寄り湯／①修善寺温泉に「筥湯(はこゆ)」がある。無休・正午～21時・入浴料350円・☎0558-72-2501(伊豆市観光協会修善寺支部)。②修善寺ICを過ぎ、国道136号と県道129号で伊豆温泉村に行くと「百笑の湯(ひゃくわらいのゆ)」がある。無休・10～24時・入浴料800円(土・日曜、祝日、特定期間は1000円)・☎0558-73-1126。③戸田側に下ると「戸田温泉・壱の湯」がある。火曜休(夏休み期間中は無休)・10～22時・入浴料300円・☎0558-94-4149。
問合先／伊豆市観光協会☎0558-85-1883、伊豆市観光交流課☎0558-72-9911

達磨山・だるま山高原→P97 金冠山・だるま山高原

田貫湖南／同駐車場のトイレ

田貫湖南／瓔珞の家

田貫湖南／休暇村富士・浴室

伽藍山／登山口に続く西伊豆スカイライン

伽藍山／伽藍山駐車場

達磨山・土肥駐車場
だるまやま・といちゅうしゃじょう

静岡県伊豆市　標高795m

登山口概要／達磨山の南側、西伊豆スカイライン（県道127号）沿い。達磨山などの伊豆山稜線歩道の起点。
位置情報／［34°56′04″］［138°49′54″］
アクセス／修善寺道路修善寺ICから県道18号、西伊豆スカイライン（県道127号）経由で約18km、約27分。
駐車場／約20台・60×24m・舗装・区画なし。
駐車場混雑情報／満車になることはない。
携帯電話／ドコモ📶つながらず、au📶だが通話可、SB圏外。
その他／伊豆山稜線歩道案内板、あずまや。
立ち寄り湯／①修善寺温泉に「筥湯（はこゆ）」がある。無休・正午〜21時・入浴料350円・☎0558-72-2501（伊豆市観光協会修善寺支部）。②修善寺ICを過ぎ、国道136号と県道129号で伊豆温泉村に行くと「百笑の湯（ひゃくわらいのゆ）」がある。無休・10〜24時・入浴料800円（土・日曜、祝日、特定期間は1000円）・☎0558-73-1126。③戸田側に下ると「戸田温泉・壱の湯」がある。火曜休（夏休み期間中は無休）・10〜22時・入浴料300円・☎0558-94-4189。
問合先／伊豆市観光協会☎0558-85-1883、伊豆市観光交流課☎0558-72-9911

土肥／土肥駐車場

土肥／土肥駐車場標識

達磨山・戸田駐車場
だるまやま・へだちゅうしゃじょう

静岡県伊豆市・沼津市　標高870m

登山口概要／達磨山の南側、西伊豆スカイライン（県道127号）沿い。達磨山の最短登山口。伊豆山稜線歩道の起点。
位置情報／［34°56′59″］［138°50′16″］
アクセス／修善寺道路修善寺ICから県道18号、西伊豆スカイライン（県道127号）経由で約15.5km、約25分。
駐車場／約12台・48×7m・舗装・区画なし。
駐車場混雑情報／満車になることはない。
携帯電話／ドコモ📶〜📶だがつながらず、au📶だが通話可、SB圏外。
立ち寄り湯／①修善寺温泉に「筥湯（はこゆ）」がある。無休・正午〜21時・入浴料350円・☎0558-72-2501（伊豆市観光協会修善寺支部）。②修善寺ICを過ぎ、国道136号と県道129号で伊豆温泉村に行くと「百笑の湯（ひゃくわらいのゆ）」がある。無休・10〜24時・入浴料800円（土・日曜、祝日、特定期間は1000円）・☎0558-73-1126。③戸田側に下ると「戸田温泉・壱の湯」がある。火曜休（夏休み期間中は無休）・10〜22時・入浴料300円・☎0558-94-4189。
問合先／戸田観光協会☎0558-94-3115、伊豆市観光協会☎0558-85-1883、沼津市観光交流課☎055-934-4747。

達磨山・戸田峠→P98 金冠山・戸田峠

戸田／戸田駐車場

戸田／戸田駐車場標識

戸田／達磨山登山道入口

段戸裏谷原生林入口

だんとうらだにげんせいりんいりぐち

愛知県設楽町　標高910m

登山口概要／寧比曽岳（ねびそたけ、ねびそがたけ）の南東側、県道33号沿い。段戸裏谷原生林きららの森や寧比曽岳、東海自然歩道の起点。
位置情報／［35°07′11″］［137°28′43″］
アクセス／猿投グリーンロード力石ICから国道153号、県道33号経由で約33km、約52分。または東海環状道豊田松平ICから国道301号、県道39号、国道153号、県道33号経由で約37.5km、約58分。※南側の県道365号は狭い舗装道路なので、アクセス道路としてはあまりお勧めしない。
駐車場／入口の段戸湖畔に駐車場がある。約40台（区画は20台分）・40×30m・砂利・区画あり。
トイレ／駐車場にある。非水洗。水道・TPなし。評価☆☆。
携帯電話／ドコモ通話可、au圏外、SB圏外。
その他／きららの森観光案内所、熊出没注意看板。
取材メモ／段戸裏谷原生林の新緑は5月上旬〜中旬、紅葉は10月中旬〜11月上旬が見ごろ。
立ち寄り湯／国道153号で力石ICに戻る途中、香嵐渓の先にある「白鷺温泉・白鷺館」でも可能。不定休・10〜20時・入浴料800円・☎0565-62-0151。
問合先／設楽町観光協会☎0536-62-1000

段戸裏谷／段戸湖の駐車場

段戸裏谷／同駐車場のトイレ

段戸裏谷／同トイレ内部

段戸山・駒ヶ原登山口

だんどさん・こまがはらとざんぐち

愛知県設楽町　標高887m

登山口概要／段戸山（鷹ノ巣山）の北側、町道沿い。段戸山の主要登山口。
位置情報／［35°09′52″］［137°29′48″］（駐車スペース）［35°09′52″］［137°29′37″］（登山道入口）
アクセス／猿投グリーンロード力石ICから国道153号、市道、町道経由で約33.5km、約50分。または東海環状道豊田松平ICから国道301号、県道39号、国道153号、市道、町道経由で約38km、約56分。
駐車場／駒ヶ原登山口の300m東側、町道路肩に駐車スペースがある。計約10台・92×3m・舗装・区画なし。
携帯電話／ドコモ圏外、au圏外、SB圏外。
取材メモ／駒ヶ原登山道入口は、付近の駒ヶ原山荘にはないので注意したい。
立ち寄り湯／①国道153号に出て右折し、稲武方面に向かうと国道沿いの道の駅どんぐりの里いなぶに「どんぐりの湯」がある。木曜休（祝日の場合は翌日）・10〜21時（土・日曜、祝日は9時30分〜）・入浴料600円・☎0565-82-3135。②その周辺にある夏焼温泉の各温泉宿でも可能。例えば「ホテル岡田屋」＝不定休（月に3日休みあり）・11時〜21時30分・入浴料400円・☎0565-82-2544。③国道153号で力石ICに戻る

駒ヶ原／町道路肩の駐車スペース

駒ヶ原／どんぐりの湯・露天風呂

途中、香嵐渓の先にある「白鷺温泉・白鷺館」でも可能。不定休・10〜20時・入浴料800円・☎0565-62-0151。
問合先／設楽町観光協会☎0536-62-1000

茶臼岳→P248 南アルプス・沼平駐車場（東俣林道入口）

茶臼山・茶臼山高原① カエル館
ちゃうすやま・ちゃうすやまこうげん かえるかん

長野県根羽村　標高1257m

登山口概要／茶臼山の北東側、村道沿い。茶臼山の長野県側主要登山口。
位置情報／［35°13′51″］［137°39′31″］
アクセス／猿投グリーンロード力石ICから国道153、257号、茶臼山高原道路（県道507号）、県道506号、村道経由で約62km、約1時間35分。または東海環状道豊田松平ICから国道301号、県道39号、国道153、257号、茶臼山高原道路（県道507号）、県道506号、村道経由で約66km、約1時間40分。あるいは新東名道浜松いなさ北ICから三遠南信道（国道474号）、国道151号、県道506号、村道経由で約55km、約1時間23分。
駐車場／カエル館の駐車場は登山者の利用可。約14台・22×10m・舗装＋砂地・区画なし。※茶臼山湖畔の広い駐車場はバス専用。またカエル館の南東側村道沿いにも駐車場がある。17台・52×20m・舗装・区画あり。
駐車場混雑情報／ゴールデンウィークとお盆休みは、カエル館の入館者で満車になる。その場合は、南東側の駐車場を利用する。
トイレ／カエル館の駐車場にある。簡易水洗。水道・TPあり。評価☆☆。
携帯電話／カエル館前＝ドコモ📶通話可、au📶通話可、SB圏外。南東側の駐車場＝ドコモ📶通話可、au📶通話可、SB📶〜📶通話可だが、一時的に圏外になった。

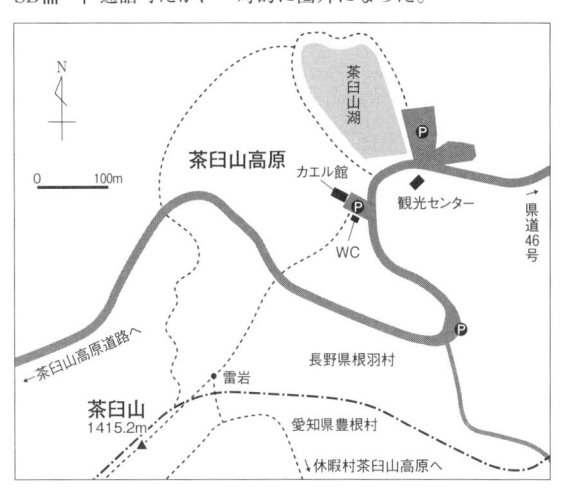

カエル／カエル館前の駐車場

カエル／同駐車場のトイレ

カエル／南東側村道沿いの駐車場

カエル／カエル館

カエル／観光センター

169

ドリンク自販機／観光センター前にある（PBも）。
その他／茶臼山高原両生類研究所（カエル館）。近年、新種として発表されたワンワンと鳴くネバタゴガエルを間近に見れる。4月下旬〜11月上旬・月、木曜休、祝日の場合は翌日・10〜15時、土・日曜は〜16時・入館料400円・☎0265-49-2580）、キャンプ場、観光センター、案内板。
取材メモ／茶臼山高原といえば、かつてはキンポウゲの群生が見事だったが、その後縮小して、現在はほとんど見ることはできない。
立ち寄り湯／①国道151号を南下し、県道428号に左折。黒川トンネルをくぐった先で左折すると「湯〜らんどパルとよね」がある。木曜休（祝日の場合は翌日）・10〜21時・入浴料500円・☎0536-85-1180。②県道46号で売木村市街地へ下ると「売木温泉・こまどりの湯」がある。木曜休（祝日の場合は翌日）・9〜21時・入浴料500円・☎0260-28-2334。
問合先／根羽村振興課☎0265-49-2111

カエル／登山道入口

茶臼山・茶臼山高原② 第2駐車場
ちゃうすやま・ちゃうすやまこうげん だいにちゅうしゃじょう

愛知県豊根村　標高1250m

登山口概要／茶臼山の南側、県道507号沿い。茶臼山の起点。
位置情報／［35°13′13″］［137°39′14″］
アクセス／猿投グリーンロード力石ICから国道153、257号、茶臼山高原道路（県道507号）、県道506号、村道経由で約60km、約1時間30分。または東海環状道豊田松平ICから国道301号、県道39号、国道153、257号、茶臼山高原道路（県道507号）、県道506号、村道経由で約64km、約1時間36分。あるいは新東名道浜松いなさ北ICから三遠南信道（国道474号）、国道151号、県道506、507号経由で約55km、約1時間20分。
駐車場／利用可能時間は8〜17時。100台以上・140×40m・舗装＋砂利・区画あり（砂利部分は区画なし）。5月上旬〜6

カエル／湯〜らんどパルとよね

第2／茶臼山高原第2駐車場

第2／同駐車場のそば処てんくう

第2／茶臼山登山案内板

月上旬の芝桜まつり期間中は有料。1台500円（2013年度以降は未定）。第1〜4駐車場は同様に夜間閉鎖されるので、早朝着の場合は、第5、第6駐車場を利用するとよい。
駐車場混雑情報／芝桜まつり期間中の休日は、朝から満車になり、駐車待ちの渋滞も発生するほど混雑する。
トイレ／駐車場にある。詳細不明。
携帯電話／ドコモ通話可、au通話可、SB通話可。
ドリンク自販機／軽食・そば処てんくうの前にある（PBも）。
その他／軽食・そば処てんくう、茶臼山案内板。
立ち寄り湯／①国道151号を南下し、県道428号に左折。黒川トンネルをくぐった先で左折すると「湯〜らんどパルとよね」がある。木曜休（祝日の場合は翌日）・10〜21時・入浴料500円・☎0536-85-1180。②県道46号で売木村市街地へ下ると「売木温泉・こまどりの湯」がある。木曜休（祝日の場合は翌日）・9〜21時・入浴料500円・☎0260-28-2334。
問合先／豊根村観光協会☎0536-87-2525

第2／茶臼山登山道入口

第6／茶臼山高原第6駐車場

茶臼山・茶臼山高原③ 第6駐車場
ちゃうすやま・ちゃうすやまこうげん　だいろくちゅうしゃじょう

愛知県豊根村　標高1244m

登山口概要／茶臼山の南東側、村道沿い。茶臼山の起点。詳細図は前項参照。
位置情報／［35°13′27″］［137°39′31″］
アクセス／猿投グリーンロード力石ICから国道153、257号、茶臼山高原道路（県道507号）、県道506号、村道経由で約60km、約1時間30分。または東海環状道豊田松平ICから国道301号、県道39号、国道153、257号、茶臼山高原道路（県道507号）、県道506号、村道経由で約64km、約1時間36分。あるいは新東名道浜松いなさ北ICから三遠南信道（国道474号）、国道151号、県道506号、村道経由で約54km、約1時間20分。
駐車場／146台・100×50m・砂利・区画あり。5月上旬〜6月上旬の芝桜まつり期間中は有料。1台500円（2013年度以降は未定）。※第1〜4駐車場は夜間閉鎖されるので、早朝着の場合は、第5、第6駐車場（本項）を利用するとよい。
駐車場混雑情報／芝桜まつり期間中の休日は、朝から満車になり、駐車待ちの渋滞も発生するほど混雑する。
トイレ／駐車場にバイオマストイレと簡易トイレがある。バイオマストイレ＝水道・TPあり。評価☆☆☆〜☆☆。簡易トイレ＝TPあり。評価☆☆。
携帯電話／ドコモ通話可、au通話可、SB通話可。
その他／茶臼山登山道案内図、シャトルバス乗り場。
立ち寄り湯／①国道151号を南下し、県道428号に左折。黒川トンネルをくぐった先で左折すると「湯〜らんどパルとよね」がある。木曜休（祝日の場合は翌日）・10〜21時・入浴料500円・☎0536-85-1180。②県道46号で売木村市街地へ下ると「売木温泉・こまどりの湯」がある。木曜休（祝日の場合は翌日）・9〜21時・入浴料500円・☎0260-28-2334。
問合先／豊根村観光協会☎0536-87-2525

第6／同駐車場のトイレ

第6／同トイレ内部

第6／茶臼山登山道入口

長九郎山・人工林コース（池代林道）
　→（次々項）長九郎山・道の駅花の三聖苑伊豆松崎
　「取材メモ」欄参照

長九郎山・富貴野山21世紀の森
ちょうくろうざん・ふきのさんにじゅういっせいきのもり

静岡県松崎町　標高525m

登山口概要／長九郎山（新・花の百名山）の西側、富貴野山林道終点。長九郎山遊歩道を経由する長九郎山、富貴野山・大師道の起点。
位置情報／［34°47′17″］［138°50′03″］
アクセス／修善寺道路修善寺ICから天城北道路、国道136号、県道59号、富貴野山林道（全線舗装）経由で約58km、約1時間28分。
駐車場／富貴野山21世紀の森に駐車場がある。約30台・40×22m・砂利・区画なし。
携帯電話／ドコモ📶〜📶つながらず、au圏外、SB圏外。
その他／あずまや、富貴野山21世紀の森案内板、富貴野山・宝蔵院。
取材メモ／取材時は、遊歩道入口に「長九郎歩道、崩落のため通行禁止」の看板が立っていた。また長九郎山のアマギシャクナゲは5月上旬〜下旬が見ごろ。
立ち寄り湯／①県道59号を南下し、国道136号を突っ切ると海岸沿いに西伊豆町営の「なぎさの湯」がある。木曜休（祝日の場合は翌日）・9〜20時・入浴料500円・☎0558-52-1820。②その国道136号を北上し、らんの里堂ヶ島手前を左折すると、西伊豆町営の「沢田公園露天風呂」がある。火曜休（祝日の場合は翌日）・3〜5月と9月は9〜17時、6〜8月は〜20時、10〜2月は〜18時・入浴料500円・☎0558-52-0057。③また近くの「堂ヶ島温泉ホテル」でも可能。無休（繁忙期は立ち寄り湯ができないこともある）・15〜22時・入浴料1000円・☎0558-52-0275。④さらに北上すると同じく西伊豆町営の「しおさいの湯」もある。水曜休（祝日の場合は翌日）・9〜20時・入浴料500円・☎0558-53-0981。
問合先／松崎町観光協会☎0558-42-0745、松崎町企画観光課☎0558-42-3964

富貴野／21世紀の森駐車場

富貴野／遊歩道入口

富貴野／富貴野21世紀の森案内板

道の駅／道の駅駐車場

長九郎山・道の駅花の三聖苑伊豆松崎
ちょうくろうざん・みちのえきはなのさんせいえんいずまつざき

静岡県松崎町　標高20m

登山口概要／長九郎山（新・花の百名山）の南西側、県道15号沿い。見晴らしコースや人工林コースを経由する長九郎山の起点。
位置情報／［34°45′26″］［138°49′31″］
アクセス／修善寺道路修善寺ICから天城北道路、国道136号、県道15号経由で約55km、約1時間22分。

道の駅／道の駅トイレ

道の駅花の三聖苑伊豆松崎／無休・9〜17時・☎0558-42-3420。
駐車場／85台＋大型・52×36mなど2面・舗装・区画あり。
駐車場混雑情報／GWやお盆休みは満車になることもある。
トイレ／道の駅にある。センサーライト付き。水洗。水道・TPあり。評価☆☆☆。
携帯電話／ドコモ通話可、au通話可、SB通話可。
公衆電話／駐車場にISDN公衆電話ボックスがある。
ドリンク自販機／駐車場にある（PBも）。
その他／天城山房（食堂・売店。木曜は食堂のみ・9〜17時）、三聖会堂（松崎の歴史を紹介）、松崎町観光案内板、重要文化財岩科学校。
取材メモ／大沢温泉から続く見晴らしコースは、2012年9月現在、登山道崩壊のため通行禁止。池代から続く人工林コースは通行可能。人工林コースの安田橋（あんだばし）先にある池代林道ゲート前にも駐車スペースがある。また長九郎山のアマギシャクナゲは5月上旬〜下旬が見ごろ。
立ち寄り湯／①道の駅内に「かじかの湯」がある。無休・9〜20時・入浴料500円・☎0558-42-3420。②国道136号に出て北上すると、西伊豆町営の「なぎさの湯」がある。木曜休（祝日の場合は翌日）・9〜20時・入浴料500円・☎0558-52-1820。③さらに国道を北上し、らんの里堂ヶ島手前を左折すると、西伊豆町営の「沢田公園露天風呂」がある。火曜休（祝日の場合は翌日）・3〜5月と9月は9〜17時、6〜8月は〜20時、10〜2月は〜18時・入浴料500円・☎0558-52-0057。④さらにその先には同じく西伊豆町営の「しおさいの湯」もある。水曜休（祝日の場合は翌日）・9〜20時・入浴料500円・☎0558-53-0981。⑤一方、国道136号を南下すると石部温泉に混浴の「平六地蔵露天風呂」もある。11月〜4月は休み・日中のみ利用可・無料・☎0558-42-0745。
問合先／道の駅花の三聖苑伊豆松崎☎0558-42-3420、松崎町観光協会☎0558-42-0745、松崎町企画観光課☎0558-42-3964

道の駅／同トイレ内部

道の駅／道の駅にある天城山房（食堂）

道の駅／道の駅にある「かじかの湯」

道の駅／同温泉の露天風呂

長者ヶ岳・田貫湖北側登山口
ちょうじゃがたけ・たぬきこきたがわとざんぐち

静岡県富士宮市　標高667m

登山口概要／長者ヶ岳の東側、市道沿い。長者ヶ岳、東海自然歩道の起点。詳細図は、P164「田貫湖・田貫湖北駐車場（湖畔荘）」の項参照。
位置情報／［35°20′50″］［138°33′48″］
アクセス／新東名道新富士ICから西富士道路（国道139号）、富士宮道路（国道139号）、県道72号、市道、県道414号、市道経由で約23km、約33分。
駐車場／登山道入口に駐車スペースがある。約10台・28×5m、26×3m・砂利＋草地・区画なし。
トイレ／近くの田貫湖駐車場にある。チップ制。水洗。水道・TPあり。評価☆☆☆〜☆☆。
携帯電話／ドコモ通話可、au通話可、SB通話可。
その他／ベンチ、東海自然歩道案内板。

田貫湖北／登山道入口の駐車スペース

取材メモ／長者ヶ岳のフジザクラ（マメザクラ）は、4月中旬～下旬が見ごろ。
立ち寄り湯／①田貫湖畔の「休暇村富士」で立ち寄り湯が可能。火曜休・11～14時・入浴料650円・☎0544-54-5200。②田貫湖東側に南北にのびる県道71号沿いに「バナジウム温泉・風の湯」がある。火曜休（祝日の場合は翌日）・10～22時・入浴料800円（17時以降は500円）・☎0544-54-2331。③山梨県方面では、国道139号を河口湖IC方面に進むと、道の駅なるさわの裏手に「富士眺望の湯ゆらり」がある。無休・10～22時・入浴料1200円（貸しバスタオル・タオル付き）・☎0555-85-3126。
問合先／富士宮市観光協会☎0544-27-5240、富士宮市観光課☎0544-22-1155

田貫湖北／東海自然歩道の案内板

長者ヶ岳・田貫湖西側登山口
ちょうじゃがたけ・たぬきこにしがわとざんぐち

静岡県富士宮市　標高683m

登山口概要／長者ヶ岳の東側、市道終点（林道入口）。長者ヶ岳、東海自然歩道の起点。休暇村富士の裏手にある。詳細図は、P164「田貫湖・田貫湖北駐車場（湖畔荘）」の項参照。
位置情報／〔35°20′28″〕〔138°33′10″〕
アクセス／新東名道新富士ICから西富士道路（国道139号）、富士宮道路（国道139号）、県道72号、市道、県道414号、市道経由で約23km、約35分。休暇村富士を過ぎて突き当たりを右折してすぐ。
駐車場／林道入口の三叉路路肩に駐車スペースがある。4～5台・砂利・区画なし。
トイレ／手前の田貫湖南駐車場（P165）にある。水洗。水道・TPあり。評価☆☆☆～☆☆。
携帯電話／ドコモ通話可、au通話可、SB通話可。
その他／東海自然歩道田貫湖周辺案内図。
取材メモ／長者ヶ岳のフジザクラ（マメザクラ）は、4月中旬～下旬が見ごろ。
立ち寄り湯／①すぐ手前の「休暇村富士」で立ち寄り湯が可能。火曜休・11～14時・入浴料650円・☎0544-54-5200。②田貫湖東側に南北にのびる県道71号沿いに「バナジウム温泉・風の湯」がある。火曜休（祝日の場合は翌日）・10～22時・入浴料800円（17時以降は500円）・☎0544-54-2331。③山梨県方面では、国道139号を河口湖IC方面に進むと、道の駅なるさわの裏手に「富士眺望の湯ゆらり」がある。無休・10～22時・入浴料1200円（貸しバスタオル・タオル付き）・☎0555-85-3126。
問合先／富士宮市観光協会☎0544-27-5240、富士宮市観光課☎0544-22-1155

長者ヶ岳・湯之奥猪之頭林道入口
　→P107 毛無山・湯之奥猪之頭林道入口

田貫湖北／長者ヶ岳登山道入口

田貫湖西／三叉路路肩の駐車スペース

田貫湖西／東海自然歩道の案内板

田貫湖西／登山道入口に続く林道

月ヶ平・札場峠
つきがたいら・ふだばとうげ

愛知県豊田市　標高870m

登山口概要／月ヶ平の東側、月ヶ平林道沿い。月ヶ平の起点。
位置情報／［35°12′12″］［137°33′08″］
アクセス／猿投グリーンロード力石ICから国道153、257号、県道80号、月ヶ平林道（全線舗装）経由で約40.5km、約1時間5分。または東海環状道豊田松平ICから国道301号、県道39号、国道153、257号、県道80号、月ヶ平林道（全線舗装）経由で約44.5km、約1時間10分。あるいは新東名道浜松いなさICから国道257号、県道32、389号、国道257号、県道80号、月ヶ平林道（全線舗装）経由で約62km、約1時間35分。
駐車場／林道三叉路付近に駐車スペースがある。4～5台・20×6m・砂地＋草地・区画なし。
携帯電話／ドコモ圏外、au圏外、SB圏外。
その他／札場峠解説板、熊出没注意看板。
立ち寄り湯／①国道153号沿いの道の駅どんぐりの里いなぶに「どんぐりの湯」がある。木曜休（祝日の場合は翌日）・10～21時（土・日曜、祝日は9時30分～）・入浴料600円・☎0565-82-3135。②その周辺にある夏焼温泉の各温泉宿でも可能。例えば「ホテル岡田屋」＝不定休（月に3日休みあり）・11時～21時30分・入浴料400円・☎0565-82-2544。
問合先／豊田市稲武支所☎0565-82-2511、いなぶ観光協会☎0565-83-3200、豊田市観光協会（豊田市商業観光課）☎0565-34-6642

光岳→P248 南アルプス・沼平駐車場（東俣林道入口）

寺尾岩めぐり
　　→P231 汾陽寺山・さくらの里（寺尾ヶ原千本桜公園）

月ヶ平／月ヶ平林道入口（札場峠南側）

月ヶ平／林道三叉路付近駐車スペース

月ヶ平／登山道入口

天蓋山・山之村ふるさとキャンプ場
てんがいさん・やまのむらふるさときゃんぷじょう

岐阜県飛騨市　標高933m

登山口概要／天蓋山の北東側、大規模林道高山大山線沿い。雀平（すずめだいら）を経由する天蓋山の主要登山口。
位置情報／［36°22′02″］［137°22′38″］
アクセス／東海北陸道飛騨清見ICから中部縦貫道（高山清見道路・国道158号）、国道41号、県道76号、国道471号、大規模林道高山大山線（2車線全線舗装の快適な道）経由で69.5km、約1時間45分。国道471号から13km、約20分。大規模林道高山大山線の開通期間は、GW～11月下旬。
駐車場／「夕顔の駅」の向かいに登山者用の駐車場がある。約10台・22×14m・砂利・区画なし。
駐車場混雑情報／GWと紅葉シーズン休日は、度々満車になる。満車になった場合は、山之村ふるさとキャンプ場係員が別の駐車場に誘導してくれる。

天蓋山／登山者用駐車場

天蓋山／夕顔の駅

つきーてん

175

トイレ／中河与一文学資料室に隣接して公衆トイレがある。センサーライト付き。水洗。水道・TPあり。評価☆☆☆。また登山道入口に向けて100m上がった場所にもある。
携帯電話／ドコモ📶〜📶通話可、au📶通話可、SB圏外。
ドリンク自販機／夕顔の駅前にある（PBも）。
登山届入れ／夕顔の駅に提出可能。
その他／天蓋山解説板、夕顔の駅（食堂。営業期間4月下旬〜11月上旬・火曜休、祝日と夏休み期間は営業・10〜15時・☎0578-82-6661）。
取材メモ／国土地理院地形図やガイドブックで示されている登山道入口は、実際には直線距離で350m北西側の大規模林道高山大山線沿いにあるものと思われる。
立ち寄り湯／①飛騨清見ICに戻る途中、飛騨市街地に立ち寄ると、飛騨市役所の南東側隣に「たんぽの湯」がある。月曜休・11〜21時・入浴料500円・☎0577-73-2014。②中部縦貫道（高山清見道路）高山IC付近には、「ひだまりの湯」もある。無休・7時30分〜23時30分・入館料1050円・☎0577-37-4126。③また神岡から国道41号を西進すると「流葉温泉・Mプラザ」もある。無休・10〜21時・入浴料600円・☎0578-82-2275。
問合先／飛騨市神岡振興事務所商工観光係☎0578-82-2250、飛騨市観光課☎0577-73-7463、飛騨市観光協会☎0577-74-1192

天下峯→P45 王滝渓谷入口
　　　　→P46 王滝渓谷・王滝湖駐車場

天下峯・古美山園地駐車場
てんがみね・こみやまえんちちゅうしゃじょう

愛知県豊田市　標高228m

登山口概要／天下峯の南西側、市道沿い。天下峯の主要登山口。王滝渓谷の起点。

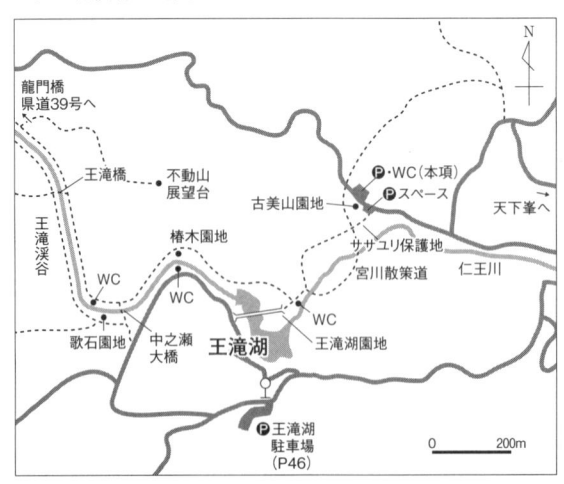

天蓋山／中河与一文学資料室

天蓋山／同資料室隣接のトイレ内部

天蓋山／天蓋山解説板

天下峯／市道沿いの駐車スペース

天下峯／古美山園地駐車場とトイレ

位置情報／〔35°04′09″〕〔137°15′02″〕
アクセス／東海環状道豊田松平ICから国道301号、県道39号、市道経由で約5km、約8分。
駐車場／市道沿いに駐車場や駐車スペースがある。計約10台（区画は2台分）・18×10mなど3面・舗装・区画あり＋区画なし。
トイレ／駐車場にある。水洗。水道・TPあり。評価☆☆☆～☆☆。
携帯電話／ドコモ通話可、au通話可、SB～不安定（1回目はつながらず）。
取材メモ／付近のササユリ保護地は、6月中旬が見ごろ。
立ち寄り湯／香嵐渓方面に向けて県道39号を北上すると追分交差点手前の巴川対岸に「白鷺温泉・白鷺館」がある。不定休・10～20時・入浴料800円・☎0565-62-0151。
問合先／松平観光協会☎0565-77-8089、豊田市松平支所☎0565-58-0001、豊田市観光協会（豊田市商業観光課）☎0565-34-6642

天狗石山・奥泉駐車場
てんぐいしやま・おくいずみちゅうしゃじょう

静岡県川根本町　標高375m

登山口概要／天狗石山の北西側、県道77号から少し入った南アルプスあぷとライン奥泉駅入口。猿見石山（さるみいしやま）や天狗石山の主要登山口。
位置情報／〔35°08′59″〕〔138°08′50″〕
アクセス／新東名道島田金谷ICから国道473、362号、県道77号、町道経由で約48km、約1時間10分。
駐車場／9台・26×5m・舗装・区画あり。
駐車場混雑情報／駐車可能台数は少ないので、時期により混雑する可能性はある。
トイレ／駐車場にある。水洗。水道・TPあり。評価☆☆☆。
携帯電話／ドコモ通話可、au通話可、SB通話可。

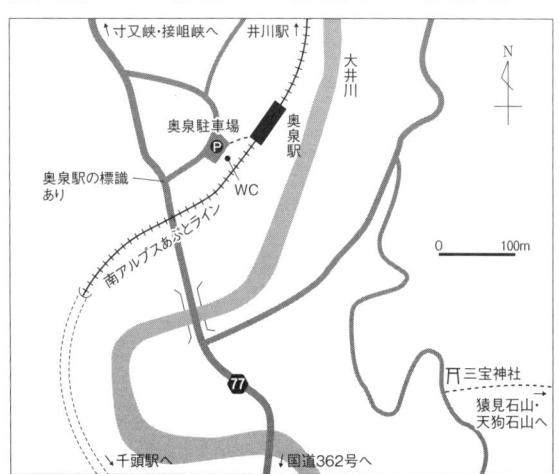

天下峯／同トイレ内部

天下峯／王滝湖方面遊歩道入口

奥泉／奥泉駐車場

奥泉／同駐車場のトイレ

奥泉／同トイレ内部

ドリンク自販機／駐車場にあるが、取材時は故障中（PBも）。
その他／本川根町（川根本町の旧町名）観光案内板、下開土遺跡解説板、奥泉駅前バス停（大井川鐵道バス）。
立ち寄り湯／①県道を2kmほど南下して「もりのくに」案内看板に従って左折すると「白沢温泉・もりのいずみ」がある。水曜休（祝日の場合は翌日）・10〜20時・入浴料1000円（17時〜は800円）・☎0547-59-3800。さらに南下すると千頭温泉に立ち寄り湯が2軒ある。②「千頭温泉・旬」＝水曜休・10時〜20時30分・入浴料500円・☎0547-59-1126。③「創造と生きがいの湯」＝月曜休（祝日の場合は翌日）・13〜20時・入浴料150円・☎0547-59-3628（シルバー人材センター）。
問合先／川根本町まちづくり観光協会☎0547-59-2746、川根本町商工観光課観光室☎0547-58-7077

天狗石山・接岨峡温泉→P191 七ツ峰・接岨峡温泉

天狗棚・県道80号

てんぐだな・けんどうはちじゅうごう

愛知県豊田市　標高936m

登山口概要／天狗棚の北西側、県道80号沿い。天狗棚や1200高地の起点。
位置情報／［35°11′41″］［137°34′04″］
アクセス／猿投グリーンロード力石ICから国道153、257号、県道80号経由で約41km、約1時間。または東海環状道豊田松平ICから国道301号、県道39号、国道153、257号、茶臼山高原道路（県道507号）、県道80号経由で約45.5km、約1時間10分。あるいは新東名道浜松いなさICから国道257号、県道32、389号、国道257号、県道10、80号経由で約65km、約1時間38分。
駐車場／登山道入口付近の県道路肩に駐車スペースがある。約3台・26×3m・舗装・区画なし。
携帯電話／ドコモ📶通話可、au📶〜📶通話可、SB📶通話可。
立ち寄り湯／①稲武方面に下ると国道153号沿いの道の駅どんぐりの里いなぶに「どんぐりの湯」がある。木曜休（祝日の場合は翌日）・10〜21時（土・日曜、祝日は9時30分〜）・入浴料600円・☎0565-82-3135。②県道80号と428号で豊根村に向かうと「湯〜らんどパルとよね」がある。県道から少し入る。木曜休（祝日の場合は翌日）・10〜21時・入浴料500円・☎0536-85-1180。
問合先／豊田市稲武支所☎0565-82-2511、いなぶ観光協会☎0565-83-3200

天狗棚・天狗棚駐車場（面ノ木ビジターセンター）

てんぐだな・てんぐだなちゅうしゃじょう（めんのきびじたーせんたー）

愛知県設楽町　標高1055m

登山口概要／天狗棚の東側、茶臼山高原道路（県道507号）沿い。天狗棚や1200高地などの起点。

奥泉／下開土遺跡解説板

奥泉／奥泉駅に続く道

県道／県道路肩の駐車スペース

県道／登山道入口

天狗棚／天狗棚駐車場

位置情報／［35°11′19″］［137°35′27″］
アクセス／猿投グリーンロード力石ICから国道153、257号、茶臼山高原道路（県道507号）、県道80号経由で約49km、約1時間14分。または東海環状道豊田松平ICから国道301号、県道39号、国道153、257号、茶臼山高原道路（県道507号）、県道80号経由で約53.5km、約1時間22分。あるいは新東名道浜松いなさ北ICから三遠南信道（国道474号）、国道151号、県道80、10号、茶臼山高原道路（県道507号）経由で約53km、約1時間20分。
駐車場／天狗棚駐車場＝18台＋大型・50×36m・舗装・区画あり。面ノ木ビジターセンター駐車場＝約40台・60×30m・舗装・区画消えかけ。
駐車場混雑情報／GW、お盆休みは満車になる。また茶臼山高原の芝桜まつり期間中は周辺道路も渋滞し、休日は満車となり、平日でも混雑する。
トイレ／ビジターセンターにあるが、使用できるのは開館日の開館時間のみ。水洗。水道・TPあり。評価☆☆☆～☆☆。
携帯電話／ドコモ📶通話可、au📶通話可、SB📶～📶通話可。
その他／面ノ木ビジターセンター（月曜休、祝日の場合は翌日・10～16時・☎0536-83-2922）、面ノ木休憩所（食堂・喫茶。4月中旬～11月中旬・水曜休・10～16時）、面ノ木園地周辺案内図、茶臼山高原道路沿線案内図、天狗棚大天狗のいわれ解説板。
立ち寄り湯／①県道428号で豊根村に向かうと「湯～らんどパルとよね」がある。県道から少し入る。木曜休（祝日の場合は翌日）・10～21時・入浴料500円・☎0536-85-1180。②稲武方面に下ると国道153号沿いの道の駅どんぐりの里いなぶに「どんぐりの湯」がある。木曜休（祝日の場合は翌日）・10～21時（土・日曜、祝日は9時30分～）・入浴料600円・☎0565-82-3135。③その近くの夏焼温泉の各温泉宿でも可能。例えば「ホテル岡田屋」＝不定休（月に3日休みあり）・11時～21時30分・入浴料400円・☎0565-82-2544。
問合先／設楽町観光協会☎0536-62-1000

天狗棚／面ノ木ビジターセンター駐車場

天狗棚／面ノ木ビジターセンター

天狗棚／同センター内部

天狗棚／同センターのトイレ内部

天狗棚／樹林観察コース入口

天狗棚・面ノ木第1園地
てんぐだな・めんのきだいいちえんち

愛知県豊田市・設楽町　標高1106m

登山口概要／天狗棚の南西側、県道80号沿い。天狗棚や1200高地の起点。詳細図は、前項参照。
位置情報／［35°11′16″］［137°34′40″］
アクセス／猿投グリーンロード力石ICから国道153、257号、茶臼山高原道路（県道507号）、県道80号経由で約48km、約1時間12分。または東海環状道豊田松平ICから国道301号、県道39号、国道153、257号、茶臼山高原道路（県道507号）、県道80号経由で約52.5km、約1時間20分。あるいは新東名道浜松いなさICから国道257号、県道32、389号、国道257号、県道10、80号経由で約62.5km、約1時間35分。
駐車場／約50台以上・80×30m・砂利＋砂地・区画なし。
駐車場混雑情報／満車になることはない。
携帯電話／ドコモ圏外、au📶だが通話可、SB📶～📶通話可。
その他／面ノ木園地案内図、あずまや。
立ち寄り湯／①稲武方面に下ると、国道153号沿いの道の駅どんぐりの里いなぶに「どんぐりの湯」がある。木曜休（祝日の場合は翌日）・10～21時（土・日曜、祝日は9時30分～）・入浴料600円・☎0565-82-3135。②県道80号と428号で豊根村に向かうと、「湯～らんどパルとよね」がある。県道から少し入る。木曜休（祝日の場合は翌日）・10～21時・入浴料500円・☎0536-85-1180。
問合先／いなぶ観光協会☎0565-83-3200、豊田市稲武支所☎0565-82-2511、設楽町観光協会☎0536-62-1000

第1／面ノ木第1園地駐車場

第1／面ノ木園地案内板

第1／面ノ木第1園地

天狗棚・面ノ木第3園地
てんぐだな・めんのきだいさんえんち

愛知県設楽町　標高1050m

登山口概要／天狗棚の南東側、県道80号沿い。天狗棚や1200高地の起点。詳細図は、前々項参照。
位置情報／［35°11′01″］［137°35′07″］
アクセス／猿投グリーンロード力石ICから国道153、257号、茶臼山高原道路（県道507号）、県道80号経由で約50km、約1時間15分。または東海環状道豊田松平ICから国道301号、県道39号、国道153、257号、茶臼山高原道路（県道507号）、県道80号経由で約54km、約1時間22分。あるいは新東名道浜松いなさICから国道257号、県道32、389号、国道257号、県道10、80号経由で約61.5km、約1時間33分。入口に第3園地の表示はなく、「津具生活環境保全林」という看板が立っている。
駐車場／6台・30×5m・細砂利・区画あり。
携帯電話／ドコモ圏外、au📶通話可、SB📶～📶通話可。
その他／あずまや。
立ち寄り湯／①稲武方面に下ると国道153号沿いの道の駅どんぐりの里いなぶに「どんぐりの湯」がある。木曜休（祝日の場合は翌日）・10～21時（土・日曜、祝日は9時30分～）・

第3／面ノ木第3園地駐車場

第3／面ノ木第3園地

入浴料600円・☎0565-82-3135。②県道80号と428号で豊根村に向かうと、「湯～らんどパルとよね」がある。県道から少し入る。木曜休(祝日の場合は翌日)・10～21時・入浴料500円・☎0536-85-1180。
問合先／設楽町観光協会☎0536-62-1000

天狗棚・面ノ木ビジターセンター
　　→P178 天狗棚・天狗棚駐車場

天狗森山→P205 橋ヶ谷山・阿木林道

天子ヶ岳・白糸ノ滝入口
てんしがたけ・しらいとのたきいりぐち

静岡県富士宮市　標高490m

登山口概要／天子ヶ岳の南東側、県道414号沿い。白山神社を経由する天子ヶ岳、白糸ノ滝(日本の滝100選)の起点。
位置情報／[35°18′48″][138°35′16″]
アクセス／新東名道新富士ICから西富士道路(国道139号)、富士宮道路(国道139号)、県道72、414号経由で約18km、約28分。
駐車場／入口に観光協会と民間の有料駐車場が複数ある。約130台以上・100×80mなど9面・舗装・区画あり(区画のない駐車場も)。
駐車場混雑情報／GWは満車になる。
トイレ／各駐車場や観瀑台付近にある。詳細不明。
携帯電話／ドコモ📶通話可、au📶通話可、SB📶通話可。
ドリンク自販機／付近の商店などにある(PBも)。
その他／白糸ノ滝周辺案内図、茶屋、東海自然歩道バイパスコース案内板、白糸滝バス停(富士急静岡バス・JRバス)。
取材メモ／白糸ノ滝は、日本の滝100選、国の名勝、国の天然記念物に指定された落差20m、幅200mの名瀑。
立ち寄り湯／①田貫湖畔の「休暇村富士」で立ち寄り湯が可能。火曜休・11～14時・入浴料650円・☎0544-54-5200。②県道71号を少し北上すると「バナジウム温泉・風の湯」がある。火曜休(祝日の場合は翌日)・10～22時・入浴料800円(17時以降は500円)・☎0544-54-2331。③山梨方面では、国道139号を河口湖IC方面に進むと、道の駅なるさわの裏手に「富士眺望の湯ゆらり」がある。無休・10～22時・入浴料1200円(貸しバスタオル・タオル付き)・☎0555-85-3126。
問合先／富士宮市観光協会☎0544-27-5240、富士宮市観光課☎0544-22-1155

天王山・倉木谷登山口
てんのうざん・くらきだにとざんぐち

岐阜県美濃市　標高147m

登山口概要／天王山の北側、林道沿いなどにある。A～Dコー

第3／湯～らんどパルとよね・露天風呂

白糸／観光協会の有料駐車場

白糸／民間有料駐車場のひとつ

白糸／白糸の滝案内板

白糸／白糸の滝

スを経由する天王山の起点。
位置情報／［35°34′15″］［136°51′47″］
アクセス／東海北陸道美濃ICから県道94、290号、林道経由で約9.5km、約15分。県道290号から「天王山」の標識に従って林道へ。すぐにゲートがあり、開けたら必ず閉めておくこと。県道から200mで三叉路があり、どちらの先にも駐車スペースがある。
駐車場／林道沿いや林道終点に駐車スペースがある。計16～17台・30×6m、22×14m・草地＋砂利・区画なし。
駐車場混雑情報／満車になることはない。
携帯電話／ドコモ通話可、au通話可、SB通話可。
水場／Aコースの登山道入口にある。
その他／天王山ハイキングコース案内板。
立ち寄り湯／県道290号で関市武芸川町へ向かうと関市武芸川事務所付近に「武芸川温泉（むげがわおんせん）・ゆとりの湯」がある。木曜休（祝日の場合は翌日）・10～21時・入浴料600円・☎0575-45-3011。
問合先／美濃市観光協会☎0575-35-3660、美濃市観光課☎0575-33-1122

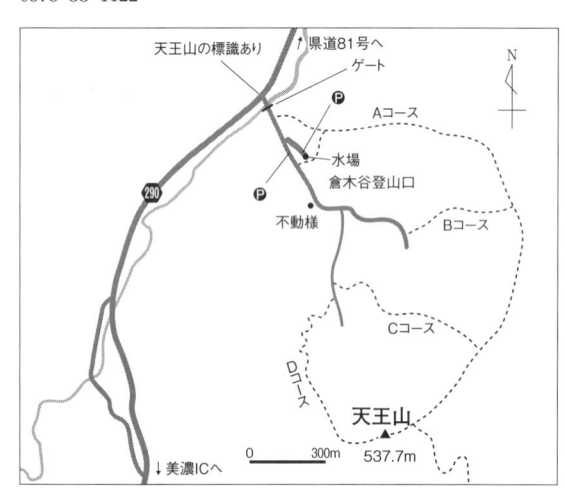

天王山／林道入口

天王山／林道ゲート。自分で開閉する

天王山／Aコース入口

天王山／三叉路右側の駐車スペース

天王山／三叉路左側の駐車スペース

どあいの森・しでのき遊歩道
どあいのもり・しでのきゆうほどう

岐阜県中津川市　標高826m

登山口概要／渡合温泉（どあいおんせん）手前の西股谷沿いに続く遊歩道。詳細図は、P161「高時山・国設渡合野営場」の項参照。
位置情報／［35°44′48″］［137°25′11″］
アクセス／中央道中津川ICから国道19、257号、県道486号、林道（最初は舗装、以後は未舗装。路面評価★★★★～★★★。部分的にアスファルト舗装区間あり）経由で約38.5km、約1時間10分。国道から11.5km、約30分。国道から4.5kmで林道

182

ゲートがあり（通常は開放されているが、多雨時には閉鎖）、その約2km先から未舗装となる。途中、地図上の林道を迂回して左岸に移る区間もあるが、通行に支障はない。林道の開通期間は4月1日～11月30日。
駐車場／とりこし橋入口の林道沿いに駐車スペースがある。約10台・32×5m・砂地＋草地＋砂利・区画なし。
トイレ／さらに林道を奥へ進むとトイレ標識があり、左折した先にキャンプ場のトイレがある。利用可能期間は4月1日～11月14日。簡易水洗。水道・TPあり。評価☆☆☆。
携帯電話／ドコモ圏外、au圏外、SB圏外。
その他／どあいの森・しでのき遊歩道案内板。
取材メモ／しでのき遊歩道の下流側入口の林道沿いにも約12台分の駐車スペースがあるが、入ってすぐの「しでのき橋」が危険なため通行止になっている。
立ち寄り湯／①さらに林道を奥へ進んだところにある渡合温泉で立ち寄り湯が可能（できない日もある）。4月1日～11月30日・不定休・7時～20時30分・入浴料500円・☎090-1092-8588。②県道486号を南下し、国道256号を突っ切ると「付知峡倉屋温泉・おんぽいの湯」がある。第4水曜休・10～22時・入浴料600円・☎0573-82-5311。一方、国道257号を北上して下呂温泉に行くと、複数の立ち寄り湯施設がある。③クアガーデン露天風呂＝木曜休・8～21時（夏休みは～22時）・入浴料600円・☎0576-24-1182。④白鷺の湯＝水曜休・10～22時・入浴料300円・☎0576-25-2462。⑤幸乃湯＝火曜休・10～23時・入浴料350円・☎0576-25-2157。
問合先／中津川市付知総合事務所☎0573-82-2111、付知町観光協会☎0573-82-4737、中津川観光センター☎0573-62-2277、中津川市観光課☎0573-66-1111

どあい／林道沿い上流側駐車スペース

どあい／林道沿い下流側駐車スペース

どあい／しでのき遊歩道案内板

東谷山・東谷山フルーツパーク
とうごくさん・とうごくさんふるーつぱーく

愛知県名古屋市守山区　標高57m

登山口概要／東谷山の南側、市道沿い。東谷山の起点。
位置情報／［35°15′01″］［137°03′01″］
アクセス／東名道春日井ICから国道19、155号、市道経由で約6.5km、約10分。
東谷山フルーツパーク／月曜休（祝日の場合は翌日）・9時～16時30分・入園は無料。温室のみ300円・☎052-736-3344。
駐車場／東谷山フルーツパークに駐車場があり、登山者の利用可。イベント期間中は有料1回500円。市道沿いにある第1駐車場＝165台・100×50mなど2面・舗装・区画あり。ほか園内に第2～5駐車場（計900台分）もある。
駐車場混雑情報／春のシダレザクラまつりなどのイベント時期は混雑する。
トイレ／駐車場にある。水洗。水道・TPあり。評価☆☆☆。
携帯電話／ドコモ通話可、au通話可、SB通話可。
公衆電話／駐車場にカード・コイン式公衆電話ボックス。
ドリンク自販機／園内にある（PBも）。
その他／東谷山フルーツパーク案内図。園内には売店とレス

東谷山／フルーツパーク第1駐車場

東谷山／同駐車場のトイレ

トランもある。
取材メモ／東谷山フルーツパークのシダレザクラは、4月上旬～中旬が見ごろ。
立ち寄り湯／県道15号を南下すると、小幡緑地近くに「竜泉寺の湯」がある。無休・6時～深夜3時・入浴料500円・☎052-793-2601。
問合先／東谷山フルーツパーク☎052-736-3344

鳶ノ巣山・鳶ノ巣林道
とびのすやま・とびのすりんどう

愛知県新城市／静岡県浜松市北区　標高526m（林道三叉路）

登山口概要／鳶ノ巣山の南西側、鳶ノ巣林道終点。鳶ノ巣山の起点。県境の峠に林道三叉路があり、ここで鳶ノ巣林道は終わるが、林道はさらに静岡県側にのびているので登山道入口まで車で進入できる。
位置情報／［34°57′47″］［137°41′25″］（林道三叉路）［34°58′04″］［137°41′39″］（登山道入口）
アクセス／東名道豊川ICから国道151、257号、県道439、505、442号、鳶ノ巣林道（路面評価★★★。部分的に★★。終盤★★★★）、未舗装林道（路面評価★★★★。部分的に★★★とぬかるみあり）経由で約37.5km、約1時間5分。または新東名道浜松いなさICから国道257号、県道47、298、505、442号経由で約18.5km、約35分。ヌタ第1配水池がある三叉路から右の鳶ノ巣林道へ。すぐ未舗装となり、県道から林道三叉路まで1.8km、約7分。さらに登山道入口まで0.6km、約4分。
駐車場／県境の林道三叉路に駐車スペースがある。約10台・草地・区画なし。またさらに林道を600m進んだ登山道入口にも20m先右側に3台分の駐車スペースがある。
携帯電話／県境の林道三叉路＝ドコモ📶通話可、au📶通話可、SB📶～📶通話可。登山道入口＝ドコモ📶～📶通話可（一

東谷山／同トイレ内部

鳶ノ巣／配水池がある三叉路

鳶ノ巣／未舗装の鳶ノ巣林道

鳶ノ巣／県境の駐車スペース

鳶ノ巣／東海自然歩道案内板

時的に不安定になることも)、au📶～📶通話可、SB📶通話可。
その他／林道三叉路＝東海自然歩道案内板、テーブル・ベンチ、旧秋葉街道解説板。
立ち寄り湯／①県道519号で朝霧湖を経由して国道151号を左折すると「名号温泉(みょうごうおんせん)・うめの湯」がある。木曜休(祝日の場合は営業)・10～20時・入浴料700円・☎0536-33-5126。②さらに国道151号を南下すると、湯谷温泉手前に「鳳来ゆ～ゆ～ありいな」もある。火曜休(祝日の場合は翌日)・10～21時・入浴料600円・☎0536-32-2212。
問合先／新城市鳳来総合支所地域振興課☎0536-32-0513、新城市観光協会☎0536-32-0022、新城市観光課☎0536-32-1985

虎子山・国見峠→P101 国見岳・国見峠

富幕山・奥山コース登山口(奥山高原)
とんまくやま・おくやまこーすとざんぐち(おくやまこうげん)

静岡県浜松市北区　標高330m

登山口概要／富幕山の東側、舗装林道沿い。奥山コース(奥浜名自然歩道)を経由する富幕山の起点。
位置情報／[34°50′59″][137°36′18″](登山道入口)
[34°50′49″][137°36′11″](奥山高原駐車場)
アクセス／東名道三ケ日ICから県道308号、市道、県道68号、市道、舗装林道経由で約13.5km、約20分。または新東名道浜松いなさICから国道257号、県道68号、市道、舗装林道経由で9km、約14分。
駐車場／奥山コース入口に駐車場がある。13台・32×16m・舗装・区画あり。また奥山高原にも広い駐車場がある。約50台(区画は30台分)・80×42m・舗装・区画あり。
トイレ／奥山高原に2棟ある。舗装林道沿いのトイレ＝水洗。水道(飲用不可)・TPあり。評価☆☆☆～☆☆。駐車場のトイレ＝水洗。水道・TPあり。評価☆☆。

鳶ノ巣／登山道入口20m先の駐車スペース

鳶ノ巣／登山道入口

奥山／奥山コース入口の駐車場

奥山／富幕山・奥山コース入口

奥山／奥山高原・林道沿いのトイレ

携帯電話／登山道入口＝ドコモ通話可、au通話可、SB～通話可。奥山高原＝ドコモ通話可、au通話可、SB通話可。
ドリンク自販機／奥山高原にある（PBも）。
その他／富幕山解説板、奥浜名自然歩道案内板、とんまく亭（食堂）。
立ち寄り湯／三ヶ日ICの猪鼻湖を隔てた反対側の湖畔にある「三ヶ日温泉・ホテルリステル浜名湖」で可能。不定休・12〜22時（火曜のみ15時〜）・入浴料1000円・☎053-525-1222。
問合先／浜松市北区まちづくり推進課☎053-523-1114、浜松市引佐協働センター☎053-542-1111、浜松市観光インフォメーションセンター☎053-452-1634

奥山／同トイレ内部

富幕山・風越峠
とんまくやま・かざこしとうげ

静岡県浜松市北区　標高258m

登山口概要／富幕山の南側、県道68号沿い。富幕山や奥浜名自然歩道の起点。
位置情報／［34°49′53″］［137°35′25″］
アクセス／東名道三ヶ日ICから県道308号、市道経由で約6km、約10分。または新東名道浜松いなさICから国道257号、県道68号経由で約10.5km、約16分。
駐車場／峠に駐車スペースがある。約10台・22×14m・砂利・区画なし。
携帯電話／ドコモ通話可、au通話可、SB通話可。
その他／奥浜名自然歩道案内・風越峠解説板。
立ち寄り湯／三ヶ日ICの猪鼻湖を隔てた反対側の湖畔にある「三ヶ日温泉・ホテルリステル浜名湖」で可能。不定休・12〜22時（火曜のみ15時〜）・入浴料1000円・☎053-525-1222。
問合先／浜松市北区まちづくり推進課☎053-523-1114、浜松市引佐協働センター☎053-542-1111、浜松市観光インフォメーションセンター☎053-452-1634

奥山／奥山高原駐車場

奥山／同駐車場のトイレ

風越峠／峠の駐車スペース

風越峠／富幕山登山道入口

な行

中山道・馬籠宿
なかせんどう・まごめしゅく

岐阜県中津川市　標高573m

登山口概要／馬籠峠の南西側、県道7号や市道沿い。中山道の起点。
位置情報／〔35°31′29″〕〔137°33′53″〕
アクセス／中央道中津川ICから国道19号、市道、県道7号経由で約12.5km、約18分。
駐車場／馬籠宿に複数の駐車場がある。ほとんど無料だが、民間の有料駐車場もある。200〜300台・42×14mなど16面・舗装・区画あり。
駐車場混雑情報／紅葉シーズンの土・日曜、祝日は混雑し、10月下旬の「馬籠ごへー祭り」などのイベント時には駐車待ちも発生する。ただし比較的回転は早い。
トイレ／馬籠宿の下入口にある。水洗。水道・TPあり。評価☆☆☆。ほかに馬籠宿内の観光案内所隣や上入口などにもある。
携帯電話／ドコモ通話可、au通話可、SB通話可。
ドリンク自販機／馬籠宿の土産物屋前などにある(PBも)。
その他／馬籠宿案内板、馬籠バス停(おんたけ交通バス、北恵那交通バス)、陣場バス停(おんたけ交通バス)。
取材メモ／馬籠宿から最高地点の馬籠峠(P162)を越えて長野県側の妻籠宿(つまごしゅく)へ下る道は、中山道ハイキングコースとして人気がある。約8km、所要約3時間。妻籠から馬籠に戻る路線バスもある。
立ち寄り湯／①県道7号を2kmほど南下し、突き当たりを左折すると、中津川市神坂事務所の手前に「クアリゾート湯舟沢」がある。第4木曜休(7〜8月は無休)・10時〜21時30分(施設は〜22時)・入浴料800円・☎0573-69-5000。②長野県側

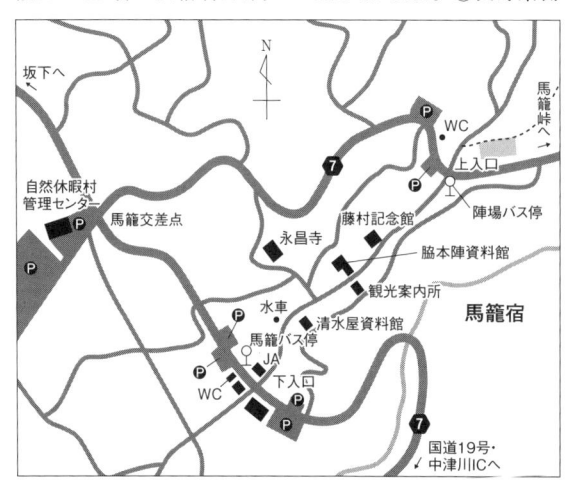

馬籠／下入口の駐車場のひとつ

馬籠／同入口のトイレ

馬籠／同トイレ内部

馬籠／馬籠宿の下入口

馬籠／風情ある建物が続く馬籠宿

では、国道256号を東進すると「南木曽温泉・木曽路館」がある。無休・11 〜 19時・入浴料700円・☎0264-58-2046。③またすぐ近くの「あららぎ温泉・湯元館」でも可能。火曜休（祝日の場合は翌日）・10 〜 20時・入浴料550円・☎0264-58-2365。
問合先／馬籠観光協会☎0573-69-2336、中津川観光センター☎0573-62-2277、中津川市観光課☎0573-66-1111

中山道・馬籠峠→P162 高土幾山・馬籠峠

馬籠／上入口の駐車場のひとつ

長津呂歩道・石廊崎有料駐車場
ながつろほどう・いろうざきゆうりょうちゅうしゃじょう

静岡県南伊豆町　標高6m

登山口概要／石廊崎の北側、町道終点。長津呂歩道の起点。
位置情報／［34°36′33″］［138°50′32″］
アクセス／修善寺道路修善寺ICから天城北道路、国道136、414、136号、県道16号、町道経由で約66.5km、約1時間40分。
駐車場／有料1回500円。24時間出入り可。係員による徴収。先払い。130台・50×35m・舗装・区画あり。※年に3回ある開放日は無料。
駐車場混雑情報／正月、GW、お盆休みは、満車になる。元日は駐車待ちも発生。
トイレ／駐車場にある。水洗。水道・TPあり。評価☆☆☆〜☆☆。
携帯電話／ドコモ📶通話可、au📶通話可、SB📶通話可。
ドリンク自販機／駐車場などにある(PBも)。
その他／長津呂歩道案内板。
取材メモ／長津呂歩道は、石廊崎へ出るコースと城山を一周するコースがある。
立ち寄り湯／①近くの弓ヶ浜にある「休暇村南伊豆」で可能だが、GWや夏期などの繁忙期は立ち寄り湯は不可。無休・13 〜 15時・入浴料800円・☎0558-62-0535。②南伊豆町役場付近の国道136号沿いに町営立ち寄り湯「銀の湯会館」がある。水曜休（祝日の場合は翌日）・10 〜 21時・入浴料700円・☎0558-63-0026。
問合先／南伊豆町観光協会☎0558-62-0141、南伊豆町産業商工課商工観光係☎0558-62-6300

石廊崎／石廊崎有料駐車場

石廊崎／同駐車場のトイレ

石廊崎／同トイレ内部

長ノ山湿原入口
ながのやましつげんいりぐち

愛知県新城市　標高544m

登山口概要／長ノ山湿原の西側、市道交差点。長ノ山湿原の起点。
位置情報／［35°00′02″］［137°27′08″］
アクセス／東海環状道豊田松平ICから国道301号、市道経由で約32km、約50分。または東名道豊川ICから国道151、301号、

長ノ山／湿原散策者用駐車場

市道経由で約33km、約50分。
駐車場／湿原近くの市道交差点に湿原散策者用の駐車場がある。11台・38×10m・舗装・区画あり。
トイレ／駐車場にある。センサーライト付き。水洗。水道・TPあり。評価☆☆☆。
携帯電話／ドコモ📶通話可、au📶通話可、SB圏外。
その他／長ノ山バス停（新城市営バス）、新城観光案内板、長ノ山湿原解説板、マムシ注意看板。
取材メモ／長ノ山湿原では、6月から8月にかけてズミ、サギスゲ、ノハナショウブ、ヒツジグサ、ミミカキグサ、ミズギクなどが咲く。
立ち寄り湯／東名道豊川IC近くの県道21号から少し入ると「本宮の湯（ほんぐうのゆ）」がある。水曜休（祝日の場合は翌日）・10～22時・入浴料600円・☎0533-92-1880。
問合先／新城市作手総合支所地域振興課☎0536-37-2259、新城市観光協会☎0536-32-0022、新城市観光課☎0536-32-1985

長ノ山／同駐車場のトイレ

長ノ山／同トイレ内部

長ノ山／長ノ山湿原

長ノ山／本宮の湯・空の湯大浴場

夏焼城ヶ山・井の入登山口
なつやけじょうがやま・いのいりとざんぐち

愛知県豊田市　標高752m

登山口概要／夏焼城ヶ山の東側、市道沿い。井の入ルートを経由する夏焼城ヶ山の起点。
位置情報／［35°12′52″］［137°32′20″］
アクセス／猿投グリーンロード力石ICから国道153号、市道経由で約38km、約57分。または東海環状道豊田松平ICから国道301号、県道39号、国道153号、市道経由で約42.5km、約1時間3分。あるいは新東名道浜松いなさICから国道257号、県道32、389号、国道257、153号、市道経由で約62km、約1時間34分。
駐車場／登山道入口前の林道路肩に駐車スペースがある。約2台・舗装・区画なし。また100m北側の林道路肩にも5～7

井の入／林道路肩の駐車スペース

台分の駐車スペースがある。
携帯電話／ドコモ圏外、au圏外、SB圏外。
その他／城ヶ山登山道案内板。
立ち寄り湯／①国道153号沿いの道の駅どんぐりの里いなぶに「どんぐりの湯」がある。木曜休（祝日の場合は翌日）・10〜21時（土・日曜、祝日は9時30分〜）・入浴料600円・☎0565-82-3135。②その周辺にある夏焼温泉の各温泉宿でも可能。例えば「ホテル岡田屋」＝不定休（月に3日休みあり）・11時〜21時30分・入浴料400円・☎0565-82-2544。
問合先／いなぶ観光協会☎0565-83-3200、豊田市稲武支所☎0565-82-2511、豊田市観光協会（豊田市商業観光課）☎0565-34-6642

井の入／夏焼城ヶ山登山道入口

夏焼城ヶ山・大井平登山口（大井平公園）
なつやけじょうがやま・おおいだいらとざんぐち（おおいだいらこうえん）

愛知県豊田市　標高530m

登山口概要／夏焼城ヶ山の西側、国道257号沿い。大井平・浅間ルートを経由する夏焼城ヶ山の起点。
位置情報／[35°12′34″][137°30′36″]
アクセス／猿投グリーンロード力石ICから国道153、257号経由で約32km、約47分。または東海環状道豊田松平ICから国道301号、県道39号、国道153、257号経由で約36.5km、約53分。あるいは新東名道浜松いなさICから国道257号、県道32、389号、国道257号経由で約56km、約1時間24分。
駐車場／公園に駐車場がある。4台・舗装・区画あり。
駐車場混雑情報／駐車可能台数が少ないので、早めの到着が望ましい。
トイレ／駐車場にある。水洗。水道（飲用不可）・TPあり。評価☆☆☆。
携帯電話／ドコモ📶通話可、au📶通話可、SB📶通話可。
ドリンク自販機／駐車場にある(PBも)。
その他／城ヶ山登山道案内板、大井平の豊かな自然解説板、大井平公園前バス停（おでかけ北設バス）。
立ち寄り湯／①国道153号沿いの道の駅どんぐりの里いなぶに「どんぐりの湯」がある。木曜休（祝日の場合は翌日）・10〜21時（土・日曜、祝日は9時30分〜）・入浴料600円・☎0565-82-3135。②その周辺にある夏焼温泉の各温泉宿でも可能。例えば「ホテル岡田屋」＝不定休（月に3日休みあり）・11時〜21時30分・入浴料400円・☎0565-82-2544。
問合先／いなぶ観光協会☎0565-83-3200、豊田市稲武支所☎0565-82-2511、豊田市観光協会（豊田市商業観光課）☎0565-34-6642

井の入／大井平公園駐車場とトイレ

大井平／同トイレ

大井平／同トイレ内部

夏焼城ヶ山・夏焼登山口
なつやけじょうがやま・なつやけとざんぐち

愛知県豊田市　標高573m

夏焼／国道路肩の駐車スペース

登山口概要／夏焼城ヶ山の北西側、国道153号沿い。夏焼ルートを経由する夏焼城ヶ山の起点。
位置情報／［35°13′12″］［137°31′21″］
アクセス／猿投グリーンロード力石ICから国道153号経由で約34km、約52分。または東海環状道豊田松平ICから国道301号、県道39号、国道153号経由で約38.5km、約58分。あるいは新東名道浜松いなさICから国道257号、県道32、389号、国道257、153号経由で約58km、約1時間30分。
駐車場／登山道入口の国道路肩に駐車スペースがある。約5台・52×10m・舗装・区画なし。また隣接して6～7台分の駐車スペースもある。
携帯電話／ドコモ通話可、au通話可、SB通話可。
その他／城ヶ山登山道案内板。
立ち寄り湯／①国道153号沿いの道の駅どんぐりの里いなぶに「どんぐりの湯」がある。木曜休（祝日の場合は翌日）・10～21時（土・日曜、祝日は9時30分～）・入浴料600円・☎0565-82-3135。②その周辺にある夏焼温泉の各温泉宿でも可能。例えば「ホテル岡田屋」＝不定休（月に3日休みあり）・11時～21時30分・入浴料400円・☎0565-82-2544。
問合先／いなぶ観光協会☎0565-83-3200、豊田市稲武支所☎0565-82-2511、豊田市観光協会（豊田市商業観光課）☎0565-34-6642

夏焼／城ヶ山登山道案内板

夏焼／夏焼城ヶ山登山道入口に続く道

七ツ峰・接岨峡温泉
ななつみね・せっそきょうおんせん

静岡県川根本町　標高488m

登山口概要／七ツ峰の北西側、県道388号沿い。七ツ峰や天狗石山、八橋小道（やっぱしこみち）などの起点。
位置情報／［35°10′31″］［138°11′10″］
アクセス／新東名道島田金谷ICから国道473、362号、県道77、388号経由で約55.5km、約1時間25分。

接岨峡／温泉南側の駐車場

接岨峡／同駐車場のトイレ

接岨峡／同トイレ内部

191

駐車場／接岨峡温泉の南側に駐車場がある。約50台（区画は23台）・60×5m、54×5m・舗装・区画あり＋区画なし。
トイレ／駐車場にある。水洗。水道なし。TPあり。評価☆☆☆〜☆☆。また接岨峡温泉駅付近の県道沿いにも公衆トイレがある。水洗。水道あり。TPなし。評価☆☆。
携帯電話／ドコモ📶通話可、au📶通話可、SB📶通話可。
水道設備／トイレ前にある。
その他／駐車場＝八橋小道案内板。周辺＝資料館やまびこ、接岨峡温泉案内図、接岨峡温泉駅（南アルプスあぷとライン）。
取材メモ／接岨峡の紅葉は11月上旬〜下旬が見ごろ。
立ち寄り湯／①接岨峡大橋を渡ったところに公共温泉施設の「接岨峡温泉会館」がある。第2、4木曜休・10〜20時・入浴料300円・☎0547-59-3764。②県道77号に出て約2km南下。「もりのくに」案内看板に従って左折すると「白沢温泉・もりのいずみ」がある。水曜休（祝日の場合は翌日）・10〜20時・入浴料1000円（17時〜は800円）・☎0547-59-3800。
問合先／川根本町まちづくり観光協会☎0547-59-2746、川根本町商工観光課観光室☎0547-58-7077

接岨峡／接岨峡温泉駅付近のトイレ

接岨峡／接岨峡温泉会館

七ツ峰・富士見峠
ななつみね・ふじみとうげ

静岡県静岡市葵区　標高1175m

登山口概要／七ツ峰の北東側、県道60号沿い。三ツ峰を経由する七ツ峰、大日山、大日古道、井川高原自然歩道の起点。
位置情報／［35°11′11″］［138°14′59″］
アクセス／新東名道島田金谷ICから国道473、362号、県道77、388号、市道、60号経由で約76.5km、約2時間。または新東名道新静岡ICから県道27、189、60号経由で約35.5km、約1時間。※取材時は、県道189号は、通行止になっていた。開通時期は未定。周辺の道路は、台風などの大雨後、たまに通行止になることがある。

富士見／富士見峠の駐車場

富士見／同駐車場のトイレ

富士見／同トイレ内部

駐車場／約20台以上（区画は8台分）・68×14m・舗装・区画あり。
駐車場混雑情報／満車になることはない。
トイレ／駐車場にあるが、ゴミが散在したままで掃除されていない。水洗。水道（飲用不可）・TPあり。評価☆☆。
携帯電話／ドコモ通話可、au通話可、SB通話可。
その他／展望休憩舎、展望案内板、大日古道案内板、井川高原国民休養地自然歩道案内板、富士見峠バス停（運休中）。
立ち寄り湯／①県道27号を南下すると、市営の「口坂本温泉浴場」がある。水曜休（祝日の場合は翌日）・9時30分～16時30分・入浴料280円・☎054-297-2155。②県道60号を20km南下すると、市営の「湯ノ島温泉浴場」がある。木曜休（祝日の場合は翌日）・9時30分～16時30分・入浴料500円・☎054-291-2177。③接岨峡（せっそきょう）に出ると、公共温泉施設の「接岨峡温泉会館」がある。第2、4木曜休・10～20時・入浴料300円・☎0547-59-3764。
問合先／静岡市スポーツ振興課管理担当☎054-221-1071、静岡市井川支所地域振興担当☎054-260-2211

二階滝→P55 踊子歩道・二階滝駐車場

西穂高岳
　　　→P78 北アルプス・新穂高ロープウェイしらかば平駅（鍋平高原）
　　　→P80 北アルプス・新穂高ロープウェイ新穂高温泉駅

日本ヶ塚山・バンガロー村「古里とみやま」
にほんがつかやま・ばんがろーむら「ふるさととみやま」

愛知県豊根村　標高380m

登山口概要／日本ヶ塚山の北側、村道終点。バンガロー村「古里とみやま」前に登山道入口がある。
位置情報／［35°10′20″］［137°46′54″］
アクセス／新東名道浜松いなさ北ICから三遠南信道（国道474号）、国道151号、県道1号、国道473号、県道1、426号、押出林道（舗装）、村道経由で約59.5km、約1時間35分。または新東名道浜松浜北ICから国道152、473号、県道1、426号、押出林道（舗装）、村道経由で約66.5km、約1時間45分。バンガロー村「古里とみやま」入口には看板がある。
駐車場／登山道入口の駐車場は「古里とみやま」が管理しているので、あらかじめ電話連絡して許可を得ること。有料1回200円。早朝着の場合は下山後の支払いでも可。「古里とみやま」管理棟か、近くの来富館（らいふかん）で支払うが、休園日の月曜日は「古里とみやま」入口向かいにある川上氏宅で払う。約8台・26×10m・砂利＋草地・区画なし。
駐車場混雑情報／アカヤシオシーズンは、満車になる可能性がある。
携帯電話／ドコモ通話可、au圏外、SB圏外。
その他／日本ヶ塚遊歩道案内図、熊出没注意看板、登山安全マップ。
取材メモ／日本ヶ塚山のアカヤシオは、4月下旬～5月初旬が見ごろ。

富士見／展望休憩舎

富士見／大日古道入口

日本／「古里とみやま」入口

日本／バンガロー村「古里とみやま」

日本／登山道入口の駐車場

193

立ち寄り湯／県道1号に出て富山支所方面に1km進むと「湯の島温泉」がある。月、水、金曜休・火と木曜は16～19時（内風呂のみ）、土と日曜は13～19時（内風呂と露天風呂）・入浴料400円・☎0536-89-2170（モカル富山）。
問合先／バンガロー村「古里とみやま」（モカル富山）☎0536-89-2170、豊根村観光協会☎0536-87-2525

抜戸岳→P77 北アルプス・新穂高駐車場①（深山荘付近）
　　　→P78 北アルプス・新穂高駐車場②（左俣林道入口）

根尾の滝入口
　　　→P69 巌立峡・がんだて公園「取材メモ」欄参照

日本／日本ヶ塚山登山道入口

寝姿山・下田ロープウェイ新下田駅
ねすがたやま・しもだろーぷうぇいしんしもだえき

静岡県下田市　標高10m

登山口概要／寝姿山の南西側、国道414号沿い。寝姿山の主要登山口。
位置情報／［34°40′44″］［138°56′45″］
アクセス／修善寺道路修善寺ICから天城北道路、国道136、414号経由で約49.5km、約1時間15分。
駐車場／駅前に無料駐車場がある。25台・32×25m・舗装・区画あり。
駐車場混雑情報／GWや紅葉シーズンの休日は、9時には満車になる。
トイレ／新下田駅と寝姿山駅にある。詳細不明。
携帯電話／ドコモ訓通話可、au訓通話可、SB訓通話可。
下田ロープウェイ／9時～17時15分（上り最終は16時45分）・所要3分半・15分毎に運行・往復1000円、片道600円・☎0558-22-1211。※下田ロープウェイの公式サイトに印刷して持参すれば運賃が100円引になる割引券がある。
その他／新下田駅＝売店。寝姿山駅＝売店、喫茶店。
立ち寄り湯／①国道135号沿いにある下田温泉の下田聚楽ホテル、下田ベイクロシオ、黒船ホテルなどで立ち寄り湯が可能（入浴料1200～1500円）。②国道414号を北上すると蓮台寺駅近くの「千人風呂・金谷旅館」で立ち寄り湯ができる。無休・9～22時・入浴料1000円・☎0558-22-0325。
問合先／下田ロープウェイ☎0558-22-1211、下田市観光協会☎0558-22-1531、下田市観光交流課☎0558-22-3913

寝姿山／下田ロープウェイ駐車場

寝姿山／下田ロープウェイ新下田駅

猫越岳・県道411号（土肥峠）
ねっこだけ・けんどうよんひゃくじゅういちごう（といとうげ）

静岡県伊豆市　標高760m

登山口概要／猫越岳の北西側、県道411号沿い。猫越岳や魂の山などの伊豆山稜線歩道の起点。
位置情報／［34°53′23″］［138°50′37″］

土肥峠／土肥峠付近の駐車場

土肥峠／駐車場に立つ国立公園案内板

アクセス／修善寺道路修善寺ICから天城北道路（国道136号）、国道136号、県道411号経由で約21.5km、約33分。
駐車場／土肥峠、魂の山（こんのやま）登山道入口付近に駐車場がある。12〜15台・36×28m・舗装＋砂利・区画なし。
駐車場混雑情報／満車になることはない。
携帯電話／ドコモ📶・🈁通話可、au📶通話可、SB📶〜🈁つながらず。
その他／案内板。
立ち寄り湯／①国道136号で修善寺ICに戻る途中、「湯の国会館」がある。水曜休（祝日の場合は翌日）・10〜21時・入浴料800円・☎0558-87-1192。②修善寺温泉に「筥湯（はこゆ）」がある。無休・0〜21時・入浴料350円・☎0558-72-2501（伊豆市観光協会修善寺支部）。③国道136号で土肥側に下ると、「土肥温泉・楠の湯（くすのゆ）」がある。第2、4火曜休・13〜21時・入浴料400円・☎0558-98-1212（土肥観光協会）。
問合先／伊豆市観光協会☎0558-85-1883、伊豆市観光交流課☎0558-72-9911

土肥峠／筥湯・浴室

仁科峠／峠の駐車場

猫越岳・仁科峠
ねっこだけ・にしなとうげ

静岡県伊豆市・西伊豆町　標高900m

登山口概要／猫越岳の北西側、県道59号沿い。猫越岳の最短主要登山口。伊豆山稜線歩道などの起点。
位置情報／〔34°51′46″〕〔138°50′37″〕
アクセス／修善寺道路修善寺ICから天城北道路、国道136号、県道411、59号経由で約26km、約40分。
駐車場／峠に駐車場がある。5〜6台・14×14m・砂利・区画なし。
駐車場混雑情報／満車になることはない。
携帯電話／ドコモ圏外、au📶〜🈁不安定またはつながらず、SB圏外。
その他／伊豆山稜線歩道案内図、仁科峠解説板、ガイドマップ頒布箱、テーブル・ベンチ。
取材メモ／仁科峠駐車場から北に少し歩き、右手の道に入ると、富士山とフジザクラが咲く山をセットで望めるポイントがある。見ごろは4月中旬〜下旬。
立ち寄り湯／①県道410号で西伊豆町側へ下ると、宇久須温泉の「西伊豆クリスタルビューホテル」で可能。無休・平日15〜21時、土・日曜13時〜（夏休み期間は変動）・入浴料1000円・☎0558-55-1111。②県道59号で伊豆市側に下ると湯ヶ島温泉に共同浴場の「河鹿の湯（かじかのゆ）」がある。水曜休・13時〜22時・入浴料250円・☎0558-85-1056（伊豆市観光協会天城支部）。③湯ヶ島温泉には立ち寄り湯ができる温泉宿もある。例えば湯本館（無休・12時30分〜15時・入浴料800円・☎0558-85-1028）など。
問合先／伊豆市観光協会☎0558-85-1883、伊豆市観光交流課☎0558-72-9911

仁科峠／峠を示す石標

仁科峠／伊豆山稜線歩道案内板

仁科峠／猫越岳登山道入口

寧比曽岳・大多賀峠
ねびそだけ（ねびそがたけ）・おおたがとうげ

愛知県豊田市　標高800m

登山口概要／寧比曽岳の北側、県道33号沿い。東海自然歩道を経由する寧比曽岳の起点。
位置情報／［35°09′15″］［137°26′25″］（駐車スペース）［35°09′19″］［137°26′21″］（登山道入口）
アクセス／猿投グリーンロード力石ICから国道153号、県道33号経由で約25km、約38分。または東海環状道豊田松平ICから国道301号、県道39号、国道153号、県道33号経由で約30km、約45分。
駐車場／登山道入口の100m南側に駐車スペースがある。約10台・44×10m・細砂利＋草地・区画なし。
携帯電話／ドコモ圏外、au通話可、SB圏外。
その他／東海自然歩道案内板、熊出没注意看板。
立ち寄り湯／国道153号で力石ICに戻る途中、香嵐渓の先にある「白鷺温泉・白鷺館」でも可能。不定休・10～20時・入浴料800円・☎0565-62-0151。
問合先／豊田市足助支所☎0565-62-0600、豊田市観光協会（豊田市商業観光課）☎0565-34-6642

寧比曽岳・段戸湖→P168 段戸裏谷原生林入口

能郷白山・温見峠（ぬくみとうげ）→P272

能郷白山・能郷谷登山口
のうごうはくさん・のうごうだにとざんぐち

岐阜県本巣市　標高380m

登山口概要／能郷白山（日本二百名山）の南東側、能郷谷林道沿い。能郷白山の起点。※林道の崩落のため、登山口の2.5km手前、林道ゲートまでしか進入できない。
位置情報／［35°42′35″］［136°32′50″］
アクセス／東海北陸道一宮木曽川ICから名岐バイパス（国道22号）、国道21号、県道23号、国道157号、市道、能郷谷林道（ゲートまでは全線舗装）経由で約56km、約1時間28分。または東海環状道関広見ICから国道428、157号、市道、能郷谷林道（ゲートまでは全線舗装）経由で約45km、約1時間10分。国道157号から3.9km、約10分。
駐車場／林道ゲートのすぐ手前左側に駐車スペースがある。約10台・20×6mなど3面・砂利＋草地・区画なし。※ゲート前は駐車禁止。
携帯電話／ドコモ～通話可、au圏外、SBだが通話可。
登山届入れ／国道から市道に左折してすぐ、白山神社前に電話ボックスを利用した登山届出所がある。
取材メモ／能郷白山のコバイケイソウは6月上旬～7月上旬、ニッコウキスゲは7月上旬～中旬が見ごろ。
立ち寄り湯／国道を4kmほど南下すると、道の駅うすずみ桜

寧比曽／100m南側の駐車スペース

寧比曽／寧比曽岳登山道入口

能郷／白山神社前の登山届出所

能郷／林道ゲート手前の駐車スペース

能郷／林道ゲート

の里・ねおに隣接して「うすずみ温泉・四季彩館」がある。月曜休（祝日の場合は翌日）・10〜20時・入浴料850円・☎0581-38-3678。
問合先／本巣市根尾分庁舎総務課産業建設係☎0581-38-2513、本巣市観光協会☎058-323-3222、本巣市産業経済課商工観光係☎058-323-7756

鋸岳→P24 愛鷹山・山神社駐車場

納古山・木和谷林道
のこやま・こわたにりんどう

岐阜県七宗町　標高220m（第2パーキング）

登山口概要／納古山の東側、木和谷林道沿い。納古山の起点。
位置情報／［35°32′47″］［137°06′29″］（第2パーキング）
［35°33′05″］［137°06′17″］（第4パーキング）
アクセス／東海環状美濃加茂ICから美濃加茂バイパス（国道41号）、国道41号、県道64号、木和谷林道（路面評価★★★の未舗装と舗装の繰り返し。第2パーキング付近から先は路面評価★★★の未舗装）経由で約14km、約22分。町道から第2パーキングまで1.1km、約4分。
駐車場／木和谷林道沿いに第1〜第4パーキングがある。各約5台、計約20台・22×5mなど4面・砂地＋草地・区画なし。
駐車場混雑情報／GWと紅葉シーズン休日は、混雑することもある。満車の場合は近くの上麻生駅前駐車場が利用可。
トイレ／第2パーキングに簡易トイレが1基ある。TPあり。評価☆☆。
携帯電話／第1パーキング＝ドコモ📶〜📶通話可、au圏外、SB圏外。第2〜4パーキング＝ドコモ圏外、au圏外、SB圏外。
その他／納古山案内板、熊出没注意看板。
立ち寄り湯／①国道41号を東進北上すると、道の駅美濃白川に「道の駅温泉・ピアチェーレ」がある。水曜休・10〜21時・

能郷／うすずみ温泉・四季彩館

納古山／木和谷林道入口。ここを入る

納古山／未舗装の木和谷林道

納古山／第1パーキング

納古山／第2パーキングと簡易トイレ

197

入浴料450円・☎0574-75-2146。※ピアチェーレ新設に伴い、「白川天然温泉・四季彩の湯」は閉鎖された。②美濃加茂ICを過ぎて、関市街地方面に向けて国道248号を西進すると関市に入る手前に「かもの湯」がある。無休・10〜24時・入浴料450円（土・日曜、祝日は500円）・☎0574-28-7200。
問合先／七宗町企画財政課企画振興係☎0574-48-2291

野麦峠
のむぎとうげ

岐阜県高山市／長野県松本市　標高1672m

登山口概要／乗鞍岳の南東側、県道39号沿い。旧野麦街道、峠の森の起点。
アクセス／東海北陸道飛騨清見ICから中部縦貫道（高山清見道路・国道158号）、国道41号、市道（山王トンネル）、県道、462号、国道361号、県道39号経由で約76km、約1時間55分。または長野道松本ICから国道158号、県道26、39号経由で約48km、約1時間10分。県道39号の開通期間は、4月下旬〜11月中旬。
駐車場／峠に駐車場がある。約40台・58×32m・舗装・区画なし。
トイレ／駐車場に野麦峠公衆トイレがある。水洗。水道・TPあり。評価☆☆☆。
携帯電話／ドコモ通話可、auかなり不安定もしくは圏外、SB圏外。
ドリンク自販機／水車小屋、お助け小屋、野麦峠の館にある(PBも)。
その他／野麦峠の館（資料館。駐車場側の屋上は展望台になっている。5〜11月・9〜16時・入館料500円・☎0577-59-2820）、お助け小屋（宿泊・食堂。☎0577-59-2409）、あぁ野麦峠の石碑、政井みねの像、ベンチ、あずまや、水車小屋、峠の森案内板、解説板、熊出没注意看板。
取材メモ／かつて飛騨から信州へ抜ける街道の難所で、ノ

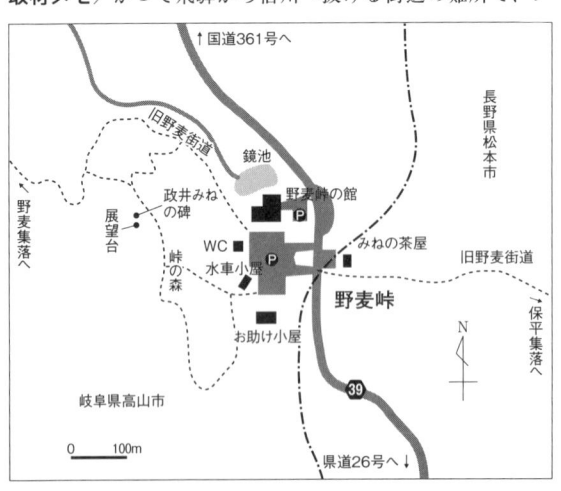

納古山／納古山登山道入口

野麦峠／峠の駐車場

野麦峠／同駐車場のトイレ

野麦峠／同トイレ内部

野麦峠／お助け小屋

ンフィクション小説『あゝ野麦峠』で全国的に有名になった。野麦峠の紅葉は10月上旬〜中旬が見ごろ。
立ち寄り湯／①県道39号で岐阜県側に下り、国道361号を右折した先に「塩沢温泉・七峰館」がある。無休・10時〜20時30分・入浴料500円・☎0577-59-2326。②高山市一之宮町に向かうと「臥竜の郷（がりゅうのさと）」がある。月1回メンテナンス休・6〜23時・入浴料800円・☎0577-53-3933。③長野県側では県道26号を木祖村方面に向かうと、渋沢温泉「ウッディ・もっく」で可能。水曜休・13〜18時30分（土・日曜、祝日などの繁忙期は11〜19時）・入浴料400円・☎0263-79-2770。④同じく渋沢温泉の「旅館・仙洛」でも可能だが、立ち寄り湯ができないこともあるので要確認。不定休・11〜15時（日によって変動）・入浴料500円・☎0263-79-2277。
問合先／高山市高根支所☎0577-59-2211、飛騨高山観光案内所☎0577-32-5328、高山市観光課☎0577-35-1345、ながわ観光協会☎0263-79-2125

野麦峠・旧野麦街道入口（野麦の里公園）
のむぎとうげ・きゅうのむぎかいどういりぐち（のむぎのさとこうえん）

岐阜県高山市　標高1303m

登山口概要／野麦峠の西側、県道39号沿い。旧野麦街道ハイキングコースの起点。
位置情報／［36°02′57″］［137°33′50″］
アクセス／東海北陸道飛騨清見ICから中部縦貫道（高山清見道路・国道158号）、国道41号、市道（山王トンネル）、県道462号、国道361号、県道39号経由で約67.5km、約1時間42分。高山市街地からアクセスする場合、「野麦オートビレッジ」の大きな看板の手前に野麦の里公園駐車場入口がある。
駐車場／旧野麦街道入口の手前、野麦の里公園に駐車場がある。8〜10台・32×12m・舗装・区画なし。

野麦峠／野麦峠の館

野麦峠／峠の森遊歩道入口

街道／野麦の里公園入口

街道／同公園の駐車場

街道／同駐車場のトイレ

トイレ／駐車場にある。水洗。水道・TPあり。評価☆☆☆〜☆☆。
携帯電話／ドコモ📶通話可、au📶通話可、SB圏外。
その他／旧野麦街道ハイキングコース入口＝旧江戸街道解説板、熊出没注意看板。
取材メモ／旧野麦街道ハイキングコース入口は、駐車場の1km先、県道39号沿いにある。また野麦峠の紅葉は10月上旬〜中旬が見ごろ。
立ち寄り湯／①県道39号で岐阜県側に下り、国道361号を右折した先に「塩沢温泉・七峰館」がある。無休・10時〜20時30分・入浴料500円・☎0577-59-2326。②高山市一之宮町に向かうと「臥竜の郷（がりゅうのさと）」がある。月1回メンテナンス休・6〜23時・入浴料800円・☎0577-53-3933。
問合先／高山市高根支所☎0577-59-2211、飛騨高山観光案内所☎0577-32-5328、高山市観光課☎0577-35-3145

乗鞍岳→P75 北アルプス・あかんだな駐車場（平湯駐車場）
　　　→P82〜87 北アルプス・乗鞍岳
　　　→P90 北アルプス・朴の木平駐車場

乗政大滝入口
のりまさおおたきいりぐち

岐阜県下呂市　標高800m

登山口概要／白草山（しらくさやま）の西側、舗装林道沿い。乗政大滝の起点。詳細図は、P124「白草山・黒谷林道ゲート」の項参照。
位置情報／［35°48′35″］［137°18′11″］
アクセス／東海環状道富加関ICから県道58号、国道41、257号、県道440号、舗装林道経由で約69km、約1時間45分。または中央道中津川ICから国道19、257、256、257号、県道440号、舗装林道経由で約52.5km、約1時間20分。国道から6.8km、約11分。
駐車場／滝入口に駐車場がある。約20台・24×14mなど2面・舗装＋砂利＋草地・区画なし。
携帯電話／ドコモ📶〜📶通話可、au📶通話可、SB圏外。
その他／乗政大滝解説板、乗政キャンプ場（予約・問合せは下呂市下呂地域振興課☎0576-24-2222、現地☎0576-26-3368）。
取材メモ／乗政大滝は落差21m。岐阜県名水50選にも選定されている。駐車場から徒歩約5分。
立ち寄り湯／①県道を下ると「乗政一乃湯」がある。県道から少し入る。水〜木曜休（祝日の場合は翌日）・12〜21時・入浴料500円・☎0576-26-3456。また国道41号を北上し下呂市街地の下呂温泉に行くと、複数の立ち寄り湯施設がある。②クアガーデン露天風呂＝木曜休・8〜21時（夏休みは〜22時）・入浴料600円・☎0576-24-1182。③白鷺の湯＝水曜休・10〜22時・入浴料300円・☎0576-25-2462。④幸乃湯＝火曜休・10〜23時・入浴料350円・☎0576-25-2157。
問合先／下呂市観光課☎0576-24-2222

街道／同トイレ内部

街道／旧野麦街道入口

乗政／途中の案内標識

乗政／滝入口の駐車場

乗政／乗政大滝解説板

は行

波勝崎歩道→P253 南伊豆歩道（波勝崎歩道）・波勝崎

白山・石徹白登山口（大杉ふれあい広場）
はくさん・いとしろとざんぐち（おおすぎふれあいひろば）

岐阜県郡上市　標高955m

登山口概要／別山（べっさん）の南側、市道終点。美濃禅定道（石徹白道・南縦走路）を経由する別山や白山（日本百名山、花の百名山、新・花の百名山）、石徹白の大杉などの起点。
位置情報／［36°01′58″］［136°45′30″］
アクセス／東海北陸道白鳥ICから県道82号、国道156号、県道314、127号、市道経由で約30.5km、約48分。市道途中、アスファルト舗装に凹凸が多い区間あり。国道156号から22km、約36分。
駐車場／登山道入口前に駐車場がある。19台・28×14m・舗装・区画あり。奥にも4台分の駐車スペースがある。
駐車場混雑情報／満車になることはない。
トイレ／駐車場の奥にある。チップ制。非水洗。水道・TPあり。評価☆☆☆〜☆☆。
携帯電話／ドコモ圏外、au▮〜▮通話可、SB圏外。
水場／登山道入口にある。
登山届入れ／あずまやにある。
その他／あずまや、登山者カウンター、白山・別山の山頂図、登山者に対する注意喚起看板。
取材メモ／石徹白の大杉は、幹周14m、推定樹齢約1800年の巨木で、国の特別天然記念物に指定されている。本項駐車場から徒歩約10分。また白山のハクサンコザクラやクロユリは、7月中旬〜8月上旬が見ごろ。
立ち寄り湯／①すぐ近くのウイングヒルズ白鳥リゾート

石徹白／登山口に続く市道

石徹白／登山道入口の駐車場

石徹白／あずまや

石徹白／駐車場奥のトイレ

石徹白／同トイレ内部

201

に「満天の湯」がある。無休・10～20時（土・日曜、祝日、GW、お盆休みは～21時。冬期は毎日～21時30分）・入浴料800円・☎0575-86-3487。②白鳥IC近くに「美人の湯しろとり」がある。木曜休（祝日の場合は営業）・11～21時・入浴料650円・☎0575-83-0126。
問合先／白鳥観光協会（白鳥地域物産振興センター内）☎0575-82-5900、郡上市観光連盟（郡上市観光課）☎0575-67-1808

石徹白／白山・美濃禅定道登山道入口

白山・大白川登山口（平瀬道登山口）
はくさん・おおしらかわとざんぐち（ひらせどうとざんぐち）
岐阜県白川村　標高1253m

登山口概要／白山（日本百名山、、花の百名山、新・花の百名山）の東側、県道451号終点付近。平瀬道を経由する白山の主要登山口のひとつ。
位置情報／［36°08′40″］［136°49′15″］
アクセス／東海北陸道荘川ICから国道158、156号、県道451号経由で約34.5km、約53分。国道から13km、約23分。県道451号の開通期間は6月1日～11月15日（変更になることも）。大雨で通行止になることも多い。県道の管理もしている白水湖畔ロッジ☎090-2770-2893、もしくは高山土木事務所☎0577-33-1111で通行可否を教えてくれる。
駐車場／登山道入口や白水湖畔ロッジ前に駐車場がある。チップ制。1台300円。トイレ前の募金箱に入れる。計約150台・62×32m、32×22m・砂利＋草地・区画なし。
駐車場混雑情報／7月下旬～8月の土・日曜、祝日は満車になりやすく、県道路肩に車が並ぶこともあるが、停められないことはない。10月の土・日曜、祝日は好天なら満車になる。
トイレ／白水湖畔ロッジ前の駐車場にある。水洗。水道・TPあり。評価☆☆☆～☆☆。
携帯電話／ドコモ圏外、au圏外、SB圏外。

大白川／登山道入口の駐車場

大白川／ロッジ前駐車場のトイレ

大白川／同トイレ内部

大白川／白水湖畔ロッジ

水道設備／登山道入口にある。
登山届入れ／平瀬道休憩所にある。
その他／平瀬道休憩所、登山案内板、白山花の案内板、登山者に対する注意喚起看板、白水湖畔ロッジ（宿泊・軽食・売店・温泉。6月1日～11月15日・期間中無休。軽食は11～14時・☎090-2770-2893）、大白川国有林案内板など。
取材メモ／白山のハクサンコザクラやクロユリは、7月中旬～8月上旬が見ごろ。
立ち寄り湯／①白水湖畔ロッジの20m奥に大白川露天風呂がある。受付・問い合わせは白水湖畔ロッジへ。6月1日～11月15日・期間中無休・7～17時・入浴料300円・☎090-2770-2893。②国道156号を左折してすぐ、道の駅飛騨白山の隣に「大白川温泉・しらみずの湯」もある。水曜休（祝日の場合は営業）・10～21時（12～3月は11～20時）・入浴料600円・☎05769-5-4126。③荘川ICすぐ手前、道の駅桜の郷荘川に隣接する「飛騨荘川温泉・桜香の湯（おうかのゆ）」もある。木曜休（祝日の場合は翌日）・10時～20時30分・入浴料700円・☎05769-2-2044。
問合先／白川郷観光協会☎05769-6-1013

大白川／平瀬道休憩所

大白川／白山・平瀬道登山道入口

大白川／大白川露天風呂

白山・三方岩駐車場
はくさん・さんぽういわちゅうしゃじょう

岐阜県白川村　標高1455m

登山口概要／白山（日本百名山、、花の百名山、新・花の百名山）の北東側、白山スーパー林道沿い。三方岩岳（日本三百名山）などの起点。※夜間駐車はできないため、車利用による白山登山はできないので注意。
位置情報／［36°15′49″］［136°50′15″］
アクセス／東海北陸道白川郷ICから国道156号、白山スーパー林道（全線舗装。有料）経由で約17.5km、約27分。スーパー林道入口から14.5km、約23分。白川郷ICを出て国道を南下すると、すぐに白山スーパー林道入口がある。
白山スーパー林道／6月上旬～11月10日・7～18時（9～11月は8～17時。出口閉門時間はそれぞれ1時間後）・通行料3150円（岐阜馬狩ゲート～石川中宮ゲート内のUターンは片道料金で可能）・白山林道岐阜管理事務所☎05769-6-1664、岐阜県森林公社高山出張所（閉鎖期間中の連絡先）☎0577-33-1111。
駐車場／51台＋大型・70×34m・舗装・区画あり。
駐車場混雑情報／紅葉シーズンは、平日でも満車になることがある。
トイレ／駐車場にある。非水洗。水道・TPあり。評価☆☆☆
携帯電話／ドコモ圏外、au圏外、SB圏外。
水場／トイレ前にあるが、飲用不可。
登山届入れ／登山道入口にある。
その他／三方岩岳園地案内板、白山山系緑の回廊案内板、非常電話。
取材メモ／三方岩岳のハクサンシャクナゲは6月中旬～下旬、紅葉は9月下旬～10月上旬が見ごろ。

三方岩／白山スーパー林道馬狩ゲート

三方岩／三方岩駐車場

立ち寄り湯／①白川村側に下ると、白川郷の荻町交差点に「白川郷の湯」がある。無休・7時〜21時30分・入浴料700円・☎05769-6-0026。②白川郷から国道156号を約12km南下すると、道の駅飛騨白山の隣に「大白川温泉・しらみずの湯」もある。水曜休（祝日の場合は営業）・10〜21時（12〜3月は11〜20時）・入浴料600円・☎05769-5-4126。③一方、石川県側に下ると白山スーパー林道の途中に「親谷の湯」がある。蛇谷園地駐車場から徒歩15分。スーパー林道開通期間・時間のみ利用可・入浴無料・☎076-255-5011（白山市吉野谷支所産業建設課）。④その先、スーパー林道を出て左折すると「中宮温泉・市営くろゆり荘」で可能。4月末〜11月中旬・8〜17時・入浴料500円・☎076-256-7955。⑤さらに先、白山一里野温泉に「白山癒しの湯・天領」もある。火曜休（祝日の場合は翌日）・10〜18時（土・日曜、祝日は〜21時）・入館料600円・☎076-256-7846。
問合先／白川郷観光協会☎05769-6-1013

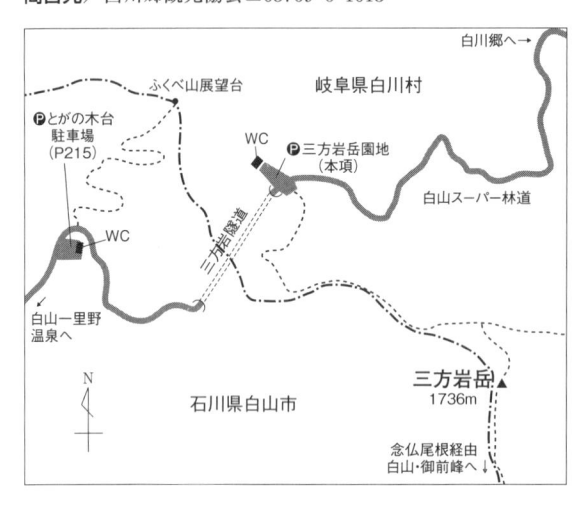

三方岩／同駐車場のトイレ

三方岩／同トイレ内部

三方岩／三方岩岳登山道入口

白山・白川郷展望台駐車場

はくさん・しらかわごうてんぼうだいちゅうしゃじょう

岐阜県白川村　標高1186m

登山口概要／白山（日本百名山、、花の百名山、新・花の百名山）の北東側、白山スーパー林道沿い。三方岩岳（さんぽういわだけ。日本三百名山）や遊歩道・ブナの小径などの起点。※夜間駐車不可のため、車利用による白山登山はできないので注意。
位置情報／［36°15′40″］［136°51′50″］
アクセス／東海北陸道白川郷ICから国道156号、白山スーパー林道（全線舗装。有料）経由で約13km、約20分。白川郷ICを出て国道を南下すると、すぐに白山スーパー林道入口がある。そこから10km、約15分。
白山スーパー林道／6月上旬〜11月10日・7〜18時（9〜11

白川郷／白川郷展望台駐車場

白川郷／同駐車場のトイレ

月は8 ～ 17時。出口閉門時間はそれぞれ1時間後）・通行料3150円（岐阜馬狩ゲート ～ 石川中宮ゲート内のUターンは片道料金で可能）・白山林道岐阜管理事務所☎05769-6-1664、岐阜県森林公社高山出張所（閉鎖期間中の連絡先）☎0577-33-1111。
駐車場／50台＋大型・80×50m・舗装・区画あり。
駐車場混雑情報／紅葉シーズンは、平日でも満車になることがある。
トイレ／駐車場にある。水洗。水道・TPあり。評価☆☆☆。
携帯電話／ドコモ圏通話可、au圏～圏通話可、SB圏外
ドリンク自販機／駐車場にある（PBも）。
その他／蓮如茶屋（食堂・売店）。
立ち寄り湯／①白川村側に下ると、白川郷に「白川郷の湯」がある。無休・7時～ 21時30分・入浴料700円・☎05769-6-0026。②白川郷から国道156号を約12km南下すると、道の駅飛騨白山の隣に「大白川温泉・しらみずの湯」もある。水曜休（祝日の場合は営業）・10 ～ 21時（12 ～ 3月は11 ～ 20時）・入浴料600円・☎05769-5-4126。
問合先／白川郷観光協会☎05769-6-1013

白山・とがの木台→P215 瓢箪山・とがの木台

白山・平瀬道登山口→P202 白山・大白川登山口

白山権現山→P55 小津権現山・小津登山口

橋ヶ谷山・阿木林道
はしがたにやま・あぎりんどう

岐阜県中津川市　標高900m

登山口概要／橋ヶ谷山の南西側、阿木林道沿い。橋ヶ谷山や天狗森山（てんぐもりやま）の起点。
位置情報／［35°22′59″］［137°30′51″］
アクセス／中央道恵那ICから県道68、66号、国道19号、県道407号、国道363号、阿木林道（風神社の600m先から未舗装。路面評価★★★★。部分的に★★★）経由で約19km、約35分。風神社から1.9km、約7分。
駐車場／阿木林道のゲート前に駐車スペースがある。約3台・砂地・区画なし。また100m手前左側に2台分の駐車スペースがある。
携帯電話／ドコモ圏外、au圏通話可、SB圏外。
その他／熊出没注意看板。
取材メモ／登山道入口は、阿木林道と阿木恵那林道をさらに3.3km歩いたところにある。
立ち寄り湯／恵那峡方面に向かうと立ち寄り湯ができる温泉宿がいくつかある。①恵那ラヂウム温泉館＝不定休・10 ～ 20時・入浴料500円・☎0573-25-2022。②恵那峡グランドホテル＝無休・11 ～ 21時（土曜、休前日は～ 16時）・入浴料800円・☎0573-25-5235。③かんぽの宿恵那＝無休・11 ～ 22時・入浴料800円（木曜は600円。木曜が祝日の場合は翌金曜

白川郷／同トイレ内部

白川郷／蓮如茶屋

白川郷／展望台入口

橋ヶ谷／手前の風神社

橋ヶ谷／林道ゲート前の駐車スペース

日）・☎0573-26-4600。
問合先／中津川市阿木事務所☎0573-63-2001、中津川観光センター☎0573-62-2277、中津川市観光課☎0573-66-1111

筈ヶ岳・綾渡登山口
はずがたけ・あやどとざんぐち

愛知県豊田市　標高560m

登山口概要／筈ヶ岳の南西側、市道沿い。筈ヶ岳や東海自然歩道の起点。
位置情報／［35°07′19″］［137°21′54″］
アクセス／猿投グリーンロード力石ICから国道153号、県道33号、市道経由で約20km、約30分。または東海環状道豊田松平ICから国道301号、県道39号、国道153号、県道33号、市道経由で約24.5km、約38分。
駐車場／登山道入口に駐車スペースがある。約6台・22×7m・細砂利＋草地・区画なし。
携帯電話／ドコモ通話可、au不安定、SB圏外。
取材メモ／登山道入口には「東海自然歩道」の標識が立っている。
立ち寄り湯／国道153号で力石ICに戻る途中、香嵐渓の先にある「白鷺温泉・白鷺館」で可能。不定休・10〜20時・入浴料800円・☎0565-62-0151。
問合先／豊田市足助支所☎0565-62-0600、豊田市観光協会（豊田市商業観光課）☎0565-34-6642

八紘嶺・安倍峠（豊岡梅ヶ島林道）
はっこうれい・あべとうげ（とよおかうめがしまりんどう）

静岡県静岡市葵区／山梨県身延町　標高1445m

登山口概要／八紘嶺の南東側、豊岡梅ヶ島林道沿い。八紘嶺の主要登山口のひとつ。
位置情報／［35°19′00″］［138°21′10″］
アクセス／新東名道新静岡ICから県道27、29号経由で約44.5km、約1時間15分。県道終点（林道ゲート）から登山口まで約7km、約13分。または中部横断道増穂ICから国道52号、県道808号、豊岡梅ヶ島林道（全線舗装）経由で約45km、約1時間10分。豊岡梅ヶ島林道の開通期間は、5月中旬〜12月中旬。
駐車場／登山道入口に駐車場がある。10〜12台・25×10m・砂利・区画なし。
トイレ／駐車場にある。非水洗。水道（雨水利用タンク）・TPあり。評価☆☆。
携帯電話／ドコモ〜通話可、au圏外、SB未調査。
登山届入れ／登山道入口にある。
その他／「梅ヶ島地区（八紘嶺・安倍峠）ハイキングコース」案内板。
取材メモ／本項のデータは、本書の姉妹書『関東周辺登山口

橋ヶ谷／阿木林道ゲート

筈ヶ岳／登山道入口の駐車スペース

筈ヶ岳／筈ヶ岳登山道入口

安倍峠／登山道入口の駐車場

安倍峠／同駐車場のトイレ

情報・上巻』(双峰社)の取材時のもの。本書の取材時には、災害のため豊岡梅ヶ島林道が通行止になっており、本項登山口の静岡県側手前にある別の八紘嶺登山口とともに調査ができなかった。なお、安倍峠の十枚山登山口にも2～3台分の駐車スペースがある。

立ち寄り湯／①静岡県側には「梅ヶ島新田温泉・黄金の湯(こがねのゆ)」がある。月曜休(祝日の場合は翌日)・9時30分～17時30分(12～3月は～16時30分)・入浴料500円・☎054-269-2615。②一方、山梨県側は県道808号の途中で左折すると、門野の湯(かどののゆ・身延町高齢者保養施設)で立ち寄り湯が可能。月曜休(祝日の場合は翌日)・9時30分～20時(9～5月は9～19時)・入浴料400円・☎055-662-2221。
問合先／静岡市スポーツ振興課管理担当☎054-221-1071、静岡市観光・シティプロモーション課☎054-354-2422、身延町観光課☎055-662-1116

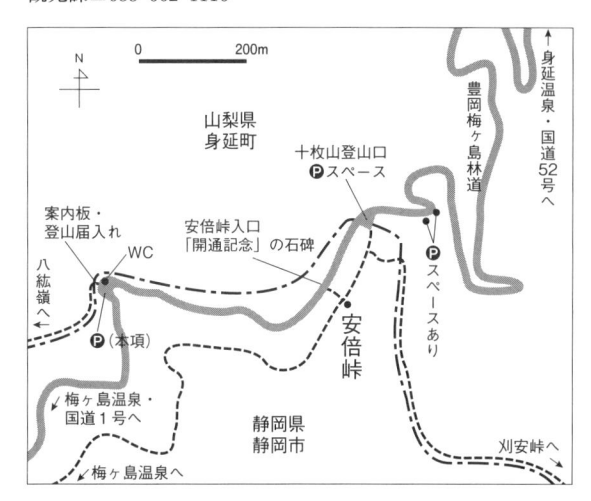

安倍峠／同トイレ内部

安倍峠／八紘嶺登山道入口

安倍峠／十枚山登山口の駐車スペース

八紘嶺・梅ヶ島温泉(豊岡梅ヶ島林道)
はっこうれい・うめがしまおんせん（とよおかうめがしまりんどう）

静岡県静岡市葵区　標高915m

登山口概要／八紘嶺の南側、豊岡梅ヶ島林道沿い。八紘嶺の起点。梅ヶ島温泉街を過ぎて、少し林道を上がったところ。
位置情報／[35°18′14″][138°20′28″]
アクセス／新東名道新静岡ICから県道27、29号経由で約38km、約1時間。
駐車場／登山道入口前の路肩や携帯基地局横に駐車スペースがある。計4～5台・舗装＋砂利・区画なし。
トイレ／約7km手前の県道沿いに公衆トイレがある。センサーライト付き。水洗。水道・TPあり。評価☆☆☆。
携帯電話／ドコモ通話可、au通話可、SB通話可。
登山届入れ／登山道入口にある。
その他／携帯基地局。

梅ヶ島／梅ヶ島温泉街

梅ヶ島／携帯電話基地局横の駐車スペース

立ち寄り湯／梅ヶ島温泉街の2km手前に「梅ヶ島新田温泉・黄金の湯（こがねのゆ）」がある。月曜休（祝日の場合は翌日）・9時30分～17時30分（12～3月は～16時30分）・入浴料500円・☎054-269-2615。
問合先／静岡市スポーツ振興課管理担当☎054-221-1071

八紘嶺・大谷崩登山口→P262 山伏・大谷崩登山口

梅ヶ島／八紘嶺登山道入口

八曽山・モミの木駐車場
はっそさん（はっそうざん）・もみのきちゅうしゃじょう

愛知県犬山市　標高113m

登山口概要／八曽山の南西側、舗装林道終点。八曽山の主要登山口。八曽滝、東海自然歩道の起点。
位置情報／［35°20′52″］［137°01′21″］
アクセス／中央道小牧東ICから県道49号、市道経由で約4.5km、約8分。県道から1.8km、約3分。
駐車場／モミの木駐車場は、登山者の利用可。有料1日500円。キャンプ場案内所で払う。営業時間9～17時（3～4月と10～11月は～16時）。管理人不在時は下山後に払えばよい。約250台・74×26mなど2面・砂利・区画なし。
駐車場混雑情報／夏休みは満車になる。GWと紅葉シーズン休日は混雑する程度。
トイレ／キャンプ場案内所裏手にある。非水洗。水道・TPあり。評価☆☆。キャンプ場奥にも1棟ある。
携帯電話／ドコモ通話可、au通話可、SB圏外。
公衆電話／案内所にコイン式公衆電話がある。
ドリンク自販機／案内所にある（PBも）。
その他／犬山・八曽自然休養林案内図、八曽キャンプ場案内所（売店）、国有林からのお願い。
取材メモ／八曽滝までは徒歩50分。
問合先／八曽モミの木キャンプ場案内所☎0568-67-8555、犬

八曽山／登山口に続く市道

八曽山／キャンプ場案内所

八曽山／モミの木駐車場

八曽山／同駐車場のトイレ

山観光案内所☎0568-61-6000

八反滝遊歩道入口
はったんだきゆうほどういりぐち

岐阜県郡上市　標高808m

登山口概要／八反滝の南西側、市道沿い。八反滝の起点。
位置情報／[36°00′56″][136°46′08″]
アクセス／東海北陸道白鳥ICから県道82号、国道156号、県道314、127号、市道経由で約27.5km、約42分。途中、アスファルト舗装に凹凸の多い区間あり。国道から19km、約30分。
駐車場／遊歩道入口に観瀑用の駐車場がある。10台・40×14m・舗装・区画あり。
携帯電話／ドコモ圏外、au圏外、SB圏外。
その他／八反滝遊歩道案内板、造林記念碑。
取材メモ／八反滝は、落差約76mの直瀑型の滝。駐車場から滝まで往復約1時間50分。
立ち寄り湯／①すぐ近くのウイングヒルズ白鳥リゾートに「満天の湯」がある。無休・10～20時（土・日曜、祝日、GW、お盆休みは～21時）。冬期は毎日～21時30分）・入浴料800円・☎0575-86-3487。②白鳥IC近くに「美人の湯しろとり」がある。木曜休（祝日の場合は営業）・11～21時・入浴料650円・☎0575-83-0126。
問合先／白鳥観光協会（白鳥地域物産振興センター内）☎0575-82-5900、郡上市観光連盟（郡上市観光課）☎0575-67-1808

八反滝／観瀑者用駐車場

八反滝／八反滝案内板

浜石岳山頂直下
はまいしだけさんちょうちょっか

静岡県静岡市清水区　標高685m

浜石直下／山麓の「浜石岳」案内標識

浜石直下／市道終点の駐車スペース

浜石直下／東海自然歩道案内板

は

はっ━はま

209

登山口概要／浜石岳（花の百名山）の北東側、市道終点付近。浜石岳の最短登山口。東海自然歩道バイパスコースの起点。
位置情報／［35°07′15″］［138°32′02″］
アクセス／東名道清水ICから国道1号、県道396号、市道経由で約17.5km、約38分。途中、各所に「浜石岳」の標識あり。県道から8.7km、約25分。
駐車場／市道終点付近、登山道入口に駐車スペースがある。8～10台・36×10m・舗装・区画なし。
駐車場混雑情報／満車になることはない。
トイレ／登山道入口に簡易トイレがある。評価☆。また市道途中にチップ制トイレ（水洗。水道・TPあり。評価☆☆）と浜石野外センターの芝生広場に簡易トイレ（水洗。水道・TPあり。評価☆☆）がある。
携帯電話／ドコモ📶～📶通話可、au📶～📶通話可、SB📶～📶だが、つながらず。
その他／東海自然歩道バイパスコース案内板、東海・静清庵自然歩道案内板。
問合先／静岡市観光・シティプロモーション課☎054-354-2422

浜石直下／市道途中のチップ制トイレ

浜石直下／浜石岳登山道入口

浜石岳・浜石野外センター
はまいしだけ・はまいしやがいせんたー

静岡県静岡市清水区　標高518m

登山口概要／浜石岳（花の百名山）の東側、市道沿い。浜石岳の起点。詳細図は、前項参照。
位置情報／［35°07′07″］［138°32′20″］
アクセス／東名道清水ICから国道1号、県道396号、市道経由で約15.5km、約35分。途中、各所に「浜石岳」の標識があり、迷うことはない。
駐車場／浜石野外センターの芝生広場前に駐車場があり、登山者の利用可。約50台・76×26m・砂利＋草地・区画なし。
駐車場混雑情報／満車になることはない。
トイレ／隣接する芝生広場に簡易トイレがある。水洗。水道・TPあり。評価☆☆。また市道途中にもチップ制トイレがある。水洗。水道・TP・あり。評価☆☆。
携帯電話／ドコモ📶通話可、au📶～0かなり不安定、SB📶～📶だが、つながらず。
その他／テーブル・ベンチ。
問合先／浜石野外活動センター☎054-375-4105、静岡市観光・シティプロモーション課☎054-354-2422

野外／芝生広場前の駐車場

野外／芝生広場の簡易トイレ

万三郎岳→P26 天城山・天城高原駐車場
　　　　→P27 天城山・天城峠（水生地下駐車場）
　　　　→P67 皮子平・筏場林道終点

万二郎岳→P26 天城山・天城高原駐車場
　　　　→P27 天城山・天城峠（水生地下駐車場）
　　　　→P67 皮子平・筏場林道終点

野外／浜石岳登山道入口

日影平山→P87 北アルプス・乗鞍岳 飛騨高山スキー場

日永岳・仲越地区（ガッパ谷林道入口）
ひながだけ・なかごしちく（がっぱだにりんどういりぐち）

岐阜県山県市　標高493m

登山口概要／日永岳の南東側、県道200号終点付近。日永岳の起点。
位置情報／［35°42′06″］［136°42′51″］
アクセス／東海環状道関広見ICから国道418号、県道200号経由で約34km、約58分。国道から17.3km、約30分。
駐車場／ガッパ谷林道入口奥の廃校跡の広場（写真参照）は登山者の利用可。約20台・52×7mなど3面・草地・区画なし。手前の林道分岐付近は民有地なので駐車不可。さらに林道を奥に進んだゲート前にも駐車スペースがあるらしい。
携帯電話／ドコモ圏外、au圏外、SB圏外。
立ち寄り湯／関広見ICに戻る途中、国道418号の事務所前交差点を左折すると、関市武芸川事務所の先に「武芸川温泉（むげがわおんせん）・ゆとりの湯」がある。木曜休（祝日の場合は翌日）・10〜21時・入浴料600円・☎0575-45-3011。
問合先／山県市観光協会（山県市産業課商工観光係）☎0581-22-6830

日永岳／登山口に続く県道200号

日永岳／廃校跡の広場

日永岳／ガッパ谷林道入口

平山明神山・大神田登山口
ひらやまみょうじんさん（ひらやまみょうじんやま）・おおかだとざんぐち

愛知県設楽町　標高545m

登山口概要／平山明神山の南側、町道沿い。平山明神山や大鈴山（おおすずやま）の起点
位置情報／［35°05′27″］［137°36′47″］
アクセス／猿投グリーンロード力石ICから国道153、420、257、473号、町道経由で約55.5km、約1時間25分。または新東名道浜松いなさICから国道257号、県道32、389号、国道257、473号、町道経由で約42.5km、約1時間3分。
駐車場／登山道入口の町道路肩に駐車スペースがある。約5台・38×5m・舗装・区画なし。その少し東側にも約5台分の駐車スペースがある。
携帯電話／ドコモ通話可、au通話可、SB通話可。
取材メモ／登山道入口には「平山明神山登山口」と書かれた石標が立っている。
立ち寄り湯／国道153号で力石ICに戻る途中、香嵐渓先の追分交差点付近に「白鷺温泉・白鷺館」がある。不定休・10〜20時・入浴料800円・☎0565-62-0151。
問合先／設楽町観光協会☎0536-62-1000

大神田／町道路肩の駐車スペース

大神田／平山明神山登山道入口

平山明神山・和市登山口→P48 大鈴山・和市登山口

平湯大滝→P89 北アルプス・平湯大滝公園

風頭山登山口
ふうとうざんとざんぐち

愛知県岡崎市　標高189m

登山口概要／風頭山の北西側、林道三叉路。風頭山の起点。
位置情報／［34°56′17″］［137°22′13″］
アクセス／東名道音羽蒲郡ICから国道1号、県道332、334号、市道、舗装林道経由で約16km、約25分。県道334号を北上し、県道37号へ出る200m手前を右折。途中の三叉路（写真参照）も右に入る。すぐ右手に墓地を見て300m先にある林道三叉路が駐車スペース。県道334号から1.1km、約3分。
駐車場／林道三叉路路肩に駐車可能。約1台・区画なし。
携帯電話／ドコモ▇通話可、au▇通話可、SB▇通話可。
取材メモ／三叉路には「風頭山登山口」の標柱が立っている。さらに林道へ進入しても、すぐに未舗装（路面評価★★★。やがて★★）となり、ほとんど路肩に駐車スペースはなくUターンも困難。
立ち寄り湯／隣の蒲郡市に行くと、東海道本線三河大塚駅近くの海岸沿いに「ラグーナの湯」がある。無休・7〜22時・入浴料1000円・☎0533-58-2700。
問合先／岡崎市観光案内所☎0564-25-7767、岡崎市観光協会☎0564-23-6216、岡崎市観光課観光振興班☎0564-23-6627

風頭山／ふたつ目の三叉路。ここも右へ

風頭山／林道三叉路の駐車スペース

福地山・福地温泉
ふくじやま・ふくじおんせん

岐阜県高山市　標高947m

登山口概要／福地山の南東側、福地温泉の市道付近。福地山の起点。
位置情報／［36°13′23″］［137°31′55″］
アクセス／東海北陸道飛騨清見ICから中部縦貫道（高山清見道路・国道158号）、国道41号、県道89号、国道158、471号、市道経由で約58.5km、約1時間28分。または長野道松本ICから国道158号、中部縦貫道（安房峠道路。有料）、国道471号、市道経由で約52km、約1時間18分。
駐車場／市道から少し入った石動の湯付近に登山者用駐車場がある。約50台以上・42×36m・舗装・区画なし。
トイレ／駐車場の手前、朝市の隣にある。水洗。水道・TPあり。評価☆☆。
携帯電話／ドコモ▇通話可、au▇通話可、SB▇通話可。
公衆電話／登山道入口付近の商店前にカード・コイン式公衆電話がある。
ドリンク自販機／登山道入口付近の商店前にある（PBも）。
その他／福地山トレッキング案内板、福地温泉上バス停（濃飛バス）。

福地／登山者用駐車場

福地／朝市の隣にあるトイレ

福地／同トイレ内部

取材メモ／登山道入口の向かって左側にある駐車場は、登山者の利用不可。
立ち寄り湯／駐車場のすぐ近くに外湯の「石動の湯（いするぎのゆ）」がある。水曜休（不定休もあり）・10〜18時（9月下旬〜4月下旬は〜17時）・入浴料500円・☎0578-89-2793。
問合先／高山市上宝支所☎0578-86-2111、飛騨高山観光案内所☎0577-32-5328、高山市観光課☎0577-35-3145。

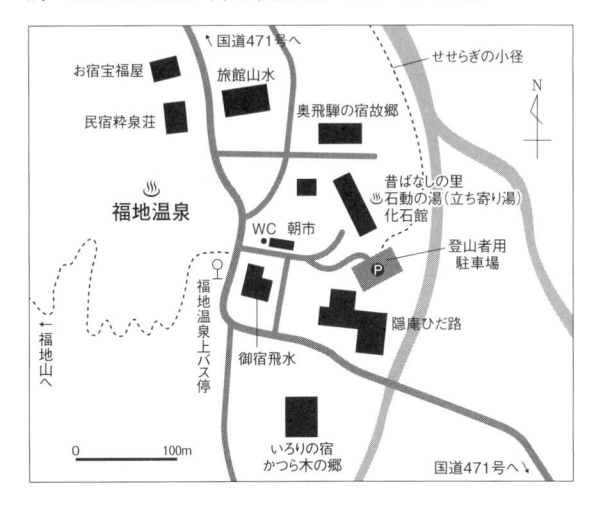

福地／福地温泉の朝市

福地／福地山登山道入口

福地／石動の湯・露天風呂

瓢ヶ岳・板山神社（口板山地区）
ふくべがたけ・いたやまじんじゃ（くちいたやまちく）

岐阜県美濃市　標高222m

登山口概要／瓢ヶ岳の南東側、市道沿い。片知山（かたじやま）を経由する瓢ヶ岳の起点。
位置情報／［35°36′31″］［136°54′19″］
アクセス／東海北陸道美濃ICから県道94号、国道156号、県道81号、市道経由で約12.5km、約20分。県道81号から4.4km、約6分。
駐車場／板山神社のすぐ先の市道路肩、旧道部分に駐車スペースがある。約5台・舗装・区画なし。
携帯電話／ドコモ通話可、au通話可、SB通話可。
取材メモ／板山神社向かって右側の路地に入ると、じきに登山道となる。神社前にも登山道を示す標識がある。
立ち寄り湯／①国道156号を北上すると、長良川鉄道みなみ子宝温泉駅に併設された「日本まん真ん中温泉・子宝の湯」がある。金曜休（祝日の場合は前日）・10〜21時・入浴料500円・☎0575-79-4126。②県道290号で関市武芸川町へ向かうと、関市武芸川事務所付近に「武芸川温泉（むげがわおんせん）・ゆとりの湯」がある。木曜休（祝日の場合は翌日）・10〜21時・入浴料600円・☎0575-45-3011。
問合先／美濃市観光協会☎0575-35-3660、美濃市観光課☎0575-33-1122

板山／市道路肩の駐車スペース

板山／板山神社

ふく

213

瓢ヶ岳・ふくべの森
ふくべがたけ・ふくべのもり

岐阜県美濃市　標高710m

登山口概要／瓢ヶ岳の南側、中美濃林道沿い。見晴台や松尾平を経由する瓢ヶ岳の起点。
位置情報／［35°38′19″］［136°53′17″］
アクセス／東海北陸道美濃ICから県道94号、国道156号、県道81号、市道、中美濃林道（全線舗装）経由で約18.5km、約28分。県道81号から10km、約16分。中美濃林道は積雪があれば閉鎖される。
駐車場／ふくべの森の中美濃林道沿いに駐車場や駐車スペースがある。70～80台・60×32m、30×6mなど5面・舗装＋砂利・区画なし。
トイレ／駐車場にある。簡易水洗。水道あり。TPなし。評価☆☆。
携帯電話／ドコモ圏外、au圏外、SB圏外。
その他／瓢ヶ岳登山道案内板、片知渓谷・瓢ヶ岳案内板、貸し出し杖、休憩舎、あずまや、ベンチ。
取材メモ／さらに中美濃林道を1.3kmほど奥へ入ると、「新田の森」があり、駐車スペースと一周1.2km遊歩道「水辺の散策道」がある。
立ち寄り湯／①国道156号を北上すると、長良川鉄道みなみ子宝温泉駅に併設された「日本まん真ん中温泉・子宝の湯」がある。金曜休（祝日の場合は前日）・10～21時・入浴料500円・☎0575-79-4126。②県道290号で関市武芸川町へ向かうと、関市武芸川事務所付近に「武芸川温泉（むげがわおんせん）・ゆとりの湯」がある。木曜休（祝日の場合は翌日）・10～21時・入浴料600円・☎0575-45-3011。
問合先／美濃市観光協会☎0575-35-3660、美濃市観光課☎0575-33-1122

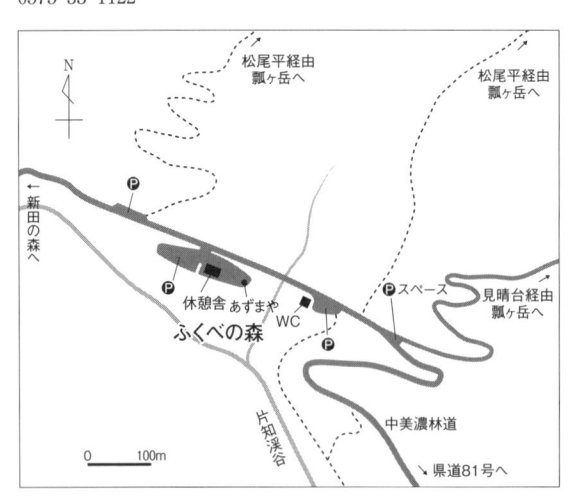

ふくべ／登山口に続く中美濃林道

ふくべ／中美濃林道沿いの駐車場

ふくべ／同駐車場のトイレ

ふくべ／同トイレ内部

ふくべ／休憩舎横の駐車場

瓢箪山・とがの木台（ふくべ山展望台入り口）
ふくべやま・とがのきだい（ふくべやまてんぼうだいいりぐち）

石川県白山市　標高1420m

登山口概要／瓢箪山の南東側、白山スーパー林道沿い。ふくべ山展望台の起点。詳細図は、P203「白山・三方岩駐車場」の項参照。
位置情報／［36°15′43″］［136°49′53″］
アクセス／東海北陸道白川郷ICから国道156号、白山スーパー林道（全線舗装。有料）経由で約18.5km、約28分。白川郷ICを出て国道を南下すると、すぐに白山スーパー林道入口がある。そこから15.5km、約25分。
白山スーパー林道／6月上旬～11月10日・7～18時（9～11月は8～17時。出口閉門時間はそれぞれ1時間後）・通行料3150円（岐阜馬狩ゲート～石川中宮ゲート内のUターンは片道料金で可能）・白山林道岐阜管理事務所☎05769-6-1664、岐阜県森林公社高山出張所（閉鎖期間中の連絡先）☎0577-33-1111。
駐車場／39台＋大型・60×36m・舗装・区画あり。
トイレ／駐車場にある。水洗。水道（飲用不可）・TPあり。評価☆☆☆～☆☆。
携帯電話／ドコモ圏外、au圏外、SB圏外。
その他／白山スーパー林道案内板、瓢箪谷上園地（ふくべだにうええんち）、白山山系緑の回廊案内板、テーブル・ベンチ。
取材メモ／ふくべ山展望台まで往復約40分。
立ち寄り湯／①白川村側に下ると、白川郷に「白川郷の湯」がある。無休・7時～21時30分・入浴料700円・☎05769-6-0026。②白川郷から国道156号を約12km南下すると、道の駅飛騨白山の隣に「大白川温泉・しらみずの湯」もある。水曜休（祝日の場合は営業）・10～21時（12～3月は11～20時）・入浴料600円・☎05769-5-4126。③一方、石川県側に下ると白山スーパー林道の途中に「親谷の湯」がある。蛇谷園地駐車場から徒歩15分。スーパー林道開通期間・時間のみ利用可・無料・☎076-255-5011（白山市吉野谷支所産業建設課）。④その先、スーパー林道を出て左折すると「中宮温泉・市営くろゆり荘」でも可能。4月末～11月中旬・8～17時・入浴料500円・☎076-256-7955。⑤さらに先、白山一里野温泉に「白山癒しの湯・天領」もある。火曜休（祝日の場合は翌日）・10～18時（土・日曜、祝日は～21時）・入館料600円・☎076-256-7846。
問合先／白山観光協会☎076-273-1001

とがの木／とがの木台駐車場

とがの木／同駐車場のトイレ

とがの木／同トイレ内部

とがの木／ふくべ山展望台入口

仏庫裡・段戸林道
ぶくり・だんとりんどう

愛知県設楽町　標高1020m

登山口概要／仏庫裡の南側、段戸林道沿い。仏庫裡の主要最短登山口。
位置情報／［35°08′19″］［137°31′18″］

段戸／登山道入口前の駐車スペース

215

アクセス／猿投グリーンロード力石ICから国道153、257号、町道、段戸林道（全線舗装）経由で約50km、約1時間15分。または東海環状道豊田松平ICから国道301号、県道39号、国道153、257号、町道、段戸林道（全線舗装）経由で約54km、約1時間20分。あるいは新東名道浜松いなさICから国道257号、県道32、389号、国道257号、町道、段戸林道（全線舗装）経由で55.5km、約1時間22分。
駐車場／登山道入口前に駐車スペースがある。1台・砂利＋草地・区画なし。少し東側にも数台分の駐車スペースがある。
携帯電話／ドコモ通話可、au通話可、SB圏外。
立ち寄り湯／①国道257号を北上すると、国道153号沿いの道の駅どんぐりの里いなぶに「どんぐりの湯」がある。木曜休（祝日の場合は翌日）・10～21時（土・日曜、祝日は9時30分～）・入浴料600円・☎0565-82-3135。②その近くにある夏焼温泉の各温泉宿でも可能。例えば「ホテル岡田屋」＝不定休（月に3日休みあり）・11時～21時30分・入浴料400円・☎0565-82-2544。
問合先／設楽町観光協会☎0536-62-1000

段戸／仏庫裡登山道入口

仏庫裡・林道208号支線入口
ぶくり・りんどうにひゃくはちごうしせんいりぐち

愛知県設楽町　標高827m

登山口概要／仏庫裡の南東側、段戸林道沿い。仏庫裡の起点。
位置情報／［35°08′07″］［137°32′16″］
アクセス／猿投グリーンロード力石ICから国道153、257号、町道、段戸林道（全線舗装）経由で約47km、約1時間10分。または東海環状道豊田松平ICから国道301号、県道39号、国道153、257号、町道、段戸林道（全線舗装）経由で約51km、約1時間16分。あるいは新東名道浜松いなさICから国道257号、県道32、389号、国道257号、町道、段戸林道（全線舗装）経由で約52.5km、約1時間17分。
駐車場／段戸林道と林道208号支線の三叉路路肩に寄せれば駐車可能。2～3台・舗装・区画なし。
携帯電話／ドコモ通話可、au通話可、SB～だがつながらず。
立ち寄り湯／国道257号を北上すると、国道153号沿いの道の駅どんぐりの里いなぶに「どんぐりの湯」がある。木曜休（祝日の場合は翌日）・10～21時（土・日曜、祝日は9時30分～）・入浴料600円・☎0565-82-3135。
問合先／設楽町観光協会☎0536-62-1000

林道支線／林道三叉路路肩の駐車スペース

林道支線／林道208号支線

富士山・御殿場口
ふじさん・ごてんばぐち

静岡県御殿場市　標高1438m

登山口概要／富士山（日本百名山）の南東側、富士山スカイラン（県道152号）終点。御殿場口登山道を経由する富士

御殿場／富士山スカイライン

御殿場／御殿場口第1駐車場

ふ
ぶく—ふじ

の主要登山口のひとつ。幕岩、二ッ塚などの起点。御殿場口では、今のところ富士宮口や須走口のようなマイカー規制は行われていない（今後は未定）。
位置情報／〔35°20′05″〕〔138°47′41″〕
アクセス／東名道御殿場ICから県道401号、国道246号、富士山スカイライン（県道23号、県道152号）経由で約17.5km、約26分。または東富士五湖道須走ICから国道138号、市道、富士山スカイライン（県道23号、県道152号）経由で約15.5km、約25分。
駐車場／約500台・54×52mなど3面・舗装・区画あり。
駐車場混雑情報／満車になることはない。
トイレ／第1駐車場と登山道入口の間にある。再生処理水循環式水洗。水道・TPあり。評価☆☆。
携帯電話／ドコモ通話可、au通話可、SB通話可。
公衆電話／登山道入口にカード・コイン式公衆電話がある。
ドリンク自販機／登山道入口にある（PBも）。
登山届入れ／登山道入口の案内板横にある。
その他／登山・観光案内所、富士山御殿場口案内板、「百年の計 富士山に緑を返そう」運動解説板、御殿場口新五合目バス停（富士急バス）。
立ち寄り湯／①御殿場ICに戻る途中、中畑交差点を県道155号へ右折すると「御胎内温泉健康センター」がある。火曜休（祝日の場合は翌日）・10～21時（1月は～18時）・入浴料500円（土・日曜、祝日は700円）・☎0550-88-4126。②須走IC近くの国道138号沿いには「須走温泉・天恵」がある。無休・10～24時（7～8月は10時～翌朝9時）・入浴料900円（18時～は700円。土・日曜、祝日は1500円、同18時～は1000円）・☎0550-75-2681。③御殿場ICを過ぎた深沢東交差点前に「富士八景の湯」がある。公式サイトに割引クーポンあり。不定休・10～21時・入浴料1000円・☎0550-84-1126。④その手前を左折すると「御殿場温泉会館」がある。月曜休（祝日の場合は翌日）・10～21時・入浴料500円・☎0550-83-3303。
問合先／御殿場市観光協会☎0550-83-4770、御殿場市商工観光課☎0550-82-4622

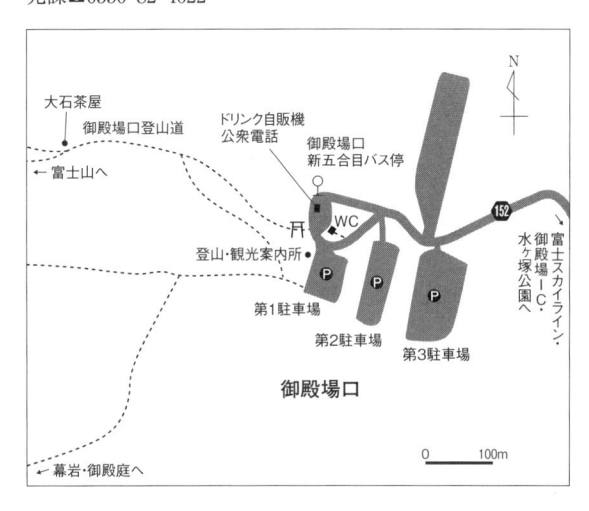

御殿場／同駐車場近くのトイレ

御殿場／同トイレ内部

御殿場／登山・観光案内所

御殿場／御殿場口登山道入口

御殿場／富士八景の湯・露天風呂

ふじ

富士山・須走口

ふじさん・すばしりぐち

静岡県小山町　標高1978m

登山口概要／富士山（日本百名山）の東側、ふじあざみライン（県道150号）終点。須走口登山道を経由する富士山の主要登山口のひとつ。富士箱根トレイル、小富士、まぼろしの滝の起点。

位置情報／〔35°21′54″〕〔138°46′37″〕

アクセス／東名道御殿場ICから県道401号、国道138号、ふじあざみライン（県道150号）経由で約25km、約38分。または東富士五湖道須走ICからふじあざみライン（県道150号）経由で約11.5km、約18分。

マイカー規制／7月中旬〜8月下旬の金曜日17時〜日曜日17時（もしくは祝日最終日の17時）は、マイカー規制が行われる。期間中は次項の乗換駐車場に車を置き、須走口行きシャトルバスに乗り換える。規制日など年によって変わる可能性もあり、詳しくは静岡県のサイト、もしくは小山町商工観光課☎0550-76-6114へ。シャトルバスに関しては富士急行御殿場営業所☎0550-82-1333へ。シャトルタクシーに関しては静岡県タクシー協会御殿場支部☎0550-89-0276へ。

駐車場／約200台・110×32m、80×26m・砂地・区画あり。

駐車場混雑情報／マイカー規制日以外でも満車になることも。

トイレ／観光案内所の隣に有料トイレ（200円）がある。水洗。水道（飲用不可）あり。TPあり。評価☆☆☆。その先に東富士山荘の有料トイレ（200円）もある。

携帯電話／ドコモ📶〜📶通話可、au📶〜📶通話可、SB📶〜📶通話可。

ドリンク自販機／登山道入口にある（PBも）。

登山届入れ／登山道入口付近のあずまやにある。

その他／山荘菊屋（☎0550-84-5028）、東富士山荘（☎0550-84-5057）、須走口観光案内所、富士山憲章解説板、車上荒らし注意看板、須走口バス停（富士急バス）。

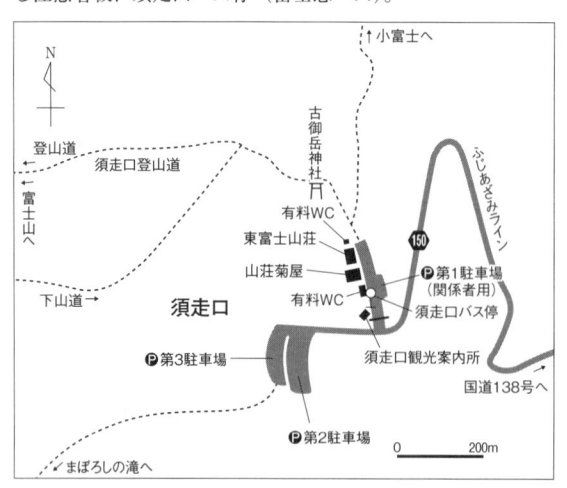

須走／ふじあざみラインと富士山

須走／須走口第3駐車場

須走／須走口第2駐車場

須走／須走口観光案内所

須走／有料トイレ

立ち寄り湯／①国道へ出て左折すると、900m先に「須走温泉・天恵」がある。無休・10～24時（7～8月は10時～翌朝9時）・入浴料900円（18時～は700円。土・日曜、祝日は1500円、同18時～は1000円）・☎0550-75-2681。②御殿場ICに戻る途中、県道155と157号を西進すると「御胎内温泉健康センター」がある。火曜休（祝日の場合は翌日）・10～21時（1月は～18時）・入浴料500円（土・日曜、祝日は700円）・☎0550-88-4126。③御殿場ICを過ぎた深沢東交差点前に「富士八景の湯」がある。公式サイトに割引クーポンあり。不定休・10～21時・入浴料1000円・☎0550-84-1126。④その手前を左折すると「御殿場温泉会館」がある。月曜休（祝日の場合は翌日）・10～21時・入浴料500円・☎0550-83-3303。
問合先／小山町商工観光課☎0550-76-6114

富士山・須走口マイカー規制乗換駐車場
ふじさん・すばしりぐちまいかーきせいのりかえちゅうしゃじょう

静岡県小山町　標高852m

登山口概要／富士山（日本百名山）の東側、ふじあざみライン（県道150号）から東富士五湖道路をくぐって少し入った須走多目的広場にある。マイカー規制時の乗り換え場所。
位置情報／［35°21′48″］［138°51′15″］
アクセス／東名道御殿場ICから県道401号、国道138号、ふじあざみライン（県道150号）、市道経由で約12km、約18分。国道からふじあざみラインに左折し、東富士五湖道路をくぐった200m先を右折して、再度東富士五湖道路をくぐってすぐ左折する。または東富士五湖須走ICからふじあざみライン（県道150号）経由で約0.5km、すぐ。付近に「マイカー規制乗換駐車場」の看板が立っている。
マイカー規制／7月中旬～8月下旬の金曜日17時～日曜日17時（もしくは祝日最終日の17時）は、マイカー規制が行われる。期間中は本項の乗換駐車場に車を置き、須走口行きシャトルバスやシャトルタクシーに乗り換える。規制日などは年によって変わる可能性もあり、詳しくは静岡県のサイト、もしくは小山町商工観光課☎0550-76-6114へ。シャトルバスに関しては富士急行御殿場営業所☎0550-82-1333へ。シャトルタクシーに関しては静岡県タクシー協会御殿場支部☎0550-89-0276へ。
駐車場／有料1台1000円。約460台・120×56m・砂地＋舗装・区画あり。※手前のトイレがある駐車場はマイカー規制中は駐車不可となる。
駐車場混雑情報／マイカー規制中の天気がいい金～土曜、お盆休みは満車になることもある。
トイレ／手前の駐車場にある。水洗。水道・TPあり。評価☆☆☆。
携帯電話／ドコモ通話可、au通話可、SB通話可。
ドリンク自販機／手前の駐車場にある（PBも）。
その他／臨時駐車場バス停（富士急行シャトルバス）、須走多目的広場案内図。
立ち寄り湯／①国道へ出て左折すると、900m先に「須走温

須走／山荘菊屋と五合目標識

須走／須走口登山道入口

乗換／乗換駐車場の案内標識

乗換／マイカー規制乗換駐車場

乗換／手前の駐車場（規制中は利用不可）

泉・天恵」がある。無休・10 ～ 24時（7 ～ 8月は10時～翌朝9時）・入浴料900円（18時～は700円。土・日曜、祝日は1500円、同18時～は1000円）・☎0550-75-2681。②御殿場ICに戻る途中、県道155と157号を西進すると「御胎内温泉健康センター」がある。火曜休（祝日の場合は翌日）・10 ～ 21時（1月は～18時）・入浴料500円（土・日曜、祝日は700円）・☎0550-88-4126。③御殿場ICを過ぎた深沢東交差点前に「富士八景の湯」がある。公式サイトに割引クーポンあり。不定休・10 ～ 21時・入浴料1000円・☎0550-84-1126。④その手前を左折すると「御殿場温泉会館」がある。月曜休（祝日の場合は翌日）・10 ～ 21時・入浴料500円・☎0550-83-3303。

問合先／小山町商工観光課☎0550-76-6114

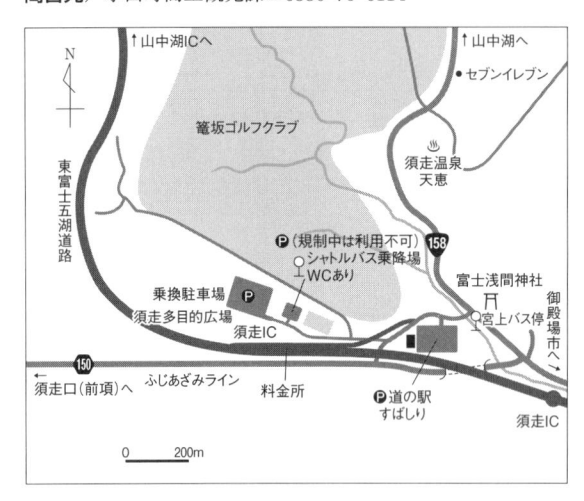

乗換／同駐車場のトイレ

乗換／同トイレ内部

乗換／シャトルバスチケット売り場

富士山・高鉢駐車場

ふじさん・たかばちちゅうしゃじょう

静岡県富士宮市　標高1658m

登山口概要／富士山（日本百名山）の南側、富士山スカイライン（県道152号）沿い。高鉢コースを経由する御殿庭や二ッ塚などの起点。

位置情報／［35°19′04″］［138°43′42″］

アクセス／新東名道新富士ICから西富士道路（国道139号）、国道139号、県道180号、富士山スカイライン（県道180号、152号）経由で約31km、約46分。または東名道御殿場ICから県道401号、国道246号、富士山スカイライン（県道152号）経由で約26km、約40分。あるいは東富士五湖道須走ICから国道138号、市道、富士山スカイライン（県道23号、県道152号）経由で約23.5km、約35分。富士山スカイラインの交差点（旧料金所）から2.9km、約3分。富士山スカイラインの開通期間は4月下旬～ 11月下旬。

マイカー規制／7月中旬～8月下旬の金曜日17時～日曜日17時（もしくは祝日最終日の17時）は、マイカー規制が行われ

高鉢／高鉢駐車場の標識

高鉢／東側の高鉢駐車場

るため、本項駐車場は利用できない。
駐車場／少し離れて2ヶ所ある。東側の高鉢駐車場＝約30台・76×36m・舗装＋砂利・区画なし。西側の高鉢駐車場＝約20台・38×38m・舗装・区画なし。
駐車場混雑情報／満車になることは少ないと思われるが、その時は、西側の高鉢駐車場も利用できる。
トイレ／駐車場にある。水洗。水道（飲用不可）・TPあり。評価☆☆☆。
携帯電話／東側の高鉢駐車場＝ドコモ📶〜📶通話可、au📶通話可、SB📶だが通話可（直後に圏外になった）。西側の高鉢駐車場＝ドコモ📶〜📶、au📶やや不安定（1回目はつがらず）、SB📶〜圏外つながらず。
その他／テーブル・ベンチ、高鉢山バス停（富士急静岡バス）。
立ち寄り湯／①新富士IC近くの鷹岡市民プラザの東側に「スーパー銭湯・鷹の湯」がある。無休・10〜23時（土・日曜、祝日は8時〜）・入浴料600円・☎0545-73-1526。②御殿場ICに戻る途中、県道155号へ右折すると「御胎内温泉健康センター」がある。火曜休（祝日の場合は翌日）・10〜21時（1月〜は18時）・入浴料500円（土・日曜、祝日は700円）・☎0550-88-4126。③須走IC近くの国道138号沿いには「須走温泉・天恵」がある。無休・10〜24時（7〜8月は10時〜翌朝9時）・入浴料900円（18時〜は700円。土・日曜、祝日は1500円、同18時〜は1000円）・☎0550-75-2681。
問合先／富士宮市観光協会☎0544-27-5240、富士宮市観光課☎0544-22-1155

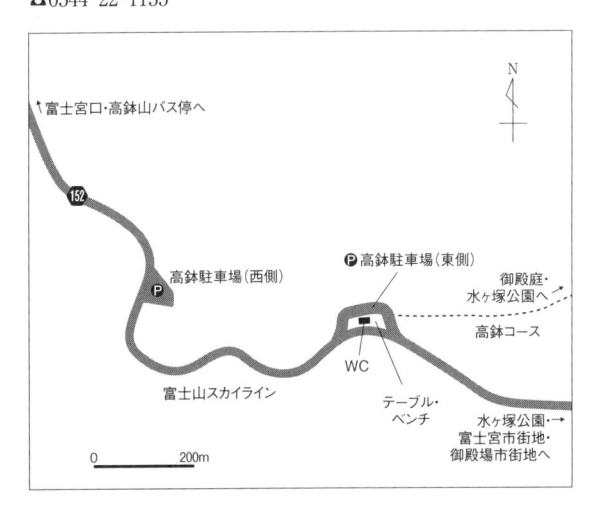

高鉢／同駐車場のトイレ

高鉢／同トイレ内部

高鉢／高鉢コース入口

高鉢／西側の高鉢駐車場

富士山・富士宮口
ふじさん・ふじのみやぐち

静岡県富士宮市　標高2380m

登山口概要／富士山（日本百名山）の南側、富士山スカイライン（県道152号）終点。富士宮口登山道を経由する富士

富士宮／富士宮口の駐車場①

の主要登山口のひとつ。宝永山（ほうえいざん）などの起点。
位置情報／［35°20′12″］［138°44′02″］
アクセス／新東名道新富士ICから西富士道路（国道139号）、国道139号、県道180号、富士山スカイライン（県道180号、152号）経由で約41km、約1時間。または東名道御殿場ICから県道401号、国道246号、富士山スカイライン（県道23号、県道152号）経由で約36.5km、約55分。あるいは東富士五湖道須走ICから国道138号、市道、富士山スカイライン（県道23号、県道152号）経由で約34km、約52分。富士山スカイラインの開通期間は4月下旬〜11月下旬。
マイカー規制／7月中旬〜8月下旬の金曜日17時〜日曜日17時（もしくは祝日最終日の17時）は、マイカー規制が行われる。期間中は次項駐車場に車を置き、富士宮口行きシャトルバスに乗り換える。規制日などは年によって変わる可能性もあり、詳しくは静岡県のサイト、もしくはマイカー規制テレフォンサービス☎0545-65-1331、現地運営本部（期間中のみ）☎055-998-2119。シャトルバスに関しては富士急静岡バス☎0545-71-2495、シャトルタクシーに関しては静岡県タクシー協会富士・富士宮支部☎0544-26-4111へ。
駐車場／登山口付近の富士山スカイライン沿いに分散して多数の駐車場がある。約500台・60×30mなど約20面・舗装・区画あり。
駐車場混雑情報／取材した2012年7月17日は連休翌日の快晴日だったこともあって、到着した10時前の時点でほとんど満車に近かった。ただし観光客も多いので、ある程度は回転しているようだった。
トイレ／五合目レストハウスにある。チップ制。水洗。水道（飲用不可）・TPあり。評価☆☆。また登山道を少し上ったところにチップ制の五合目公衆トイレがある。詳細不明。
携帯電話／ドコモ📶通話可、au📶通話可、SB📶通話可。
公衆電話／五合目レストハウス内にカード・コイン式公衆電話がある。
ドリンク自販機／五合目レストハウスにある（PBも）。
登山届入れ／富士山総合指導センター前にある。

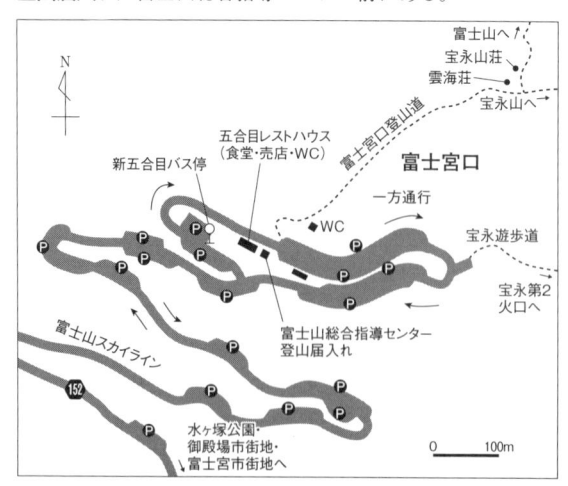

富士宮／富士宮口の駐車場②

富士宮／五合目レストハウス展望台

富士宮／同レストハウスのトイレ内部

富士宮／富士山総合指導センター

富士宮／富士山登山案内板

その他／五合目レストハウス（食堂・売店）、富士山総合指導センター（シーズン中は警察官常駐）、今日の富士山案内板、富士山案内板、オールコック富士登山記念碑、新五合目バス停（富士急静岡バス）。
立ち寄り湯／①新富士IC近くの鷹岡市民プラザの東側に「スーパー銭湯・鷹の湯」がある。無休・10～23時（土・日曜、祝日は8時～）・入浴料600円・☎0545-73-1526。②御殿場ICに戻る途中、県道155号へ右折すると「御胎内温泉健康センター」がある。火曜休（祝日の場合は翌日）・10～21時（1月は～18時）・入浴料500円（土・日曜、祝日は700円）・☎0550-88-4126。③須走IC近くの国道138号沿いには「須走温泉・天恵」がある。無休・10～24時（7～8月は10時～翌朝9時）・入浴料900円（18時～は700円。土・日曜、祝日は1500円、同18時～は1000円）・☎0550-75-2681。
問合先／富士宮市観光協会☎0544-27-5240、富士宮市観光課☎0544-22-1155

富士宮／富士宮口登山道入口

富士山・水ヶ塚公園
ふじさん・みずがつかこうえん

静岡県裾野市　標高1448m

登山口概要／富士山（日本百名山）の南東側、富士山スカイライン（県道152号）沿い。須山口登山道を経由する富士山や宝永山（ほうえいざん）、二ッ塚などの起点。腰切塚の入口。富士山マイカー規制時の乗換駐車場。
位置情報／［35°18′19″］［138°46′12″］
アクセス／新東名道新富士ICから西富士道路（国道139号）、国道139号、県道180、152号経由で約29km、約45分。または東名道御殿場ICから県道401号、国道246号、富士山スカイライン（県道23号）、県道152号経由で約20km、約30分。あるいは東富士五湖道須走ICから国道138号、市道、富士山スカイライン（県道23号）、県道152号経由で約18.5km、約28分。富士山スカイラインの開通期間は4月下旬～11月下旬。
マイカー規制／7月中旬～8月下旬の金曜日17時～日曜日17時（もしくは祝日最終日の17時）は、マイカー規制が行われる。期間中は本項駐車場に車を置き、富士宮行きシャトルバスに乗り換える。規制日などは年によって変わる可能性もあり、詳しくは静岡県のサイト、もしくはマイカー規制テレフォンサービス☎0545-65-1331、現地運営本部（期間中のみ）☎055-998-2119。シャトルバスに関しては富士急静岡バス☎0545-71-2495、シャトルタクシーに関しては静岡県タクシー協会富士・富士宮支部☎0544-26-4111へ。
駐車場／450台・150×100m、120×100m・舗装・区画あり。マイカー規制中は有料1回1000円。
駐車場混雑情報／満車になることはない。
トイレ／駐車場に2棟（うち1棟は夏期のみ）ある。水洗。水道（飲用不可）・TPあり。評価☆☆☆～☆☆。
携帯電話／ドコモ通話可、au通話可、SB通話可。
公衆電話／駐車場内のスカイポート水ヶ塚前にカード・コイン式公衆電話がある。

水ヶ塚／水ヶ塚公園駐車場と富士山

水ヶ塚／同駐車場の南側トイレ

水ヶ塚／同トイレ内部

水ヶ塚／同駐車場のトイレ（夏期のみ）

ドリンク自販機／駐車場内のスカイポート水ヶ塚前にある（PBも）。
その他／スカイポート水ヶ塚（食堂・売店）、シャトルバス切符売り場、水ヶ塚公園案内板、水ヶ公園バス停（富士急静岡バス）。
立ち寄り湯／①新富士IC近くの鷹岡市民プラザの東側に「スーパー銭湯・鷹の湯」がある。無休・10～23時（土・日曜、祝日は8時～）・入浴料600円・☎0545-73-1526。②御殿場ICに戻る途中、県道155号へ右折すると「御胎内温泉健康センター」がある。火曜休（祝日の場合は翌日）・10～21時（1月は～18時）・入浴料500円（土・日曜、祝日は700円）・☎0550-88-4126。③須走IC近くの国道138号沿いには「須走温泉・天恵」がある。無休・10～24時（7～8月は10時～翌朝9時）・入浴料900円（18時～は700円。土・日曜、祝日は1500円、同18時～は1000円）・☎0550-75-2681。
問合先／裾野市観光協会☎055-992-5005、裾野市商工観光課観光係☎055-995-1825

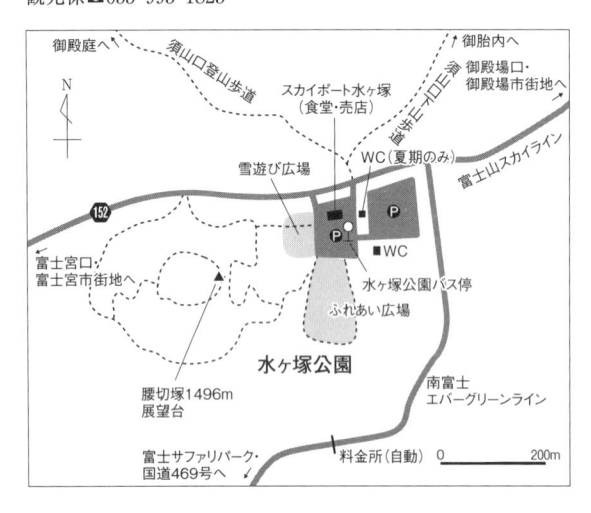

水ヶ塚／スカイポート水ヶ塚

水ヶ塚／シャトルバスバス停と切符売場

水ヶ塚／須山口登山道入口

富士見台高原・萬岳荘
ふじみだいこうげん・ばんがくそう

長野県阿智村　標高1585m

登山口概要／富士見台高原の南東側、舗装林道終点。富士台高原の主要最短登山口。詳細図は、P43「恵那山・神坂峠」の項参照。
位置情報／［35°28′35″］［137°38′00″］
アクセス／中央道中津川ICから国道19号、県道7号、大谷霧ヶ原林道（全線舗装）、舗装林道経由で約26.5km、約52分。国道から19.5km、約40分。大谷霧ヶ原林道の開通期間は、4月29日～11月20日前後。
駐車場／萬岳荘1階とその手前に駐車場があり、どちらも登山者の利用可だが、萬岳荘管理人に申し出ること。ただし管

萬岳荘／御坂峠に続く大谷霧ヶ原林道

萬岳荘／手前の駐車場

理人不在時は勝手に停めてもよい。萬岳荘駐車場＝7台・砂利・区画あり。手前の駐車場＝約8台・28×5m・石＋草地・区画なし。
駐車場混雑情報／7～10月の土・日曜、祝日は満車になるが、停められないことはない。紅葉シーズンが最も混雑し、次にササユリシーズンが多い。
トイレ／萬岳荘2階裏手にある。チップ制。水洗。TPあり。評価☆☆☆。
携帯電話／ドコモ📶～📶通話可、au📶通話可、SB圏外。
登山届入れ／萬岳荘1階階段わきにある。
その他／萬岳荘（素泊まり・要予約、売店、2階左端に避難部屋。9～16時、ロープウェイ運休時は10～15時・予約はヘブンスそのはら☎0265-44-2311、現地☎090-8676-2415）。
取材メモ／富士見台高原のササユリは7月中旬～下旬、紅葉は9月下旬～10月上旬が見ごろ。
立ち寄り湯／県道7号へ戻る手前に「クアリゾート湯舟沢」がある。第4木曜休（7～8月は無休）・10～21時30分（施設は～22時）・入浴料800円・☎0573-69-5000。
問合先／萬岳荘☎090-8676-2415、阿智村地域経営課☎0265-43-2220、中津川市観光課☎0573-66-1111

富士見台高原・神坂峠→P43 恵那山・神坂峠

富士見岳（乗鞍岳）→P85 北アルプス・乗鞍岳 畳平

二ツ森山・切越峠
ふたつもりやま・きりこしとうげ

岐阜県白川町・中津川市　標高878m

登山口概要／二ツ森山の北側、県道70号沿い。二ツ森山の主登山口。癒しの道の起点。
位置情報／［35°35′21″］［137°23′25″］
アクセス／東海環状道美濃加茂ICから美濃加茂バイパス（国道41号）、国道41号、県道62、68、70号経由で約48km、約1時間12分。または中央道中津川ICから国道41、257号、県道70号経由で約27.5km、約42分。
駐車場／登山道入口の白川町側に切越峠駐車場がある。約8台・14×10m・砂利・区画なし。
携帯電話／ドコモ📶通話可、au📶～📶通話可、SB圏外。
その他／二ツ森登山案内図、熊出没注意看板。
立ち寄り湯／①白川町側では、国道41号に出て北上すると、道の駅美濃白川に「道の駅温泉・ピアチェーレ」がある。水曜休・10～21時・入浴料450円・☎0574-75-2146。※ピアチェーレ新設に伴い、「白川天然温泉・四季彩の湯」は閉鎖された。②中津川市側では、国道257号を南下すると、中津川市福岡総合事務所内（入口は別）に「満天星温泉（どうだんおんせん）・健康増進施設　ほっとサロン」がある。月曜休・10～21時・入浴料300円・☎0573-72-4126。③また国道をさらに南下すると、城山大橋で木曽川を渡る手前の「ラジウム温泉・かすみ荘」でも可能。国道から少し入る。無休・8～22時・入浴

萬岳荘／萬岳荘（1階が駐車場）

萬岳荘／萬岳荘2階テラス

萬岳荘／萬岳荘2階にあるトイレ内部

切越峠／切越峠駐車場

切越峠／二ツ森山登山案内板

料500円・☎0573-66-5674。
問合先／福岡観光協会（中津川市福岡総合事務所企画振興課）☎0573-72-2111、中津川観光センター☎0573-62-2277、中津川市観光課☎0573-66-1111、白川町観光協会（白川町農林商工課商工グループ）☎0574-72-1311

二ツ森山・二ツ森フォレストパーク
ふたつもりやま・ふたつもりふぉれすとぱーく

岐阜県中津川市　標高1056m

登山口概要／二ツ森山の北東側、東森林道沿い。二ツ森山の最短登山口。
位置情報／［35°34′30″］［137°24′13″］
アクセス／東海環状道美濃加茂ICから美濃加茂バイパス（国道41号）、国道41号、県道62、68、70号、二ツ森林道（全線舗装）、東森林道（全線舗装）経由で約52km、約1時間22分。または中央道中津川ICから国道41、257号、県道70号、二ツ森林道（全線舗装）、東森林道（全線舗装）経由で約31.5km、約52分。切越峠付近から二ツ森林道へ入り、二ツ森林道と東森林道の交差点を右折して800m、約2分ほどで着く。県道70号から3.6km、約10分。
駐車場／登山道入口前に駐車場がある。計10台・14×6mなど2面・舗装・区画あり。また手前の二ツ森林道と東森林道の交差点付近にも駐車場がある。約8台・32×12m・砂利・区画なし。
トイレ／登山道入口前にある。簡易水洗。水道（飲用不可）あり。TPあり。評価☆☆☆。
携帯電話／二ツ森フォレストパーク＝ドコモ📶～📶だが通話可、au📶～📶通話可、SB圏外。二ツ森林道駐車場＝ドコモ📶～📶通話可、au📶通話可、SB圏外。
水場／登山道入口にある。
その他／休憩舎、二ツ森フォレストパーク案内板。

切越峠／二ツ森山登山道入口

パーク／二ツ森林道

パーク／登山道入口の駐車場

パーク／同駐車場のトイレ

パーク／同トイレ内部

立ち寄り湯／①白川町側では、国道41号に出て北上すると、道の駅美濃白川に「道の駅温泉・ピアチェーレ」がある。水曜休・10〜21時・入浴料450円・☎0574-75-2146。※ピアチェーレ新設に伴い、「白川天然温泉・四季彩の湯」は閉鎖された。②中津川市側では、国道257号を南下すると、中津川市福岡総合事務所内（入口は別）に「満天星温泉（どうだんおんせん）・健康増進施設　ほっとサロン」がある。月曜休・10〜21時・入浴料300円・☎0573-72-4126。③また国道をさらに南下すると、城山大橋で木曽川を渡る手前に「ラジウム温泉・かすみ荘」で可能。国道から少し入る。無休・8〜22時・入浴料500円・☎0573-66-5674。
問合先／福岡観光協会（中津川市福岡総合事務所企画振興課）☎0573-72-2111、中津川観光センター☎0573-62-2277、中津川市観光課☎0573-66-1111

古戸山・桜平登山口
ふっとやま（ふっとさん）・さくらだいらとざんぐち

愛知県東栄町　標高370m

登山口概要／古戸山の南西側、国道151号沿い。古戸山の起点。
位置情報／［35°05′54″］［137°39′59″］
アクセス／新東名道浜松いなさ北ICから三遠南信道（国道474号）、国道151号経由で約31km、約45分。
駐車場／登山道入口の東側に公共の駐車場がある。約20台・52×15m・舗装・区画なし。ほかにも国道路肩に駐車スペースがある。
駐車場混雑情報／満車になることはない。
トイレ／駐車場にある。水洗。水道あり。TPなし。評価☆☆☆〜☆☆。
携帯電話／ドコモ通話可、au通話可、SBだが通話可。
公衆電話／トイレの隣にカード・コイン式公衆電話ボックスがある。

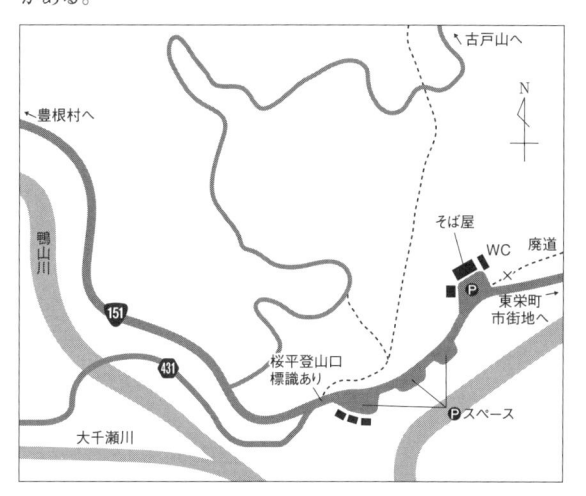

パーク／二ツ森山登山道入口

パーク／林道交差点の駐車場

古戸山／国道路肩の駐車スペース

古戸山／登山道入口東側の駐車場

古戸山／同駐車場のトイレ

ドリンク自販機／駐車場のそば屋前にある（PBも）。
その他／布川バス停（おでかけ北設バス）、東栄町観光案内板、そば屋。
取材メモ／登山道は駐車場からのびているが、見る限り草が生え、荒れている印象。100m西側に通常の登山道入口があるので、そこから入る方がよいだろう。
立ち寄り湯／国道151号を南下すると、東栄町役場の先に「とうえい温泉」がある。水曜休（祝日の場合は営業。ほか3月と6月にメンテナンス休あり）・10〜21時・入浴料600円・☎0536-77-0268。
問合先／東栄町経済課☎0536-76-1812

古戸山／同トイレ内部

古戸山／古戸山登山道入口

不動滝入口
ふどうたきいりぐち

岐阜県中津川市　標高653m

登山口概要／不動滝の北西側、市道終点。不動の滝遊歩道の起点。夕森山の起点。
位置情報／［35°41′54″］［137°26′27″］
アクセス／中央道中津川ICから国道19、257、256号、県道486号、市道経由で約32.5km、約48分。国道から5.2km、約7分。
駐車場／滝入口に駐車場がある。計100台・68×24m、44×30m・舗装・区画あり。
トイレ／駐車場にある。水洗。水道・TPあり。評価☆☆☆〜☆☆。
携帯電話／ドコモ通話可、au通話可、SB通話可。
ドリンク自販機／食堂前にある（PBも）。
その他／食堂、花の森案内図。
取材メモ／不動滝は、落差約8m。駐車場から徒歩約5分。
立ち寄り湯／①県道486号を南下し、国道256号を突っ切ると「付知峡倉屋温泉・おんぽいの湯」がある。第4水曜休・10〜22時・入浴料600円・☎0573-82-5311。一方、国道257

不動滝／滝入口の駐車場

不動滝／同駐車場のトイレ

不動滝／同トイレ内部

号を北上して下呂温泉に行くと、複数の立ち寄り湯施設がある。②クアガーデン露天風呂＝木曜休・8 ～ 21時（夏休みは～ 22時）・入浴料600円・☎0576-24-1182。③白鷺の湯＝水曜休・10 ～ 22時・入浴料300円・☎0576-25-2462。④幸乃湯＝火曜休・10 ～ 23時・入浴料350円・☎0576-25-2157。
問合先／付知町観光協会☎0573-82-4737、中津川市付知総合事務所☎0573-82-2111、中津川観光センター☎0573-62-2277、中津川市観光課☎0573-66-1111

不動滝／不動滝入口

舟伏山・美山あいの森
ふなぶせやま・みやまあいのもり

岐阜県山県市　標高340m

登山口概要／舟伏山の南側、舗装林道沿い。東ルート、または西ルートを経由する舟伏山の主要登山口。
位置情報／〔35°38′37″〕〔136°41′00″〕（美山あいの森）〔35°38′13″〕〔136°42′16″〕（林道入口）
アクセス／東海環状道関広見ICから国道418号、県道200号、舗装林道経由で約28.5km、約45分。県道から「舟伏山登山口3km」の標識に従って左折し、舗装林道を進む。県道から2.9km、約7分。
駐車場／登山道入口付近に駐車スペースがある。約8台・32×6 ～ 1m・草地＋砂利・区画なし。1.2km手前左側にも駐車スペースがある。また林道入口のゲート付近にも3 ～ 4台分の駐車スペースがある。
携帯電話／美山あいの森＝ドコモ圏外、au圏外、SB圏外。林道入口＝ドコモ通話可、au圏外、SBだが通話可（直後に圏外になった）。
登山届入れ／林道入口ゲート前と西ルート入口にある。
その他／舟伏山登山道案内図、熊出没注意看板、登山者に対する注意喚起看板、山の家。
取材メモ／林道入口を起点にして桜峠へ直接続く登山道に入る方法もある。
立ち寄り湯／関広見ICに戻る途中、国道418号の事務所前交差点を左折すると、関市武芸川事務所の先に「武芸川温泉（むげがわおんせん）・ゆとりの湯」がある。木曜休（祝日の場合は翌日）・10 ～ 21時・入浴料600円・☎0575-45-3011。
問合先／山県市観光協会（山県市産業課商工観光係）☎0581-22-6830

舟伏山／林道入口付近の駐車スペース

舟伏山／登山道入口付近の駐車スペース

舟伏山／東ルートと西ルート分岐点

船山・位山峠
ふなやま・くらいやまとうげ

岐阜県下呂市　標高1080m

登山口概要／船山（飛騨富士）の南西側、県道98号沿い。船山の主要登山口。位山官道匠の道や位山峠光と風の道、飛騨の匠街道の起点。詳細図はP102「位山官道匠の道入口」の項参照。

船山／峠の駐車スペース

ふ
ふな

位置情報／［36°00′44″］［137°12′44″］
アクセス／東海北陸道飛騨清見ICから中部縦貫道（高山清見道路・国道158号）、国道41号、県道98号経由で約39km、約1時間。または長野道松本ICから国道158号、中部縦貫道（安房峠道路。有料）、国道158号、市道、県道462号、市道、国道41号、県道98号経由で約99km、約2時間30分。
駐車場／峠に駐車スペースがある。2～3台・砂利・区画なし。
トイレ／北側のアララギ湖畔（久々野防災ダム）にトイレがある。センサーライト付き。水洗。水道・TPあり。評価☆☆☆。
携帯電話／ドコモ圏外、au圏外、SB圏外。
その他／あずまや、位山道と飛騨の匠解説板、高天原伝説と匠の夢街道遊歩道案内図、ベンチ、石碑、展望台、石仏。
立ち寄り湯／①県道98号を北上して国道41号を左折すると、「臥龍の郷（がりゅうのさと）」がある。月1回メンテナンス休・6～23時・入浴料800円・☎0577-53-3933。②県道98号を南下し、県道88号へ左折。1km先を左折すると「飛騨川温泉しみずの湯」もある。火曜休（祝日の場合は翌日。GWとお盆休みは無休）・10時30分～21時30分（7～8月は10時～）・入浴料600円・☎0576-56-4326。
問合先／下呂市萩原振興事務所萩原地域振興課☎0576-52-2000、下呂市観光課☎0576-24-2222

船山／位山官道匠の道入口

船山／船山登山道入口

古町高山・奥三河広域農道
ふるまちたかやま・おくみかわこういきのうどう

愛知県設楽町　標高810m

登山口概要／古町高山の南東側、奥三河広域農道沿い。古町高山の起点。
位置情報／［35°09′40″］［137°36′02″］
アクセス／猿投グリーンロード力石ICから国道153、257号、奥三河広域農道（2車線の舗装道路）経由で約52km、約1時間18分。または東海環状道豊田松平ICから国道301号、県道39号、国道153、257号、奥三河広域農道（上と同じ）経由で約56km、約1時間24分。あるいは新東名道浜松いなさICから国道257号、県道32、389号、国道257号、奥三河広域農道（上と同じ）経由で約53km、約1時間20分。
駐車場／登山道入口付近の奥三河広域農道沿いに駐車スペースがある。5～6台・28×7m・舗装・区画なし。
携帯電話／ドコモ通話可、au通話可、SB～不安定。
取材メモ／登山道入口は、駐車スペース付近に斜めに登って行く狭いコンクリート道（写真参照）。入口に「古町高山登山口」の標識が立っている。
立ち寄り湯／①国道257号を北上して稲武方面に向かうと、国道153号沿いの道の駅どんぐりの里いなぶに「どんぐりの湯」がある。木曜休（祝日の場合は翌日）・10～21時（土・日曜、祝日は9時30分～）・入浴料600円・☎0565-82-3135。②県道80号と428号で豊根村に向かうと、「湯～らんどパルとよね」がある。県道から少し入る。木曜休（祝日の場合は翌日）・10～21時・入浴料500円・☎0536-85-1180。
問合先／設楽町観光協会☎0536-62-1000

古町／奥三河広域農道と古町高山

古町／登山道入口付近の駐車スペース

古町／古町高山登山道入口

汾陽寺山・寺尾地区

ふんようじさん・てらおちく

岐阜県関市　標高148m

登山口概要／汾陽寺山の北東側、県道59号沿い。汾陽寺山や寺尾岩めぐりの起点。
位置情報／［35°35′21″］［136°50′08″］
アクセス／東海環状道関広見ICから国道418号、県道59号経由で約13.5km、約20分。
駐車場／寺尾岩めぐりの登山道入口に駐車スペースがある。約5台・22×4m・土＋草地・区画なし。また寺尾ヶ原千本桜公園にも駐車場がある。
駐車場混雑情報／サクラの時期には満車になることも。
携帯電話／ドコモ通話可、au通話可、SB通話可。
その他／さくらの里案内板、寺尾岩めぐり案内板、記念碑、祠など。
取材メモ／寺尾ヶ原千本桜公園のサクラは、4月上旬～中旬が見ごろ。
立ち寄り湯／関広見ICに戻る途中、事務所前交差点を左折すると、関市武芸川事務所の先に「武芸川温泉（むげがわおんせん）・ゆとりの湯」がある。木曜休（祝日の場合は翌日）・10～21時・入浴料600円・☎0575-45-3011。
問合先／関市武芸川事務所産業建設係☎0575-46-2311、関市観光協会☎0575-22-3131、関市観光交流課☎0575-23-7704

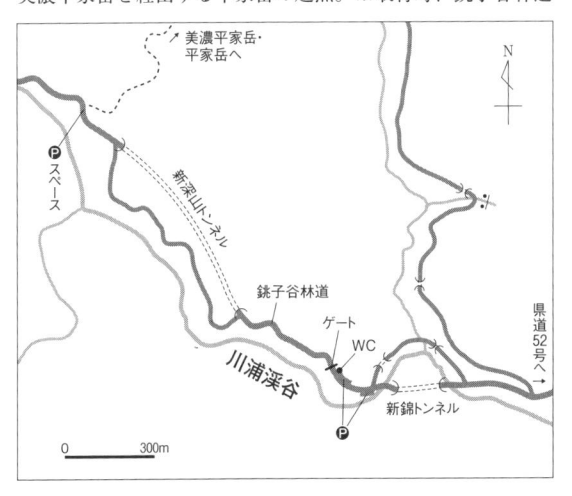

寺尾／岩めぐり入口の駐車スペース

寺尾／寺尾岩めぐり入口

平家岳・川浦渓谷（銚子谷林道入口）

へいけだけ・かおれけいこく（ちょうしだにりんどういりぐち）

岐阜県関市　標高460m

登山口概要／平家岳の南東側、市道終点（銚子谷林道入口）。美濃平家岳を経由する平家岳の起点。※取材時、銚子谷林道

平家岳／70m手前の駐車場

平家岳／銚子谷林道ゲート前駐車場

平家岳／同駐車場のトイレ

は落石のため全面通行止になっていたが、その後開通し、登山道入口まで入れるようになったようだ。
位置情報／［35°45′00″］［136°44′57″］
アクセス／東海北陸道美並ICから国道156、256号、県道52号、市道経由で約35km、約53分。県道から3.6km、約7分。
駐車場／川浦渓谷、銚子谷林道入口のゲート前に駐車場がある。9台・26×5m・舗装・区画あり。その70m手前にも10台分の駐車場がある。さらに銚子谷林道に入ると、登山道入口前にも数台分の駐車スペースがあるようだ。
駐車場混雑情報／満車になることはない。
トイレ／ゲート前の駐車場にある。バイオ式。洗浄ノズル付き。水道・TPあり。評価☆☆☆。
携帯電話／ドコモ📶〜📶通話可、au圏外、SB圏外。
立ち寄り湯／県道に出て右折すると、すぐ先に「板取川温泉バーデェハウス・しゃくなげの湯」がある。水曜休（祝日の場合は翌日）・10〜21時（12〜3月は〜20時）・入浴料600円・☎0581-57-2822。
問合先／関市板取事務所産業建設係☎0581-57-2111、関市観光協会☎0575-22-3131、関市観光交流課☎0575-23-7704

平家岳／同トイレ内部

平家岳／銚子谷林道ゲート

別山→P201 白山・石徹白登山口（大杉ふれあい広場）

宝永山→P221 富士山・富士宮口
　　　→P223 富士山・水ヶ塚公園

鳳来寺山・表参道登山口
ほうらいじさん・おもてさんどうとざんぐち

愛知県新城市　標高195m

登山口概要／鳳来寺山の南西側、県道441号沿い。表参道を経由する鳳来寺山の起点。
位置情報／［34°58′15″］［137°34′35″］
アクセス／東名道豊川ICから国道151号、県道32、441号経由で約25.5km、約40分。または新東名道浜松いなさICから国道257号、県道32、441号経由で約18.5km、約28分。
駐車場／登山道入口手前に市営の無料駐車場がある。73台＋大型・75×30m・舗装・区画あり。また登山道入口付近にも民間の有料駐車場が3ヶ所ある。1日400円。先払い。
駐車場混雑情報／市営駐車場が満車になることは、ほとんどない。
トイレ／市営駐車場にある。水洗。水道・TPあり。評価☆☆☆。
携帯電話／ドコモ📶通話可、au📶通話可、SB📶通話可。
公衆電話／市営駐車場にカード・コイン式公衆電話ボックスがある。
ドリンク自販機／市営駐車場にある（PBも）。
その他／鳳来寺山自然科学博物館（火曜休、祝日の場合は翌日・9〜17時・入館料210円・☎0536-35-1001）、鳳来寺山登山マップ、観光案内板。
取材メモ／鳳来寺山の紅葉は11月中旬〜12月上旬が見ごろ。
立ち寄り湯／①鳳来寺山パークウェイを抜けて国道151号を

表参道／市営無料駐車場

表参道／同駐車場のトイレ

表参道／同トイレ内部

1km北上すると「鳳来ゆ～ゆ～ありいな」がある。火曜休(祝日の場合は翌日)・10～21時・入浴料600円・☎0536-32-2212。②国道151号をさらに5.5km北上すると「名号温泉(みょうごうおんせん)・うめの湯」もある。木曜休(祝日の場合は営業)・10～20時・入浴料700円・☎0536-33-5126。③東名道豊川IC近くの県道21号から少し入ると「本宮の湯(ほんぐうのゆ)」がある。水曜休(祝日の場合は翌日)・10～22時・入浴料600円・☎0533-92-1880。
問合先／新城市観光協会☎0536-32-0022、新城市鳳来総合支所地域振興課☎0536-32-0513、新城市観光課☎0536-32-1985

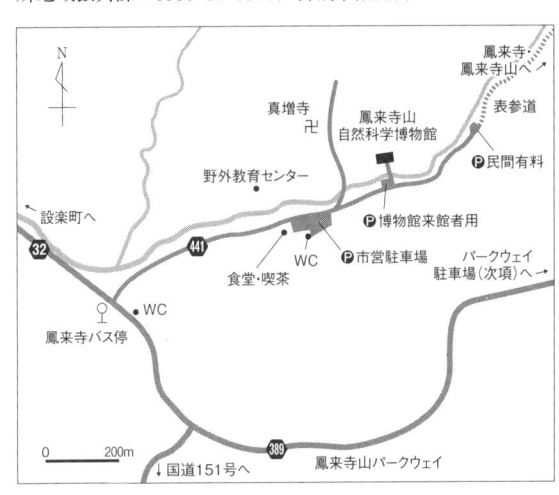

表参道／鳳来寺山自然科学博物館

表参道／同館内部の展示

表参道／登山道入口付近の民間有料駐車場

表参道／鳳来寺山登山道(表参道)入口

鳳来寺山・パークウェイ駐車場
ほうらいじさん・ぱーくうぇいちゅうしゃじょう

愛知県新城市　標高470m

登山口概要／鳳来寺山の南側、鳳来寺山パークウェイの終点。鳳来寺山の主要最短登山口。
位置情報／［34°58′27″］［137°35′19″］
アクセス／東名道豊川ICから国道151号、鳳来寺山パークウェイ(県道524号)経由で約32km、約48分。または新東名道浜松いなさICから国道257号、鳳来寺山パークウェイ(県道524号)経由で約24km、約36分。
駐車場／有料1回500円。係員による徴収(先払い)。8～18時。早朝着の場合、駐車場には入れないので入口で待つことになる。170台・122×64m・舗装・区画あり。
駐車場混雑情報／紅葉シーズンの11月の土・日曜、祝日はお昼頃には満車になる。ひどい時は手前の三叉路まで続く1時間ほどの駐車待ち渋滞が発生する。GWは満車にはならない。
トイレ／駐車場にある。非水洗。水道あり。TPなし。評価☆☆
携帯電話／ドコモ通話可、au通話可、SB通話可。
ドリンク自販機／売店前にある(PBも)。
その他／売店・軽食、路線案内図。

パーク／パークウェイ駐車場

取材メモ／鳳来寺山の紅葉は11月中旬～12月上旬が見ごろ。
立ち寄り湯／①鳳来寺山パークウェイを下り、国道151号を1km北上すると「鳳来ゆ～ゆ～ありいな」がある。火曜休(祝日の場合は翌日)・10～21時・入浴料600円・☎0536-32-2212。②国道151号をさらに5.5km北上すると「名号温泉(みょうごうおんせん)・うめの湯」もある。木曜休(祝日の場合は営業)・10～20時・入浴料700円・☎0536-33-5126。③東名道豊川IC近くの県道21号から少し入ると「本宮の湯(ほんぐうのゆ)」がある。水曜休(祝日の場合は翌日)・10～22時・入浴料600円・☎0533-92-1880。
問合先／新城市観光協会☎0536-32-0022、新城市鳳来総合支所地域振興課☎0536-32-0513、新城市観光課☎0536-32-1985

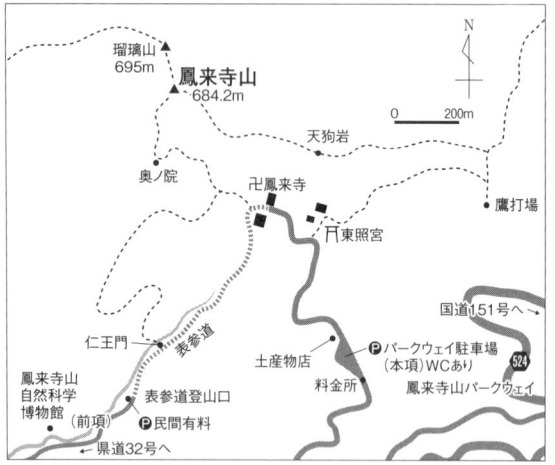

パーク／同駐車場のトイレ

パーク／土産物店と鳳来寺方面の道

パーク／鳳来ゆ～ゆ～ありいな・露天風呂

炮烙山・いこいの広場

ほうろくさん・いこいのひろば

愛知県豊田市　標高580m

登山口概要／炮烙山の南西側、舗装林道終点。炮烙山の主要最短登山口。
位置情報／[35° 03′ 31″][137° 17′ 56″]
アクセス／東海環状道豊田松平ICから国道301号、県道360号、市道、県道361号、舗装林道経由で約14.5km、約25分。林道入口は、豊田市総合野外センター東駐車場の向かいに立つ「炮烙山・21世紀の城」の標識が目印。そこから2.6km、約8分。
駐車場／林道終点のいこいの広場に駐車可。約12台・26×24m・砂地+草地・区画なし。
トイレ／駐車場にある。非水洗。水道なし。TPあり。評価☆☆。
携帯電話／ドコモ▮～▮ やや不安定、au▮～▮ 不安定、SB圏外。
その他／炮烙山の解説板、炮烙山若人の森案内図。
立ち寄り湯／県道361、359号で香嵐渓方面に北上すると、「白

炮烙山／林道入口の標識

炮烙山／いこいの広場とトイレ

鷺温泉・白鷺館」がある。不定休・10 ～ 20時・入浴料800円・☎0565-62-0151。
問合先／豊田市観光協会（豊田市商業観光課）☎0565-34-6642

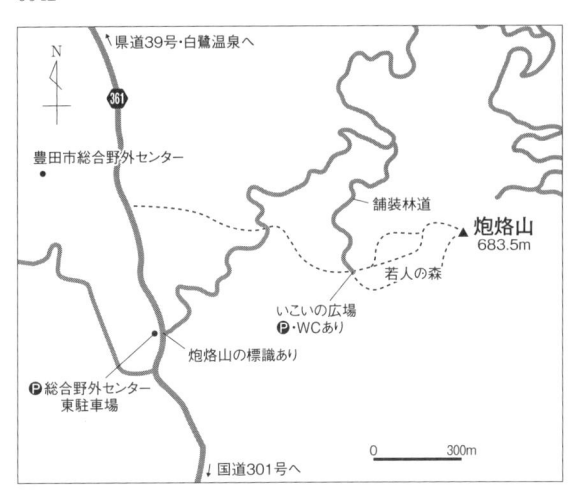

炮烙山／同トイレ内部

炮烙山／炮烙山登山道入口

細野／山菜狩り管理事務所

細野／桃野湿原入口の駐車場とトイレ

細野高原・桃野湿原入口

ほそのこうげん・もものしつげんいりぐち

静岡県東伊豆町　標高565m

登山口概要／三筋山（みすじやま、花の百名山）の東側、町道沿い。桃野湿原、三筋山、天城三筋山遊歩道などの起点。詳細図は、P245「三筋山登山口」の項参照。
位置情報／[34°48′23″][139°00′15″]
アクセス／修善寺道路修善寺ICから天城北道路、国道136、414号、県道14号、国道135号、町道経由で約48km、約1時間15分。または西湘バイパス石橋ICから国道135号、町道経由で約78.5km、約2時間。国道から8.1km、約15分。
三筋山細野高原入山料／4月第2土曜日～GW最終日は、手前の三筋山細野高原山菜狩り管理事務所で入山料一人600円を払う。山菜採りでない登山者も払う必要がある。管理事務所に人が駐在するのは8 ～ 15時だが、早朝着の場合は下山時に支払えばよい。
駐車場／約8台・22×10m・砂利＋芝生・区画なし。
トイレ／駐車場にある。非水洗。水道なし。TPなし。評価☆☆。
携帯電話／ドコモ通話可、au通話可、SB通話可。
取材メモ／細野高原の山焼きは2月中旬～下旬に行われる。ススキは11月末～12月中旬が見ごろ。なお手前の道路沿いには中山1号湿原、中山2号湿原など、桃野湿原とともに細野湿原群に数えられる小湿原が点在し、入口にはそれぞれ駐車スペースもある。
立ち寄り湯／①河津温泉に行くと、町営の立ち寄り湯「踊り子温泉会館」がある。火曜休・10 ～ 21時・入浴料1000円・

細野／同トイレ内部

ほ
ほそ

235

☎0558-32-2626。②また熱川方面に向かうと、熱川温泉の海岸沿いに「高磯の湯」がある。無休・9時30分～17時・入浴料600円（夏期は700円）・☎0557-23-1505（熱川温泉観光協会）。
問合先／東伊豆町観光協会☎0557-95-0700、東伊豆町観光商工課☎0557-95-6301

本宮山・表登山口（ウォーキングセンター）
ほんぐうさん・おもてとざんぐち（うぉーきんぐせんたー）

愛知県豊川市　標高88m

登山口概要／本宮山の南側、市道沿い。表登山道を経由する本宮山の主要登山口。
位置情報／［34°52′28″］［137°25′28″］（ウォーキングセンター）、［34°52′36″］［137°25′28″］（本宮の湯第2駐車場）、［34°52′42″］［137°25′30″］（手取山公園西駐車場）
アクセス／東名道豊川ICから国道151号、市道、県道21号、市道経由で約5km、約8分。県道に「ウォーキングセンター」の標識がある。
駐車場／ウォーキングセンターに駐車場がある。41台・58×14m・舗装・区画あり。さらに奥にある本宮の湯第2駐車場も登山者の利用可。50～60台・44×16m、34×30m・砂利・区画あり（区画なしの駐車場も）。また本宮の湯西側にある手取山公園西駐車場も登山者の利用可。40～45台・64×18m・砂利・区画なし。
駐車場混雑情報／ウォーキングセンターの駐車場は、年間を通して平日、休日に関わらず天気がよければ満車になる。混雑のピークは8時～10時半。ただ、本宮の湯第2駐車場などもあり、ある程度は回転するので停められないことはないだろうとのことだ。
トイレ／ウォーキングセンターにある。閉館時も利用可。水洗。水道・TPあり。評価☆☆☆。また手取山公園西駐車場にもある。水洗。水道・TPあり。評価☆☆☆。

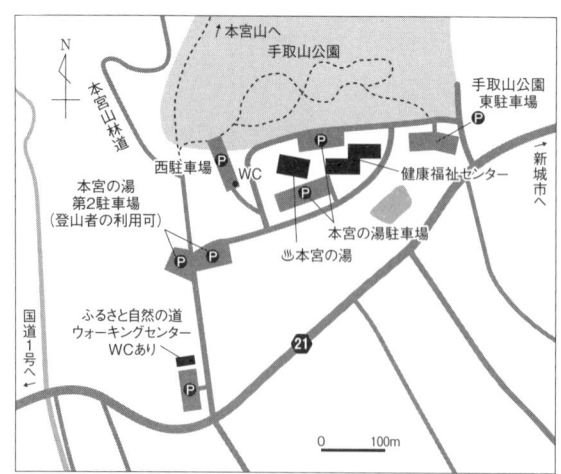

細野／桃野湿原と三筋山

センター／ウォーキングセンター駐車場

センター／ウォーキングセンター

センター／同センターのトイレ内部

センター／本宮の湯第2駐車場

携帯電話／ドコモ通話可、au通話可、SB通話可。※各駐車場とも同様の結果。
その他／ふるさと自然の道ウォーキングセンター（月曜休・8時30分～17時・☎0533-93-7961)、ふるさと自然の道案内板、本宮山の自然案内板、ウォーキングセンターバス停（豊川市コミュニティバス）、手取山公園、手取山公園案内板、車上荒らし注意看板。
立ち寄り湯／すぐ近くに「本宮の湯（ほんぐうのゆ）」がある。水曜休（祝日の場合は翌日）・10～22時・入浴料600円・☎0533-92-1880。
問合先／ふるさと自然の道ウォーキングセンター☎0533-93-7961、豊川市観光案内所☎0533-86-2054、豊川市観光協会☎0533-89-2206、豊川市商工観光課☎0533-89-2140

センター／手取山公園・西駐車場とトイレ

センター／同トイレ内部

本宮山・山頂駐車場
ほんぐうさん・さんちょうちゅうしゃじょう

愛知県豊川市　標高765m

登山口概要／本宮山の南西側直下、本宮山スカイライン（県道526号）沿い。本宮山の最短登山口。くらがり渓谷の起点。
位置情報／［34°54′31″］［137°25′09″］
アクセス／東名道豊川ICから国道151、301号、本宮山スカイライン（県道526号）経由で約22km、約33分。
駐車場／利用可能時間9時～15時30分。それ以外は閉鎖される。70台・66×44m・舗装・区画あり。
携帯電話／ドコモ通話可、au通話可、SB圏外。
その他／くらがり渓谷案内図。
立ち寄り湯／東名道豊川IC近くの県道21号から少し入ると「本宮の湯（ほんぐうのゆ）」がある。水曜休（祝日の場合は翌日）・10～22時・入浴料600円・☎0533-92-1880。
問合先／豊川市観光案内所☎0533-86-2054、豊川市観光協会☎0533-89-2206、豊川市商工観光課☎0533-89-2140

センター／本宮の湯・露天風呂

山頂／山頂駐車場

山頂／本宮山山頂入口

ほん

ま行

前山登山口
まえやまとざんぐち

岐阜県中津川市　標高675m

登山口概要／前山の北西側、未舗装林道沿い。前山の起点。
位置情報／［35°28′38″］［137°32′18″］
アクセス／中央道中津川ICから国道19号、市道、未舗装林道（路面評価★★～★）経由で約6.8km、約10分。林道入口の四差路は一番左の道に入る。国道19号の松田交差点から3.1km、約5分。四差路から500m。林道は、倒れた木の枝や石が散在し、一部に雨による深い溝がある悪路。
駐車場／登山道入口の林道路肩に駐車スペースがある。約2台・砂利・区画なし。※駐車スペースに車を2台停めるとUターン困難になる。
携帯電話／ドコモ▮～▮通話可、au▮～▮通話可、SB▮～▮通話可。
取材メモ／登山道入口には「前山登山口」の標識あり。
立ち寄り湯／①国道257号を北上し、城山大橋で木曽川を渡ると「ラジウム温泉・かすみ荘」で可能。国道から少し入った。無休・8～22時・入浴料500円・☎0573-66-5674。②国道19号を北上し、県道7号へ右折すると中津川市神坂事務所の手前に「クアリゾート湯舟沢」がある。第4木曜休（7～8月は無休）・10時～21時30分（施設は～22時）・入浴料800円・☎0573-69-5000。
問合先／中津川市観光課☎0573-66-1111、中津川観光センター☎0573-62-2277

魔王岳（乗鞍岳）→P85 北アルプス・乗鞍岳　畳平

前山／林道入口の四差路。左の道へ

前山／登山口に続く未舗装林道

前山／登山道入口前の駐車スペース

真富士山・第3登山口
まふじやま・だいさんとざんぐち

静岡県静岡市葵区　標高787m

登山口概要／真富士山の北西側、平野林道沿い。真富士山の主要最短登山口。
位置情報／［35°09′30″］［138°23′18″］
アクセス／新東名道新静岡ICから県道27、29号、平野林道（全線舗装）経由で約21km、約32分。県道から6.7km、約20分。
駐車場／登山道入口の30m先に駐車スペースが3面ある。計約7台・舗装＋小石＋草地・区画なし。ほか100m手前左側にも3台分の駐車スペースがある。
駐車場混雑情報／シーズン中の休日は混雑する可能性も。
携帯電話／ドコモ▮通話可、au▮～▮通話可、SB圏外。
その他／真富士山案内板、熊出没注意看板、地蔵。
取材メモ／手前の平野林道沿いに第1登山口と第2登山口もある。第1登山口の駐車スペースは私有地のため駐車不可。第2

真富士／第2登山口の駐車スペース

真富士／第2登山口の登山道入口

登山口には2～3台分の駐車スペースがある。
立ち寄り湯／①県道を南下し、新静岡IC手前を県道74号へ左折すると、「滝の谷温泉センター（たきのやおんせんせんたー）」がある。水曜休・9時～16時30分・入浴料500円・☎054-247-7441。②また新静岡ICの先、中央卸売市場付近に「静岡市ふれあい健康増進館ゆらら」もある。隣接する清掃センターの余熱を利用した温浴施設。火曜休（祝日の場合は翌日）・10～22時（日曜と祝日は～20時。夏休みは9時～。ほか15時閉館日あり）・入浴料1200円（18時以降は600円）・☎054-263-3456。
問合先／静岡市スポーツ振興課管理担当☎054-221-1071

真富士／第3登山口の駐車スペース

真富士／第3登山口の登山道入口

真富士／真富士山登山案内板

継子岳→P58 御嶽山・日和田口（飛騨御岳橋）

摩利支天山（御嶽山）→P56 御嶽山・胡桃島キャンプ場
　　　　　　　　　→P57 御嶽山・飛騨小坂口
　　　　　　　　　　　（濁河温泉）

丸黒山→P83 北アルプス・乗鞍岳　カクレハ高原オート
　　　　キャンプ場

丸岳→P99 金時山・乙女駐車場
　　→P100 金時山・乙女峠ふじみ茶屋

長尾峠／駐車場入口。ここを入る

丸岳・長尾峠
まるだけ・ながおとうげ
静岡県御殿場市　標高954m

登山口概要／丸岳の南西側、箱根スカイライン料金所手前。長尾峠を経由する丸岳などの起点。
位置情報／［35°15′23″］［138°58′21″］
アクセス／東名道御殿場ICから県道401号、市道、国道138号、

長尾峠／長尾峠の駐車場

県道401号、箱根スカイライン（料金所手前なので登山口までは無料）経由で約11.5km、約18分。※東京方面からアクセスする場合は、御殿場ICから直接、国道138号に出られる。箱根スカイラインに入る料金所の手前で「ハイキングコース入口」とP標識を目印に左折すると、広い未舗装の駐車場がある。
駐車場／約50台以上・86×40m・砂利・区画なし。
トイレ／箱根スカイライン料金所（長尾峠側）横にある。水洗。水道（飲用不可）・TPあり。評価☆☆。
携帯電話／ドコモ📶〜📶通話可、au📶通話可、SB圏外。
その他／長尾峠標識、長尾峠解説板。
取材メモ／駐車場の中ほどに登山道入口がある（標識が立っている）。
立ち寄り湯／①御殿場方面に下ると深沢東交差点前に「富士八景の湯」がある。公式サイトに割引クーポンあり。不定休・10〜21時・入浴料1000円・☎0550-84-1126。②さらに深沢東交差点の御殿場IC方面300m先を右折すると「御殿場温泉会館」がある。月曜休（祝日の場合は翌日）・10〜21時・入浴料500円・☎0550-83-3303。
問合先／御殿場市観光協会☎0550-83-4770、御殿場市商工観光課☎0550-82-4622

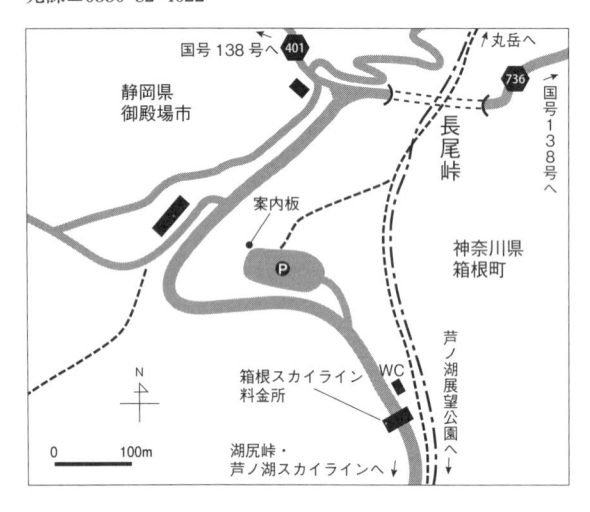

長尾峠／箱根スカイライン料金所トイレ

長尾峠／同トイレ内部

長尾峠／長尾峠登山道入口

スカイライン／東側の駐車場

丸岳・箱根スカイライン①
まるだけ・はこねすかいらいん

静岡県御殿場市　標高999m

登山口概要／丸岳の南側、箱根スカイライン沿い。長尾峠経由の丸岳、湖尻峠（こじりとうげ）経由の三国山などの起点。次項「箱根芦ノ湖展望公園」の約1 km北側にあるが、名称や標識等は一切ない。東側の駐車場から登山道に接続できる。
位置情報／［35°14′40″］［138°58′33″］
アクセス／東名道御殿場ICから県道401号、市道、国道138号、

スカイライン／西側の駐車場

県道401号、箱根スカイライン（有料）経由で約12.5km、約20分。※東京方面からアクセスする場合は、御殿場ICから直接、国道138号に出られる。
箱根スカイライン／通年・平日8時30分〜17時30分（土・日曜、祝日は、〜18時30分）・通行料350円・静岡県道路公社東部管理センター☎0558-76-5718。
駐車場／箱根スカイライン沿いの左右に駐車場がある。計約30〜40台・64×15m、60×15m・舗装（東側の駐車場は砂利）・区画なし。
携帯電話／ドコモ通話可、au〜通話可（携帯の向きにより途切れる）、SB圏外。
ドリンク自販機／箱根スカイライン料金所（長尾峠側）横にある（PBも）。
立ち寄り湯／御殿場IC方面では、IC手前で国道138号から市道に右折すると「御殿場市温泉会館」で可能。月曜休（祝日の場合は翌日）・10〜21時・入浴料500円・☎0550-83-3303。
問合先／御殿場市観光協会☎0550-83-4770、御殿場市商工観光課☎0550-82-4622、箱根観光協会☎0460-85-5700、箱根町観光課☎0460-85-7410

スカイライン／丸岳登山道入口

展望公園／展望公園下の駐車場

丸岳・箱根スカイライン② 箱根芦ノ湖展望公園
まるだけ・はこねすかいらいん　はこねあしのこてんぼうこうえん

静岡県御殿場市　標高987m

登山口概要／丸岳の南側、箱根スカイライン沿い。長尾峠経由の丸岳、湖尻峠（こじりとうげ）経由の三国山などの起点。約1km北側にも駐車場（前項）がある。
位置情報／[35°14′21″] [138°58′41″]
アクセス／東名道御殿場ICから県道401号、市道、国道138号、県道401号、箱根スカイライン（有料）経由で約13.5km、約20分。※東京方面からアクセスする場合は、御殿場ICから直接、国道138号に出られる。
箱根スカイライン／通年・平日8時30分〜17時30分（土・日曜、祝日は、〜18時30分）・通行料350円・静岡県道路公社東部管理センター☎0558-76-5718。
駐車場／箱根スカイライン沿いの左右に駐車場がある。約20〜30台・84×15mなど2面・舗装・区画なし。
駐車場混雑情報／GW、夏休み、紅葉シーズン休日は、満車になる。
トイレ／箱根スカイライン料金所（長尾峠側）横にある。水洗。水道（飲用不可）・TPあり。評価☆☆。
携帯電話／ドコモ〜通話可、au〜通話可、SB駐車場では圏外だが、展望台では通話可になる。
ドリンク自販機／箱根スカイライン料金所（長尾峠側）横にある（PBも）。
その他／箱根スカイライン展望案内板、テーブル・ベンチ。
立ち寄り湯／御殿場IC方面では、IC手前で国道138号から市道に右折すると「御殿場市温泉会館」で可能。月曜休（祝日の場合は翌日）・10〜21時・入浴料500円・☎0550-83-3303。
問合先／御殿場市観光協会☎0550-83-4770、御殿場市商工観

展望公園／展望公園入口

展望公園／展望公園のテーブルとベンチ

展望公園／展望公園から望む芦ノ湖

ま
ま
る

光課☎0550-82-4622、箱根町観光協会☎0460-85-5700、箱根町観光課☎0460-85-7410

丸山・道の駅つぐ高原グリーンパーク
まるやま・みちのえきつぐこうげんぐりーんぱーく

愛知県設楽町　標高875m

登山口概要／丸山の南西側、県道10号沿い。丸山の起点。
位置情報／〔35°11′56″〕〔137°36′22″〕
アクセス／猿投グリーンロード力石ICから国道153、257号、茶臼山高原道路（県道507号）、県道10号経由で約52km、約1時間18分。または新東名道浜松いなさ北ICから三遠南信道（国道474号）、国道151号、県道80、10号経由で約50.5km、1時間16分。
道の駅つぐ高原グリーンパーク／10～6月は木曜休、7～9月は無休（ただし9月第1月曜～金曜は休）・9～17時・☎0536-83-2344。
駐車場／74台・44×36m・舗装・区画あり。
トイレ／道の駅にある。水洗。水道・TPあり。評価☆☆☆。
携帯電話／ドコモ📶通話可、au📶通話可、SB📶通話可。
公衆電話／道の駅総合案内所にコイン式公衆電話がある。
ドリンク自販機／道の駅総合案内所にある(PBも)。
その他／道の駅にレストラン、売店あり。
立ち寄り湯／①県道428号で豊根村に向かうと、「湯～らんどパルとよね」がある。県道から少し入る。木曜休（祝日の場合は翌日）・10～21時・入浴料500円・☎0536-85-1180。②稲武方面に向かうと国道153号沿いの道の駅どんぐりの里いなぶに「どんぐりの湯」がある。木曜休（祝日の場合は翌日）・10～21時（土・日曜、祝日は9時30分～）・入浴料600円・☎0565-82-3135
問合先／道の駅つぐ高原グリーンパーク☎0536-83-2344、設楽町観光協会☎0536-62-1000

道の駅／道の駅駐車場

道の駅／道の駅売店

道の駅／道の駅トイレ内部

道の駅／湯～らんどパルとよね・大浴場

三国岳→P44 烏帽子岳・時山文化伝承館

三国岳・夜叉ヶ池登山口（池ノ又林道）
　→P271 三周ヶ岳・夜叉ヶ池登山口

三国山
　→P240 丸岳・箱根スカイライン①
　→P241 丸岳・箱根スカイライン② 箱根芦ノ湖展望公園

三国山・芦ノ湖スカイライン
みくにやま・あしのこすかいらいん

静岡県裾野市／神奈川県箱根町　標高988m

登山口概要／三国山の南東側、芦ノ湖スカイライン沿い。レストハウスのフジビューとレイクビューがある。三国山、外

芦ノ湖／レイクビュー前の駐車場

周山周回歩道の起点。

位置情報／［35°11′49″］［138°59′37″］

アクセス／小田原厚木道路小田原西ICから国道1号、箱根新道（有料）、芦ノ湖スカイライン（有料）経由で約18 km、約25分。または東名道御殿場ICから県道401号、市道、国道138号、県道401号、箱根スカイライン（有料）、芦ノ湖スカイライン（有料）経由で約21.5km、約28分。※東京方面からアクセスする場合は、御殿場ICから直接、国道138号に出られる。

箱根新道／通年・24時間営業・通行料250円（定額制。ETC割引も適用される）。

芦ノ湖スカイライン／通年・7〜19時（営業時間外は閉鎖）・通行料600円・☎0460-83-6361。

箱根スカイライン／通年・平日8時30分〜17時30分（土・日曜、祝日は、〜18時30分。営業時間外は閉鎖）・通行料350円・静岡県道路公社東部管理センター☎0558-76-5718。

駐車場／登山者の利用可。約100台以上・106×24m、60×50m・舗装・区画あり（レイクビュー前の駐車場は区画なし）。

駐車場混雑情報／GW、夏休み、紅葉シーズン休日は、満車になる。

携帯電話／ドコモ📶通話可、au📶〜📶通話可、SB📶〜📶通話可。

ドリンク自販機／フジビューとレイクビューそれぞれにある（PBも）。

その他／フジビュー（食堂。9〜17時）、レイクビュー（食堂。9〜17時）、テーブル・ベンチ。

取材メモ／芦ノ湖スカイライン沿いには、ほかにも点々と駐車スペースがあるが、三国山の登山道と接続できないことが多い。またスカイラインの歩行は禁止。あくまで登山道を歩くこと。

立ち寄り湯／①箱根峠を経由して芦ノ湖畔に下れば、「箱根芦ノ湖温泉・夕霧荘」で可能。不定休・12〜17時・入浴料1000円・☎0460-83-6377。②御殿場IC方面では、IC手前で国道138号から市道に右折すると「御殿場市温泉会館」で可

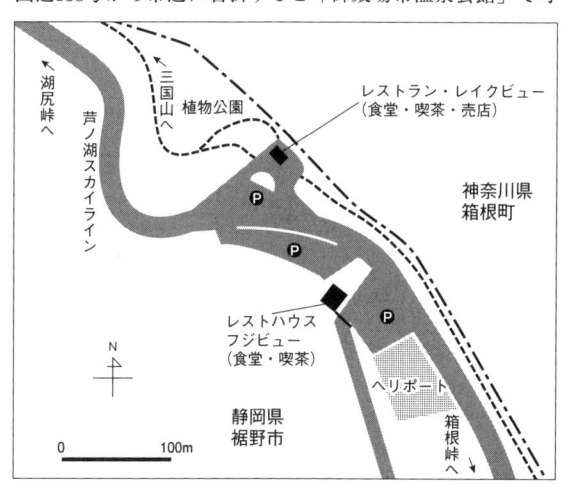

芦ノ湖／フジビュー前の駐車場

芦ノ湖／レストラン・レイクビュー

芦ノ湖／レストラン・フジビュー

芦ノ湖／植物公園案内板

芦ノ湖／三国山登山道入口

能。月曜休（祝日の場合は翌日）・10～21時・入浴料500円・☎0550-83-3303。
問合先／裾野市観光協会☎055-992-5005、裾野市商工観光課観光係☎055-995-1825箱根町観光協会☎0460-85-5700、箱根町観光課☎0460-85-7410

三国山・湖尻峠
みくにやま・こじりとうげ

静岡県裾野市／神奈川県箱根町　標高848m

登山口概要／三国山の北側、芦ノ湖スカイラインと箱根スカイラインの交差点。三国山、外周山周回歩道の起点。
位置情報／［35°13′51″］［138°58′42″］
アクセス／小田原厚木道路小田原西ICから国道1号、箱根新道（有料）、芦ノ湖スカイライン（有料）経由で約24km、約32分。または東名道御殿場ICから県道401号、市道、国道138号、県道401号、箱根スカイライン（有料）、芦ノ湖スカイライン（有料）経由で約15.5km、約20分。※東京方面からアクセスする場合は、御殿場ICから直接、国道138号に出られる。
箱根新道／通年・24時間営業・通行料250円（定額制。ETC割引も適用される）。
芦ノ湖スカイライン／通年・7～19時（営業時間外は閉鎖）・通行料600円・☎0460-83-6361。
箱根スカイライン／通年・平日8時30分～17時30分（土・日曜、祝日は、～18時30分。営業時間外は閉鎖）・通行料350円・静岡県道路公社東部管理センター☎0558-76-5718。
駐車場／湖尻峠に駐車スペースがある。約60台・90×14m・砂利・区画なし。
携帯電話／ドコモ▓通話可、au▓～▓だが通話可、SB▓～▓だが、つながらず。
その他／湖尻峠解説板。
立ち寄り湯／①箱根峠を経由して芦ノ湖畔に下れば、箱根芦ノ湖温泉・夕霧荘で可能。不定休・12～17時・入浴料1000円・☎0460-83-6377。②御殿場IC方面では、IC手前で国道138号から市道に右折すると「御殿場市温泉会館」で可能。月曜休（祝日の場合は翌日）・10～21時・入浴料500円・☎0550-83-3303。
問合先／裾野市観光協会☎055-992-5005、裾野市商工観光課観光係☎055-995-1825、箱根町観光協会☎0460-85-5700、箱根町観光課☎0460-85-7410

三国山・箱根峠
みくにやま・はこねとうげ

静岡県三島市・函南町／神奈川県箱根町　標高838m

登山口概要／三国山の南東側、芦ノ湖スカイラインと国道1号の交差点付近。三国山や芦ノ湖西岸歩道などの起点。

湖尻峠／峠の駐車スペース

湖尻峠／湖尻峠の解説板

湖尻峠／三国山登山道入口

箱根峠／箱根パーキングエリア

箱根峠／同駐車場のトイレ

位置情報／［35°10′48″］［139°00′48″］
アクセス／伊豆縦貫道三島塚原ICから国道1号経由で約13km、約20分。または西湘バイパス箱根口ICから国道1号、箱根新道経由で約15km、約23分。
駐車場／箱根峠に箱根エコパーキングがある。20台＋大型・180×40m・舗装・区画あり。
駐車場混雑情報／取材した2012年4月19日は、晴れの木曜日だったが、到着した正午過ぎの時点で8割程度埋まっていた。観光地に近く、休日は混雑することも予想される。
トイレ／駐車場にある。水洗。水道・TPあり。評価☆☆☆～☆☆。
携帯電話／ドコモ通話可、au通話可、SB通話可。
ドリンク自販機／駐車場向かいの茶屋にある(PBも)。
その他／箱根エコパーキング案内板、あずまや。
立ち寄り湯／芦ノ湖に下ると「箱根芦ノ湖温泉・夕霧荘」で可能。国道から少し入る。不定休・12～17時・入浴料1000円・☎0460-83-6377。
問合先／三島市観光協会☎055-971-5000、三島市商工観光課☎055-983-2655、函南町農林商工課☎055-979-8113、箱根町観光協会☎0460-85-5700、箱根町観光課☎0460-85-7410

箱根峠／同トイレ内部

箱根峠／あずまや

三筋山登山口
みすじやまとざんぐち

静岡県東伊豆町　標高723m

登山口概要／三筋山（花の百名山）の東側、舗装林道沿い。三筋山の最短主要登山口。手前の駐車場については、P235「細野高原・桃野湿原入口」の項を参照。
位置情報／［34°48′17″］［138°59′55″］
アクセス／修善寺道路修善寺ICから天城北道路、国道136、414号、県道14号、国道135号、町道、舗装林道経由で約49km、約1時間18分。または西湘バイパス石橋ICから国道135号、町道、舗装隣島経由で約79km、約2時間5分。手前の桃野湿原入口駐車場を見送った先にある三叉路は斜め左の道へ。この先は行き違い困難な狭いコンクリート舗装林道となり、やがて登山口の駐車場に到着する。国道から9.2km、約20分。
三筋山細野高原入山料／4月第2土曜日～GW最終日は、手前の三筋山細野高原山菜狩り管理事務所で入山料一人600円を払う。山菜採りでない登山者も払う必要がある。管理事務所に人が在駐するのは8～15時だが、早朝着の場合は下山時に支払えばよい。
駐車場／山頂近くの舗装林道沿いに駐車場がある。8～10台・42×10～7m・砂利・区画なし。
駐車場混雑情報／登山者はそれほど多くないので、GWや夏休みでも満車になることはない。
トイレ／駐車場にある。非水洗。水道なし。TPあり。評価☆☆。手前の桃野湿原入口駐車場にもある。
携帯電話／ドコモ通話可、au通話可、SB通話可。
その他／三筋山遊歩道案内板。

三筋山／山菜狩り管理事務所

三筋山／手前の三叉路。ここは左へ

三筋山／狭いコンクリート舗装林道

取材メモ／細野高原の山焼きは2月中旬〜下旬に1日開催され、観光客も多い。また同高原のススキは11月末頃〜12月中旬が見ごろ。

立ち寄り湯／①河津温泉に行くと、町営の立ち寄り湯「踊り子温泉会館」がある。火曜休・10〜21時・入浴料1000円・☎0558-32-2626。②また熱川方面に向かうと、熱川温泉の海岸沿いに「高磯の湯」がある。無休・9時30分〜17時・入浴料600円（夏期は700円）・☎0557-23-1505（熱川温泉観光協会）。③さらに国道135号を北上して北川温泉（ほっかわおんせん）に行くと海辺に公共の「露天風呂黒根岩風呂」（混浴）もある。無休（悪天時は休み）・6時30分〜9時30分＋13〜22時（19〜21時は女性専用。金・土・日曜、祝日は〜23時・入浴料600円・☎0557-23-3997（北川温泉観光協会）。

問合先／東伊豆町観光協会☎0557-95-0700、東伊豆町観光商工課☎0557-95-6301

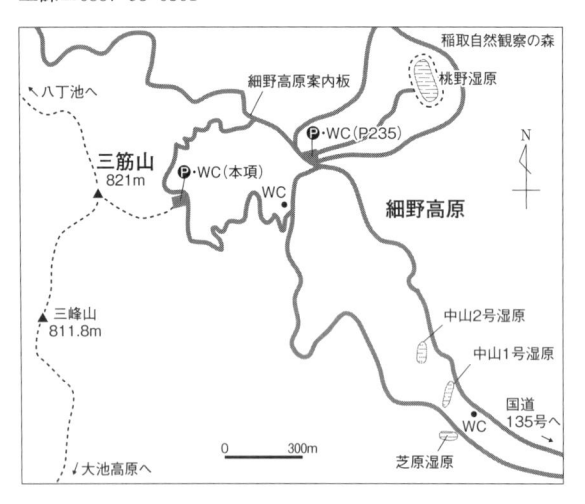

三筋山／舗装林道沿いの駐車場

三筋山／同駐車場のトイレ

三筋山／同トイレ内部

三筋山／三筋山登山道入口

三筋山／踊り子温泉会館・露天風呂

三筋山・細野高原→P235 細野高原・桃野湿原入口

御園富士→P72 神野山・熊野神社

三ツ瀬明神山→P256 明神山・三ツ瀬登山口

三星山（みつぼしやま）→P50 大札山・肩登山口

三俣蓮華岳
　　→P77 北アルプス・新穂高駐車場①（深山荘付近）
　　→P78 北アルプス・新穂高駐車場②（左俣林道入口）
　　→P88 北アルプス・飛騨新道登山口

三森山・岩村ダム
みつもりやま・いわむらだむ

岐阜県恵那市　標高750m

登山口概要／三森山の西側、市道沿い。三森山の主要登山口。水晶山の起点。
位置情報／［35°21′43″］［137°28′29″］
アクセス／中央道恵那ICから県道68、66号、国道19、257号、市道経由で約16km、約25分。国道から3.2km、約7分。
駐車場／岩村ダムの少し先に駐車場がある。5～6台・22×8m・舗装・区画なし。
携帯電話／ドコモ▮通話可、au▮通話可、SB▮～▮通話可。
その他／三森山・水晶山案内図。
立ち寄り湯／国道363号に出て西進すると、明知鉄道花白駅前に「花白温泉（はなしろおんせん）」がある。月曜休（祝日の場合は翌日）・11～21時・入浴料500円・☎0573-56-2020。
問合先／恵那市観光協会☎0573-25-4058、恵那市商工観光課☎0573-26-2111

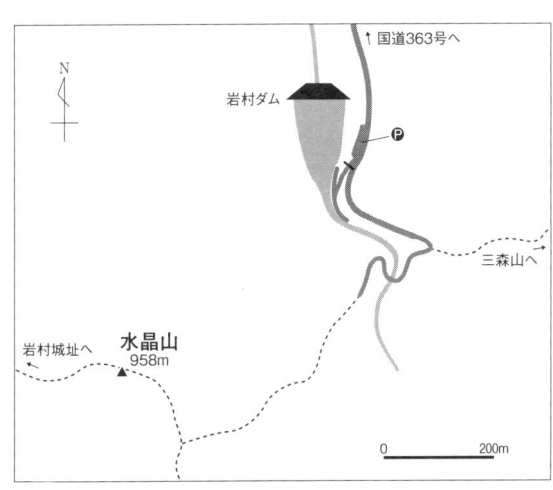

三森山／岩村ダムの駐車場

三森山／岩村ダム

三森山／三森山・水晶山案内板

三森山／登山道入口に続く林道

三森山／花白温泉・浴室

南アルプス・青薙山→（次項）南アルプス・沼平駐車場

南アルプス・赤石岳→（次々項）南アルプス・畑薙臨時駐車場

南アルプス・荒川岳→（次々項）南アルプス・畑薙臨時駐車場

南アルプス・上河内岳→（次項）南アルプス・沼平駐車場

南アルプス・笊ヶ岳→（次項）南アルプス・沼平駐車場
　　　　　　　　→（次々項）南アルプス・畑薙臨時駐車場

南アルプス・塩見岳→（次々項）南アルプス・畑薙臨時駐車場

南アルプス・茶臼岳→（次項）南アルプス・沼平駐車場

南アルプス・光岳→（次項）南アルプス・沼平駐車場

南アルプス・沼平駐車場（東俣林道入口）

みなみあるぷす・ぬまだいらちゅうしゃじょう（ひがしまたりんどういりぐち）

静岡県静岡市葵区　標高946m

登山口概要／聖岳（日本百名山）の南側、県道60号終点。東俣林道の沼平ゲート前。畑薙大吊り橋を経由する茶臼岳（日本三百名山）、上河内岳（日本二百名山）、光岳（日本百名山）などの起点。青薙山や笊ヶ岳（日本二百名山）などの起点。
位置情報／〔35°19′47″〕〔138°10′47″〕
アクセス／新東名道島田金谷ICから国道473、362号、県道77、388号、市道、県道60号経由で約90.5km、約2時間25分。または新東名道新静岡ICから県道27号、市道、県道60号経由で約74.5km、約1時間55分。東俣林道は通年通行可能だが、一般車通行不可。ゲートには林道の管理棟があり、管理人が常駐している。※取材時、アクセスルートの県道189号は、全面通行止だった。開通時期は未定。周辺の道路は、台風などの大雨のあとは、たまに通行止になることがある。
駐車場／30～40台・60×5m、80×10m・草地・区画なし。※付近の路上駐車は不可。
駐車場混雑情報／夏休み期間中と10月上旬は満車になる。
携帯電話／ドコモ圏外、au圏外、SB圏外。
登山届入れ／ゲート横にある。
その他／東俣林道管理棟、山岳遭難救助隊警備詰所、登山者への注意喚起看板、南アルプス南部案内図、熊出没注意看板、大井川流域治山事業案内板。
立ち寄り湯／①県道を2.5km南下すると「南アルプス赤石温泉・白樺荘」で可能。火曜休（祝日の場合は翌日）・10～18時（12～3月は～17時）・入浴料500円・☎054-260-2021。②県道27号を南下すると、市営の「口坂本温泉浴場」がある。水曜休（祝日の場合は翌日）・9時30分～16時30分・入浴料280円・☎054-297-2155。③県道60号を南下すると、市営の「湯ノ島温泉浴場」がある。木曜休（祝日の場合は翌日）・9時30分～16時30分・入浴料500円・☎054-291-2177。④接岨峡（せっ

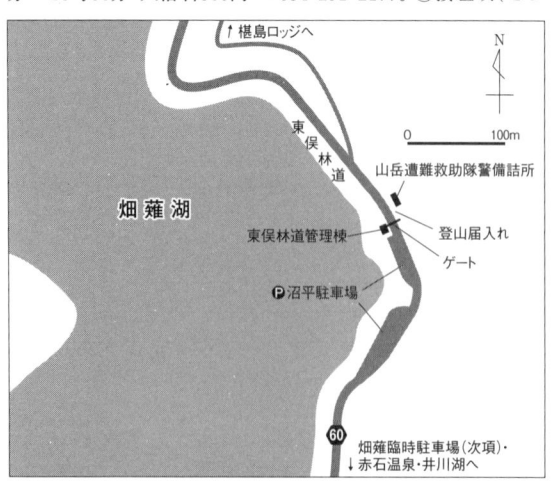

沼平／沼平駐車場

沼平／東俣林道管理棟（左）とゲート

沼平／山岳遭難救助隊警備詰所

沼平／南アルプス赤石温泉・白樺荘

沼平／白樺荘の浴室

そきょう）に出ると、公共温泉施設の「接岨峡温泉会館」がある。第2、4木曜休・10～20時・入浴料300円・☎0547-59-3764。
問合先／静岡市井川支所地域振興担当☎054-260-2211

南アルプス・畑薙臨時駐車場
みなみあるぷす・はたなぎりんじちゅうしゃじょう

静岡県静岡市葵区　　標高860m

登山口概要／聖岳（日本百名山）の南側、県道60号沿い。マイカー利用で聖沢登山口を経由する聖岳（日本百名山）、椹島ロッヂ（さわらじまろっぢ）を経由する荒川岳（日本百名山）や赤石岳（日本百名山）、笊ヶ岳（日本二百名山）、あるいは二軒小屋ロッヂを経由する荒川岳や塩見岳（日本百名山）などの起点。東海フォレスト送迎バスの発着場。
位置情報／［35°18′47″］［138°11′12″］
アクセス／新東名道島田金谷ICから国道473、362号、県道77、388号、市道、県道60号経由で約87.5km、約2時間20分。または新東名道新静岡ICから県道27号、市道、県道60号経由で約71.5km、約1時間50分。※取材時、アクセスルートの県道189号は、全面通行止だった。開通時期は未定。周辺の道路は、台風などの大雨のあとは、たまに通行止になることがある。
駐車場／約200台・120×60m・砂利・区画あり。
駐車場混雑情報／7月の連休やお盆休みに混雑する程度。満車になることはない。
トイレ／駐車場に簡易トイレがある。TPあり。評価☆☆。また畑薙第1ダムにもある。水洗。水道あり。TPなし。評価☆☆。
携帯電話／臨時駐車場＝ドコモ📶～圏外つながらず、au圏外、SB圏外。畑薙第1ダム＝ドコモ圏外、au圏外、SB圏外。
公衆電話／畑薙第1ダムにカード式公衆電話があるが、取材時は利用不可だった。
ドリンク自販機／畑薙第1ダムにある(PBも)。
登山届入れ／畑薙第1ダムにある。
その他／畑薙第1ダム＝畑薙第1ダムバス停（しずてつジャストラインバス）。
取材メモ／東海フォレストの送迎バスは、同社経営の山小屋宿泊者のみが対象となる。詳しくは、東海フォレストの公式サイトを参照のこと。
http://www.t-forest.com/alps/index.html
立ち寄り湯／①県道を2.5km南下すると「南アルプス赤石温泉・白樺荘」で可能。火曜休（祝日の場合は翌日）・10～18時（12～3月は～17時）・入浴料500円・☎054-260-2021。②県道27号を南下すると、市営の「口坂本温泉浴場」がある。水曜休（祝日の場合は翌日）・9時30分～16時30分・入浴料280円・☎054-297-2155。③県道60号を南下すると、市営の「湯ノ島温泉浴場」がある。木曜休（祝日の場合は翌日）・9時30分～16時30分・入浴料500円・☎054-291-2177。④接岨峡（せっそきょう）に出ると、公共温泉施設の「接岨峡温泉会館」が

畑薙／畑薙臨時駐車場

畑薙／同駐車場の簡易トイレ

畑薙／畑薙第1ダム

畑薙／同ダム湖畔のトイレ

畑薙／同トイレ内部

ある。第2、4木曜休・10〜20時・入浴料300円・☎0547-59-3764。
問合先／静岡市井川支所地域振興担当☎054-260-2211、南アルプス井川観光会館☎054-260-2377

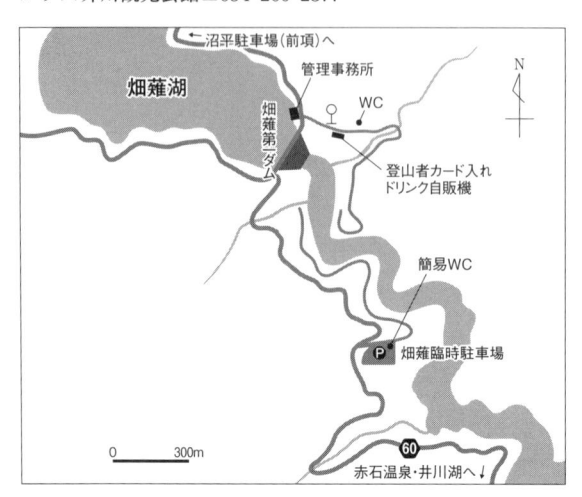

畑薙／白樺荘の露天風呂

畑薙／口坂本温泉浴場

入間／入間地区の駐車場

南アルプス・東俣林道ゲート→（前々項）南アルプス・沼平駐車場

南アルプス・聖岳→（前項）南アルプス・畑薙臨時駐車場

南伊豆歩道・入間
みなみいずほどう・いるま
静岡県南伊豆町　標高12m

登山口概要／石廊崎（いろうざき）の北西側、町道終点付近。南伊豆歩道の起点。
位置情報／［34°37′42″］［138°48′38″］
アクセス／修善寺道路修善寺ICから天城北道路、国道136、414号、県道14号、国道135、136号、県道16号経由で約70km、約1時間43分。
駐車場／入間地区に駐車場がある。90台・62×30m、54×15m・舗装・区画あり。
トイレ／駐車場にある。水洗。水道・TPあり。評価☆☆。
携帯電話／ドコモ通話可、au通話可、SB通話可。
その他／南伊豆歩道案内板、民宿案内板。
取材メモ／南伊豆歩道は、妻良（めら）〜入間〜中木を結ぶ約12kmのハイキングコース。
立ち寄り湯／①南伊豆町役場付近の国道136号沿いに町営立ち寄り湯「銀の湯会館」がある。水曜休（祝日の場合は翌日）・10〜21時・入浴料700円・☎0558-63-0026。②国道136号を北上し、松崎町で県道15号に右折すると、道の駅花の三聖苑伊豆松崎に「かじかの湯」がある。無休・9〜20時・入浴料

入間／同駐車場のトイレ

入間／同トイレ内部

500円・☎0558-42-3420。③松崎町の石部温泉には混浴の「平六地蔵露天風呂」もある。11月～4月は休み・日中のみ利用可・無料。☎0558-42-0745。
問合先／南伊豆町観光協会☎0558-62-0141、南伊豆町産業商工課商工観光係☎0558-62-6300

南伊豆歩道（タライ岬歩道）・逢ヶ浜
みなみいずほどう（たらいみさきほどう）・おうのはま

静岡県南伊豆町　標高6m

登山口概要／タライ岬の北西側、町道終点付近。南伊豆歩道（タライ岬歩道）の起点。詳細図は、P252「南伊豆歩道（タライ岬歩道）・弓ヶ浜」の項参照。
位置情報／［34°38′01″］［138°53′52″］
アクセス／修善寺道路修善寺ICから天城北道路、国道136、414号、県道14号、国道135、136号、県道16、120号、町道経由で約61km、約1時間32分。
駐車場／逢ヶ浜に駐車場があり、ハイカーの利用可。26台・60×10～5m・砂利・区画あり。7～8月の海水浴シーズンは有料。1台1000円。
駐車場混雑情報／海水浴シーズン以外の時期に満車になることはない。
携帯電話／ドコモ通話可、au通話可、SB通話可。
その他／逢ヶ浜＝逢ヶ浜案内板、タライ岬入口＝タライ岬歩道案内板。
取材メモ／逢ヶ浜のハマダイコンは4月中旬～下旬が見ごろ。
立ち寄り湯／①すぐ西側の弓ヶ浜にある「休暇村南伊豆」で可能だが、GWや夏期などの繁忙期は立ち寄り湯は不可。無休・13～15時・入浴料800円・☎0558-62-0535。②国道136号に出て西進すると国道136号沿いに町営立ち寄り湯「銀の湯会館」がある。水曜休（祝日の場合は翌日）・10～21時・入浴料700円・☎0558-63-0026。
問合先／南伊豆町観光協会☎0558-62-0141、南伊豆町産業商工課商工観光係☎0558-62-6300

南伊豆歩道（タライ岬歩道）・タライ岬
みなみいずほどう（たらいみさきほどう）・たらいみさき

静岡県下田市　標高26m

登山口概要／タライ岬の北東側、市道終点付近。南伊豆歩道（タライ岬歩道）の起点。詳細図は、次々項参照。
位置情報／［34°37′59″］［138°54′26″］
アクセス／修善寺道路修善寺ICから天城北道路、国道136、414号、県道14号、国道135、136号、市道経由で約57.5km、約1時間27分。
駐車場／タライ岬の近く、市道終点手前に駐車場がある。14台・36×10m・舗装・区画あり。
携帯電話／ドコモだが通話可、au～通話可、SB～

入間／銀の湯会館・大浴場

逢ヶ浜／逢ヶ浜の駐車場

逢ヶ浜／逢ヶ浜の案内板

逢ヶ浜／逢ヶ浜に咲くハマダイコン

タライ／市道終点手前の駐車場

🕻 通話可。
その他／テーブル・ベンチ。
取材メモ／逢ヶ浜のハマダイコンは4月中旬～下旬が見ごろ。
立ち寄り湯／①弓ヶ浜の「休暇村南伊豆」で可能だが、GWや夏期などの繁忙期は立ち寄り湯は不可。無休・13～15時・入浴料800円・☎0558-62-0535。②国道136号に出て西進すると国道136号沿いに町営立ち寄り湯「銀の湯会館」がある。水曜休（祝日の場合は翌日）・10～21時・入浴料700円・☎0558-63-0026。
問合先／下田市観光協会☎0558-22-1531、下田市観光交流課☎0558-22-3913

南伊豆歩道（タライ岬歩道）・田牛（竜宮窟入口）
みなみいずほどう（たらいみさきほどう）・とうじ（りゅうぐうくついりぐち）

静岡県下田市　標高20m

登山口概要／タライ岬の北東側、市道沿い。南伊豆歩道の起点。詳細図は、次項参照。
位置情報／［34°38′31″］［138°54′54″］
アクセス／修善寺道路修善寺ICから天城北道路、国道136、414号、県道14号、国道135、136号、市道経由で約56km、約1時間25分。
駐車場／竜宮窟入口に駐車場がある。21台・40×5mなど2面・舗装・区画あり。7～8月の海水浴シーズンは有料。1台1500円。
駐車場混雑情報／海水浴シーズン以外でも状況によって混雑することがある。
トイレ／駐車場にある。水洗。水道・TPあり。評価☆☆☆～☆。
携帯電話／ドコモ📶通話可、au📶通話可、SB📶通話可。
ドリンク自販機／トイレ横にある(PBも)。
その他／竜宮窟とサンドスキー場案内板、車上荒らし注意看板。
取材メモ／竜宮窟は、直径約40mの天窓が開く洞窟。また逢ヶ浜のハマダイコンは4月中旬～下旬が見ごろ。
立ち寄り湯／①国道135号沿いにある下田温泉の「下田聚楽ホテル」、「下田ベイクロシオ」、「黒船ホテル」などでも立ち寄り湯が可能（入浴料1200～1500円）。②隣の南伊豆町に向かうと、弓ヶ浜の「休暇村南伊豆」で可能だが、GWや夏期などの繁忙期は立ち寄り湯は不可。無休・13～15時・入浴料800円・☎0558-62-0535。③また国道136号沿いには町営立ち寄り湯「銀の湯会館」がある。水曜休（祝日の場合は翌日）・10～21時・入浴料700円・☎0558-63-0026。
問合先／下田市観光協会☎0558-22-1531、下田市観光交流課☎0558-22-3913

南伊豆歩道（タライ岬歩道）・弓ヶ浜
みなみいずほどう（たらいみさきほどう）・ゆみがはま

静岡県南伊豆町　標高6m

タライ／タライ岬

田牛／竜宮窟入口の駐車場とトイレ

田牛／同トイレ内部

田牛／竜宮窟とサンドスキー場案内板

田牛／竜宮窟入口

登山口概要／タライ岬の北西側、町道沿い。南伊豆歩道（タライ岬歩道）の起点。さらに東側の逢ヶ浜については、P251「南伊豆歩道（タライ岬歩道）・逢ヶ浜」の項参照。
位置情報／［34°38′08″］［138°53′34″］
アクセス／修善寺道路修善寺ICから天城北道路、国道136、414号、県道14号、国道135、136号、県道16、120号、町道経由で約60.5km、約1時間32分。
駐車場／弓ヶ浜に駐車場があり、ハイカーの利用可。50台・76×16m・舗装・区画あり。7〜8月の海水浴シーズンは有料。1台1000円。
駐車場混雑情報／海水浴シーズン以外の時期に満車になることはない。
トイレ／駐車場にある。水洗。水道・TPあり。評価☆☆☆〜☆☆。
携帯電話／ドコモ📶通話可、au📶通話可、SB📶通話可。
ドリンク自販機／トイレの近くにある(PBも)。
その他／休憩所。
取材メモ／逢ヶ浜のハマダイコンは4月中旬〜下旬が見ごろ。
立ち寄り湯／①駐車場に隣接する「休暇村南伊豆」で可能だが、GWや夏期などの繁忙期は立ち寄り湯は不可。無休・13〜15時・入浴料800円・☎0558-62-0535。②国道136号に出て西進すると国道136号沿いに町営立ち寄り湯「銀の湯会館」がある。水曜休（祝日の場合は翌日）・10〜21時・入浴料700円・☎0558-63-0026。
問合先／南伊豆町観光協会☎0558-62-0141、南伊豆町産業商工課商工観光係☎0558-62-6300

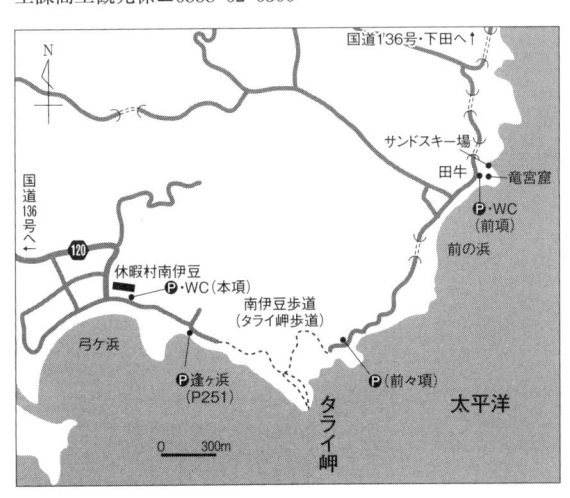

弓ヶ浜／弓ヶ浜の駐車場

弓ヶ浜／同駐車場のトイレ

弓ヶ浜／同トイレ内部

弓ヶ浜／美しい弧を描く弓ヶ浜

波勝崎／波勝崎苑前の広い駐車場

南伊豆歩道（波勝崎歩道）・波勝崎

みなみいずほどう（はがちざきほどう）・はがちざき

静岡県南伊豆町　標高55m

登山口概要／波勝崎の東側、県道347号終点。南伊豆歩道（波勝崎歩道）の起点。
位置情報／［34°41′36″］［138°44′52″］
アクセス／修善寺道路修善寺ICから天城北道路、国道136号、県道347号経由で約65.5km、約1時間30分。
駐車場／波勝崎苑前に広い駐車場があり、ハイカーの利用可。約300台・130×40m・舗装・区画あり。
駐車場混雑情報／満車になることはない。
トイレ／駐車場にあるが、取材時は閉鎖中だった。
携帯電話／ドコモ📶〜📶通話可、au📶〜📶だがつながらず、SB📶〜📶だがつながらず。
ドリンク自販機／波勝崎入口にある(PBも)。
その他／南伊豆歩道案内板、静岡県観光案内板、波勝崎苑（野生ニホンザルの生息地。無休・8時30分〜16時50分。10〜3月は〜16時30分・入苑料500円・☎0558-67-0050)。
立ち寄り湯／①国道136号を北上すると、石部温泉に混浴の「平六地蔵露天風呂」がある。11月〜4月は休み・日中のみ利用可・無料・☎0558-42-0745。②松崎町で県道15号に右折すると、道の駅花の三聖苑伊豆松崎に「かじかの湯」がある。無休・9〜20時・入浴料500円・☎0558-42-3420。③さらに北上すると、西伊豆町営の「なぎさの湯」がある。木曜休（祝日の場合は翌日）・9〜20時・入浴料500円・☎0558-52-1820。④一方、南伊豆町役場付近の国道136号沿いに町営立ち寄り湯「銀の湯会館」がある。水曜休（祝日の場合は翌日）・10〜21時・入浴料700円・☎0558-63-0026。
問合先／南伊豆町観光協会☎0558-62-0141、南伊豆町産業商工課商工観光係☎0558-62-6300

波勝崎／同駐車場のトイレ

波勝崎／波勝崎歩道入口

波勝崎／かじかの湯

美濃平家岳→P231 平家岳・川浦渓谷（銚子谷林道入口）

宮路山・市道宮路線
みやじさん・しどうみやじせん

愛知県豊川市　標高170m

登山口概要／宮路山の北東側、市道沿い。宮路生活環境保全林を経由する宮路山の起点。詳細図は次項参照。
位置情報／［34°51′20″］［137°17′53″］
アクセス／東名道音羽蒲郡ICから国道1号、市道、県道374号、市道経由で約4.7km、約10分。
駐車場／登山道入口の市道路肩に駐車スペースがある。計約10台・舗装・区画なし。
携帯電話／ドコモ📶〜📶通話可、au📶通話可、SB📶だが通話可。
その他／宮路山周辺案内板。
取材メモ／宮路山の紅葉は11月中旬〜下旬が見ごろ。
立ち寄り湯／隣の蒲郡市に行くと、東海道本線三河大塚駅近くの海岸沿いに「ラグーナの湯」がある。無休・7〜22時・入浴料1000円・☎0533-58-2700。
問合先／豊川市観光案内所☎0533-86-2054、豊川市観光協会☎0533-89-2206、豊川市商工観光課☎0533-89-2140

市道／市道路肩の駐車スペース

市道／宮路山登山道入口

宮路山・第1駐車場
みやじさん・だいいちちゅうしゃじょう

愛知県豊川市　標高270m

登山口概要／宮路山の北側、市道沿い。宮路山の主要最短登山口。宮路生活環境保全林遊歩道の起点。
位置情報／［34°51′08″］［137°17′22″］
アクセス／東名道音羽蒲郡ICから国道1号、市道、県道374号、市道経由で約6.5km、約14分。
駐車場／13台・26×14m・舗装・区画あり。
駐車場混雑情報／紅葉シーズンは満車になることも。またイベント時は利用できないこともある。
トイレ／駐車場にある。非水洗。雨水利用の水タンク（飲用不可）あり。TPあり。評価☆☆。
携帯電話／ドコモ📶〜📶、通話可、au📶やや不安定、SB圏外。
その他／ハイキングパンフレット頒布箱、宮路山遊歩道案内板、宮路生活環境保全林案内板。
取材メモ／宮路山の紅葉は11月中旬〜下旬が見ごろ。
立ち寄り湯／隣の蒲郡市に行くと、東海道本線三河大塚駅近くの海岸沿いに「ラグーナの湯」がある。無休・7〜22時・入浴料1000円・☎0533-58-2700。
問合先／豊川市観光案内所☎0533-86-2054、豊川市観光協会☎0533-89-2206、豊川市商工観光課☎0533-89-2140

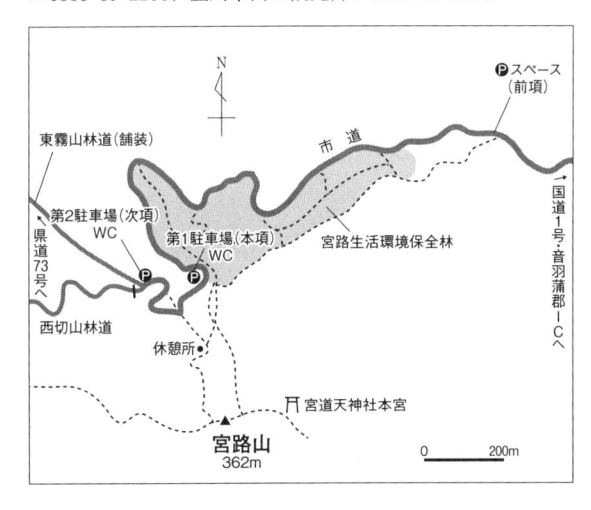

第1／第1駐車場

第1／同駐車場のトイレ

第1／同トイレ内部

第1／宮路山登山道入口

宮路山・第2駐車場
みやじさん・だいにちゅうしゃじょう

愛知県豊川市　標高225m

登山口概要／宮路山の北西側、市道と東霧山林道、西切山林道の交差点付近。宮路山の起点。詳細図は前項参照。
位置情報／［34°51′07″］［137°17′18″］

第2／第2駐車場

アクセス／東名道音羽蒲郡ICから国道1号、市道、県道374号、市道経由で約6.8km、約15分。
駐車場／10台・20×20m・舗装・区画あり。
駐車場混雑情報／紅葉シーズンは満車になることも。またイベント時は利用できないこともある。
トイレ／駐車場にある。非水洗。雨水利用の水タンク（飲用不可）あり。TPなし。評価☆☆。
携帯電話／ドコモ〜1通話、au〜だが通話、SB圏外。
取材メモ／宮路山の紅葉は11月中旬〜下旬が見ごろ。
立ち寄り湯／隣の蒲郡市に行くと、東海道本線三河大塚駅近くの海岸沿いに「ラグーナの湯」がある。無休・7〜22時・入浴料1000円・☎0533-58-2700。
問合先／豊川市観光案内所☎0533-86-2054、豊川市観光協会☎0533-89-2206、豊川市商工観光課☎0533-89-2140

第2／同駐車場のトイレ

三ツ瀬／150m手前の駐車スペース

明神山（三ツ瀬明神山）・三ツ瀬登山口
みょうじんさん（みつせみょうじんやま）・みつせとざんぐち

愛知県東栄町　標高367m

登山口概要／明神山の東側、町道沿い。三ツ瀬峠を経由する明神山の主要登山口。
位置情報／［35°02′53″］［137°40′50″］
アクセス／新東名道浜松いなさ北ICから三遠南信道（国道474号）、国道151号、町道経由で約27km、約40分。国道に「明神山」の標識がある。少し先の三叉路は右の道へ。国道から3.1km、約6分。
駐車場／登山道入口の150m手前に駐車スペースがある。約5台・28×3m・砂地＋草地・区画なし。さらに奥にも計3台分の駐車スペースが2面ある。
トイレ／150m手前の駐車スペースに簡易トイレがある。TPなし。評価☆。
携帯電話／駐車スペース＝ドコモ通話可、au〜通話可、SBだが通話。※登山道入口でも同様の結果。
その他／明神山登山案内板。
取材メモ／明神山のアカヤシオは4月下旬〜5月上旬、ホソバシャクナゲは5月中旬が見ごろ。
立ち寄り湯／①東栄町役場付近の国道473号沿いに「とうえい温泉」がある。水曜休（祝日の場合は営業。ほか3月と6月にメンテナンス休あり）・10〜21時・入浴料600円・☎0536-77-0268。②国道151号を南下すると、名号交差点の1km先に「名号温泉（みょうごうおんせん）・うめの湯」がある。木曜休（祝日の場合は営業）・10〜20時・入浴料700円・☎0536-33-5126。
問合先／東栄町経済課☎0536-76-1812

三ツ瀬／さらに奥の駐車スペース

三ツ瀬／明神山登山道入口

妙法ヶ岳・華厳寺
みょうほうがたけ・けごんじ

岐阜県揖斐川町　標高98m

華厳寺／町営駐車場

登山口概要／妙法ヶ岳の南東側、町道沿い。天台宗の古刹・華厳寺を経由する妙法ヶ岳の主要登山口。
位置情報／［35°31′48″］［136°36′29″］
アクセス／東海北陸道一宮木曽川ICから国道22、21号、県道23号、国道157号、県道40号、町道経由で約34km、約52分。または名神道大垣ICから国道258、21、417、303号、県道251号、町道経由で約30km、約45分。
駐車場／参道沿いに町営駐車場がある。日曜日と祝日の9〜17時のみ有料となる。1回400円。係員による徴収。無料期間、有料期間ともに24時間出入り可。約700台・272×66m・舗装・区画あり。ほか周辺に民間有料駐車場（1回300〜400円）が多数ある。
駐車場混雑情報／11月の谷汲もみじまつり期間中でも満車になることはない。
トイレ／駐車場に2棟ある。洋式は温水洗浄機能付便座。水洗。水道・TPあり。評価☆☆☆。また華厳寺にも公衆トイレがある。
携帯電話／ドコモ📶通話可、au📶通話可、SB📶通話可。
公衆電話／観光プラザ前にカード・コイン式公衆電話ボックスがある。
ドリンク自販機／参道沿いの商店などにある(PBも)。
その他／谷汲山華厳寺（無休・8〜17時・☎0585-55-2033）、揖斐川町観光プラザ（観光案内）、いびがわタウンマップ、仁王門行きバス乗り場、あずまや、ベンチ。
立ち寄り湯／①参道入口の山門前交差点から県道251号を200m南下すると「谷汲温泉・満願の湯」がある。第2金曜休・10〜20時（12〜3月は〜19時）・入浴料500円・☎0585-56-1126。②樽見鉄道谷汲口駅近くに「根尾川谷汲温泉」もある。火曜休（祝日の場合は翌日）・10〜20時・入浴料500円・☎0585-55-2299。
問合先／揖斐川町観光プラザ☎0585-55-2020、揖斐川町商工観光課☎0585-22-2111

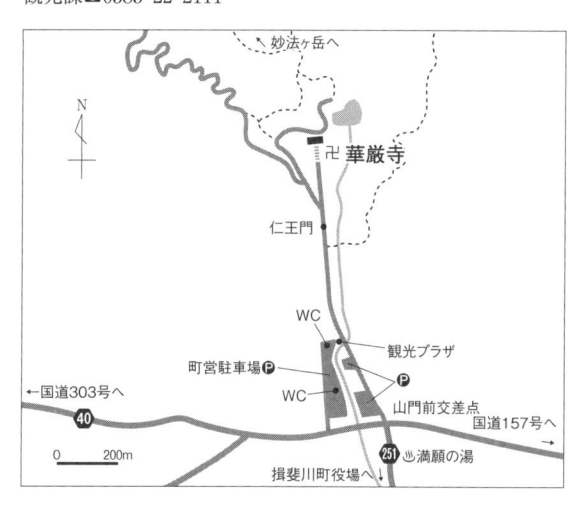

華厳寺／同駐車場の北側トイレ

華厳寺／同トイレ内部

華厳寺／同駐車場の南側トイレ

華厳寺／揖斐川町観光プラザ

華厳寺／仁王門

無反山・無反峠（大野峠）
むそれやま（むぞれやま）・むそれとうげ（おおのとうげ）

岐阜県白川町・東白川村　標高650m

登山口概要／無反山の東側、加茂東林道沿い。無反山の起点。
位置情報／［35°36′23″］［137°18′12″］
アクセス／東海環状道美濃加茂ICから美濃加茂バイパス（国道41号）、国道41号、県道68、70、72号、加茂東林道（全線舗装）経由で約42km、約1時間5分。県道72号から2.8km、約6分。
駐車場／峠の林道路肩に寄せれば駐車可能。3〜4台・舗装・区画なし。
携帯電話／ドコモ通話可、au〜不安定、SB圏外。
立ち寄り湯／①国道41号に出て6.5km北上すると、道の駅美濃白川に「道の駅温泉・ピアチェーレ」がある。水曜休・10〜21時・入浴料450円・☎0574-75-2146。※ピアチェーレ新設に伴い、「白川天然温泉・四季彩の湯」は閉鎖された。②美濃加茂ICを過ぎて、関市街地方面に向けて国道248号を西進すると関市に入る手前に「かもの湯」がある。無休・10〜24時・入浴料450円（土・日曜、祝日は500円）・☎0574-28-7200。③一方、国道256号で中津川市へ出ると、付知峡口交差点近くに「付知峡倉屋温泉・おんぽいの湯」がある。第4水曜休・10〜22時・入浴料600円・☎0573-82-5311。
問合先／白川町観光協会（白川町農林商工課商工グループ）☎0574-72-1311、東白川村産業建設課林務商工係☎0574-78-3111

母袋烏帽子岳（母袋烏帽子）・母袋温泉
もたいえぼしだけ（もたいえぼし）・もたいおんせん

岐阜県郡上市　標高795m

登山口概要／母袋烏帽子岳の南西側、市道終点。母袋烏帽子岳の起点。
位置情報／［35°51′58″］［136°57′08″］
アクセス／東海北陸道ぎふ大和ICから県道52号、市道、国道156号、県道318号、市道経由で約13.5km、約20分。県道から7.6km、約12分。
駐車場／母袋温泉前に駐車場があり、登山者は有料で利用可。1回500円（立ち寄り湯1回無料券付き）。温泉フロントで支払う。約300台・80×36m・舗装・区画一部にあり。早朝着の場合は下山後の支払いでも可。
駐車場混雑情報／満車になることはない。
携帯電話／ドコモ通話可、au通話可、SB通話可。
ドリンク自販機／母袋温泉にある（PBも）。
その他／アウトドアイン母袋案内板。
立ち寄り湯／①「母袋温泉」で可能。グリーンシーズン中は土・日曜、祝日のみの営業・10時〜17時30分・入浴料500円・☎0575-88-3155。②国道156号に出て右折し1km先で県道317号に右折すると、道の駅今昔伝授の里やまとの隣に「やまと温泉やすらぎ館」がある。火曜休（祝日の場合は翌日）・10

時〜21時30分・入浴料600円・☎0575-88-9126。③一方、国道156号を南下して郡上市街地に向うと「郡上温泉・やすらぎの湯宝泉」がある。無休（利用できない日もある）・10〜24時（受付締切は22時）・入浴料650円・☎0575-63-2311。
問合先／大和観光協会（大和振興事務所内）☎0575-88-2211、郡上市観光連盟（郡上市観光課）☎0575-67-1808

籾糠山・天生峠→P28 天生湿原・天生峠

桃野湿原入口→P235 細野高原・桃野湿原入口

母袋／母袋温泉

もた

や行

矢倉岳・足柄峠①
やぐらだけ・あしがらとうげ

静岡県小山町／神奈川県南足柄市　標高743m

登山口概要／矢倉岳の南西側、県道78号と731号交差点。清水越を経由する矢倉岳、丸鉢山を経由する金時山、足柄峠ハイキングコースの起点。

位置情報／〔35°19′10″〕〔139°00′44″〕

アクセス／東名道御殿場ICから県道401、394、78号経由で約14.5km、約25分。または東名道大井松田ICから県道78号経由で約16km、約24分。

駐車場／足柄峠の県道731号沿いに駐車スペースがある。約10台・36×5m・舗装・区画なし。また付近の路肩に若干の駐車スペース、静岡県側の県道78号沿いにも10台分の駐車スペースがある。

駐車場混雑情報／満車の場合は、県道731号を金時山方面に300mほど進んだ途中にも駐車スペースがある（次項参照）。

携帯電話／ドコモ通話可、au通話可、SB通話可（1回目はすぐ切れた）。

トイレ／付近の足柄関所跡に公衆トイレがある。水洗。水道なし。TPあり。評価☆☆☆。

その他／足柄峠解説板、静岡県へようこそ案内板、新羅三郎義光吹笙之石、足柄城址、足柄関所跡、聖天堂、茶屋。

立ち寄り湯／小山町側に下ると県道78号沿いに「小山町民いこいの家・あしがら温泉」がある。火曜休（祝日の場合は翌日）・10～21時・入浴料500円・☎0550-76-7000。

問合先／小山町商工観光課☎0550-76-6114、南足柄市商工観光課☎0465-73-8031

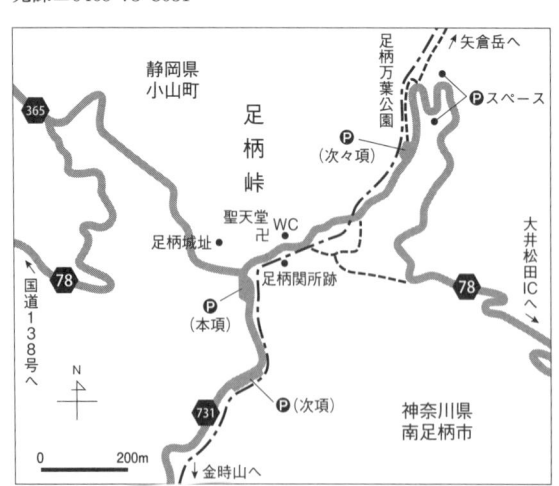

足柄①／足柄峠の交差点と駐車スペース

足柄①／足柄関所跡の公衆トイレ

足柄①／同トイレ内部

足柄①／足柄城址にあるあずまや

足柄①／あしがら温泉・浴室

矢倉岳・足柄峠②
やぐらだけ・あしがらとうげ

静岡県小山町／神奈川県南足柄市　標高730m

登山口概要／矢倉岳の南西側、県道731号沿い。清水越を経由する矢倉岳、丸鉢山を経由する金時山、足柄峠ハイキングコースの起点。矢倉峠の駐車スペースが満車の時に利用できる。足柄峠の駐車スペースと詳細図は、前項参照。
位置情報／[35°19′02″][139°00′45″]
アクセス／東名道御殿場ICから県道401、394、78、731号経由で約15km、約25分。または東名道大井松田ICから県道78号、県道731号（県道だが、未舗装。路面評価★★★）経由で約16km、約24分。
駐車場／足柄峠から県道731号に入ると300mほど先に駐車スペースがある。約30台・90×8m・砂利・区画なし。
携帯電話／ドコモ通話可、au通話可、SB通話可。
トイレ／付近の足柄関所跡に公衆トイレがある。水洗。水道なし。TPあり。評価☆☆☆。
立ち寄り湯／小山町側に下ると県道78号沿いに「小山町民いこいの家・あしがら温泉」がある。火曜休（祝日の場合は翌日）・10～21時・入浴料500円・☎0550-76-7000。
問合先／小山町商工観光課☎0550-76-6114、南足柄市商工観光課☎0465-73-8031

足柄②／300m先の駐車スペース

万葉／足柄万葉公園駐車場

矢倉岳・足柄万葉公園
やぐらだけ・あしがらまんようこうえん

静岡県小山町／神奈川県南足柄市　標高742m

登山口概要／矢倉岳の南西側、県道78号沿い。清水越を経由する矢倉岳の起点。詳細図は、前々項参照。
位置情報／[35°19′21″][139°01′00″]
アクセス／東名道御殿場ICから県道401、394、78号経由で約15km、約25分。または東名道大井松田ICから県道78号経由で約15.5km、約24分。
駐車場／足柄万葉公園に駐車場がある。7～8台・26×5m・細砂利・区画なし。また付近の県道路肩にも若干の駐車スペースがある。
携帯電話／ドコモ～通話可（圏外となってつながらないこともある）、au若干不安定、SB～だが、つながらず。
トイレ／県道を足柄峠方面に進むと、足柄関所跡に公衆トイレがある。水洗。水道なし。TPあり。評価☆☆☆。
その他／足柄万葉公園案内板、足柄万葉公園バス停（箱根登山バス）。
問合先／小山町商工観光課☎0550-76-6114、南足柄市商工観光課☎0465-73-8031

万葉／足柄万葉公園入口

万葉／同公園案内板

焼岳→P78 北アルプス・新穂高ロープウェイしらかば平駅
　　　　（鍋平高原）
　　→P80 北アルプス・新穂高ロープウェイ新穂高温泉駅

万葉／足柄関所跡

八嶽山・富山地区

やたけさん・とみやまちく

愛知県豊根村　標高186m

登山口概要／八嶽山の南東側、県道1号沿い。八嶽山の主要登山口。豊根村総合センター前に登山道入口がある。
位置情報／［35°11′21″］［137°48′42″］
アクセス／新東名道浜松いなさ北ICから三遠南信道（国道474号）、国道151号、県道1号、国道473号、県道1号経由で約60.5km、約1時間35分。または新東名道浜松浜北ICから国道152、473号、県道1号経由で約67km、約1時間45分。
駐車場／豊根村総合センターの300m東側、県道路肩に駐車スペースがある。7～8台・32×8m・舗装・区画なし。
トイレ／登山道入口の向かいに公衆トイレがある。水洗。水道・TPあり。評価☆☆☆。
携帯電話／ドコモ通話可、au通話可、SB通話可。
立ち寄り湯／県道を1km南下すると「湯の島温泉」がある。月、水、金曜休・火と木曜は16～19時（内風呂のみ）、土と日曜は13～19時（内風呂と露天風呂）・入浴料400円・☎0536-89-2170（モカル富山）。
問合先／豊根村観光協会☎0536-87-2525

八嶽山／県道路肩の駐車スペース

八嶽山／富山支所

八嶽山／登山道入口向かいの公衆トイレ

八嶽山／同トイレ内部

山犬段→P154 蕎麦粒山・山犬段駐車場

槍ヶ岳→P77 北アルプス・新穂高駐車場①（深山荘付近）
　　　→P78 北アルプス・新穂高駐車場②（左俣林道入口）

八嶽山／八嶽山登山道入口

山伏・大谷崩登山口

やんぶし・おおやくずれとざんぐち

静岡県静岡市葵区　標高1270m

登山口概要／山伏（日本三百名山）の東側、舗装林道ゲート前。大谷崩れや新窪乗越を経由する山伏、八紘嶺（はっこうれい）の起点。
位置情報／［35°18′24″］［138°18′48″］
アクセス／新東名道新静岡ICから県道27、29号、舗装林道経由で約39.5km、約1時間10分。県道から5.7km、約10分。
駐車場／ゲート前に広い駐車スペースがある。約15台・26×26m・舗装・区画なし。※取材時は、ゲートが設けられ、この先には入れなかった。
トイレ／林道入口の約3kmほど手前の県道沿いに公衆トイレがある。センサーライト付き。水洗。水道・TPあり。評価☆☆☆。
携帯電話／ドコモ圏外、au圏外、SB圏外。
その他／大谷崩で見られる動物・植物解説板、大谷崩案内板、国土交通省大谷崩れ雨量観測所。
取材メモ／山伏山頂のヤナギランは、7月下旬〜8月中旬が見ごろ。
立ち寄り湯／県道に出て左折すると、少し先に「梅ヶ島新田温泉・黄金の湯（こがねのゆ）」がある。月曜休（祝日の場合は翌日）・9時30分〜17時30分（12〜3月は〜16時30分）・入浴料500円・☎054-269-2615。
問合先／静岡市スポーツ振興課管理担当☎054-221-1071

大谷崩／登山口に続く舗装林道

大谷崩／ゲート前の広い駐車スペース

大谷崩／林道ゲート

大谷崩／大谷崩案内板など

山伏登山口
やんぶしとざんぐち

静岡県静岡市葵区　標高920m

登山口概要／山伏（日本三百名山）の南東側、未舗装林道沿い。山伏の主要登山口のひとつ。詳細図は、前項参照。
位置情報／［35°17′16″］［138°18′25″］
アクセス／新東名道新静岡ICから県道27、29号、舗装林道、未舗装林道（路面評価★★★★〜★★★）経由で約37km、

山伏／舗装林道三叉路。ここは左に

約1時間8分。県道から大谷崩方面に続く舗装林道の三叉路まで（写真参照）1.7km、約4分。三叉路を左に入ると未舗装林道となり、1.3km、約4分で駐車場に着く。
駐車場／未舗装林道沿いに登山者用駐車場がある。約10台・30×12m・砂利・区画なし。※取材時は、駐車場の川側が崩落しかけており、山側に駐車する方が無難。掲載写真では川側に車を停めてあるが、本来は反対側の方がよい。
駐車場混雑情報／登山者の利用は多く、駐車可能台数が限られるためシーズン中の休日は、満車になることも。
トイレ／林道入口の約3kmほど手前の県道沿いに公衆トイレがある。センサーライト付き。水洗。水道・TPあり。評価☆☆☆。
携帯電話／ドコモ📶〜📶通話可、au圏外、SB圏外。
取材メモ／山伏山頂のヤナギランは、7月下旬〜8月中旬が見ごろ。
立ち寄り湯／県道に出て左折すると、少し先に「梅ヶ島新田温泉・黄金の湯（こがねのゆ）」がある。月曜休（祝日の場合は翌日）・9時30分〜17時30分（12〜3月は〜16時30分）・入浴料500円・☎054-269-2615。
問合先／静岡市スポーツ振興課管理担当☎054-221-1071

山伏／登山口に続く未舗装林道

山伏／登山者用駐車場

夕森山登山口
ゆうもりやまとざんぐち

岐阜県中津川市　標高763m

登山口概要／夕森山の南西側、舗装林道沿い。夕森山の起点。詳細図はP228「不動滝入口」の項参照。
位置情報／〔35°42′03″〕〔137°26′32″〕
アクセス／中央道中津川ICから国道19、257、256号、県道486号、市道、舗装林道経由で約33.5km、約50分。市道と林道の三叉路に立つ「夕森山登山道」の標識に従い舗装林道へ左折。そこから1.2km、約3分。
駐車場／登山道入口に駐車スペースがある。8〜10台・18×3mなど2面・草地・区画なし。
トイレ／三叉路を直進すると不動滝入口駐車場にある。水洗。水道・TPあり。評価☆☆☆〜☆☆。
携帯電話／ドコモ📶通話可、au📶通話可、SB📶通話可。
ドリンク自販機／不動滝入口の食堂前にある（PBも）。
登山届入れ／登山道入口にある。また不動滝入口の食堂「不動滝ひろづき」にもある。
その他／登山者に対する注意喚起看板、熊出没注意看板、マムシ・ハチ注意看板、森の案内人看板。
取材メモ／不動の滝入口駐車場を起点にして奥の林道へ少し入ったところにも夕森山の登山口がある。
立ち寄り湯／①県道486号を南下し、国道256号を突っ切ると「付知峡倉屋温泉・おんぽいの湯」がある。第4水曜休・10〜22時・入浴料600円・☎0573-82-5311。一方、国道257号を北上して下呂温泉に行くと、複数の立ち寄り湯施設がある。②クアガーデン露天風呂＝木曜休・8〜21時（夏休みは〜22時）・入浴料600円・☎0576-24-1182。③白鷺の湯＝水

夕森山／手前の三叉路。ここを入る

夕森山／登山道入口の駐車スペース

夕森山／夕森山登山道入口

曜休・10～22時・入浴料300円・☎0576-25-2462。④幸乃湯＝火曜休・10～23時・入浴料350円・☎0576-25-2157。
問合先／中津川市付知総合事務所☎0573-82-2111、付知町観光協会☎0573-82-4737、中津川観光センター☎0573-62-2277、中津川市観光課☎0573-66-1111

夕森山・不動滝入口→P228 不動滝入口

養老山・滝駐車場
ようろうさん・たきちゅうしゃじょう

岐阜県養老町　標高280m

登山口概要／養老山の北東側、町道終点。笹原峠を経由する養老山、笙ヶ岳（しょうがだけ）、養老の滝（日本の滝100選・名水百選）などの起点。
位置情報／〔35°16′54″〕〔136°32′07″〕
アクセス／名神道大垣ICから国道258号、県道213、56、96号、町道経由で約13km、約22分。または名神道関ヶ原ICから国道365号、県道56、96号、町道経由で約14.5km、約24分。県道から2.2km、約5分。
駐車場／有料1回500円。入口で係員に支払う。24時間出入り可。早朝着の場合は下山後の支払いでも可。96台・114×18m・舗装・区画あり。
駐車場混雑情報／サクラや紅葉シーズンの休日、GWは、満車になることがよくある。渋滞も発生する。
トイレ／駐車場の奥にある。簡易水洗。水道・TPあり。評価☆☆。
携帯電話／ドコモ通話可、au通話可、SB通話可。
ドリンク自販機／入口のリフト乗降場にある（PBも）。
登山届入れ／駐車場の料金所に提出できる。
その他／食堂。
取材メモ／養老の滝は落差32m。本項駐車場から徒歩約10分。

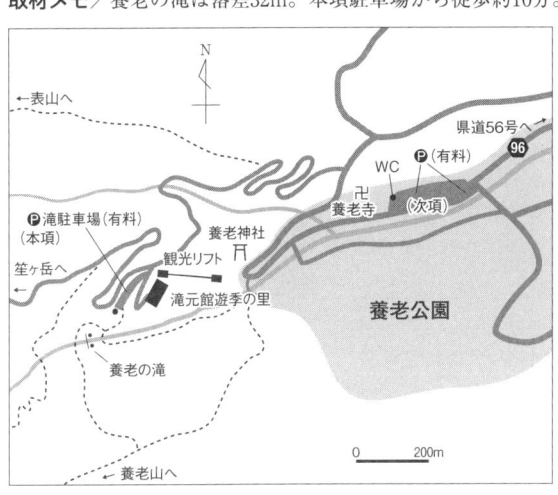

滝／滝駐車場料金所

滝／滝駐車場

滝／同駐車場の簡易トイレ

滝／同駐車場の食堂

滝／養老の滝遊歩道入口

養老の滝の紅葉は11月中旬～12月上旬が見ごろ。
立ち寄り湯／県道56号へ出て左折し、1km先の石畑交差点を手前側に右折。500m先を左折すると「養老温泉・ゆせんの里」がある。第4木曜休（祝日の場合は前日）・10～22時・入浴料650円（土・日曜、祝日は750円）・☎0584-34-1313。
問合先／養老町観光協会☎0584-32-1100

養老山・養老公園
ようろうさん・ようろうこうえん

岐阜県養老町　標高106m

登山口概要／養老山の北東側、町道沿い。笹原峠を経由する養老山、笙ヶ岳（しょうがだけ）、養老の滝（日本の滝100選・名水百選）の起点。詳細図は、前項参照。
位置情報／［35°17′02″］［136°32′40″］
アクセス／名神道大垣ICから国道258号、県道213、56、96号、町道経由で約11.5km、約18分。または名神道関ヶ原ICから国道365号、県道56、96号、町道経由で約13km、約20分。
養老公園／月曜休（祝日の場合は翌日）・9～17時・☎0584-32-0501。
駐車場／有料1回300円。養老寺前の駐車場は、入口の料金所で係員に支払う。24時間出入り可。一方、養老公園の駐車場は、自動精算機（千円札とコインのみ受け入れ可）。計約380台・148×30mなど7面・舗装・区画あり。※双方の駐車場は管理者が異なる。
駐車場混雑情報／サクラや紅葉シーズンの休日、GWは、満車になることがよくある。11～14時がピーク。
トイレ／駐車場などにある。水洗。水道・TPあり。評価☆☆☆。
携帯電話／ドコモ通話可、au通話可、SB通話可。
公衆電話／駐車場付近などにカード・コイン式公衆電話ボックスがある。
ドリンク自販機／駐車場などにある（PBも）。
その他／養老公園案内板、養老寺。
取材メモ／養老の滝は落差32m。本項駐車場から徒歩20～30分。養老の滝の紅葉は11月中旬～12月上旬が見ごろ。
立ち寄り湯／県道56号へ出て左折し、1km先の石畑交差点を手前側に右折。500m先を左折すると「養老温泉・ゆせんの里」がある。第4木曜休（祝日の場合は前日）・10～22時・入浴料650円（土・日曜、祝日は750円）・☎0584-34-1313。
問合先／養老公園☎0584-32-0501、養老町観光協会☎0584-32-1100

養老の滝→（前々項）養老山・滝駐車場
　　　　→（前項）養老山・養老公園

滝／笙ヶ岳登山道入口に続く林道

公園／養老寺前の有料駐車場

公園／同駐車場のトイレ

公園／同トイレ内部

公園／養老公園の有料駐車場

ら・わ行

竜ヶ岳・割石峠
りゅうがたけ・わりいしとうげ

静岡県富士宮市／山梨県富士河口湖町　標高968m

登山口概要／竜ヶ岳の南東側、国道139号沿い。端足峠（はしたとうげ）経由の竜ヶ岳、東海自然歩道の起点。割石峠の300m本栖湖側に「本栖チェーン着脱所」の駐車場がある。
位置情報／［35°26′10″］［138°35′60″］
アクセス／新東名道新富士ICから西富士道路（国道139号）、富士宮道路（国道139号）、国道139号経由で約31km、約46分。または央道河口湖ICから国道139号経由で約23km、約30分。
駐車場／本栖チェーン着脱所＝10台＋大型・48×18m・舗装・区画あり。
携帯電話／ドコモ通話可、au通話可、SB通話可。
公衆電話／割石峠にISDN公衆電話ボックスがある。
その他／県境バス停（富士急静岡バス）、富士五湖案内板。
取材メモ／竜ヶ岳は真正面に富士山を望む展望地として人気があり、五千円札の裏側に富士山とともに描かれている山。
立ち寄り湯／①田貫湖畔の「休暇村富士」で立ち寄り湯が可能。火曜休・11～14時・入浴料650円・☎0544-54-5200。②国道139号を南下し、猪之頭入口交差点から県道75号へ。そのまま南下すると県道71号沿いに「バナジウム温泉・風の湯」がある。火曜休（祝日の場合は翌日）・10～22時・入浴料800円（17時以降は500円）・☎0544-54-2331。③国道139号を河口湖IC方面に進むと、道の駅なるさわの裏手に「富士眺望の湯ゆらり」がある。無休・10～22時・入浴料1200円（貸バスタオル・タオル付き）・☎0555-85-3126。
問合先／富士宮市観光協会☎0544-27-5240、富士宮市観光課☎0544-22-1155、富士河口湖観光総合案内所☎0555-72-6700、富士河口湖町観光課・観光連盟☎0555-72-3168

竜ヶ岳／本栖チェーン着脱所の標識

竜ヶ岳／本栖チェーン着脱所

竜ヶ岳／休暇村富士・大浴場

竜爪山・旧道入口
りゅうそうざん・きゅうどういりぐち

静岡県静岡市葵区　標高356m

登山口概要／竜爪山の南東側、炭焼平山林道沿い。旧道を経由する竜爪山の起点。詳細図は次項参照。
位置情報／［35°04′51″］［138°25′05″］
アクセス／新東名道新静岡ICから県道74号、国道1号、県道201号、炭焼平山林道（全線舗装）経由で約15.5km、約25分。県道終点から約3km、約5分。
駐車場／有料１台100円。駐車場の料金箱に入れる。約10台・30×5mなど3面・砂利・区画なし。
駐車場混雑情報／登山者の利用は多く、シーズン中の休日は混雑する可能性がある。
携帯電話／ドコモ～通話可、au圏外、SB圏外。

旧道／旧道入口の有料駐車場

旧道／旧道入口と案内板

水場／登山道入口にある。
その他／旧登山道案内板、熊出没注意看板。
立ち寄り湯／①新静岡IC方面に下ると、県道201号沿いにある「平山温泉・元湯　龍泉荘」で立ち寄り湯が可能。毎月29、30日休・9時～16時30分・入浴料500円・☎054-266-2461。②一方、黒川側に下ると、清水森林公園やすらぎの森に「やませみの湯」がある。月曜休（祝日の場合は翌日）・9時30分～18時（土・日曜、祝日は～19時30分）・入浴料600円・☎0543-43-1126。
問合先／静岡市スポーツ振興課管理担当☎054-221-1071

旧道／やませみの湯・露天風呂

竜爪山・穂積神社
りゅうそうざん・ほづみじんじゃ

静岡県静岡市葵区・清水区　標高745m

登山口概要／竜爪山の東側、炭焼平山林道沿い。竜爪山の主要最短登山口。東海自然歩道、静清庵自然歩道の起点。
位置情報／［35°05′33″］［138°24′38″］
アクセス／新東名道新静岡ICから県道74号、国道1号、県道201号、炭焼平山林道（全線舗装）経由で約21.5km、約33分。
駐車場／林道から少し下った穂積神社前に駐車スペースがある。約10台・32×10m・砂地＋小石・区画なし。
駐車場混雑情報／登山者の利用は多く、シーズン中の休日は混雑する可能性がある。
トイレ／穂積神社に竜爪山公衆便所がある。水洗。水道・TPあり。評価☆☆☆～☆☆。
携帯電話／ドコモ📶～📶通話可、au📶通話可、SB圏外。
ドリンク自販機／穂積神社前にある（PBも）。
その他／東海自然歩道案内板、竜爪山の由来解説板、静清庵自然歩道案内板、テーブル・ベンチ。
立ち寄り湯／①新静岡IC方面に下ると、県道201号沿いにある「平山温泉・元湯　龍泉荘」で立ち寄り湯が可能。毎月29、

穂積／神社前の駐車スペース

穂積／竜爪山公衆便所

穂積／同トイレ内部

穂積／穂積神社

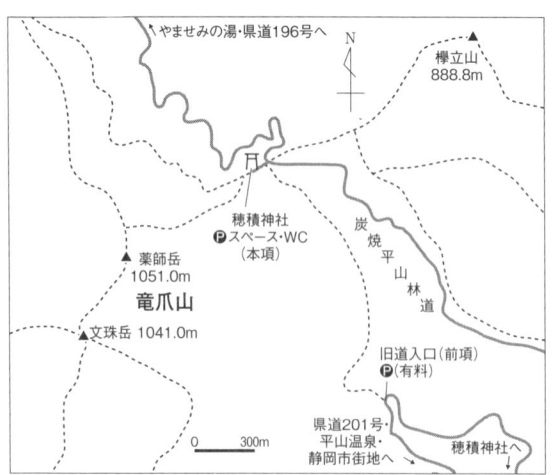

30日休・9時〜16時30分・入浴料500円・☎054-266-2461。
②一方、黒川側に下ると、清水森林公園やすらぎの森に「やませみの湯」がある。月曜休（祝日の場合は翌日）・9時30分〜18時（土・日曜、祝日は〜19時30分）・入浴料600円・☎0543-43-1126。
問合先／静岡市スポーツ振興課管理担当☎054-221-1071

竜頭山・平和登山口
りゅうとうざん・ひらわとざんぐち

静岡県浜松市天竜区　標高125m

登山口概要／竜頭山の西側、国道152号沿い。青ナギを経由する竜頭山の主要登山口。
位置情報／［35°04′25″］［137°50′46″］
アクセス／新東名道浜松浜北ICから国道152号経由で約34km、約52分。
駐車場／登山道入口の国道路肩に駐車スペースがある。10〜12台・90×5m・舗装・区画なし。
駐車場混雑情報／春や秋の休日は満車になることも。
携帯電話／ドコモ通話可、au通話可、SB通話可。
その他／熊出没注意看板。
立ち寄り湯／国道152号を3kmほど戻り、大輪橋を渡る手前から県道285号を南下すると、秋葉ダム手前に沸かし湯だが、「龍山入浴施設（たつやまにゅうよくしせつ）・やすらぎの湯」がある。月〜火曜休（祝日の場合は営業）・水〜木曜と祝日は10時30分〜16時30分、金〜日曜は〜20時・入浴料800円・☎053-969-0082。
問合先／浜松市佐久間協働センター☎053-966-0001、天竜地域フォレストピア協議会（天竜区役所内）☎053-922-0012、浜松市観光インフォメーションセンター☎053-452-1634

湧谷山・遊らんど坂内スキー場
わきだにやま・ゆうらんどさかうちすきーじょう

岐阜県揖斐川町　標高280m

登山口概要／湧谷山の東側、町道沿い。丁子山（ちょうしやま）を経由する湧谷山の起点。遊らんど坂内スキー場は、廃業しているが、取材時、駐車場は開放されていた。
位置情報／［35°36′49″］［136°24′16″］
アクセス／名神道大垣ICから国道258、21、417、303号、町道経由で約49km、約1時間13分。または北陸道木之本ICから国道8、303号、町道経由で約31km、約47分。国道から1.2km、約3分。
駐車場／遊ランド坂内スキー場に広い駐車場がある。約200台以上・260×42m・舗装・区画あり。
携帯電話／ドコモ通話可、au通話可、SB通話可。
その他／登山道案内板。
取材メモ／登山道は、ゲレンデ向かって左手にのびている。

穂積／東海自然歩道案内板

竜頭山／国道路肩の駐車スペース

竜頭山／竜頭山登山道入口

湧谷山／遊らんど坂内スキー場駐車場

湧谷山／スキー場施設

立ち寄り湯／①国道303号を10km東進すると「いび川温泉・藤橋の湯」がある。木曜休（祝日の場合は翌日）・10～21時（1～2月は～20時）・入浴料500円・☎0585-52-1126。②国道417号で大垣ICに戻る途中、池田町の下八幡広海橋交差点を右折すると「池田温泉」がある。本館と新館それぞれで可能。本館月曜休、新館水曜休（どちらも祝日の場合は翌日）・10～22時（新館のみ日曜は8時～）・入浴料500円・☎0585-45-1126（本館）。③一方、滋賀方面に戻る場合は、木之本の千田北交差点を右折。国道8号を約1.2km南下し、横山交差点を右折すると、天然温泉施設の「北近江リゾート」がある。第3火曜休（祝日と特別日は営業）・7～21時・入浴料900円（土・日曜、祝日は1200円）・☎0749-85-8888。
問合先／揖斐川町商工観光課☎0585-22-2111

鷲ヶ岳・桑ヶ谷林道
わしがたけ・くわがたにりんどう

岐阜県郡上市　標高1200m

登山口概要／鷲ヶ岳（日本三百名山）の西側、桑ヶ谷林道の実質上終点。一服平を経由する鷲ヶ岳の起点。
位置情報／［35°56′25″］［136°56′44″］
アクセス／東海北陸道高鷲ICから市道、桑ヶ谷林道（路面評価★★★。部分的に★★。所々にコンクリート舗装区間あり。最後は★★。一部★★★）経由で約10.5km、約24分。鷲ヶ岳高原ゴルフ倶楽部を目指し、藤原頼保公記念堂案内板が立つ三叉路から桑ヶ谷林道へ入る。600m先から未舗装になり、さらに2.7km先の三叉路は右へ。次の三叉路は左へ。県道316号から7.8km、約20分、案内板が立つ三叉路から4.1km、約15分。林道途中の三叉路には「登山道」の標識あり。
駐車場／桑ヶ谷林道の実質上終点に駐車スペースがある。約10台・20×18m・草地＋石・区画なし。また、すぐ手前左側に約5台分の駐車スペースがある。※さらに林道は奥へのびているが、駐車スペースはない。
携帯電話／ドコモ📶～📵通話可、au📶通話可、SB📶～📵だが通話可。
その他／ゴルフ倶楽部三叉路＝藤原頼保公記念堂案内板。駐車スペース＝車上荒らし注意看板、ハチ・マムシ注意看板。
立ち寄り湯／①林道を下って藤原頼保公記念堂案内板が立つ三叉路を右折すると、すぐ近くの鷲ヶ岳スキー場に「天然鷲ヶ岳温泉」がある。無休（メンテナンス休業期間あり）・11～21時（冬期は～19時）・入浴料800円・☎0575-72-6511。②高鷲ICを過ぎた県道45号沿いに「湯の平温泉（ゆのひらおんせん）」がある。木曜休（祝日の場合は営業）・10時～21時30分・入浴料500円・☎0575-72-6455。
問合先／高鷲観光協会☎0575-72-5000、郡上市観光連盟（郡上市観光課）☎0575-67-1808

鷲羽岳→P77 北アルプス・新穂高駐車場①（深山荘付近）
　　　→P78 北アルプス・新穂高駐車場②（左俣林道入口）

湧谷山／丁子山・湧谷山登山案内板

鷲ヶ岳／鷲ヶ岳高原ゴルフ倶楽部看板

鷲ヶ岳／藤原頼保公案内板が立つ三叉路

鷲ヶ岳／未舗装の桑ヶ谷林道

鷲ヶ岳／林道終点の駐車スペース

未掲載登山口一覧

貝月山・長者の里／岐阜県揖斐川町／駐車場は登山者の利用不可。

貝月山・ふれあいの森／岐阜県揖斐川町／落石のため林道が通行止。

北アルプス・平湯温泉／岐阜県高山市／駐車場は90分までしか使用できないので登山者の利用不可。

黒法師岳・戸中山林道ゲート／静岡県浜松市天竜区／天然ダムができているため水窪湖畔で通行止。

桑谷山・三河湾スカイライン山頂駐車場／愛知県蒲郡市／駐車場は閉鎖されていた。

黄金崎歩道・黄金崎公園／静岡県西伊豆町／町道が通行止。

駒山・相走橋／愛知県豊田市／登山道入口付近に適当な駐車スペースがない。

笹山・井川峠入口／静岡県静岡市葵区／勘行峰林道が通行止。

笹山・山頂直下登山口／静岡県静岡市葵区／勘行峰林道が通行止。

三周ヶ岳・夜叉ヶ池登山口（池ノ又林道）／岐阜県揖斐川町／取材時は、池ノ又林道が通行止だったが、その後、解除された模様。

鈴鹿山脈・青川峡（あおがわきょう）／三重県いなべ市／林道が通行止。

鈴鹿山脈・蒼滝（あおたき）**駐車場**／三重県菰野町／市道が通行止。

鈴鹿山脈・石榑峠（いしぐれどうげ）／三重県いなべ市・滋賀県甲賀市／土砂崩れのため旧道が通行止。

鈴鹿山脈・鈴鹿峠／三重県亀山市・滋賀県甲賀市／万人講常夜灯にトイレと休憩舎、5台分程度の駐車スペースがあるようだが未取材。

鈴鹿山脈・仙ヶ岳登山口／三重県亀山市／林道が通行止。

鈴鹿山脈・岳不動／三重県菰野町／付近は関係者以外の駐車は禁止。

鈴鹿山脈・長楽寺駐車場／三重県いなべ市／寺の駐車場は参拝者専用につき登山者の利用不可。

巴山・愛知県野外教育センター／愛知県岡崎市／駐車場はセンター利用者用なので登山者の利用不可。

根尾の滝入口／岐阜県下呂市／林道が通行止。P69「巌立峡・がんだて公園」の取材メモ欄参照。

能郷白山・温見峠／岐阜県本巣市・福井県大野市／国道157号が通行止だったが、その後開通した。

八紘嶺・安倍峠下／静岡県静岡市葵区／林道が通行止。

花房山・御山神社／岐阜県揖斐川町／取材時は付近で工事が行なわれており、登山口の空き地はトラックの転回場になっていた。

矢坪ヶ岳・蕨生登山口／岐阜県美濃市／登山口の明神神社下にある広場は私有地のため登山者の利用不可。

山伏・大笹峠／静岡県静岡市葵区・山梨県早川町／井川雨畑林道が通行止。

山伏・百畳（ひゃくじょう）／静岡県静岡市葵区／勘行峰林道が通行止。

調査・編集　全国登山口調査会
全国各地の登山口調査を目的とする。本書の姉妹本として『信州登山口情報 400』（信濃毎日新聞社）、『東北登山口情報 500』（無明舎出版）、『関東周辺登山口情報 800 上・下巻』（双峰社）、『関西周辺登山口ガイド上・下』（神戸新聞出版センター）がある。現在、ほかの地方の登山口調査も順次進行中。
URL = http://tozanguchi.halfmoon.jp/

企画・構成　日野　東
自然や山岳関係を専門とするフォトライター。著書・共著に『信州高原トレッキングガイド増補改訂版』、『信州とその周辺ベストトレッキング』、『信州・湯けむり登山』（以上、信濃毎日新聞社）、『森林浴の森とうほくガイド』、『東北の巨樹・巨木』（無明舎出版）など多数。
URL = http://naturelog.main.jp/index.html
メールアドレス= way@mx8.ttcn.ne.jp

写真協力：五色ヶ原の森運営共同事業体、各温泉施設、市町村役場観光課、観光協会

装　幀／全並　大輝

東海登山口情報 300

2013 年 10 月 20 日　第 1 刷発行　　（定価はカバーに表示してあります）

編　者　　全国登山口調査会
発行者　　山口　章

発行所　　名古屋市中区上前津 2-9-14　久野ビル
　　　　　振替 00880-5-5616　電話 052-331-0008　　風媒社
　　　　　http://www.fubaisha.com/

乱丁・落丁本はお取り替えいたします。　＊印刷・製本／シナノパブリッシングプレス
ISBN978-4-8331-0154-7

風媒社の本

あつた勤労者山岳会
**新・こんなに楽しい
愛知の130山**

定価(1505円+税)

歴史散策と展望を楽しむファミリー登山から、緑濃い奥山の自然を満喫できる深山ルートまで、初心者から登れる愛知県内の低山を徹底ガイド！最新情報をもりこみ、ますます充実の待望の〈新版〉！

吉川幸一 編著
[増補改訂版] こんなに楽しい
岐阜の山旅100コース〈美濃上〉

定価(1500円+税)

待望の岐阜登山ガイドに残雪期の山々も増補し大幅改訂。親切MAPと周辺情報も多彩に、低山歩きから本格登山まで楽しい山行を安心サポート。ファミリー登山から中高年愛好者まで必携のガイドブック。

吉川幸一 編著
こんなに楽しい
岐阜の山旅100コース〈美濃下〉

定価(1500円+税)

登りごたえあるアルペン級の山、知る人ぞ知る低山ハイキングの楽しみ等、岐阜の山の魅力を一挙に紹介する、大好評の山歩きガイドの下巻。楽しい山行をサポートするファミリー登山から中高年愛好者まで必携のガイドブック

中根洋治
愛知の巨木

定価(1500円+税)

ヒノキ、スギ、カヤ、ケヤキ、ムク、サクラ等、愛知県内の樹木31種類について、丹念に調べあげた初めての巨樹・巨木ガイド。自然の記念碑を訪れるあなただけのエコツアーに出かけよう。

川端守・文　山本卓蔵・写真
**熊野古道
世界遺産を歩く**

定価(1500円+税)

「道の世界遺産」＝熊野古道を歩く魅力の真髄は、巡礼の道・庶民の道といわれた伊勢路にある。荷坂峠から熊野三山までの世界遺産コースを、魅惑の写真をふんだんに用い詳細にガイドする。

加藤敏明
東海花の寺めぐり

定価(1500円+税)

信仰を育む山や森などの自然環境に恵まれた仏教寺院。その魅力は、永い歴史が育んだ自然美と人工美がほどよく調和した景観にある。四季の花々が醸し出す古雅なたたずまいを紹介する、こころ和む花の寺ガイド。

荻須昭大
スイス・アルプスへの招待
●花とグルメと絶景の旅

定価(1800円+税)

あなただけに、魅惑の旅への招待状！ゆったり、のんびり楽しむハイキングコース、プラスアルファの旅の楽しみ、訪れたいホテルと絶品料理のレストラン…。アルプスに魅せられた著者がとっておきの情報をすべて教えます。